홍명희의 『임꺽정』 프로젝트

- 남북통합의 인문콘텐츠와 정치적 상상력 -

진인진

홍명희의 『임꺽정』 프로젝트
- 남북통합의 인문콘텐츠와 정치적 상상력 -

초판 1쇄 발행 | 2024년 10월 1일

지은이 | 최형익
그린이 | 이창우
편   집 | 배원일, 김민경
발행인 | 김태진
발행처 | 진인진
등   록 | 제25100-2005-000003호
주   소 | 경기도 과천시 관문로 92, 101-1818
전   화 | 02-507-3077-8
팩   스 | 02-507-3079
홈페이지 | http://www.zininzin.co.kr
이메일 | pub@zininzin.co.kr

ISBN 978-89-6347-609-4 03340

* 책값은 표지 뒤에 있습니다.

목차

서문

홍명희의 『임꺽정』이 세상에 다시 나온 건 온전히 민주화 운동의 성과다. 홍명희는 1948년 남북연석회의 때 평양에 갔다가 잔류하여 북한에서 부수상까지 지낸 인물이다. 그 때문에 한국전쟁 직후 홍명희는 남한에서는 완전히 잊혀진 인물이 되었다. 마찬가지로 그의 불후의 역작 『임꺽정』 역시 불온서적으로 낙인찍혀 소문만 무성할 뿐 접근하기조차 어려웠다. 그러던 것이 민주화 운동이 본격화하면서 해금되어 빛을 보게 된 것이다.

『임꺽정』을 처음 접한 건 1990년 초로 기억한다. 당시 필자는 강원도청에서 운영하던 강원학사라는 곳에 살았다. 어느 날 도지사가 학업에 도움 되는 양서(良書)를 구입해 읽으라고 지원금을 보내왔다. 어쩌다가 책 구하는 일이 내게 맡겨졌다. 양서란 무엇인가? 양서라 함은 좋은 책을 뜻한다. 그래서 마음 맞는 후배들과 의논하여 평소에 보고 싶었던 '양서'를 마음껏 구입했다. 다른 건 몰라도 마르크스의 『자본론』과 홍명희의 『임꺽정』은 내 기준에서 양서 중 양서였다. 그런 만큼 책 구매에 다소간 사심이 작용한 것만큼은 부인할 수 없다.

대학 시절 알고 지내던 국문과 선배가 그랬다. 『임꺽정』 읽고 나면 다른 소설들 수준 낮아서 못 읽는다고. 『임꺽정』이 얼마나 재밌기에 저리 풍이 셀까? 과연 그랬다. 『임꺽정』을 읽는 순간 손에서 내려놓을 수가 없었다. 사흘 밤낮을 꼬박 새며 『임꺽정』을 열독한 기억이 선연하다. 이후로 『임꺽정』 덕후가 되었다. 그리고는 언젠가 꼭 『임꺽정』에 대한 책을 써보리라 마음먹었다.

『임꺽정』은 우리 문학사 전체에서 클래스가 다른 책이었다. 『임꺽정』이 단행본으로 처음 나왔을 때 좌우 가릴 것 없이 당대 내로라하는 문인·작가들에게서 찬사를 받았다. "천권의 어학서를 능가"(한설야)하는 "조선어휘의 대언해(大

言海)"(이효석)라는 평에서부터 역사에 남을 "이 시대의 대걸작"(김동환)으로 "작은 논두렁길을 걷던 조선문학은 비로소 대수해(大樹海)를 경험"(김남천)함으로써 "세계문단에 자랑할 만한 조선문단 초유의 역작"(박영희)을 갖게 됐다는 극찬이 줄을 이었다. 이 가운데 '민족문학의 최고봉(最高峰)'이라는 신문사 한 줄 평이 『임꺽정』이 거둔 성취에 가장 걸맞다고 생각한다.

홍명희는 『임꺽정』을 쓰면서 두 가지를 고려했다. 하나는 '조선정조'의 재현이다. 홍명희는 "조선정조에 일관"하여 조선시대 사회상을 있는 그대로 써내려가겠다는 의지를 피력하며 "조선문학이라 하면 예전 것은 지나문학(支那文學)의 영향을 많이 받아서 사건이나 담기어진 정조(情調)들이 우리와 유리된 점이 많았고 그리고 최근의 문학은 또 구미문학의 영향을 많이 받아서 양취(洋臭)가 있는 터인데 『임꺽정』만은 사건이나 인물이나 묘사로나 정조로나 모두 남에게서 옷 한 벌 빌려 입지 않고 순조선 거로 만들려고 하였습니다"(홍명희, 1933: 39)라고 말했다.

다른 하나는 그동안 별로 알려지지 않던 임꺽정을 역사 바깥으로 끄집어내기로 한 것이다. 『조선왕조실록』에 나타난 임꺽정은 조선 초기 황해도 일대에 할거한 도적에 불과했다. 하지만 홍명희에 의해 신분제 및 봉건적 조선사회에 항거한 투사로 조명 받을 수 있었다. 홍명희는 옛날 봉건사회에서 가장 천대받던 백정계급(白丁階級) 인물인 임꺽정이 그때 사회에 대하여 반기를 든 것은 장한 쾌거라고 높이 평가했다.

그때 시절에 사람이 잘나면 화적(火賊)질 밖에 실상 하잘 것이 없었지요. 더구나 천민이라고 남이 모두 손가락질하는 백정계급에 속한 자이리요. 백정에게 벼슬을 줍니까, 백정을 돈 모으게 합니까. 아무 바라볼 것이 없게 되니까, 체력이나 지략이 남에게 뛰어난 자면 도적놈밖에 될 것이 없었지요(홍명희, 1933:39).

『임꺽정』은 식민지 조선의 민중을 울고 웃기며 우리 민족과 애환을 함께 했다. 실제로도 그랬다. 신간회 주최 민중대회를 주도한 죄목으로 홍명희가 투옥되어 『임꺽정』 연재를 중단하게 됐을 때, 독자들의 열화 같은 항의에 못 이겨 일제 공안당국이 홍명희를 경찰서 사무실로 불러내 글쓰기를 계속 할 수 있게 해줬다는 전설적 일화가 지금까지 전해진다. 홍명희는 우리 역사 통틀어 최고의 교양인이며 지금도 그러하다. 『임꺽정』은 남북 가릴 것 없이 지금도 읽어 볼 가치가 있는 '인문학의 보고(寶庫)'로서 민족 전체의 보물이다.

이 책은 인문학과 사회과학의 융복합 연구서의 성격을 띠고 있다. 어쩌면 '임꺽정학(林巨正學)'의 본격적인 시작을 알리는 것일 수 있다. 다만, 『임꺽정』이 원고지 13,000매, 3,000쪽이 넘는 방대한 분량이기에 소설을 처음 접한 독자들에게는 완독하기란 여간 쉽지 않은 노릇이다. 그런 이유에서 이 책이 『임꺽정』에 대한 독자들의 이해를 돕기 위한 안내서로 활용될 수 있기를 바란다. 이 책의 또 다른 목적은 분단 극복을 위한 인문콘텐츠로 『임꺽정』을 적극 활용할 필요가 있다고 판단했기 때문이다.

분단의 실질적 극복은 분단의 세월만큼이나 장구한 세월이 걸릴 것이다. 분단 극복을 위해 반드시 필요한 게 바로 민족의 동질성 회복이다. 홍명희의 『임꺽정』은 남북 모두에게 잘 알려진 거의 유일한 문학작품으로 민족 동질성 회복에 상당히 기여할 것으로 여겨진다. 그런 이유에서 이 책은 『임꺽정』 본문에 집중하여 좋은 문장과 콘텐츠를 소개하는데 상당 지면을 할애코자 했다.

필자는 이 책을 다음 사항에 유의하여 읽어주기를 희망한다. 이러한 읽기 방식은 필자의 『임꺽정』 연구 방법과도 그대로 일치한다. 첫째, 낭독(Reading) 『임꺽정』이다. 무엇보다 문학작품으로서 『임꺽정』 자체를 즐길 수 있어야 한다는 것이다. 『임꺽정』은 여럿이 모여 소리 내서 한 줄 한 줄 또박또박 읽어 가면 묘미를 제대로 만끽할 수 있다. 사랑과 음모, 역사와 정치, 액션과 서스펜스, 쓰릴, 이 모든 주제가 해학과 풍자와 함께 어우러져 펼쳐지는, 인간이 문자라는 수단으로 표현할 수 있는 최고의 경지가 바로 『임꺽정』이다. 이 책은 『임꺽정』에서 읽기 좋은 문장을 선정하여 각 주제별로 맥락 전체의 이해를 돕기 위해 원문 그대로 옮겨 적는다.

둘째, 공부 『임꺽정』이다. 『임꺽정』은 홍명희의 오랜 공부와 성찰의 결과물이다. 우리는 『임꺽정』을 통해 비단 조선 역사에 대한 이해뿐만 아니라 인문, 지리, 사상, 정치 등 다양한 분야의 식견을 습득할 수 있다. 『임꺽정』을 처음 읽을 때는 책의 분량이 상당한 관계로 통독하는 게 좋지만 두 번, 세 번 읽을 때는 탐독이 필수적이다. 그제야 비로소 홍명희가 『임꺽정』을 통해 펼치고자 했던 애국(愛國)과 충(忠), 대동 공화세상의 지평이 보일 것이다. 필자가 공부한 흔적은 독자의 이해를 돕기 위해 달아 논 별도의 각주다. 이 책의 각주는 필자가 모두 작성한 것으로 잘못이 있다면 전적으로 필자 책임이다. 별거 아니긴 하지만, 임꺽정 스승으로 잘 알려진 갓바치 병해대사가 꺽정이에게 남긴 7언 절구 유서의 의미를 처음으로 밝혀냈다.

셋째, 발견 『임꺽정』이다. 필자는 이 책을 쓰기 위해 『임꺽정』의 주요 무대로 등장하는 안성 칠장사나 부평 계양산 일대를 답사했다. 그러면서 죽은 역사가 아니라 민중의 삶이 녹아있는 살아있는 역사를 발견할 수 있었다. 나아가 『동국여지승람』이나 〈대동여지도〉, 카카오맵 등의 도움으로 임꺽정과 그의 형제들이 웅거한 청석골 위치를 알아낼 수 있었다. 남북관계가 정상화되면 개성서 그리 멀지 않은 청석골이나 임꺽정이 최후를 맞이한 것으로 전해진 구월산성 등을 답사하고픈 마음 간절하다.

넷째, 정치 『임꺽정』이다. 홍명희가 『임꺽정』을 쓴 이유는 식민지 잔재를 극복하고 봉건 조선의 적폐를 청산하기 위함이었다. 안타깝게도 해방 후 우리 역사는 홍명희의 바람대로만 흘러가지 않았다. 남과 북은 분단이 된 채 각자의 방법으로 식민지와 봉건제의 악습을 제거하려했다. 그런데 정작 남과 북은 민족족, 역사적 공통성에도 불구하고 정치·사회체제를 달리함에 따라 상호 적대적으로 변해갔다. 한반도 긴장이 격화되고 군사적으로 대립하는 상황은 남북 모두에 이롭지 않다. 분단극복과 민족통합을 위해서러면 지금까지와는 다른 방식으로 정치적 상상력을 발휘할 필요가 있다. 『임꺽정』에 담겨진 풍부한 인문콘텐츠가 분단 극복에 도움이 될 수 있기를 기대한다.

갑진년 여름
세마대를 바라보며

제1부　주위상책 북방길

(走爲上策 北方吉)

　1928년 11월부터 〈조선일보〉에 연재된『임꺽정』초반의 성패 여부는 흥미
진진한 이야기로 신문 구독자들을 얼마나 장악할 수 있느냐가 관건이었다. 모
든 세상사가 그렇듯 시작이 어려운 법이다. 독자들을 너무 열띠게도 그렇다고
너무 냉담한 상태로 두지 않으면서 다음 이야기는 무얼까 하는 궁금증으로 애
간장을 태울 수 있어야 하기에 홍명희는『임꺽정』의 시초를 놓고 속깨나 썩으
며 불면의 밤을 지새웠을 것이다.

　홍명희는 고민 끝에 임꺽정에 대한 본격적 이야기에 앞서 독자들의 이해를
돕기 위해 '머리 말씀' 형식으로 당시 조선의 정치상황을 간단하게나마 요약
하는 게 바람직하다고 판단했다. 100여년 남짓 세월이 흐르면서 세종과 성종
의 치세 이후 직언을 서슴지 않고 시정개혁을 요구하던 이장곤, 정희량, 조광
조와 같이 올곧은 사대부들은 언제 죽어도 이상하지 않을 정도로 생명에 위협
을 느낀 반면 임사홍, 유자광, 윤원로, 윤원형, 이량 등 간신배와 외척들이 국
정을 농단하며 조선은 이른 시기에 망조에 들었다.

　자, 임꺽정이의 이야기를 붓으로 쓰기 시작하겠습니다. 쓴다 쓴다 하고 질감스럽게
쓰지 않고 끌어오던 이야기를 지금부터야 쓰기 시작합니다. 각설, 명종대왕 시절에 경
기도 양주땅 백정의 아들 임꺽정이란 장사가 있어……

　이야기 시초를 이렇게 멋없이 꺼내는 것은 이왕에 유명한 소설권이나 보아두었던 보
람이 아닙니다. 수호지 지은 사람처럼 일백 단팔마왕이 묻힌 복마전(伏魔殿)을 어림없이
파젖히는 엄청난 재주는 없을망정 삼국지같이 천하대세 합구필분(合久必分)이요, 분구
필합(分久必合)[1]이라고 별로 신통할 것 없는 말쯤이야 이야기 머리에 얹으라면 얹을 수
있겠지요.

1　천하가 통합이 오래되면 반드시 분열하고(合久必分), 분열이 오래되면 반드시 통합된다(分久
必合)는 의미.

이야기를 쓴다고 선성만 내고 끌어오는 동안에 이야기 머리에 무슨 말을 얹을까, 달리 말하면, 곧 이야기 시초를 어떻게 꺼낼까 두고두고 많이 생각하였습니다. 십여 세 아이 적부터 이야기듣기, 소설보기를 좋아하던 것과 삼십지년 할 일이 많은 몸으로 고담부스러기가지고 소설 비슷이 써내게 되는 것을 연락을 맺어 생각하고 에라 한번 들떼놓고 인과관계를 의론하여 이야기 머리에 얹으리라 벼르다가 중간에 생각을 돌리어 그럴 것이 없이 문학이란 것을 보는 법이 예와 이제가 다르다고 옛사람이 일신 정력을 들여 모아놓은 그 깨끗하고 거룩하던 상아탑이 여지없이 무너지고 그 속에 있던 뮤즈란 귀신의 자취가 간 곳 없이 사라졌다는 것을 그럴싸하게 꾸며가지고 이야기 시초로 꺼내 보리라 맘을 먹었습니다.

그러나 이 생각 저 생각이 모두 신신치 아니한 까닭에 생각을 통히 고치어 숫제 먼저 이야기가 생긴 시대를 약간 설명하여 이것으로 이야기의 제일 첫머리말씀을 삼으리라 작정하였습니다(1권: 5-6).

이장곤의 귀양 얘기로 『임꺽정』의 본격적 시작을 알린 것은 홍명희의 치밀한 전략적 판단에 따른 것이었다. 『임꺽정』이라는 제하의 연재소설 첫머리에 이장곤 일화가 등장했을 때 독자들의 첫 반응은 뜨악한 것이었음에 틀림없다. 대도적 '임꺽정'에 대해 쓴다고 해놓고서 웬 이장곤 얘기를 늘어놓지? 하지만 독자들은 부지불식간, 요즘 식으로 표현하면 '임(林)며드는' 스스로를 발견하고는 소스라치게 놀랐을 것이다.

홍명희가 이장곤 이야기로 『임꺽정』의 서두를 장식한 이유는 무엇일까? 『임꺽정』에 등장하는 인물들 대부분은 홍명희가 만들어낸 문학적 상상력의 산물이다. 『조선왕조실록』(이하 『실록』)에도 비중있게 등장하는 실존 인물로서의 임꺽정은 황해도 일대를 기반으로 활약한 대도적이었음에 틀림없지만 소설 『임꺽정』은 홍명희가 역사적 단편과 야사를 기반으로 모두 지어낸 이야기다. 그럼에도 불구하고 필자를 포함한 대부분의 독자들은 『임꺽정』을 읽어갈수록 『임꺽정』에 나오는 이야기가 생생한 사실처럼 느껴지고 등장인물들 역시 우리들 눈 앞에서 살아 움직이는 것처럼 느껴지는 착각에 빠져들곤 한다. 이것이 바로 사실주의 문학이 지닌 강력한 힘이다. 여기서 또 다른 역사적 실존 인물인 이장곤 일화는『임꺽정』의 사실성을 강화시키고 소설적 흥미는 물론, 임꺽정이 평범한 백성에서 해서대적으로 돌변할 수밖에 없던 이유를 설명하는데 더할 나위 없이 강력한 기제로 작동하는 것이다.

『실록』에는 이장곤에 관한 기사가 다수 등장한다. 조선시대 명문세가를 상징하는 '삼한갑족(三韓甲族)' 출신의 이장곤은 홍문관 교리로 봉직했다. 그런데 흥미롭게도 이장곤이 성종 대에 관리로 등용된 이유는 무예에 출중했기 때문이다. 『실록』에 따르면 그는 '신궁'이었다. 이장곤은 문무를 겸비한 흔치 않은 인물이었기에 별일 없다면 삼정승 하나는 따논 당상으로 출세가도를 달렸을 법도 하다.

폭군 연산의 등장이 이장곤의 운명을 송두리째 바꿔 놓았다. 그가 왜 연산군의 미움을 사고 거제도로 귀양 갔는지에 대해서는『실록』에 자세히 나와 있지 않다. 분명한 것은 이장곤이 귀양지인 거제에서 탈출해 북쪽으로 도망쳤다는 사실이다.

이장곤의 탈출소식을 듣고 연산군은 두려웠다. 『실록』에도 잘 나와 있지만, 연산군은 조선 팔도에 이장곤 검거령을 하달하고 이장곤을 잡기 위해 애쓰지 않은 수령에 대해서는 '왕명을 거역하고 준수하지 않은 죄'인 기훼제서율(棄毀制書律)로 다스릴 것을 명령했다. 연산군의 공포는 이장곤을 역도(逆徒)로 비난하는 시를 직접지어 전교(傳教)한 데서 그 절정에 달한다.

화난(禍難) 닥치리라 미리 헤아려 딴 놈에게 붙고
흉하게도 고식적인 생각으로 깊은 산에 숨었구나
어버이 임금 버리고 어디서 용신(容身)할꼬

고금에 완악 이보다 더 없도다(『연산군일기』 권63: 14책 65면).

연산군 폐위 직후, 『실록』은 이장곤이 처했던 상황에 대해 아래와 같이 전한다.

왕은 항상 귀양간 사람들이 원한 때문에 일을 일으킬까 염려하여 모두 절도(絶島)에 유배시켜 고역(苦役)을 치르게 하고, 2품(品) 당상을 진유 근리사(鎭幽謹理使)라 칭하여 보내되 각기 종사관 1명씩을 거느리고 가서 검찰하고 구류당한 죄수들을 얽매어 자유롭지 못하게 하니, 사람들이 모두 죽음이 조석 간에 있음을 알았다. 왕은 오랠수록 더욱 의심하여 모두 없애려고 하였으며, 이장곤(李長坤)이 가장 용맹한 사람이니 마침내 변을 일으킬까 싶다 하여, 경사(京師)로 잡아 보내게 하여 장차 먼저 죽이려고 하므로 장곤이 듣고 곧 망명하니, 왕은 크게 노하여 상금을 걸고 체포를 서둘되, 경조관(京朝官)을 보내어 모든 도에 있는 관원과 함께 군대를 풀어 찾게 하니, 도하(都下)가 흉흉하여, 혹자는 이장곤이 망명하여 무리들을 모아 거병(擧兵)한다 하였다(『연산군일기』 권63: 14책 67면).

『실록』에 적힌 역사적 사실을 바탕으로 홍명희는 『임꺽정』의 도입부를 써내려가기 시작했다. 『실록』이 기록한 이장곤 일화는 『임꺽정』을 시작하는데 더할 나위 없이 좋은 소재로 홍명희의 상상력을 자극했음에 틀림없다. 여기에다 야담과 구전으로 전해져온 이장곤의 도주 행각과 후일담, 함경도로 도망가 백정 딸과 결혼하여 숨어 살았고 반정으로 복권하여 이조판서까지 지내다 고향인 창녕에 낙향해 백정신분의 부인과 해로했다는 사실이 더해지면서 이장곤 탈출기와 봉단이와의 사랑이야기는 독자들이 좋아할 만한 요소를 두루 갖춘 셈이다.

이장곤 일화는 『임꺽정』의 도입부로서 대단히 중요하다. 사실 이장곤이 유배지에서 도망치지 않았다면 임꺽정 일가가 이장곤과 봉단을 따라 서울에 올 일도 없었다. 게다가 꺽정이 아버지 돌이가 양주에서 결혼해 소백정이 되는 일도, 꺽정이가 훗날 도적이 되는 일도 애당초 발생하지 않았을 것이기 때문이다.

조선의 빠삐용, 이장곤

『임꺽정』은 이장곤이 어떤 사람인가를 설명하면서 시작한다.

> 연산주 때에 이장곤(李長坤)이란 이름난 사람이 있었는데 일찍이 등과하여 홍문관(弘文館)[2]교리(校理)[3] 벼슬을 가지고 있었다. 이교리는 문학이 섬부[4]하여 한원 옥당(翰苑玉堂)의 벼슬을 지내나 항상 말달리고 활쏘기를 좋아할 뿐 아니라 신장이 늠름하고 여력(膂力)[5]이 절등하여 그 재목이 호반(虎班)[6]에도 적당한 까닭에, 그의 선배나 제배[7]로 그의 문무겸전한 것을 일컫지 아니하는 이가 없었다(1권: 9).

이장곤은 연산군의 폭정에 사직하려 했다. 하지만 명분도 없이 섣불리 벼슬을 고만뒀다가는 임금이 싫어 내빼려 한다고 화가 몸에 미칠 것 같아서 이러지도 저러지도 못하고 있는 중이었다. 어느 날, 이장곤은 홍문관에서 번을 서다 밤늦게 연산군이 편전에 들라하여 급히 발걸음을 재촉한다. 연산군은 이장곤에게 폐비윤씨의 피 묻은 적삼을 보여주며 자신의 친모를 죽음으로 몰고 간 사건 관계자들에 대한 복수가 정당한지를 묻는다.

답이 뻔한 질문이었다. 연산군이 질문한 의도를 잘 알면서도 이장곤은 굴하

---

2 조선 때, 사헌부·사간원과 함께 삼사(三司)의 하나. 궁중의 경서(經書) 및 문서 따위를 관리하고 임금의 자문에 응하는 일을 맡아보던 관아.

3 조선 시대 홍문관·교서관(校書館)·승문원(承文院)의 종오품 벼슬의 정오품 벼슬.

4 넉넉하고 풍부하다.

5 근육의 힘. 완력.

6 무관(武官)의 반열. 다른 말로 무반 또는 서반.

7 후배.

지 않고 일반 백성의 복수와 군왕의 복수는 차이가 있어야 한다고 대답한다. 화
가 머리끝까지 난 연산군은, 번을 서고 나와 아침 먹던 이장곤을 거제도로 귀양
보내면서 『임꺽정』 이야기가 본격적으로 시작된다.

동부승지가 간 뒤 한 식경 가량이나 지나서 밤이 이경(二更)[8]쯤 되었을 때에 대내[9]로
서 젊은 내시 하나가 나와서 곧 편전(便殿)으로 입시하랍신다고 어명(御命)을 전하므로 이
교리는 창황히[10] 관복을 갖추고 사초롱을 든 내시를 뒤따라 들어가서 편전 계하(階下)에
부복하니 왕은 이교리에게 계상(階上)에 올라 평신(平身)[11]하라고 명하고 왕이 앉은 편
영창 한쪽을 열어놓는데, 왕은 밝은 촛불 아래에 앉고 그 뒤에는 여러 여관[12]의 그림자
가 쫑긋쫑긋 서 있다.
　"너 병이 났다더니 인제 쾌히 나으냐?"
　물으며 왕이 이교리를 내다보니 이교리는
　'옳지, 탈났구나. 병 청탁하고 정희량이 찾아간 것이 입문[13]되었구나.'
　하는 생각이 번개같이 머릿속에 떠오르며
　"황송하외다."
　대답하고 그 큰 키를 활같이 구부렸다.
　"너 이것 좀 보아라."
　할 때에야 비로소 고개를 들고 무엇을 보라나 하고 영창 안을 들여다보니 왕이 두 손

8　하룻밤을 오경(五更)으로 나눈 둘째 부분. 밤 아홉 시부터 열한 시 사이.

9　임금이 거처하는 곳.

10　어떻게 할 겨를도 없이 매우 다급히.

11　엎드려 절한 뒤에 몸을 본디대로 폄.

12　예전에, 궁중에서 대전, 내전을 가까이 모시던 상궁 등을 이르던 말.

13　어떤 사실이나 소문 따위가 윗사람의 귀에 들어감.

으로 여자의 적삼 하나를 펴서 들었고, 여자 적삼이 웬일인가 하고 그 적삼을 살펴보니 흰 비단으로 지은 것인데 앞섶에 거뭇거뭇 얼룩진 것이 있고 소매에도 거뭇거뭇한 점이 있다. 이교리는

'왕에게 외조모 되는 신씨가 왕의 소생모 윤씨의 옷 한 가지를 왕께 바쳤다더니 이 적삼이 그것인가.'

선뜻 생각하였으나 말없이 잠잠히 서 있었더니 왕이 적삼을 놓고 손가락으로 그 앞섶을 가리키며

"이것은 약자국이고."

또 소매를 가리키며

"이것은 핏자국이다."

말하고 몸을 부르르 떨며 이를 가는데 두 눈에서는 독기가 철철 흐르는 것 같았다. 이교리는

'윤씨가 사약받을 때 입었었다는 적삼이 분명하군.'

생각하며 무슨 말을 하여야 좋을지 몰라서 전과 같이 잠잠히 서 있었다. 한참 있다가 왕이 분이 진정된 뒤에 먼저

"장곤아!"

불러놓고

"원수가 있으면 갚아야 하지."

하고 두 손으로 영창 틀을 잡아다리며 이교리를 내다보는데 그 기색이 말 한마디만 잘못하면 너도 곧 내 원수다 말할 것같이 무서웠다. 이교리는 아까 듣던 젊은 동부승지의 말이 언뜻 생각이 나며 '지당합소이다' 하고 말이 거의 입술에서 떨어질 뻔하다가 의리 부당한 일에 임금의 비위를 맞추어 당상을 하고야 낯을 들고 다닐 수 있으랴 생각하고

"임금의 원수 갚는 법은 필부(匹夫)와 다를 것입네다. 임금이 덕(德)을 닦으셔서 국가가 태평하오면 원수 갚는 것쯤은 그 속에 있사올 줄로 소신(小臣)은 생각합네다."

말이 '지당합소이다'와는 엄청 다르게 나갔다. 왕은 이 말을 듣고서 눈썹이 쌍그렇게

올라가면서도 '허허허' 거짓웃음을 웃으며

"임금이 덕이 없으면 그 임금은 어찌하노?"

"임금의 자리는 높은 까닭에 위태하옵네다. 덕이 아니면 누리기가……"

"무에야, 덕이 아니면 어째!"

하며 왕이 와락 영창을 닫았다. 조금 있다가 지밀[14]내시 하나가 마루에서 상감마마께서 나가라신다고 말하며 이교리는 기운 없는 걸음을 걸어 홍문관으로 물러나와 길이 한숨만 쉬며 밤을 앉아 새다시피 하였다.

이튿날 아침에 이교리가 집에 나와서 아침상을 대하였을 때, 자기를 거제(巨濟)로 정배(定配)[15]하되 배도압송(倍道押送)[16]하라는 왕의 명령이 내린 것을 알고 아침을 변변히 먹지도 못하고 얼마 아니 있다가 금부도사(禁府都事)의 재촉하는 대로 총총히 귀양길을 떠나 문 밖으로 나가게 되었다(1권: 13-15).

귀양지 거제에 도착한 후 얼마 안있어 자신에게 사약이 내릴 것이라 판단한 이장곤은, 절벽에서 뛰어내려 죽으려다가 미수에 그친다. 자살이 미수에 그치자 절친 정희량의 모친 문상 갔을 때 "혹 앞에 액색[17]한 경우를 당하여서 자처[18]할 생각까지 날 때가 있거든 이것을 뜯어보게. 그전에 뜯어서는 소용없어" 당부하며 건 내준 종이봉지가 문득 떠올랐다. 조그마한 종이봉지를 염낭에서 꺼내어 떼고 보니 봉지 속에 봉지가 있고 속봉지를 떼고 보니 속봉지 속에 또 봉

---

14   예전에, 궁궐의 대전이나 내전 등 임금이 항상 거처하는 곳을 이르던 말

15   죄인을 지방이나 섬으로 보내 정해진 기간 동안 그 지역 내에서 감시를 받으며 생활하게 하던 형벌 가운데 하나.

16   이틀에 갈 길을 하루에 걸어 유배지까지 호송하는 일.

17   운수가 막히어 생활이나 행색 따위가 군색함.

18   의분을 참지 못하거나 지조를 지키기 위해 스스로 목숨을 끊음.

지가 있는데, 그 셋째 봉지 위에 거제로 유배가면 뜯어보라는 뜻의 "거제배소개
탁(巨濟配所開坼)" 여섯 글자가 쓰여 있었다.

이장곤은 혼잣말로 "이 사람이 귀신인가!" 하고 급히 셋째 봉지를 뜯으니 그
속에서 종이쪽 하나가 떨어졌다. 그 종이쪽에는 "주위상책 북방길(走爲上策 北方
吉)"(1권: 35) 일곱 자가 적혀 있었다. 말인즉 '피해를 면하려면 달아나는 것이 가
장 좋은 꾀(走爲上策)'이며, '북쪽으로 도망해야 복이 온다(北方吉)'는 내용이었다.

간신배 임사홍이 채홍사 자격으로 거제를 방문하여 고을 수령에게 이장곤을
읍내에 잡아가두고 객사 쓰레질 같은 일을 시키라고 명한다. 귀양지 주인에게
서 임사홍이 자신을 욕보이라 했다는 소식을 접한 후 이장곤은 탈출을 결심한
다. 집주인의 도움을 받아 거제를 탈출하여 경상도 웅천 땅에 내린다. "침침한
밤중에 거제 해변에서 배 한 척이 떠나갔다"로 시작하는 이장곤의 탈출기는 절
해고도(絶海孤島) 감옥탈출 영화의 대명사격인 '빠삐용'의 한 장면을 떠올리게
한다. 밤낮 없이 북쪽을 향해 걷고 또 걸어 함흥 땅에 다다른 이장곤은, 그곳에
서 운명의 여인 봉단이를 만난다.

이교리는 얼마 동안 누워있다가 천행으로 나무꾼 하나를 만나서 찬밥 한술을 얻어먹
고 다시 길을 걷기 시작하여 용흥강(龍興江)을 건너서 어느 농가 봉당에서 하룻밤을 편히
자고, 이튿날 정평(定平)을 지나 함흥(咸興) 땅에 들어섰다. 함흥 감영이 가까운 까닭에
더욱 조심이 되어서 멀리멀리 둘러보며 가는 중에, 저 건너편에서 장교들이 떼를 지어 나
오는 것을 보고 소로(小路)에서 소로로 도망하여 어느 시냇가에 오기까지 달음질을 쉬지
아니하였다. 숨은 턱에 닿고 목은 말랐다.

개버드나무 아래서 처녀 하나가 빨래를 하는데 그 옆에 바가지가 놓인 것을 보고 염
치를 돌아볼 사이가 없이 물을 한 바가지 떠 달라고 청하였다.

그 처녀는 헐떡거리는 나그네를 한번 흘끗 돌아보더니 바가지에 물을 떠서 한 손에
들고 한 손으로 머리 위에 늘어진 버들가지에서 잎사귀를 따서 물바가지에 띄운 뒤에

외면하여 바가지 든 팔을 내어밀었다.

이교리가 처음에는 버들잎 띄운 것을 괴상히 생각할 여가도 없이 덥석 받아서 버들잎을 불어가며 물을 다 마시고 바가지를 도로 줄 때, 처녀의 얼굴을 잠깐 보니 달덩이 같은 얼굴이 복성스럽기도 하거니와 태도가 의젓하여 재상가(宰相家)의 딸이나 다름이 없다.

이교리는 언덕 위에 다리를 뻗고 앉아서

'왜 물바가지에 버들잎을 띄어 줄까?'

처녀의 의사를 추측하여 생각하며 처녀의 곁태도를 바라보고 있었다.

그 처녀는 분홍 모시 적삼에 청베 치마를 입었는데 적삼은 낡아서 군데군데 미어졌고 치마는 승세가 굵어서 어레미집[19] 같으니 구차한 집 처자인 것이 분명하고, 또 빨래하는 손을 보더라도 살이 희기는 희나 결이 곱지 못하고 마디가 굵으니 험한 일을 하는 표적이 드러났다.

'저런 처자에게 장가를 들고 시골구석에 묻히어 지냈더면 이런 죽을 고생도 아니할 것이지.'

이교리는 팔자 한탄하다가 자기의 한숨 소리에 처녀가 혹 돌아볼까 생각하여 방망이 소리가 그칠 때에는 한숨을 땅이 꺼지도록 크게 쉬었다. 그 처녀는 방망이질을 그치면 비비고 쥐어짜고 또다시 방망이질을 시작하고 한숨 쉬는 사람이 가까이 있는 것은 아는 것 같지도 아니하였다.

이교리가 처녀에게 말을 붙이고 싶으나 혹 무안을 볼지 몰라서 할까말까 주저하다가 방망이가 쉬는 틈에 처녀에게로 고개를 내밀며

"날 좀 보아."

하고 반말을 붙이니 그 처녀가 돌아본다. 시원한 눈 속에는 총명이 가득하고 천연스러운 얼굴에는 웃는 모양도 없고 성내는 기색도 없다.

"버들잎은 무어야?"

---

19   천의 짜임이 굵고 성긴 것을 비유적으로 이르는 말.

이교리는 할 말이 없는 것보다도 그 버들잎이 종시 알고 싶었던 것이다. 처녀는 웃는 듯 마는 듯하게 웃고 말이 없이 다시 방망이를 잡는다. 이교리가 처녀의 대답을 듣지 못하고 또 지싯지싯 말을 붙이다가는 견모[20]가 될 뿐이라고 생각하여 입을 다물고, 앉았던 자리에 드러누워서 아까 허둥지둥 쫓겨오던 모양과 지금 방망이 소리를 들으며 누워 있는 모양을 함께 머릿속에 그리어 보고 지금같이 다리가 아프고 몸이 무거워서는 곧 잡힌다 하여도 도망하지 못할 것이라고 생각하였다(1권: 44-47).

뉘엿뉘엿 해가 졌다. 오갈 데 없는 이장곤은, 빨래를 다 마친 봉단이 집까지

---

20 업신여김을 당함.

쫓아가 아버지 양주삼을 만나고 죽기 아니면 까무러치기 식으로 버티어 결국
봉단이 집에 눌러 살게 된다.

> 그 집 주인은 아랫방이 불 안 때는 방이라 덥지가 않다고 과객을 인도하여, 이교리가
> 그 아랫방에 들어와서 보니, 이 구석 저 구석에 버들 일거리가 늘어놓였다. 다 만든 모코
> 리, 동고리도 있고 날개를 꾸미지 아니한 키바탕도 있다. 이교리는 선뜻
> '백정의 집이구나'
> 짐작하고 자기가 삼한갑족(三韓甲族)[21]의 양반으로 백정의 집에 와서 자는 것을 창피
> 하게 여기거나 또는 옥당 문관(玉堂文官)의 신분으로 백정의 집에 와서 자는 것을 창피하
> 게 자게 된 것을 한심하게 생각하느니보다도
> '그 처자가 백정의 딸이라니 개천에서 용나는 격이다.'
> 처녀의 본색이 미천한 것을 의외 일로 생각하며
> '그 처자의 그 버들잎이 본색을 가리키는 군호[22]이었구나.'
> 처녀의 의사를 자기 마음대로 추측하고 그 총명을 기특하게 생각하였다(1권: 49).

---

21 조선시대에 예로부터 내려온 대대로 문벌이 높은 집안을 일컫는 말.

22 눈짓이나 말 따위로 몰래 연락하는 신호.

장곤과 봉단의 사랑이야기

이장곤은 오랜 주림과 여독으로 사경을 헤매다 양주삼 아우이자 봉단이 삼촌인 양주팔이 지어준 약을 먹고 가까스로 정신을 차린다. 의약뿐만 아니라 문식이 있는 까닭에 근처 양민(良民)들에게 백정학자라는 별명으로 불리던 양주팔은, 장곤이 평범한 과객이 아님을 단번에 알아본다. 양주팔의 주선으로 이장곤은 봉단이와 백년가약을 맺고 행복한 나날을 보낸다.

장곤이 봉단이와 다정하게 대화를 나누던 중 자신에게 건네 준 물바가지에 버들잎을 띄운 사연을 물어 보는데, 봉단이가 재치 있게 답한다. 동서고금을 막론하고 남녀 간의 사랑을 이렇게 품격 있게 풀어낸 이야기가 있을까 싶다. 에릭 시걸의 『러브스토리』가 청춘남녀의 애절한 사랑을 다룬 현대판 멜로드라마의 바이블로 꼽힌다면 우리에게는 장곤과 봉단의 사랑이야기가 있다.

두 이야기는 여자주인공인 봉단이와 제니가 남자주인공들에 비해 지위가 낮은 집안 출신 임에도 불구하고 보다 총명할 뿐만 아니라 닥쳐오는 난관에 현명하게 대처하는 데서도 공통점이 있다. 봉단이와 장곤의 사랑이야기가 독자들의 폭발적 관심을 끈 데는 첫째, 신분을 뛰어넘은 사랑, 둘째, 봉단이에 대한 장곤의 지고지순한 사랑, 셋째, 봉단이의 소명한 천품(天稟)때문이었다.

    밤이 이슥하여질수록 바람은 더욱 선선하고 달빛은 더욱 밝다. 김서방이 안해의 얼굴을 들여다보며

    "홑적삼 하나 입고 춥지 않소?"

    하고 등을 만져보는 체하다가 살짝 꼬집으니 봉단이는 가만히

    "아야!"

    하고

    "두 번만 추우냐고 물으시다가는 사람의 등에 살점을 남기지 않으시겠소."

골이 난 모양으로 김서방을 뒤에 두고 돌아앉아서 김서방이

"잘못했소. 도로 이리 돌아앉으우."

청하여도 들은 체 만 체하고 부지런히 일을 한다. 김서방이 달을 치어다보며

"달이야 참 밝다. 별이 하나 둘 셋……."

별 수를 세다가 종시 싱겁든지 그만두고 조그만 버들 끄트럭을 봉단의 볼에 닿을 듯 말 듯하게 쥐고서

"애구 이것 보게."

갑자기 무엇을 보고 놀라는 체하여 봉단이가 돌아보다가 볼이 버들에 찔리었다. 봉단이가 김서방의 버들 쥔 손을 뿌리쳐 치우면서

"점잖지도 못하시우."

나무라니 김서방은

"어여쁜 사람 앞에서는 점잖은 이의 머리가 자라목같이 들어가는 법이야."

잘난 체하고 웃는다. 그때 마침 안방에서 기침소리가 나는 것을 듣고 봉단이는

"어머니가 깨시면 잔소리를 하실지 모르니 소리내서 웃지 마시오."

나직이 말하였다. 김서방이 웃음을 그치고 한참 말이 없이 앉았다가 안해의 일이 끝나는 것을 보고

"인제 방으로 들어가지. 가만히 있어. 내가 다 치우지."

하며 일어서서 버들채의 흐트러진 것을 묶어서 봉당 위에 세우고 안해더러 일어나라고 한 뒤 맷방석을 말아서 처마 밑에 들여놓고 다 만든 동고리를 들고 섰는 안해를 뒤로 가서 번쩍 안고 아랫방으로 향하는데 안겨 가는 봉단이는

"이게 무슨 짓이세요."

하며 달 아래 그림자를 부끄러워하고 안고 가는 김서방은

"치우자면 이렇게 다 치워야지."

하며 다시 웃음을 시작하였다. 방에 들어와서 자리 보고 누운 뒤에 봉단이가

"너무 실없이 굴지 마세요. 남의 눈에 띄일까 봐서 마음이 조마조마해요."

소곤소곤 말을 하니 김서방이

"녜, 말씀대로 하오리다."

하고 외손가락으로 살그머니 안해의 턱을 치어들었다.

"이런 짓을 마시란 말이에요."

"녜, 말씀대로 하오리다."

하고 다시 그 손가락으로 안해의 겨드랑이를 간질렀다.

"당신이 하우불이(下愚不移)시요그려."

"상지불이(上旨不移)는 어떤가? 문자를 쓰는 폼이 백정학자의 교훈이 많으시오그려."

"학자면 학자이지 백정학자란 건 다 무언지. 미친 놈들이지."

"여보, 과하오. 그러면 버들학자라고 할까?"

"지각 좀 채리세요."

"어른더러 지각을 차리라니 버릇없어 못 쓰겠군. 버들학자 좋지 않아? 처음 만날 때 가르쳐 준 것이니."

"누가 가르쳐요?"

"왜 버들잎으로 군호 했었지?"

"군호는 다 무어요? 딱도 하시오. 그때 당신 모양이 보기에 하도 황당하기에 급히 자시지 말라고 일부러 버들잎을 띄었지요. 군호는 무슨 군호?"

이렇게 내외가 재미있게 속살거리다가 닭 울 때가 되어서 간신이 잠들이 들었다(1권: 69-71).

장곤과 봉단이의 대화 가운데 등장하는 '하우불이(下愚不移)'와 '상지불이(上旨不移)'는 『논어(論語)』 '양화(陽貨)편'에 나오는 '유상지하우불이(唯上知下愚不移)'에서 따온 말이다. '가장 지혜로운 사람과 가장 어리석은 사람만이 바뀌지 않는다'는 뜻을 지닌다. '어리석고 못난 사람의 기질은 변하지 않는다'는 뜻의 '하우불이(下愚不移)'는 봉단이가 장곤을 귀엽게 놀리느라 한 말이지만, '가장 지혜로운 사람의 본성 역시 변하지 않는다'는 의미의 '상지불이(上智不移)'로 이장곤이 대꾸한 것은 봉단이의 총명함을 칭찬하기 위함이다. 이 대목은 공자 말씀이 중요하다기 보다 부부 사이의 따스한 정이 오가는 사랑의 티키타카 쯤으로 이해하면 될 것이다. 부창부수(婦唱夫隨)가 따로 없다.

나는 하늘보다도 당신을 믿습니다

이런 일이 있었다. 김서방으로 이름을 바꾼 이장곤은 동리(洞里)의 행정 사무를 맡아보던 도집강(都執綱)에게 동고리를 납품하러 갔다가 대가 없이 날로 먹으려던 도집강의 계략에 걸려들어 매질 당하고 집에 머물던 장인 양주삼도 불려나와 매질 당한다. 일이 이 지경에 이르자 화가 머리끝까지 난 봉단이 엄마는 이장곤을 집에서 쫓아낸다. 집도 절도 없는 신세가 된 이장곤은 다행히도 양주팔 집에 머물 수 있었다. 남편의 매맞은 일이 걱정이 된 봉단이가 엄마 몰래 삼촌 집에 찾아와 김서방 이장곤을 만난다.

헤어지기 싫은 두 사람은 함께 걷다가 처음 만났던 빨래터에 다다르고 그곳에서 이장곤은 자신의 신분과 처지에 대해 사실대로 고백한다. 봉단이는 이장곤이 복권하여 좋은 세상이 오면 그때는 자기를 어찌할 생각이냐고 묻는다. 이장곤은 봉단이를 버려둔 채로 자기 혼자 좋은 세상을 누릴 생각은 추호도 없음을 하늘에 대고 맹세 친다. 장곤의 맹서에 '나는 하늘보다도 당신을 믿습니다'는 봉단의 답이 걸작이다. 이 이상 더 남편을 신뢰하고 사랑을 전하는 말이 있을까보다.

얼마 동안 김서방이 말이 없이 앉았다가 두 다리를 뻗고 두 팔을 벌리고 기지개를 켜더니 한 팔을 봉단의 무릎에 감고 비슷이 누웠다. 봉단이가 손으로 김서방의 머리를 긁어주며 눈으로 먼 하늘을 바라보고 있다가 팔이 감긴 무릎을 가만히 흔들면서
"여보세요, 좀 일어나 앉으세요. 인제는 내 이야기를 들어 주세요."

정이 듣는 듯한 목소리로 말하니 김서방은

"무슨 이야기?"

하며 벌떡 일어 앉았다. 봉단이는 무릎을 도사리고 얼굴빛을 고치고 나서

"당신이 녹록한 사나이가 아닌 것은 미리부터 짐작한 바이지마는 삼한갑족의 양반인 것만은 생각지 못한 일입니다. 그런 줄을 미리 알았더라면 뒷일을 한번 더 생각하였을 것인데, 그리 못한 것이 당신에게 속은 셈입니다. 당신은 잠시 액회(厄會)[23]를 면하시려고 만리전정[24]을 생각하지 않으실 리가 없으셨겠지요? 좋은 세상이 되는 날에는 백정의 사위가 우세거리요, 망신거리지요? 그때 나를 어찌하실 생각이세요?"

봉단이가 한 마디 묻고 김서방의 눈치를 엿보고 두 마디 묻고 김서방의 얼굴을 살핀다. 김서방은 얼굴에 웃음을 띠고

"나는 무슨 재미있는 이야기나 들려 준다구."

하고 힘없이 팔을 들어 봉단의 어깨에 깊이 걸치며

"남편에게 좋은 세상이면 안해에게도 좋을 것이고 안해에게 좋지 못한 세상이면 남편에게도 좋지 못할 터이지."

하며 걸친 팔의 손가락 등으로 봉단의 볼을 간질이듯 문지르니 봉단이는 가만히 그 팔을 잡아 어깨에 내려놓으며

"서울 양반에게 좋은 세상이 시골 백정의 딸에 좋을는지 누가 알아요? 도리어 좋지 못할는지도 모르지요."

하고 긴 한숨을 짓는다. 김서방이 정색하며

"여보!"

불러놓고 잠깐 동안 말이 없다가 맘에서 우러나오는 듯한 말로

"장래의 좋은 세상이 올는지 말는지 지금으로서는 모르는 일이거니와 설혹 온다손 잡

---

23   재앙이 닥치는 불행한 고비.

24   만 리까지 펼쳐진 앞길이라는 뜻으로, 젊은이의 희망이 가득 찬 앞길을 비유적으로 이르는 말.

더라도 그대를 버리고 나 혼자 누릴 생각은 없소. 저기 하늘이 내려다보시오.”

하며 손을 위로 치어들어 하늘을 가리키니 봉단이는 김서방의 얼굴을 이윽히 바라보고 있다가

“나는 하늘보다도 당신을 믿습니다.”

말하는데 새침하던 얼굴에 웃음이 떠돌았다(1권: 102-103).

신분제 폐해를 깨닫는 이교리 이장곤

양반계급 출신인 이장곤이 천민들의 삶을 직접 체험한 일화는, 한편으로는 봉단이 삼촌인 양주팔과 같이 능력 면에서 출중한 인물이 있다 하더라도 타고 난 신분 차별로 인해 재능이 만개하지 못함을 개탄하며, 다른 한편으로는 신분제도가 지닌 문제점에 대해 자각하는 계기로 작용한다.

일반 백성들에게까지 스며든 신분제의 폐해

본의 아니게 위장 천민이 된 이교리 이장곤은 신분제의 악폐를 몸소 체험한다. 신분제도는 양반계급과 일반 백성들 사이의 단순한 차별을 넘어, 민중 내부에 전이됨으로써 그 안에서 신분제가 재생산되는 양상을 보인다. 이는 신분제라는 악습이 사회 깊숙이 뿌리내려 있음을 반증하는 것으로, 오랜 양반지배의 내구성의 비밀을 이룬다.

함흥은 대처라 장이 크다. 각 촌에서 모여드는 장꾼들이 길이 메어 가는데 그 중에는 숯짐이며 장작짐을 지고 가는 두메 사람도 있고 새끼 걸빵으로 곡식말이나 무명필을 걸머지고 가는 촌 농군도 있고 소를 네댓 바리 혼자서 몰고 가는 소장수도 있다.

"감사행차냐? 길 중간을 잡고 오게. 키짐 저리 비켜라!"

소장수의 볼멘소리에 김서방은 놀라서 길을 피하다가 등에 잘 붙지 아니하는 지게가 삐딱하며 길 옆으로 오던 농군의 머리가 킷불에 스치었다.

"이 자식, 정신차려!"

농군의 호령을 듣고 김서방은 미안한 뜻을 말한다는 것이

"다쳤어?"

무심히 반말을 하였더니 그 농군이 대번에 얼굴을 붉히며

"이 놈의 새끼! 백정놈이 반말은…… 버릇을 배워라!"

하고 껑청 뛰어 김서방의 뺨을 갈겼다. 김서방이 난생 처음으로 당하는 일이라 기도 막히거니와 슬그머니 분이 나서 그 농군을 떠다박지르니

"백정놈이 사람 친다!"

농군이 외치며

"백정놈이 사람 치다니?"

"백정놈이 무어 어째?"

하면서 두메 장꾼이며 촌 장꾼들이 김서방의 옆으로 모여들었다. 활 반 바탕 가량이나 앞섰던 주삼이가 이때 마침 길가 밭고랑에서 똥을 누다가 밑도 채 씻지 못하고 괴춤을 움켜쥐고 쫓아와서

"이 사람 무슨 짓인가?"

일변 김서방을 나무라며

"몰라서 그렇소이다. 난데^{25} 사람을 사위로 얻었더니 위인이 데퉁궂어^{26} 걱정이올시다. 용서하여 주십시오."

농군에게도 절을 하고 여러 사람들에게도 절을 하고 꾸벅꾸벅 정신없이 절을 하였다. 주삼의 절 덕으로 뭇매질이 나지 않고 여러 사람이 헤어지는데

"백정의 사위놈이 양민(良民)에게 손을 대다니 무엄하기도 짝이 없지. 도대체 세상이 망했어."

소장수가 지껄이니까 그 농군은 더러운 손자국을 털어 없애려는 것같이 옷을 털며 지껄이는 소장수를 쳐다보고 나서

"제기, 간밤에 꿈자리가 사납더니 마수거리로 창피 보았네."

혼자 중얼거리었다(1권: 79-80).

---

25 다른 고장이나 지방.

26 성질이나 행동이 조심성이 없고 미욱하며 거친 데가 있음.

도집강에게 매질 당한 이장곤과 봉단이 아버지 양주삼

『임꺽정』에는 이장곤이 도집강에게 동고리를 납품하고 쌀로 바꾸러 갔다가 멍석말이로 매질 당하는 장면이 나온다. 조선조 6대 문벌 귀족 가문 가운데 하나인 풍산(豊山) 홍씨(洪氏) 태생 홍명희가 한 번도 당해 본 적 없는 매질일 텐데 묘사가 아주 생생하다. 이장곤의 매질 당하는 장면을 등장시킨 것은 사적인 폭력이 일상화되어 있으며, 백정과 같은 천민은 구조적 차별과 폭력 앞에 무방비 상태로 노출되어 있음을 고발하기 위함이었다. 가혹한 매질 체험은 이장곤에게 천민의 아픔과 상처를 이해하고 신분제의 폐해를 깨닫는 계기로 작용한다.

이교리인 김서방이 도집강의 강호령을 받고 멍석말이 매를 맞게 되었다. 매를 맞는 것도 유만부동(類萬不同)[27]이다. 멍석말이에 불기를 맞는 것은 회초리로 종아리 맞는 것과는 물론 다르고 형문으로 정강이를 맞고 난장으로 발끝을 맞는 것과도 서로 같지 아니하여 어려서부터 늙어 죽기까지 양반으로 당할 까닭이 없는 일이다. 당할 까닭이 없는 일을 꼼짝없이 당하게 된 김서방이 기가 막히어 얼빠진 사람같이 서 있자니

"그놈을 거기 꿇려 엎지 못한단 말이냐!"

도집강의 호령이 내리며 그 수하 사람들이 달려들어서 상투를 잡고 끌어다가 뜰 앞에 꿇리었다.

김서방이 분할 것도 참고 부끄러운 것도 참고 또 가소로운 것도 참고 찬찬한 어조로 발명하여 보았다.

"동고리를 갖다 드리라고 해서 가지고 왔고 쌀을 주시거든 받아오라고 해서 주시지 않느냐고 하인에게 물어본 것이 무슨 죄입니까? 대체 양반은……"

발명이 미처 끝나지 못하여 도집강의 입에서

"그놈의 주둥이를 쥐어지르지 못하느냐!"

---

27 비슷한 것이 많으나 서로 같지는 아니함.

하고 호령이 떨어지며 세차 보이던 사나이가 주먹으로 김서방의 볼을 쥐어질렀다. 김서방은 아픈 것보다도 창피에 창피를 더 당하지 아니하려고 입을 다물었다.

"그놈을 올려매라!"

도집강의 호령 한마디에 거행하는 군들이 김서방을 끌어다가 말아놓은 멍석 위에 잡아 엎지르고 무명 바지를 무릎께까지 까뭉기었다.

"되우 쳐라!"

"그게 무슨 매질이냐! 박아 쳐라!"

연하여 신칙하는 매가 하나, 둘, 열 개에 그치었는데 김서방은 엄살 한마디도 아니하고 곱게 맞고 일어났다.

도집강은 '죽을 때라 잘못했습니다', '살려 줍시사' 비는 소리를 못 들어서 양반의 세력이 깍인 것같이 생각하였던지

"그 놈은 저 기둥에 붙들어 매놓고 주삼이놈을 가서 잡아오너라. 앓아누웠거든 떠메어라도 잡아오너라!"

수하 사람에게 분부하여 보내더니 보리밥 두어 솥 지을 동안이나 지난 뒤에 주삼이가 죽을 상을 하고 잡히어 들어왔다. 도집강의 불호령 소리가 주삼의 애걸하는 소리를 내리누리며 주삼이는 김서방이 맞던 멍석 위에 너부죽이 엎드리게 되었는데, 주삼이가 발버둥질을 치니까

"잔뜩 동여매라!"

라는 호령이 내리고 주삼의 팔다리가 새끼로 동여매지니까

"매를 쳐라!"

호령이 내리었다. 매가 늦은 볼기살에 떨어질 때마다 주삼의 입에서 '애구, 애구' 소리가 입에 벅차게 쏟아져서 '되우 치라'는 호령이 없이 매 열 개를 맞고, 나중에 장독(杖毒) 예방으로 짚신발이 맷자리를 밟아 비빌 때에 주삼이는 고통을 이기지 못하는 듯이 앞머리를 멍석에 비비었다.

"너희의 사위는 관가로 보내서 더 족칠 것이나 십분 용서한다. 동고리는 가지고 가거

라!"

도집강이 호령기가 남은 목소리로 이르니 쭈그리고 앉은 주삼이가

"황송하온 말씀이오나 해 바친 물건을 도루 가지고 가옵느니 이 자리에서 매를 열 개 더 맞아지이다."

애걸하다시피 하여 동고리는 바치고 쌀은 구경도 못하고 김서방과 함께 도집강의 용서를 받았다(1권: 85-87).

천인도 사람입니다

이교리 이장곤이 권문세족으로 복권되었을 뿐만 아니라 영전(榮轉)해서 서울 갈 채비를 하는 가운데, 함경감사와 작별인사를 하며 대화를 나눈다. 둘 간의 대화는 『임꺽정』 초반인 '봉단편'에 나오는 것으로, 이후 임꺽정이 신분차별에 저항하여 도적의 길에 들어설 수밖에 없음을 암시하는 의미심장한 대목이 아닐 수 없다.

원이 이급제(及第)의 사처에 와서 좌정한 후에 내아에서 주안상이 나왔다. 두 사람은 상을 앞에 놓고 앉고 상머리에는 그날 밤 이급제에게 수청들 기생이 앉았다. 이급제가 오래간만에 기생의 부어주는 술을 마시며 백정의 집에서 사위하는 동안에 받은 박대와 천대를 자세히 이야기하고 나중에

"내가 고리백정의 식구가 되어서 갖은 천대를 받고 지내는 동안에 천대받는 사람의 억울한 것을 잘 알았소이다. 이렇게 말하면 어폐가 있을지 모르나 천대하는 사람이 천대하는 사람보다 나으란 법이 없습디다. 백정에도 초초치[28]아니한 인물이 있다뿐이겠소? 영감도 이것만은 알아두시오. 천인도 사람입니다. 도연명(陶淵明)이 종을 사서 아들에게 보내며 이것도 사람의 아들이니 잘 대접하라고 했다더니 천인도 사람의 아들이니까 우

---

28 갖출 것을 다 갖추지 못하여 초라하다.

리가 잘 대접할 것입니다."

하고 옆에 있는 기생을 돌아보며 술을 쳐라 하니 원이 술 치는 기생을 보고 "너는 사람의 아들이 아니지만 사람의 딸이니까 오늘 밤에 이급제 나으리께 잘 대접을 받아라."

하고 한바탕 웃고 나서

"여보, 백정에 인물이 있다니 그 인물을 무엇하오?"

하고 이급제를 돌아보니 이급제는 거나한 술기운에

"할 것이 있으면 도적질이라도 하지요. 백정의 집에서 기걸한 인물이 난다면 대적 노릇을 할밖에 수 없을 것이오. 내가 억울한 설움을 당할 때에 참말 백정으로 태어났다고 하고 억울한 것을 풀자고 하면 무슨 짓을 하게 될까 생각해 본 일이 여러 번 있었소이다"(1권: 126).

홍명희가 그린 대동 공화세상

중종반정으로 이교리는 복권하여 서울로 올라가게 되었다. 서울로 올라가기 전 이교리는 함경감사를 만나 서울에서 일어난 반정 소식과 함께 무오년과 갑자년에 화를 당한 사람들에게 복권은 물론 은전이 베풀어질 것이라는 얘기를 전해 듣는다. 이교리 이장곤은 가장 먼저 북방으로 도망갈 계책을 써준 친구 정희량의 근황부터 묻는다.

> 이급제가 원의 이야기를 듣고만 있다가 말 틈을 타서 알던 친구의 일을 묻기 시작한다.
> "정희량(鄭希良) 정한림이 살았나요, 죽었나요?"
> 물으니 원은
> "정한림 일이야 괴상하지요."
> 하고
> "죽기는 풍덕서 강에 빠져 죽었다는데 시체를 못 찾은 까닭인지 죽지 않고 살아 있다는 소문이 낭자하지요. 죽지 않았으면 노형같이 나올는지 모르지요."
> 하고 허허 웃는다. 이급제는 속으로 생각하기를
> '정희량이 죽지 않았을 터이지. 친구에게 피신할 것을 가르쳐준 사람이 자기가 얼뜨게 죽었을리 없지.'
> 하고 자기가 거제 바다에서 자살하려던 광경과 북방길(北方吉)이란 정한림의 적어 준 것을 믿고 북도로 도망갈 때, 도중에서 고생하던 경상이 꿈같이 생각이 나서 말이 없이 앉았다(1권: 124).

정희량이 강에 빠져죽었다는 소문은 『실록』이 전하는 말이다. 이장곤과 정희량 모두 성종, 연산, 중종 조에 실존했던 인물로서 『실록』에도 그들에 대한 언급이 여러 차례 등장한다. 『실록』에 두 사람 개별 기록은 존재하나 이들이 자별하게 교유했다거나 우정이 도타운 친구였는지 여부에 관해서는 전하는 바가 없다. 따라서 이장곤의 도주를 도운 정희량의 '주위상책 북방길' 계책과 강에 빠져죽었다는 소문만 무성하던 정희량이, 이천년으로 개명하고 묘향산에서 우주의 이치를 깨우치는 도사가 되는 과정, 양주팔이 이천년 정희량의 제자가 되는 과정은 모두 홍명희가 지어낸 얘기라 할 수 있다. 홍명희는 어째서 이들 사이의 아름다운 우정을 전함과 동시에 두 사람 모두 신분제라는 지배질서에 불만을 품은 양반계급의 아웃사이더로 그려냈을까?

첫째, 이장곤과 정희량 모두 조선 초기, 나라의 동량이 될 재목으로 촉망받았음에도 불구하고 폭군 연산에게 직언을 서슴지 않던 대표적인 반골기질의 사대부였다. 이들 일화는 『실록』이라는 정사(正史)뿐 아니라 야사(野史)나 구전으로 전승하여 홍명희가 임꺽정을 쓰던 1920-30년대에도 조선 사람이라면 누구나 한 번쯤 그 이름석자를 들어 보았을 법한 인물이었다. 임꺽정 일대기를 소설로 꾸며 흥미를 배가하는 데 있어 이장곤과 정희량 일화는 그들 모두 민중의 존경을 받던 실존한 양반계급의 일원이었기에 소설적 재미는 물론 지배층과 피지배층 사이의 정치적 연대를 위한 연결고리로 더할 나위 없이 좋은 소재였다.

둘째, 정치적 연대는 독립 이후 새롭게 건설할 국가의 비전과도 연결된다. 홍명희는 신분제를 혁파하여 모두가 하나되는 대동 공화세상을 자신이 꿈꾸었던 새로운 나라의 이상으로 삼았다. 그렇게 하기 위해서는 양반계급과 신분제에 대한 철저한 자기비판이 필요했고 그 비판이 『임꺽정』으로 형상화한 것이다.

홍명희는 1947년 〈경향신문〉에 발표한 "청년학도에게"라는 기고문에서, 해방된 한국사회에 새롭고 활달한 건국 기상을 찾아보기 어려운 대표적 이유가 식민지배의 잔재인 '일제 여독(餘毒)'과 조선 시대부터 켜켜이 쌓여 내려온 악습·적폐라 할 수 있는 '봉건 유폐(遺弊)' 때문이며 이를 하루바삐 청산하여 새롭게 할 필요가 있다고 강하게 주장했다.

봉건 유폐로 말하면 우리 의식층(意識層)에 아직 완강한 근거를 가지고 있다. 원래 동양의 봉건이란 장생불사(長生不死)한 점으로 일종의 괴물이라 자본주의 사회주의 등이 서양에서 수입되지 않았던 들 탕척[29]할 수단이 거의 없었다. 일본은 자본주의의 힘으로, 중국은 자본주의의 힘보다 사회주의의 힘으로 근절까진 몰라도 태반 탕척한 모양이나, 우리는 제(諸)주의가 다 일제 폭력에 눌려서 발달되지 못하였었고, 또 일제가 저의 편의(便宜)를 쫓아 탕척은커녕 도리어 조장까지도 한 까닭에 탕척을 이제부터 시작할 뿐이다. 그러므로 이것을 탕척하자면 일제 여독부터 더 많은 시일의 더 꾸준한 노력이 필요할 것이다(홍명희, 1947a).

대체 양반도 없고 백정도 없는 세상은 없나요

봉건조선을 깨치고 태어날 새로운 대동 공화세상의 꿈은 봉단이의 "대체 양반도 없고 백정도 없는 세상은 없나요" 이 한마디에 함축돼 있다. 벽초는 조밥을 먹어도 서로 아끼며 보듬는 백정 일가의 모습을 재미있게 그려내는 가운데 대동공화 세상의 일면을 보여준다.

사위 나리가 서울로 떠나게 될 날도 가깝고 하니 집안 식구가 한 자리에 모이어 조석을 같이 먹자고 주장하여 윗방이 조석 먹는 방이 되었는데, 구미 잃은 봉단이가 험한 밥 먹는 것을 사위 나리가 딱하게 여기어서 자기의 입쌀밥을 주고 싶으나 여러 사람 보는 곳에 유난스러워서 주삼의 안해를 보고

"혼자서 좋은 밥을 먹자니 첫째 염치가 없어, 이 밥 좀 나눠들자시지."

하고 위만 헐다가 만 밥그릇을 내어주니 주심의 안해가

"고만두고 더 잡수시오."

하고 권하다가 사위 나리가 정히 고만 먹겠다고 하니까

29　더러운 것을 없애고 깨끗하게 함.

“네나 먹어라.”

하고 봉단을 내주었다. 사위 나리 맘에는 봉단이가

“네.”

하고 받아먹었으면 좋겠는데 봉단이는 남의 맘도 모르고

“아버지 잡수세요.”

하고 주삼을 주고 주삼은

“나는 조밥이 좋아. 당신 자시오.”

하고 안해를 주고 주삼의 안해는

“아재 자시오.”

하고 주팔을 주고 또 주팔은

“나도 조밥이 좋아. 너 먹어라.”

하고 돌이를 주었다. 입쌀밥 담은 밥그릇이 한 차례 식구 앞에 조리를 돌아 돌이에게 간 뒤에 돌이가

“다 싫다면 내나 먹지.”

하고 처치하게 되니 사위 나리의 소료[30]와는 틀리었다. 사위 나리가 쌀을 얻어다가라도 다같이 입쌀밥을 지어 먹어야 하겠다고 발론(發論)하고 원에게 편지를 썼다. 그 편지 사연에는 찬으로 고기는 있으되 반(盤)에 백옥(白玉)이 귀하니 한(恨)이라고 하였다. 그 편지는 돌이가 가지고 가게 되었다. 원이 이급제의 편지를 받아보고 이방을 불러 쌀을 보내게 하라고 지휘하려다가 이급제가 도집강에 동고리 값으로 쌀을 달라다가 매를 맞았다는 이야기가 생각이 나서 이방을 내다보고

“향곳말에 도집강이란 자가 있다지. 그자가 견디느냐?”

물으니 이방은 원님이 이때껏 아니하던 홀태질[31]을 시작하려는가 생각하며

---

30 미루어 생각한 바.

31 염치나 체면을 생각하지 않고 탐욕스럽게 재물을 마구 긁어모으는 짓.

"부자로 사옵니다."

대답하였다.

"그러면 그자를 지금 좀 들어오라고 불러라."

하고 원이 이방에게 이르더니 얼마 뒤에 도집강이 관가로 들어왔다. 도집강이 원에게 절하고 꿇어앉은 뒤에 원이 대번에 정색하고

"향곡(鄕曲)에서 무단(無斷)하는 기습은 인민의 부모된 나로서 알고 그대로 둘 수 없는 일이야."

호령기 있게 말하니 도집강은 무슨 영문인지 모르고

"민(民)이 득죄하온 일이 없사온데……"

하고 벌벌 떨며 발명도 채 다하지 못하여서 원이 눈을 부릅뜨며

"무슨 잔소린고. 양주삼의 동고리를 빼앗은 일이 없는가?"

호령하였다. 도집강이 주삼의 사위가 전날 이교리란 소문을 듣고 알아보니 주삼의 사위는 외사위로 자기에게 매맞은 사람이 적실히 이교리라. 이교리를 가서 보고 사과를 하여 볼까? 사과를 하러 갔다가 봉변하지 아니할까? 망상거리고 지내던 차라 지금 원의 호령이 이교리의 청으로 대신 분풀이하여 주려는 거조(擧措)인 줄로 알고 얼굴빛이 채수염빛같이 하얘지며

"민이 무지하오나 주삼의 사위가 이교리이신 줄 알았더면 언감생심이옵지요만, 그때 백정의 사위로 언어 행동이 완만(頑慢)[32]하옵기에 모르고 작죄하였사오니 성주(城主) 덕택을 입어지이다."

채수염이 마루청에 서리도록 고개를 숙이고 손바닥을 맞대어 치어들고 비니 원이 속으로 웃으면서

"동고리 몇 벌을 빼앗았던고?"

호령기 남은 목소리로 물은즉

32　성질이 모질고 거만하다.

"세 벌인가 하옵니다."

대답이 거의 우는 소리와 같다. 원이 도집강에게 고개를 들라하고 평탄한 말소리로 지나간 일이기에 과히 추구(追究)하지 아니하나 속죄는 하여야 할 것인즉 동고리 한 벌에 쌀 한 섬씩 석 섬을 주삼에게로 실려 보내되, 보내는 것을 내가 보아야 할 터이니 지금 나가 곧 실려서 관가로 들여보내라 이르고, 또 이후에는 반명(班名)[33]이라고 행패하지 말라고 일러서 보냈다. 도집강이 형문 개나 좋이 맞을 줄 알았다가 쌀 석 섬에 타첩(妥帖)[34]된 것이 도리어 다행하여 집에 나오며 곧 소 세 바리에 쌀을 실렸다. 돌이가 원의 답장을 받고 쌀바리를 영거하여 가지고 나왔다. 사위 나리가 원의 답장을 뜯어보니 그 사연에 이 쌀은 내가 보내는 것이 아니요, 형의 매품을 도집강에게서 추징(追徵)한 것이라고 하였었다. 사위 나리는

"원이 실없는 사람이로군. 도집강은 내가 애자지원(睚眥之怨)[35]을 갖는 사람으로 알았으렸다."

하고 편지를 주팔에게 보인 뒤에 서로 바라보고 웃었다. 주삼의 안해는 이것을 알고 몇 번이나 시원하다 고소하다 외치고, 또 입쌀밥을 지어서 식구가 돌아앉아 먹을 때에 이 밥은 별달리 맛나다고 떠들었다(1권: 144-147).

33　양반이라고 일컬을 만한 명색(名色).

34　일 따위를 탈 없이 순조롭게 끝냄.

35　한 번 흘겨보는 정도의 원망이란 뜻으로, 아주 작은 원망.

제2부   임(林)씨연대기

『임꺽정』은 '임(林)씨연대기'
다. 임(林)가 성을 가진 인물들이
가장 많이 나오기 때문이다. 꺽정
이 할아버지, 꺽정이 아버지 돌
이, 돌이 고모로 양주삼의 아내이
자 봉단이 엄마인 임씨, 꺽정이
누나인 섭섭이, 꺽정이 이복 동생
인 팔삭동이, 그리고 꺽정이와 꺽
정이 아들 백손이까지 도합 일곱
명이 임씨 성을 가진 작중 인물이
다. 임씨 일가의 특징을 볼 것 같
으면 자존감이 강하고 무엇보다
도 말을 잘한다.

말솜씨만 놓고 보면 꺽정이가
젤로 처진다. 꺽정이는 행동파다.
힘을 신봉하는 자다. 하늘이 내
린 장사인데다 검술까지 당할 자
가 없으니 무슨 말이 더 필요하겠
는가? 하지만 소설은 말로 풀어
가는 이야기다. 말이 재미없으면
아무도 읽으려 들지 않을 것이다.
임씨 일가의 입심은 집안 내력이
다. 그 가운데 봉단이 엄마와 꺽
정이 아버지 돌이의 활약이 눈부
시다. 이들은 강렬한 연기파 배우

로 뱉어내는 말마다 절창이다. 요즘 말로 치면 주연 못지않은 조연인 씬스틸러 (scene-stealer)로서의 면모를 드러낸다.

임씨 일가는 기죽고는 못 살뿐더러 의협심이 강한 사람들이다. 그러니까 "계급적 증오의 불길을 품고 그때 사회에 대하여 반기를 든"(홍명희, 1929b: 34) 꺽정이 같은 인물이 태어나지 않았겠는가? 꺽정이의 반역적 기질은 사실 아버지인 돌이의 젊은 시절부터 조짐을 보이기 시작했다. 신분을 감추기 위해 김서방으로 변성명한 이장곤이 함흥 양주삼의 집에서 봉단이와 혼인 말이 나왔을 때다.

> 김서방은 자기가 3년 전 스물여섯까지 돌이같이 떠꺼머리로 있다가 간신히 장가를 들었는데, 안해의 얼굴이 반주그레[1]한 탓으로 곧 상전 양반에게 빼앗기고 지금은 안해가 없다고 이야기하니 다른 사람은 들을 만하고 있고 돌이는 남의 일일망정 분하여 한다.
> "여보, 계집을 빼앗기고도 가만히 있었단 말이오?"
> "그럼 양반을 어떻게 하나?"
> "양반의 배때기엔 칼이 안 들어가오? 양반을 어떻게 하나라니 당신의 키가 아깝소."
> 김서방은 안나오는 웃음을 억지로 웃었다(1권: 58).

돌이는 양반에 대한 불만이 누구보다 컸다. 천민이긴 하지만 서울과 멀리 떨어진 함흥 땅에서 신분제에 얽매이지 않고 나름 자유롭게 살아왔기 때문에 그럴 수도 있겠다는 생각이다. 양반에 대한 돌이의 불만은 꺽정이에게 그대로 전해져서 꺽정이도 양반이라면 이를 갈았다. 반정 이후 복권한 이장곤이 서울에서 승지벼슬을 살 때, 함흥에서 이종 누이 봉단이를 보러온 돌이가 그 집 하인에게 뺨을 맞고, 사돈인 양주팔이 집에 와서 분을 토로한 적이 있었다. 그때 양주팔이 이장곤을 두둔하는 말을 하였다. 그러자 돌이는 화를 내며,

---

1   겉으로 보기에 반반하다.

"김서방 적부터 두둔하기에 골이 배겼구려. 당신이 무어라고 하든지 내가 그놈의 집
에 다시 발을 들여놓으면 개자식 쇠자식 말자식이오."

"너무 과하다."

"과하기는 무엇이 과하단 말이오? 누이 보고 싶은 생각까지 천리만리 달아났소."

이때 옆에 있던 삭불이[2]가

"총각이 골날 만도 하지."

하고 돌이의 비위를 맞추며

"그놈 저놈 할 것이야 없지."

하니 돌이는

"양반놈들을 놈이라고 아니하면 누구를 놈이라겠소?"

하고 눈망울을 굴리었다(1권: 201-202).

   이것이 돌이의 모습이다. 돌이가 한 말 가운데 틀린 말 하나 없다고 생각한
다. 같은 말이라도 돌이가 하면 재미있고 속이 뻥 뚫린다. 돌이만 그런 게 아니
다. 돌이 아버지, 그러니까 꺽정이 할아버지도 입담이라면 둘째가라 서러워할
인물이다. 임씨 집안에 말솜씨만 놓고 보면 최고 걸작은 단연 봉단이 엄마다.
임씨 일가가 쏟아내는 말솜씨의 향연 속으로 들어가 보자.

---

2   삭불이는 이장곤 유모의 아들이자 이장곤 집안의 청지기다. 그러니 돌이가 자기 주인을 이놈,
저놈 하는 데 좌불안석이었을 것이다.

힘도 입심도 타고난 집안 내력

『임꺽정』 '봉단편'에는 양주팔이 장모에게 쫓겨난 김서방 이장곤을 데리고 옛날이야기 선수인 돌이 아버지에게 놀러가는 대목이 나온다. 돌이 아버지는 두 사람에게 자기 증조할아버지와 젖을 노나 먹고 자란 최윤덕 장군이 어릴 적 호랑이 잡던 일화를 들려주며 그때 사용한 활을 가보로 간직하고 있다고 자랑을 한껏 늘어놓는다. 여기서도 돌이의 입심은 여지없이 발휘되어 독자들을 미소 짓게 한다.

최윤덕 장군의 가문은 대를 이은 무반 집안으로 할아버지 최록은 정4품 호군을 지냈다. 아버지 최운해는 위화도 회군에 참여해 고려에서 회군공신이 되었고, 조선 건국 후에는 이성계를 따른 공으로 개국원종공신에 책봉됐다. 최운해는 태조 2년(1393)에는 양광도에서, 태조 5년(1396)에는 경상도 영해, 장기 등지에서 왜구를 크게 무찔렀다.

최윤덕은 태종 2년(1402) 식년시 무과에 3등 20위로 급제했고, 태종 10년(1410)에는 중시(重試) 무과에 급제했다. 아버지의 뒤를 이어 장군이 된 최윤덕은 태종, 세종 치세에 크게 활약하여 세종 연간에는 김종서와 함께 4군 6진을 개척하였다. 그가 개척한 곳은 여연(閭延), 무창(茂昌), 자성(慈城), 우예(虞芮) 4군으로 서북 4군으로 불린다.

서거정이 저술한 『필원잡기』에 의하면, 최윤덕의 친모는 그가 태어나자마자 숨을 거두었고, 최운해는 변방에서 장수로 있었기 때문에 최윤덕을 이웃에 살던 양수척, 백정 집안에서 양육했다. 홍명희는 조선 사람 대부분이 한번쯤 들어봤을 법한 최윤덕 장군의 어릴 적 일화를 가져다가 꺽정이가 장사 집안 내력을 타고났음을 암시하는 대목에 차용하여 독자들의 흥미를 한껏 진진하게 했다.

"우리는 본래 강원도 통천(通川) 사람으로 우리 증조할아버지 때에 북도 경성(鏡城)으

로 이사 가서 가근방 이리저리 옮겨다니며 몇 대를 살아오다가 우리 아버지가 함흥으로 이사를 왔어. 함흥 올 때 나는 나이 열 살 안이었고 봉단 어머니는 낳기 전이니까 한 오십년 가량이나 되었지. 그까짓 횟수는 따질 것이 없고 경성으로 이사 간 할아버지의 아버지 되는 고조할아버지 때 이야기가 정작 이야기야. 우리 고조할아버지는 터지게 잘났던 것이야. 말 잘 타고 활 잘 쏘고 한 끼에 대되 밥을 먹지 않으면 출출하다고 했다니까 기운도 장사던 것이야. 이 할아버지가 통천서 살 때 최장군이란 이하고 이웃해서 살았는데 젊었을 때부터 정분이 여타 자별하게 지냈던 것이야.

최장군이 유명한 장군이 되어서 경상도 합포(合浦)로 벼슬살이를 가게 된 때 그 부인이 태중이라 따라가지 못하고 집에 있었는데, 부인은 그 뒤에 사내아기를 낳고 곧 산후더침으로 작고를 했었어. 최장군이 이 소식을 듣고 그 아기를 길러 달라고 우리 할아버지에게 부탁하니까 평일 정분에 싫달 길이 없어서 그때 돌이 갓 지난 우리 증조할아버지의 젖을 노나 먹여가며 친자식이나 다름없이 길러냈는데 이 아들이 그 아버지보다도 더 유명한 최장군이 된 사람이야. 이 아들 최장군은 어려서부터 힘이 장사고 활을 잘 쏘고 해서 우리 할아버지와 같이 사냥을 다니는데 토끼 노루 할 것 없이 닥치면 놓치지 않더라지.

그중에 놀라운 일은 열서너 살 되었을 때 하루 혼자 활을 메고 나가더니 얼마 뒤에 돌아와서 무슨 검은 줄이 있는 누런 짐승 하나를 잡아놓았다고 해서 여러 사람이 무엇을 잡아놓았나 하고 따라가서 본즉, 큰송아지만한 호랑이 한 마리를 한 살에 쏘아넘겼더라지. 그래서 여러 사람이 모두 놀랐더래. 그게 누구든지 놀랄 일이 아니야? 최장군이 아이 적에 쓰던 활이 지금도 우리의 집에 있지. 우리 집의 보물이야.”

하고 늙은이는 일어서서 시렁 위에 얹은 궤 하나를 들어 내려서 뚜껑을 고이 열고 종이로 싼 활을 모시듯 들어내서 싼 종이를 펴고 김서방을 보이면서

“이것이 우리 집의 보물이야.”

말하였다. 이때껏 ‘그러세요, 그러세요’ 하며 이야기만을 듣고 있던 김서방이

“그 최장군이 최윤덕(崔潤德) 최정승이구려.”

말한즉 늙은이가 최장군의 이름을 어찌 다 아느냐고 놀라며 서울사람이란 다르다고 칭찬하고서

“그래 우리 할아버지가 불원천리하고 그 아버지 최장군에게로 데려다 주었었는데, 뒷날 아들 최장군은 대군을 거느리고 압록강을 건너가서 대공을 세운 일까지 있었다네. 이 최장군이 병마절도사로 경성 와서 있을 때 우리 증조할아버지가 경성으로 이사를 갔던 것이야.”

이때 방문이 열리며 돌이가 들여다보고

“손님도 오고 조상님도 나오셨군.”

하더니 방으로 들어와서

“조상님은 뫼셔놓고 손님하고 엿이나 잡수시오.”

하며 얻어가지고 온 엿봉지를 풀어놓았다. 이리하여 늙은이의 이야기는 중간에 그치었다(1권: 106-108).

돌이아버지, 돌이, 그리고 돌이 고모인 봉단이 엄마를 놓고 보건대 입담도 힘도 집안 내력임에 고개가 끄덕여지지 않을 수 없다. 『임꺽정』의 가장 아쉬운 대목가운데 하나는 반정으로 이교리가 복권되면서 양주팔이와 돌이가 봉단이의 서울길에 동행함에 따라 극중 무대가 일변하여 함흥 사는 봉단 엄마의 입담을 더 이상 들을 수 없게 된 것이다. 하기야 홍명희의 필력으로도 봉단 엄마의 입담을 담아내기란 여간 힘든 노릇이 아니었을 것이다.

봉단 엄마 열전

『임꺽정』의 초반부에서 이야기를 끌고나가는 힘은 단연 봉단이 엄마의 입담이다. 『임꺽정』을 소리 내서 읽어야 하는 이유이다. 언뜻 보기에 봉단이와 봉단이 엄마는 성격이 완전히 다른 극중 인물로 비쳐지지만 실상은 그렇지 않다. 봉단이 성품은 아버지 양주삼과 삼촌 양주팔의 성격을 놓고 봤을 때 부계에서 물려받은 것임에 틀림없다. 착한 본성을 타고난 것이다.

봉단이 엄마는 꺽정이 아비인 돌이 고모로 임씨 일가다. 돌이와 꺽정이의 반골기질은 고모인 봉단이 엄마의 성격과 무관치 않다. 거침없이 말하고 생각보다 행동이 앞서는 다혈질이다. 홍명희는 봉단 엄마를 통해 날 것 그대로의 민중적 여성상을 재현한다. 이교리를 게으름뱅이라 박대하지만 봉단이와의 결혼은 흔쾌히 수락하고 자기 딸이 맘고생으로 속병을 앓을 때 밤낮으로 치성 드리며, 일도 못하며 처 맞고 다니는 사위를 쫓아내지만 이교리가 복권했을 때 언제 그랬냐는 듯 노래하고 춤추며 가장 기뻐한 사람이 바로 봉단이 엄마다.

봉단이가 숙부인이 되서 서울로 올라 갈 때도 봉단 엄마는 한 인간으로서의 자존감을 잃지 않고 독립적으로 살아가기를 결단한다. 사실『임꺽정』은 시작이 가장 중요하다고 할 수 있는데, 이 이야기 성공의 절반은 봉단이 엄마 몫이라 해도 과언이 아니다. 거칠고 직설적이나 결코 미워할 수 없는, 츤데레[3] 캐릭터의 원형이 바로 봉단이 엄마다. 아마도 이것이『임꺽정』의 신문 연재를 그 시작부터 선풍적 인기를 불러일으키게 한 주된 원인 가운데 하나였으리라.

> 돌이가 상제 되는 덕에 김서방은 단지 며칠 동안이라도 장인 장모의 잔소리를 듣지 않고 맘 편히 지내었다.

3　쌀쌀맞고 인정이 없어 보이나, 실제로는 따뜻하고 다정한 사람을 이르는 말.

주삼의 내외가 상가에서 돌아오던 날 저녁때 주삼의 안해가 양식이 없어진 것을 보고

"연놈이 들어앉아서 밥만 해쳐먹었니? 양식이 어째 이렇게 없어졌니?"

야단치는 것을 봉단이가

"한 끼에 두 끼 밥 먹지 않았어요."

조금 불쾌히 대답하였더니 그 어머니가 하늘이 낮다고 뛰면서

"이년, 서방 맛을 되우 안다. 그 게으름뱅이가 양식 도적놈이야! 감추려면 감추어지니?"

욕설을 내놓다가 봉단의 눈에서 눈물이 쏟아지는 것을 보고

"쪽쪽 울기는 왜!"

하고 혀를 차면서도 딸을 불쌍히 생각하였던지 욕설은 그치고

"여보, 원수의 양식이 떨어지게 되었구려. 내일 장날 키 죽[4]이나 갖다 내서 서속[5] 몇 말을 바꾸어 와야겠소? 죽을 채우자면 키가 몇 개나 부족이오?"

주삼을 보고 물었다.

"만든 것이 반 죽밖에 없어."

하는 남편의 대답을 듣고 딸을 들어보며

"우리가 둘을 맡을 터이니 둘은 네가 맡고 나머지 하날랑은 게으름뱅이더러 밤내로 결어노라고 해라. 못 해놓으면 내일 아침밥은 다 먹을 게니 알아 하래라!"

구별하는데 봉단이가 상을 찌푸리며

"나는 오늘 골머리가 아파 일 못하겠어요. 만일 억지로 하라시면 하나나 맡지요."

앙탈하다시피 하여 주삼의 내외가 세 개를 맡고 젊은 내외가 각각 하나씩을 맡게 되었다.

일거리를 각각 나눠 가지고 방으로 들어간 뒤에 김서방은 봉단의 전하는 장모의 말을 듣고

---

4   옷·그릇 등의 열 벌을 묶어 일컫는 말.

5   기장과 조.

“나는 내일 아침밥을 안 먹을 작정하지. 밤을 꼬박 새우더라도 다 겯기는 틀렸으니까.”

하고 채를 골라놓는 안해의 시중을 들어주다가

“골머리가 아프다더니 어떻소?”

하고 머리를 짚어보려고 하니 봉단이가 살그머니 짚으러 오는 손을 막으면서

“관계찮어요. 개수를 줄이려고 아프다고 했어요.”

하고 잠깐 방그레 웃었다.

“꾀병이 일쑤구려.”

“언제 누가 꾀병합디까?”

“우리 혼인 전날 밤에는 그게 무슨 병이오? 능청스럽게 꿈 이야기까지 꾸며가지고, 보기에는 그렇지 않으면서도 하는 짓은 여……”

“여……무어요?”

“호.”

“잘하시오 잘해. 당신 그러다간 지각나자 망녕 나겠소.”

젊은 내외의 속살거리는 말은 밤이 이슥토록 그치지 아니하였다. 이튿날 식전에 주삼의 안해가 아랫방에서 나온 키 두 개를 한두 번 뒤치고 제치고 하더니

“서방 대신 해주려고, 여호 같은 년 아프다고 어미를 속여!”

딸에게 귀먹은 욕을 해붙이었다”(1권: 77-78).

자식 이기는 부모 없다더니

봉단 엄마는 무남독녀 외동딸인 봉단이에게는 한없이 자애로운 어미였다. 게으름뱅이 남편 김서방의 허물을 덮어주고 장모 구박에서 지켜내기 위해 꾀를 낸 것을 알고도 속아주는 봉단 엄마는 ‘자식 이기는 부모없다’는 민족의 오랜 국룰을 몸소 실천한 전형적 인물이었다.

　이튿날 아침때 주팔이가 형의 집에 와서 보니 윗방 아랫방 할 것 없이 방문은 모두 닫히었고 집안이 괴괴하여 사람이 없는 것 같다. 윗방 문을 열어본즉 형은 없고 형수가 포대기 같은 처네[6] 쪽을 덮고 누웠다가 문 여는 소리에 놀라 일어나며

　“아재요? 잘 왔소. 어젯밤을 반짝 새우고 하도 곤하기에 눈을 좀 붙이고 아재에게 가려고 했더니 마침 잘 왔소. 이리 들어와 이야기 좀 들으시오.”

　하고 처네를 치운다. 주팔이가 밖에 서서

　“형님은 어디 가셨소?”

　물으니 그 형수는

　“아니 글쎄 들어와 이야기를 들으시라니까 그러오.”

　방으로 들어오라고 재촉하여 주팔이가 자리에 앉자마자, 그 형수가 이야기를 시작한다.

　“어제 봉단이가 냇가에 있는 것을 불러 보내셨다지? 집에 와서 저녁밥 먹기까지는 천연스럽게 별말 없던 아이가 저녁을 먹고 난 뒤에 저의 아버지와 나를 보고 김가를 도로 불러달라기에 내가 좀 나무랐더니 두말 아니하고 일어서서 아랫방으로 갑디다그려. 그런데 일어설 때부터 눈치는 달랐었어. 그년의 눈치가 수상하다고 우리 내외가 말까지 하였었지. 일어서 나간 뒤에 불과 얼마 동안 안되어서 형님이 아랫방에서 무슨 소리가 나는 듯하다가 가본다고 나가더니 아랫방 문을 열자마자 큰일 났다고 소리를 지릅디다. 겁결에 맨발로 뛰어가 보니 그년이 목을 맸습디다. 시렁에 목을 맸습디다. 곧 끌러놓았지만 벌써 얼굴이 새파랗게 질렸지요. 주무르고 문지르고 해서 간신히 기운을 돌렸는데 그년이 정신을 차린 뒤부터는 울고불고하며 죽게 내버려 두라고 몸부림을 치며 야단이지요. 그리고 나중에는 미친년 날뛰듯 하는구려. 수건이고 노끈이고 칡껍질이고 무엇이고 눈에 보이는 대로 집어다가는 목에 대고 동이려고 하니 가만 내버려둘 수가 있어야지. 형님하고 나하고 그년을 붙들고 앉아서 밤을 새웠소. 형님은 지금도 그년을 지키고 앉았지요. 대체 이 일을 어쩌면 좋단 말이오? 딸자식이라고 하나 있는 것이 저 모양이니 그야

6　덧덮는 얇고 작은 이불.

말로 죽으라고 내버려둘 수도 없고 기가 막히오그려."

하고 그 눈에 눈물이 도는 것 같았다. 주팔이는 봉단이가 꾀를 쓴 것이로구나. 자기가 입이 닳도록 말하여야 형수의 고집이 풀릴지 말지 생각하고 왔었는데, 지금 형수가 봉단의 꾀에 빠졌으니 남은 고집쯤은 풀기가 쉬우리라 생각하며

"큰일날 뻔했습니다그려. 그래도 미리 구하셨으니 천만다행입니다. 사람이 열에 뜨이면 미친 것 같고말고요. 봉단이가 소명한 아이라 조만한 일에야 미친 것같이 날뛰도록 되겠습니까? 제 맘에는 꼭 맺힌 것이 있어 그런 것이니까 그것을 풀어 주어야지요."

말하고 걱정하는 빛을 보이니 그 형수는 아직도 김서방을 불러들일 생각이 없는 것 같아서

"그년의 맘에 맺힌 것이라면 잘난 서방이겠지. 모든 것이 김가 망할 놈의 탓인 것을 생각하면 사람이 분통이 터져 죽겠구려."

열을 내며 고개를 외로 친다. 사위가 장인 장모의 맘에 들고 안드는 것은 둘째나 셋째 일이고, 첫째가 딸의 내외 상득하냐 아니하냐 볼 것인데 사위가 맘에 들지 않는다고 상득한 내외의 사이를 억지로 떼려는 것은 옳지 않은 생각일 것이라고 주팔이는 완곡하게 말을 하여 그 형수가 주팔의 말에 귀를 기울이게 되었다. 주팔이는 그 형수의 입에서 김서방을 불러오자는 말이 나오도록 하려고

"아주머니가 잘 생각해서 처단하셔야 합니다."

하고 대답을 기다리다가 형수가 입맛만 다시고 있는 것을 보고 아랫방에를 가보겠다고 일어서 나가려고 하니 형수는

"에이."

소리 한마디를 내고서

"그애 아버지를 오시래서 의논을 작정합시다."

하여 주팔이가 방문을 열고 아랫방을 향하여

"형님, 형님."

불러서 주삼이가 윗방으로 올라오는데 머리는 헙수룩하고 눈알은 붉었었다. 주삼이가

"너 왔구나!"

아우가 온 것을 든든히 여기며

"이야기 들었겠지? 어떻게 하면 좋겠나?"

아우의 소견을 묻는다. 주삼의 안해가 수숙간의 의논한 말을 대강 남편에게 들려주고

"게으름뱅이 그 자식을 다시 불러들여야 될 것 같소."

말하며 불쾌한 심정을 억제하려는 듯이 방문을 열고 침을 뱉으니 주삼이는 따라서 침을 뱉고

"나도 그렇게 생각했더니 잘들 생각했군. 사위 내쫓다가 딸 죽이겠어."

김서방을 불러들일 의논이 쉽사리 작정되었다. 주팔이가 어제 저녁때 김서방이 자기 집에 왔더라고 말하고 어젯밤에 돌이 집에 놀러간 것과 자기 집에 있는 것을 말하니 주삼이는 그 아우를 보고

"찾아다니지 않겠으니 잘되었다. 지금 네가 가서 데리고 오너라."

말하여 주팔이가 김서방을 데려오게 되었다(1권: 108-111).

너는 나보다 낫다

이장곤은 서울에 당도하여 반정에 대한 자세한 소식을 접한다. 반정이 폭군 연산의 제거에만 성공했을 뿐 벼슬 나눠먹기식의 조정의 오랜 악습을 혁파하지 못한 한갓 권력투쟁에 지나지 않았음을 깨달은 이장곤은 중종에게 사직 상소를 올렸다. 중종은 이를 허락하지 않는다. 오히려 이교리를 영전시켜 동부승지에 임명하고 봉단이에게는 정삼품 당상관 아내 봉작(封爵)인 숙부인 직첩을 내린다.

이교리가 사직(辭職) 상소를 올리던 이튿날

"알았다. 사직은 허락지 아니한다."

는 뜻으로 간단한 비답(批答)이 내리었다. 이교리가 며칠 뒤에 다시 상소를 올리리라 맘을 먹고 있는 중에 홍문관 하인이 나와서 번(番)을 들어달라고 말하였다. 이교리가

"나는 사직하려는 사람이라 번을 들지 못하겠은즉 다른 양반께나 가서 보아라."

하고 거절한즉 그 하인은

"다른 양반이라니요? 한바탕 줄달음박질을 치고 나으리께로 왔습니다. 나으리가 못 드신다면 오늘 맷복이 터지는 겁니다."

하고 눈살을 찌푸렸다. 이교리가

"그러면 네가 오늘 내 아들이란 욕을 많이 하였겠구나."

하고 웃으니 그 하인은 조금도 황송하여 하는 모양도 없이

"황소하옵니다만 나으리 아시다시피 번들라고 해서 아니 드는 양반은 모두 내 아들이지요."

하고 역시 웃었다.

"지금 번드신 나으리가 누구냐?"

"장교리 나으리입니다. 나으리 아시겠지요? 장돼지라고 돼지같이 생긴 양반이에요. 그 양반도 화는 나겠지요. 처음번에 아흐레 동안 장번(長番)입니다. 소인들이 아무리 여러 댁을 쫓아다니어야 돼지가 좀더 들게 내버려 두라고 하고 번을 갈아주지 않습니다그려. 소인들만 죽어나지요. 그 돼지 같은 양반이 매끝이 되어요. 소인들이 날마다 그 양반의 화풀이를 받느라고 참말 죽을 지경입니다. 내 아들이란 욕마디로야 셈이나 됩니까? 또 오늘 저녁에도 번을 갈아 주시는 나으리가 없고 보니 소인의 매는 떼논 당상입니다. 여보십시오, 나으리. 사직을 하시더라도 그 전에 오래 계시던 홍문관에 들어와서 보시고 사직하시지요."

이교리는 하인의 말이 솔깃하여져서

"그래라. 오늘 저녁 한번 번을 들어주마."

허락하게 되었다. 이교리는 장교리를 만나서 괴[7] 이야기나 하고 한번 웃으려고 하였더니 장교리는 장번(長番) 끝에 번을 갈아 줄 사람이 들어온 것만 다행하게 생각하여 총

---

7   고양이.

총히 수인사하고 나서

"처음에 멋모르고 선뜻 번을 들지, 알고는 여간 맘 아니 가지고 들기 어렵겠습니다. 이번에 아흐레 동안 사람이 갑갑해서 죽을 뿐 하였소이다."

하고 도야지 같은 얼굴을 치어들고 한번 씽긋 웃고서 총총히 나가 버렸다. 그날 밤에 이교리가 홍문관에 번든 것을 위에서 알게 되었다. 이교리는 편전(便殿)에 불려들어가서 북도에서 고생하던 일을 일장 이야기하여 아뢰고 나중에 상소의 대지(大指)를 되풀이하여 사직할 뜻을 아뢰니 왕이

"너의 일은 전고에 듣지 못한 드문 일이라 내가 그 뒤를 아름답게 하여 주리라."

말씀하고 한참 있다가

"너는 의가 좋은 안해를 천인의 딸이라고 버리지 마라."

말씀하였다.

이교리가 편전에서 물러나온 뒤에 술이 내리어서 이교리는 임금의 은혜를 감격하게 생각하여 혼자서 취하였다.

그 이튿날이다. 위에서 특지(特旨)를 내리었다. 이교리의 직품(職品)을 돋우어서 동부승지(同副承旨)를 제수하고 그 안해 양씨에게 숙부인(淑夫人) 직첩을 내리라는 특지이다. 이교리가 이러한 은명(恩命)을 받은 뒤에는 망극한 성은(聖恩)을 저버리고 굳이 조정에서 물러가려 함은 신자(臣子)의 도리가 아니라 생각하여 사직할 맘을 그치고 출사(出仕)하게 되었는데, 숙배하러 들어온 이승지를 왕이 인견(引見)하고 "너의 안해는 인제 천인이 아니요, 조정의 명부(命婦)이다."

말씀하며 면상에 웃음빛을 나타내더니 나중에 웃음빛을 거두며 한숨을 짓고 "너는 나보다 낫다."

하고 말씀하셨다. 다른 때 같으면 사헌부(司憲府)와 사간원(司諫院)의 간관(諫官)들이 이승지의 벼슬이 까닭없이 갑자기 올랐다고 다투고 또 더구나 백정의 딸 숙부인은 변이라고 떠들었으련만, 일반 조정에서 이승지에게 동정하던 때라 양사(兩司) 간관들이 별로 다른 말이 없었을 뿐이 아니라, 백관 중에서는 미사(美事)로 칭송하는 사람이 도리어

많았었다. 그리하여 이승지가 백정의 사위 노릇하였다는 이야기는 벌써 팔도에 자자하고 백정의 딸이 지금의 숙부인이 되었다는 소문은 서울 안에 가득하게 되었다(1권: 154-156).

중종은 어째서 이장곤에게 "너는 나보다 낫다"고 말했을까? 그것은 반정 직후의 정세와 관련이 있다. 반정 당시 군사들이 중종 거처를 지키러 갔을 때 당시 진성대군(晋城大君)이던 중종은 무슨 다른 변이 난 줄로 알고 자결을 시도했다. 화들짝 놀란 대군 부인 신씨(愼氏)가 이를 말리며 말머리가 집안으로 향하면 무슨 변이 난 것이지만, 말머리가 밖으로 향하면 보호하러 온 것이니 조금 기다릴 것을 간청했다.

문제는 연산군 처남으로 신씨 아버지인 신수근(愼守勤)이 온갖 세도를 부렸다는 이유에서 반정세력에게 칼을 맞고 즉사했다는 사실이다. 반정공신들이 죄인 딸을 왕비로 두는 것은 불가하다고 성화를 부리자 중종은 결국 중전을 폐위했다(『중종실록』 권1: 14책 76면). 중종은 폐비 신씨와의 오랫동안 함께 살아온 정분을 못 잊어 왕비를 그리워하는 마음이 컸다고 한다. 그래서 이장곤에게 "너는 나보다 낫다"고 하소연 한 것이다.

위풍당당 봉단 엄마

신문에 10년 이상 연재된 『임꺽정』을 조선일보가 단행본 소설로 출간할 때 첫 편 제목을 '봉단'으로 정했다. 하지만 『임꺽정』의 초반 성패를 좌우한 것은 봉단이 엄마의 타고난 입심 덕이었다. 거칠고 직설적이며 욕을 입에 달고사는 억척 여성으로 비치지만 다른 한편으론 백정 아내로 식구들의 생존을 오롯이 책임져야 하는 실질적 가장으로서 그녀가 짊어져야 했던 삶의 무게를 감안하면 당대 조선의 독자들은 게으름뱅이 사위 이장곤을 박대하던 봉단 엄마를 마냥 비난하기 보단 공감을 넘어 일종의 카타르시스를 느꼈을 법도 하다.

이교리가 함흥을 떠난 뒤에 두 달이 가까웠다. 봉단이는 서울 소식을 기다리며 하루 이틀 보내는데 배는 조금 불러지고 얼굴은 몹시 야위었다. 하루는 원이 주삼을 관가로 불러들이어서

"이교리 나으리가 그동안 동부승지로 승직(陞職)이 되어 이승지 영감이 되시고 너의 딸이 숙부인이 되었다."

일러주고

"숙부인이란 것이 나라에서 주시는 귀한 칭호라 시골 백정의 딸은 고사하고 서울 양반의 집 딸도 저마다 못하는 것이다. 너희 같은 고리백정의 집에서 숙부인이 나다니 전고에 없던 일이다. 너의 딸은 인제 조정에서 부인을 봉하여 주신 사람인즉 너의 동네 사람, 아니 너희들 내외까지도 아무개야 하고 이름을 불러서는 몹쓸 것이니 그리 알고 위하여라."

가르쳐 내보냈다. 주삼이가

"숙부인 마님, 숙부인 마님."

중얼거리며 미친 사람같이 뛰어나와서 집에 들어서며

"경사가 났다. 집안에 큰 경사가 났다."

소리를 지르고 춤을 추며 마당을 도니 주삼의 안해도

"무슨 경사요?"

주팔이도

"무슨 경사요?"

묻고 봉단이까지도

"무슨 경사입니까?"

묻는데 돌이만이 저의 고모부가 한 발은 짚신 신고 한 발은 맨발로 껑충거리고 돌아다니는 꼴을 우두머니 보고 있었다. 주삼이가 간신히 진정하고 봉단의 숙부인 된 기별을 들려 주니 주삼의 안해가 봉당 위에서 마당으로 껑충 뛰어내려와서

"내 딸이 숙부인이야!"

소리를 지르더니 두 활개를 벌리고 덩실덩실 춤을 추며

"얼싸 좋다, 내 딸이 숙부인이다. 숙부인이 내 딸이다. 얼씨구 좋다."

하고 내어놓는 소리가 그대로 노랫가락이다. 진정하였던 주삼이가

"내 딸이 숙부인이야, 내 딸이 숙부인이다."

하며 그 안해의 뒤에 서서 다시 어깨를 으쓱거리었다. 춤이 끝난 뒤에 주삼이가 원의 가르쳐 주던 말을 옮기고

"인제는 봉단이라고 이름을 부르지 맙시다."

하고 안해를 돌아보니 그 안해는 별안간 화를 벌컥 내며

"숙부인이거나 무슨 부인이거나 내 밑구멍으로 나온 것을 이름도 못부를까? 부르거나 말거나 내 맘이지 누가 이래라저래라 한단 말이오."

하고 여러 사람의 얼굴을 점고(點考)하듯이 돌아보니 주삼은 무료하여 말이 없고 주팔은 빙그레 웃고 있고 숙부인 당자는 고개를 숙이고 있고, 이때껏 아무 말이 없던 돌이는

"아주머니 말이 옳소, 옳아."

하고 대답하였다(1권: 158-159).

강하지만 여린 속내의 봉단 엄마

숙부인 직첩을 받은 외동딸을 떠나보내며 봉단 엄마는 겉으로는 담담한 척하지만, 사람들이 모두 떠난 뒤 홀로 남아 한바탕 눈물을 쏟아낸다. 이 대목을 읽을 때마다 나 역시 눈물이 났다. 이보다 부모와 자식 간의 이별을, 어미의 복잡다단한 심정을 잘 그려낼 수 있을까? 천행(天幸) 같은 인연 덕에 삼한갑족 이승지의 정경부인이 되어 서울 길에 나서지만 봉단이의 신분은 어디까지나 천대받는 백정 딸이었다. 백정 딸이 서울에서 겪게 될 수모와 냉대, 업신여김이 정해진 숙명이었을 터인데 봉단이가 숙부인이 되어 출세 길에 오르는 일을 마냥 기꺼워할 수 있었을까? 눈에 넣어도 안 아플 어여쁘고 소명한 딸과의 이별이 현실로 되자 강단있는 봉단 엄마라 하더라도 마음 한켠이 헛헛해지고 가슴이 미

어지는 것은 어쩔 수 없는 노릇이었다.

　이렇게 수선한 며칠 동안 봉단이는 성가시고 귀찮아서 얼른 서울로 가고 싶은 생각뿐이더니, 그 뒤에는 부모를 떠날 생각과 서울 가서 지낼 생각이 슬픔과 걱정으로 변하여서 도리어 하루라도 고향에 더 있게 되기를 바랐었다.

　이리하여 별로 서울 기별을 기다리지도 않는 중에 서울 하인이 도착하였다. 주팔이가 이승지의 편지를 보고 서울 사정이 급한 모양이니 하루바삐 떠나야 한다고 재촉할 뿐이 아니라 원이 이승지의 청으로 치행[8] 절차를 차려 보내며 곧 떠나라고 말하며 봉단이는 할 수 없이 총총히 고향을 떠나게 되었는데, 때는 벌써 동지달 초생이라 흰 눈은 들에 덮이고 눈 위에 찬바람은 칼날같이 매서웠다. 주삼이가

　"이 치운 때 홑몸도 아닌 사람이 어찌 가겠느냐?"

　걱정하니 주삼의 안해는

　"칩거나 덥거나 갈 사람은 가야지."

　하고 주삼이가

　"보교 안바람에 발이 시려서 걸어가는 것만도 못할걸."

　걱정하더니 주삼의 안해는

　"솜 두둑이 둔 보선을 신겨보내면 그만이지."

　한다. 이렇게 주삼은 걱정만 하고 다니는데, 주삼의 안해가 치행하는 일을 이것저것 모두 보살피고 봉단이가 눈물을 흘리며 하직할 때까지도 어서 보교를 타라고 씩씩하게 굴다가 봉단이가 보교 안에 들어앉고 동네 여편네가 둘러선 중에 교군꾼이 보교를 메고 삽작문 밖으로 나갈 때는 따라나올 생각도 아니하고 봉당에 주저앉아 한바탕 울음을 내놓았다. 주삼이와 돌이는 5리 가량이나 따라와서 주삼은

　"잘 가거라. 내년 봄쯤 한번 가마."

　하고 돌이는

8　길 떠날 여장을 차림.

"이담에 가거든 외대나 말게."

하고 봉단과 작별한 뒤에 각각 배행하는 주팔과도 작별하고 돌아갔다. 주팔이는 머리를 수건으로 동인 위에 패랭이를 젖혀 쓰고 동저고리 바람에 짚신 감발하고 서울서 내려온 하인과 함께 걸어서 보교 뒤를 따랐다(1권: 161-162).

돌이가 소백정 되어 양주에 정착한 사연

아버지 삼년상을 마친 돌이가 남매처럼 지내던 봉단과 남편인 이장곤을 만나러 서울로 찾아온다. 이때부터 임씨 일가의 본격적인 서울살이가 시작된 것이다. 돌이는 삭불이 중매로 양주에서 관포주 일을 하던, 별명은 작대기요 성은 피가(皮哥)고 이름이 선이인 소백정의 딸 애기에게 장가들어 양주에 정착한다. 돌이가 장차 부인 될 사람을 보러 양주 갔을 때, 애기에게 한 눈에 반한 대목이다.

> 돌이는 들어오면서 눈을 놓아 살피던 차이라 애기의 얼굴을 보았고 애기의 옆태를 보았고 또 애기의 뒤태를 보았다. 잠깐 동안에 많이 보았다. 얼굴 바탕이 조금 갸름한 듯한데 이맛전은 반듯하고 눈은 속이 배어 보이나 눈찌가 곱고 코는 파고 안친 것 같은데 콧날은 오똑하고 입은 자그마하고도 나부죽하고 턱은 밭았다.[9] 살쩍은 그린 것 같고 머리는 삼단 같다. 앞으로 보나 옆으로 보나 모두 두말할 것이 없이 어여쁘다. 돌이는 첫눈에 마음이 가득하였다. 봉단이와 같이 복성스럽지는 아니하나 이쁘기로만은 나으면 나았지 못할 것이 없다고 생각하였다. 아직 머리를 늘인 것이 돌이 맘에 든든하였다(1권: 207-208).

돌이는 장인인 선이에게 도축 일을 배우기 시작했다. 여기서 홍명희의 소 잡는 모습에 대한 생생한 묘사가 압권이다. 도축하는 모습을 마치 눈앞에서 직접 보고 있다고 할 수 있을 정도로 글 솜씨가 뛰어나고 도축 일에 대한 식견 역시 남다르다. 이게 다 사소한 일 하나 허투루 넘기지 않는 홍명희의 뛰어난 관찰력과 공부의 결과다.

---

9   길이가 짧다.

돌이가 장가 온 뒤 처음 얼마 동안은 하는 일이 없었다. 장모와 같이 앉아 이야기하는 이외에는 애기 뒤를 쫓아다니었다. 애기가 우물에 물 길러 가면 붙어가서 두레박질을 하여 주고, 애기가 부엌에서 밥을 안치면 따라들어가서 불을 지펴 주었다. 이리하여 애기가 돌이를 보고

"너무 쫓아다니지 마시오. 남이 부끄럽소."

하고 말한 일까지 있었다. 어느 장 안날 식전이다. 선이가 소를 잡으러 포줏간으로 나가기 전에 돌이를 불러서

"너도 인제는 일을 좀 배워라. 사나이 자식이 밤낮 계집의 궁둥이만 쫓아다니면 쓰겠느냐."

하고 이른 까닭에 돌이는 선이의 뒤를 따라나가서 소 잡는 것을 구경하였다. 그날 잡은 것은 큰 암소였다. 처음에 선이 집의 심부름꾼이 그 암소를 끌고 포줏간으로 들어오는데, 그 암소가 외양간으로 끌려오는 줄로 아는 것 같이 순순히 따라오다가 포줏간 가까이 와서 포줏간에 배어 있는 피비린내를 맡고야 죽은 줄을 짐작하였는지 들어오지 아니하려고 머리를 흔들고 뒷걸음질을 치려고 하였다. '메, 메' 하는 소리가 사람 같으면 '살려 주시오, 살려 주시오' 하고 말하는 것 같았다. 힘으로 말하면 심부름꾼 열이나 스물이 덤비어도 끌어들이게 될지말지 한 암소가 고삐를 몇 번 채치다가 웅숭그리고 끌려들어왔다. 짐승이라 죽는 것을 잘 모르리라 하나 그렇지도 아니하였다. '메, 메' 하는 소리와 웅숭그리는 모양은 고사하고 그 큰 눈에 한없이 겁을 내는 것이 보이었다. 보기에 따라서는 그 눈이 사람을 원망하는 것같이도 보이고 신세를 슬퍼하는 것같이도 보이고 또 미련하게 '잡아잡수' 하는 눈치도 없지 아니하였다. 아무리 암소라도 힘이 있는 대로 날뛴다고 하면 포줏간에서 죽게 되지 아니할 것인데 힘을 써볼 생각도 못하고 죽기를 기다리는 것이 짐승이다.

심부름꾼이 고삐를 잡고 있는데 선이가 넓적한 도끼를 둘러메었다가 도끼 머리로 벼락같이 내리쳤다. 눈썹 있는 사람이면 양미간이라고 말할 곳을 똑바로 내리쳤다. 단 한 번에 암소가 '끙'하며 넘어졌다. 눈을 껌벅거리고 몸을 벌떡거리는 것이 아직 다 죽지는

아니한 것이다. 어느 틈에 고삐를 놓은 심부름꾼이 선이의 도끼를 받아들고 도끼질을 익히듯이 바로 비뚜루 여러 번 내리쳐서 소가 영영 꿈쩍 못하게 되었다. 돌이는 죄도 없이 참혹히 죽는 소를 불쌍히 여기느니보다 힘도 못 써보고 허무하게 죽는 소를 죽어 마땅하다고 생각하였다. 선이가 칼을 잡고 나서서 멱을 질러 선지를 뽑고 뱃가죽을 다 젖히어 놓고 가죽을 벗기는데 가죽에 뒷고기 한 점이 붙지 아니하고 선뜻선뜻 놀리는 칼이 실룩거리는 살결을 따라들어가서 뼈마디에 다치지 아니하였다. 돌이는 도끼질을 심부름꾼보다 낫게 하기는 용이하지만, 칼질을 장인같이 능란하게 하기는 어렵겠다고 생각하였다. 돌이는 소 한 마리를 다 잡도록 서서 보다가 소머리, 족, 갈비, 양지머리, 등심, 내장 등속을 심부름꾼과 함께 날라 옮기고 선이 손 씻은 물에 손을 씻으려고 하니 선이가

"이애, 한 그릇 물에 손을 씻으면 싸움한단다. 너는 안에 들어가 씻어라."

하고 말하여 돌이는 피묻은 손을 들고 안으로 들어왔다. 선이의 안해가 그 손을 보고

"일했네그려. 장인이 좋아하겠네."

말하고 나서

"이애 아가, 네 남편 손 씻게 물 떠다 주어라."

말하여 애기가 옹배기에 물을 떠가지고 와서 돌이 앞에 놓으려고 할 때, 이때껏 두 손을 거북살스럽게 내밀고 섰던 돌이가 손바닥을 벌리어 애기의 얼굴을 만져주려고 하니 애기가

"에그머니!"

하고 소리를 지르며 뒤미처

"미쳤나? 무슨 짓이야."

하고 포달스럽게 말하였다. 돌이가 허허 웃고 앉아서 옹배기 물에 손을 넣으며

"쇠피 묻은 손이 눈에 익었을 터인데 그래도 보기가 끔찍스러운가?"

하고 섰는 애기를 치어다보니 애기가

"끔찍스럽지 않대도 얼굴에 칠하는 것이 좋을 게 무어야. 내가 좀 칠해주리까?"

하고 쌩긋 웃는데 돌이는

"아니, 나는 쇠피 묻히기가 처음이야. 일은 망했어. 이에다 대면 고리일은 정하지. 그리고 고리일은 사내 여편네 어른 아니 할 것 없이 다같이 하는 것이 좋거든. 빙부님더러 고리일 하자고 해볼까?"

하고 의논성 있이 말하였다.

애기의 어머니가 이 말을 듣고 애기가 대답하기 전에

"이 사람아, 그런 말은 할 생각도 말게. 자네 고향에서는 그렇지 않다데만 여기서는 고리일을 세우지 않네. 고리일 한다면 대접이 떨어질 지경일세."

말하니 돌이는

"백정이면 대접이 끝가는 세상에 올라가고 떨어지고 할 대접이 무어 있어요! 고리백정이나 개백정이나 백정은 마찬가지지요."

하고 두덜거리었다(1권: 219-222).

놈이가 꺽정이로 불리게 된 사연

자존심 강하며 힘조차 센 임씨 집안 내력에다가 남의 말 잘 듣지 않고 성격
이 꿋꿋하여 작대기로 불리던 외할아버지 선이의 핏줄을 더하고 게다가 매일 쇠
고기만 먹고 자랐을 테니 꺽정이는 태어날 때부터 장사로 자라날 조건을 두루 갖
춘 셈이다. 꺽정이는 떡잎부터 달랐다. 꺽정이 엄마가 "네가 커서 무엇이 될래?"하
고 물으니 "내가 크거든 상감 할라오" 답하여 식구들을 모두 걱정하게 만들었다.

돌이의 안해는 첫딸을 낳은 위에 두서너 번 연거푸 낙태하고 그 뒤에 아들하나를 낳
았는데, 그 아들을 낳은 때에 난산이 되어서 모자가 모두 위태할 뻔하였다가 갖바치의
방문을 얻어 약을 먹고 다행히 무사하였었다. 그러나 그 뒤에는 다시 생산하지 못하였으
므로 이번에 금동이와 혼인한 섭섭이가 단지 남매인데 그 사내 동생이 섭섭이보다 나이
십여 살이 처지었다.

섭섭이의 사내 동생이 꺽정이니 꺽정이도 섭섭이와 같이 별명이 이름이 된 것이다. 처
음의 이름은 놈이었던 것인데 그때 살아 있던 외조모가 장래의 걱정거리라고

"걱정아 걱정아."

하고 별명 지어 부르는 것을 섭섭이가 외조모의 흉내를 잘못 내어 꺽정이라고 되게
붙이기 시작하여 꺽정이가 놈이 대신 이름이 되고 만 것이다. 꺽정이가 어릴 때부터 사
납고 심술스러워서 아래위의 앞니가 갓났을 때에, 무엇에 골이 나서 우는 것을 그 어머
니가

"성가시다, 우지 마라."

하고 꾸짖으며 젖을 물리었더니 꺽정이가 젖을 이로 물어서 젖꼭지를 자위가 돌도록
상한 일이 있었고, 불과 너덧 살 되었을 때에 그 아버지와 겸상하여 밥을 먹는데, 저의
아버지에게만 국그릇을 놓았더니 꺽정이가 아무 말도 없이 뜨거운 국그릇을 들어서 저
의 앞으로 옮겨놓은 일이 있었다. 이와 같은 일이 비일비재라

“저것이 장래 크면 무엇이 될라노.”

“저것이 커서도 저러면 참말 걱정거리다”

하고 장래를 걱정하는 것이 그 외조모뿐이 아니었다. 그러나 아버지 돌이만은 아들이 귀여워서

“사내자식이 그래야지 계집애 같아서야 무엇에 쓴담.”

하고 걱정은 고사하고 도리어 칭찬하였다. 그리하여 집안에서 꺽정이를 꺾을 사람이 없어서 어린 꺽정이의 기가 자랄 대로 자랐었다. 꺽정이의 나이 칠팔 세쯤 된 때에 어느 날 꺽정이의 어머니가 방에 앉아 바느질하다가 옆에 너부죽이 엎드려 발장구치는 꺽정이를 보고

“네가 커서 무엇이 될래?”

하고 물은즉 꺽정이가

“아버지처럼 소 잡지.”

하고 선뜻 대답하더니 다시 그 어머니의 얼굴을 치어다보며 장래 될 것을 의논하듯이 말하여 그 어머니도 웃으며 말대꾸하였다.

“목사(牧使)가 소 잡는 것보다 나을까?”

“나으면 어떻게 할래?”

“그러면 목사하지. 목사보다도 나은 것이 있소?”

“그럼 있고말고. 참판 영감도 있고 판서 대감도 있고 대장도 있고 정승도 있지, 많지.”

“그중 제일 꼭대기가 무어요?”

“정승이란다.”

“정승 위에는 아무 것도 없소?”

“그 위에 상감이 계실 뿐이다.”

“그러면 상감이란 게 꼭대기이구료. 내가 크거든 상감 할라오.”

“그런 소리 남 들으면 큰일난다.”

하고 그 어머니가 임금께 대하여 말씀 한마디만 불공스럽게 하여도 역적으로 몰리어

죽는 것과 백정은 천인인 까닭에 조그마한 벼슬도 못한다는 것을 말하고서

"네 말대로 소 잡는 게나 잘 배워라."

하고 타이르니

"나 싫소. 사람 잡는 것이나 배우지 소 잡는 건 안 배울라오."

하고 꺽정이의 볼이 부었다. 그 어머니가

"사람 잡는 것을 가르치는 데가 어디 있니?"

하고 웃으니

"없으면 혼자 배우지."

하고 꺽정이는 더 말하기 싫다는 듯이 벌떡 일어나 나갔었다. 그때 마침 돌이가 들어와서 꺽정이의 어머니가 남편을 보고 꺽정이의 말을 그대로 옮기고 나서

"좀 다잡아 이르시오. 그대로 자랐다간 큰일내겠소."

하고 말하니 돌이가 고개를 끄덕이고 앉았다가 밖으로 나가서 꺽정이를 불러가지고 들어왔다.

"이애, 내 이야기 좀 들어라."

하고 사촌누이 봉단이가 사람이 잘나서 지금 정경부인이 된 것을 이야기하고 그 뒤에 조상이 최장군을 길러내서 세상에 대접받았다는 것을 이야기하니 꺽정이는 최장군의 범 잡는 이야기가 재미가 나서

"아버지, 그래."

하고 이야기의 뒤를 재촉하였다. 돌이가 안해를 돌아보고

"그 활을 좀 찾아오우."

하고 말하여 활을 갖다놓은 뒤에 이 활이 최장군이 쓰던 것인데 집에 전하여 오는 보배라고 말하여 활을 내서 보인즉 꺽정이가 손을 내밀어서 활을 받아들고

"이까짓게 보배야."

하고 두 손으로 양끝을 잡아 휘니 꺽정이가 아이라도 힘이 세찰 뿐 아니라 활이 삭았던 까닭에 딱 하고 분질러졌다. 돌이가

"저놈이!"

하고 놀라 소리치고 어이가 없어서 말을 못하고 앉았더니 꺽정이는 잘한 듯이 웃었다. 돌이가 그 웃는 것을 보고 화가 더 났던지 꺽정이의 팔죽지를 끌고 마당으로 나와서 사매질을 하여 꺽정이의 몸에 구렁이를 감아놓았다. 꺽정이는 이를 악물고 매를 맞는데 꺽정이의 어머니는 아들의 장래가 무섭기도 하고 아들의 당장 맞는 것이 애처롭기도 하여서 눈물을 흘리고, 섭섭이는 그 아버지의 팔에 매달려 가며 동생 맞는 것을 말리었다. 꺽정이가 속으로 보배될 것도 없는 활을 좀 꺾었다고 때리는 그 아버지가 옳지 않게 생각하였으나 이렇게 몹시 맞은 뒤로 그 아버지 앞에서는 기를 펴고 심술부리는 일이 적었다(2권: 153-156).

홍명희는『임꺽정』에서 세 가지 방식으로 역사를 다룬
다. 첫째는 주요 인물이 역사적으로 실존한 사례로 그 인
물 빼고는 이야기 전체가 홍명희가 지어낸 것을 들 수 있
다. 이것의 대표적 일화가 임꺽정이 어린 이순신을 찾아
가는 대목이다. 둘째는 소설에서 다루고 있는 사건이 역
사에서 실제로 발생한 경우에 해당한다. 을묘왜변에 임꺽
정이, 이봉학이, 배돌석이가 함께 참전한 일화, 셋째는 사
건과 등장인물 모두 역사적으로 실존했던 경우이다.『임
꺽정』의 최대 하이라이트 할 수 있는, 임꺽정 일당과 관
군이 일대 접전을 벌인 평산싸움이 여기에 해당한다.

이 세 가지 사건 가운데 첫째는 홍명희가 지어낸 이야
기로 완전한 허구지만, 이후 도래할 조선 최대의 전란인
임진왜란에 나라를 구할 인물인 이순신을 등장시키고 있
다는 점에서 역사라는 범주로 다룰 만하다. 두 번째 이야
기 역시 을묘왜변이라는 실제 사건에 기초한다. 여기에
훗날 청석골 두령으로 의형제를 맺는 임꺽정, 이봉학, 배
돌석이 왜변에 실제로 참전했는지 여부는 역사적 기록으
로 전혀 알려지지 않은 사실이다. 다만, 이 일화는 구전으
로 전해내려 오거나 이 왜변에 다수의 의병들이 참전하
여 왜적을 물리쳤다는 역사적 사실에 기초하여 홍명희가
실감나게 엮어낸 것이라 할 수 있다.

세 번째 '평산 싸움'은 실제로 일어난 역사적 사건이다.
그런 만큼『실록』에도 상세히 나와 있는 편이다. 홍명희
는『실록』에 기초하여 '평산 싸움'을 손에 땀을 쥐는 이야
기로 실감나게 재구성했다. 어린 이순신과 꺽정이의 을

묘왜변 참전기가 충과 애국에 관한 것이라면 '평산 싸움'은 반역에 관한 이야기이다. 그래서 제3부에서는 충과 애국을 주제로 이순신의 어릴 적 일화 및 을묘왜변에 임꺽정과 이봉학, 배돌석이가 참전하여 활약한 이야기를 살펴볼 것이며 '평산 싸움'은 다른 파트에서 다루고자 한다.

홍명희의 『임꺽정』은 일제식민통치기인 1928년부터 1940년까지 13년 남짓 쓰여진 대하소설이다. 홍명희는 하루 빨리 일제 치하를 벗어나 자주독립국가를 건설하는 것이 우리 민족이 당면한 절체절명의 과제임을 누구보다 잘 알고 있었고 이를 몸소 실천한 애국적 독립운동가였다. 여기서 중요한 것은 하필 이순신을 등장시키고 임꺽정으로 하여금 을묘왜변에 굳이 참전시킨 홍명희의 의도가 무엇이냐 하는 점이다.

이것은 굳이 설명하지 않더라도 모두 일본과 연관되어 있다. 홍명희가 『임꺽정』을 저술할 당시 우리나라는 일본 식민지, 그러니까 일제 치하에 놓여 있었다. 바로 이것이 이순신과 을묘왜변을 등장시킨 작가의 의도를 이해할 수 있는 단초이다. 따라서 『임꺽정』에서 을묘왜변 이야기나 이순신의 어릴 적 일화를 등장시킨 것은 식민지하에서 발생한 일제의 잔학성이나 민족차별 문제 등 억압상을 직접 다룰 수 없었던 정치적 조건 하에서 역사적 사건이었던 을묘왜변과 임진왜란을 불러냄으로 독자대중, 곧 조선민중에게 자주독립이 시급한 민족적 과제임을 일깨우고자 했다.

두 일화는 충(忠)과 애국(愛國), 그리고 일제 치하를 극복한 자주독립 국가 건설이 조선 민중 앞에 놓여 있는 가장 중차대한 민족적 과제임을 '소설'이라는 간접적 방식으로 부각하기 위한 홍명희의 전략적 선택으로 간주할 수 있다. 한마디로, 조선 민중 전체에게 대단히 익숙하고 함께 공유할 수 있는 역사적 기억을 환기함으로써 독자들에게 독립국가 건설을 위한 토대로서 충과 애국의 정신을 효과적으로 환기하고자 했다.

꺽정이가 어릴 적 이순신을 찾아간 일화

임꺽정이 어린 이순신을 찾아가는 대목부터 살펴보자. 갖바치 병해대사는 조만간 나라에 큰 변이 닥칠 것을 예감한다. 그래서 기묘사화의 치욕에 스스로 목숨을 끊은 김식의 아들 김덕순과 꺽정이에게 향후 도래할 전란에서 나라를 구할 운을 타고난 어릴 적 이순신을 찾아볼 것을 권유한다.

덕순이가 그제야 빼앗기었던 말 계제를 다시 찾아가지고 대사와 문답을 시작하였다.

"선생은 이번 길에 중수한 경복궁을 구경하셨겠구려."

"육조 앞을 지나지 아니하였소."

"나는 이번 회로에 서울을 들리어 구경하고 갈 생각이오."

"오십 년 안에 쑥밭될 데다가 물역을 쳐들인 것이 구경거리가 될까요."

"쑥밭이 되다니? 대궐이 쑥밭이 되면 나라는 망하는 것 아니오?"

하고 덕순이는 놀라는 빛이 얼굴에 나타나는데 대사는 덕순의 얼굴을 보면서

"경복궁이 쑥밭된다고 나라가 망하기야 하겠소만 큰 난리는 면치 못할 터이지요."

하고 심상하게 말하였다. 꺽정이가 귀가 뜨이는 것 같이

"큰 난리가 나요? 아따 난리가 나서 세상이 한번 뒤집어 엎이면 좋겠소."

하고 껄껄 웃으니 대사가

"세상이 자네 소원대로 뒤집힐는지 모를 일이야."

하고 곧 덕순을 돌아보며

"저 사람의 소원하는 세상이 당신네 양반에게는 못쓸 세상인 줄을 아시오?"

하고 빙그레 웃었다.

덕순이가 한동안 잠자코 앉았다가 한번 한숨을 쉬고

"난리는 나고 말 것 같소."

하고 대사를 돌아본즉 대사는 말이 없이 고개만 끄덕이는데, 꺽정이가 웃으며

“지금 선생님의 말씀을 듣고 하시는 말씀인가요, 혹 따로 짐작이 있어 하시는 말씀인가요?”

하고 물었다.

덕순이가 머리를 돌려 꺽정이를 바라보며 말하였다.

“내야 네나 한가지로 무슨 별난 짐작이 있을까만, 얼마 전에 짐작 있는 사람에게서 큰 난리가 나리란 말을 들은 적이 있는데 지금 선생 말씀이 또 마찬가지로구나.”

“짐작 있는 사람이라니 술수하는 사람인가요?”

“그래.”

“술수꾼의 말은 말이 맞는 날까지도 미심스러우니까요.”

하고 꺽정이는 한번 대사의 얼굴을 바라보고 나서

“우리 선생님도 술수를 짐작하는 것만은 갸륵할 것이 없지요.”

덕순이가 대사에게

“남사고(南師古)[1]란 술객을 혹 만나보신 일이 있나요?”

하고 물으니 대사가

“그 아이가 본래는 지술(地術)[2]하는 사람이지요.”

하고 말한 뒤에

“연전에 김륜이의 연줄로 내게 와서 두서너 달 있다 간 일이 있지요.”

하고 덕순의 묻는 말을 대답하였다.

---

1 남사고(南師古, 1509-1571)는 조선 중기 학자이자 도사이다. 명종 대에 선조 재위기에 발생할 붕당정치와 임진왜란을 예언했다는 이야기가 구전된다. 특히 임진왜란에 대해서는 “백마 탄 자가 임진년에 남쪽에서부터 침략해 오리라”라고 예언했는데 가토 기요마사가 백마를 타고 다녀서 적중했다는 이야기가 있다. 또 전쟁이 용(龍)의 해인 임진년(1592년)에 일어나면 나라가 망하지 않겠지만 그 다음 해인 뱀의 해 계사년(1593년)에 일어나면 망할 것이라는 예언을 하기도 했다고 한다. 호가 격암(格庵)으로 사이비 예언서이자 위서인『격암유록』의 주인공이기도 하다.

2 풍수설에 근거를 두고 지리를 살펴 묏자리나 집터 따위의 좋고 나쁨을 알아내는 술법

"선생이 가르친 사람이요그려?"

"내게서 망단법(望斷法)을 조금 배워 갔지요. 그 아이가 사람은 총명하지만 심지가 튼튼치 못해요."

하고 대사의 말하는 어취가 자기의 아는 재주를 다 가르치지 아니하였다는 것 같았다.

"그 아이가 미원을 갔습디까?"

"서울서 강릉(江陵)으로 가는 길에 미원을 왔습디다."

"그래 난리 난다고 말합디까?"

"그 사람의 말이 남산잠두(南山蠶頭)에 올라서 서울을 내려다보니 서울 안에 살기(殺氣)가 가득한 중에 사직골에 왕기가 보이더라고 하고, 북악 아래에 좋은 한 줄기가 있는데 이 기운이 필경 나라 흥망에까지 관계가 있으리라고 합디다."

"그것이 그 아이의 아주 미숙한 곳이오. 그러니까 염병을 난리라고도 말하지요."

"염병을 난리라는 것은 무슨 말이오?"

"그 아이가 강릉서 편지를 했는데, 처음에 강릉에 돌아와서 보니까 곧 난리가 날 것 같아서 강릉 사람들을 많이 양양(襄陽), 간성(杆城) 등지로 피란을 시켰더니 그 해 강릉에 난리는 없고 염병이 심해서 사람이 상했다고 했습디다."

"반은 안 셈이구려."

"아주 맹랑한 축은 아니지요."

"그래, 북악 아래의 좋은 기운 있다는 것은 무슨 까닭일까요?"

"건천동(乾川洞)에서 인물 하나가 났습니다."

"그 인물이 장래 국가의 동량주석(棟梁柱石)이 될 터인가요."

"다음 날 큰 난리에 나라를 구하는 데 그 인물의 힘이 많으리다."

"그 인물이 난 지 몇 해나 되었나요?"

"지금 열 살이 넘었거나 말거나 한 아이리다."

"그 아이의 성명을 아시겠소? 내가 이번 서울길에 한번 찾아가 보고 싶소."

"건천동 동네 아이들이 군사 장난할 때에 대장질하는 이가 성가진 아이를 찾으면 대

번에 알 수 있으리다"(3권: 272-275)

꺽정이와 김덕순은 서울 와 볼 일을 다 마치고 병해대사의 말이 과연 맞는지, 순신이가 어떤 아이인지 살펴보기 위해 북악 아래 건천동(乾川洞)에 들른다. 두 사람은 전장에서 진(陣) 짜는 놀이를 하며 아이들을 지휘하는 열한 살 이순신을 만나보고는 이 아이가 장차 나라를 구할 동량으로 장성할 것을 한눈에 알아본다. 어린 순신이가 습진놀이 하면서 모르고 걸려든 어른마저 꼼짝 못하게 했다는 일화는 전설처럼 전해져 내려온 이야기이지만, 홍명희가 『임꺽정』에 이 일화를 소개함으로써 더 유명해지고 대중들에게 널리 회자됐음은 물론이다.

> 덕순이가 서울 오던 이튿날은 처남과 친척들을 찾아다니고 다음 날에 대사의 말하던 건천동 아이를 찾아보러 나서는데, 대사는 신기가 좋지 못하다고 주인집에 누워 있고 꺽정이만 같이 나섰다. 배오개에서 큰길로 황토마루께를 와서 육조 앞을 지나 중수한 경복궁을 겉으로 구경하고 동십자각 천변으로 나와서 북쪽을 향하고 올라왔다. 집도 모르고 사람도 모르고 건성대고 찾아오는 까닭으로 장원서 다리를 건너 삼청동을 들어선 뒤로는 길에 나선 아이들의 얼굴을 유심히 살펴보기 시작하였다. 건천동을 거의 다 와서 길 가에 섰는 아이 하나가 대갈통이 크고 얼굴이 거무스름한 것을 보고 그 아이에게로 가까이 가서
>
> "네 성이 무어냐? 이가 아니냐?"
>
> 하고 물으니 그 아이가
>
> "남의 성을 어떻게 그렇게 잘 아십니까?"
>
> 하고 유난스럽게 곤댓짓하였다.
>
> "그래, 네 성이 이가면 네가 습진(習陣) 장난 좋아하느냐?"
>
> "남의 좋아하는 장난까지 어떻게 그리 잘 아십니까?"
>
> "네 나이가 몇 살이냐?"

"열네 살입니다."

대사의 말이 아이 나이 열 살이 넘을까말까 하다는데, 열네 살이라면 나이가 조금 많은 것 같았다.

"너의 아버지는 선비시냐?"

"반찬가가 보시지요."

대사의 말이 아이가 양반의 집 아들이라는데, 장사치의 아들이라면 문벌이 너무 틀리는 것 같았다. 덕순이가 의심이 나니까 꺽정이를 돌아본즉 꺽정이가

"어떠한 아이인지 어디 알겠소? 다시 한번 선생님과 같이 오십니다."

하고 말하여 덕순이도

"글쎄."

하고 주저하는 중에 몸이 날씬한 아이 하나가 급한 걸음으로 길 저편에서 내려오며

"용돌아, 대장님 나오셨다. 어서 오너라."

하고 소리지르니 이편에 섰던 반찬장수의 아들이 한달음에 뛰어갔다.

"동네 아이들 틈에서 대장질하는 아이라면 그 아이가 빈틈없이 우리가 보려는 아이이다."

하고 덕순이가 곧 꺽정이와 같이 건천동 지경이 들어서서 멀리 오지 아니하여 덕순이가 발을 멈추고

"저기 아이들이 습진 장난하는 게다."

하고 넓은 마당터에 여러 아이가 모여 섰는 것을 가리키니 꺽정이가

"우리 이쯤 서서 구경합시다."

하고 말하여 덕순이와 꺽정이는 길가에 서 있었다.

여러 아이들이 한동안 한데 몰려섰다가 떼떼이 나뉘어 사방으로 둘러섰다. 어느 때 아이들은 일제히 나무활을 메었고, 어느 때 아이들은 모조리 막대기를 들었다. 여러 때가 둘러선 한중간에 발판 같은 것을 놓고 높이 올라선 대장아이가 있는데 그 아이 손에 든 것만은 작으나마 참말 환도 같았다. 종이로 만든 수기(手旗)를 각각 손에 든 아이들이

발판 장대(將臺) 앞에 구부슴하고 섰는 것이 청령(聽令)하는 모양 같더니 수기 든 군들이 각 떼로 흩어지며 떼가 줄로 풀리었다 줄이 떼로 뭉치었다 하고, 장대를 향하여 몇 줄로 겹치었다. 장대를 중간에 두고 사방으로 갈리었다 하는데 하는 것이 제대로는 일정한 법이 있는 것 같았다. 덕순이와 꺽정이가 한동안 이것을 바라보고 있다가

"저리 가서 대장아이에게 말을 좀 물어보자."

하고 덕순이가 먼저 나서니

"그리합시다."

하고 꺽정이도 따라나섰다. 아이들의 습진이 아직 끝나지 아니하였는데 두 사람이 그 진(陳) 명색을 뚫고 들어서려고 하였더니

"진을 범한 자는 군법에 죽여 마땅하니 활로 쏘아라."

하고 호령소리가 나고 뒤미처 아우성 소리가 나며 뽕나무활 댓가지활에 싸리살을 먹여 든 아이들이 한떼로 몰려나왔다. 덕순이가 손을 저어 쏘지 말라는 뜻을 보이었으나, 활꾼 아이들이 나란히 서서 일제히 활을 그대었다. 덕순이가 아직 전날 용맹이 남아 있어서 얼른 뛰어 피하였기망정이지 그렇지 못하였다면 싸리살 개를 좋이 맞을 뻔하였다.

"쫓아가며 쏘아라. 그 눈알을 쏘아 맞혀라."

하고 호령하는 소리가 들리며 활꾼 아이들이 쫓아나오면서 활을 쏘았다. 꺽정이가 어디서 막대 한 개를 집어들고 와서 덕순을 가리고 서서 날아오는 살을 받아 떨어뜨리는데, 그 막대를 번개같이 놀리었다. 용돌이를 부르러 왔던 몸이 날씬한 아이가 수기를 들고 활꾼 아이들 사이로 분주히 왔다갔다 하다가 이것을 보고 대장아이에게로 뛰어들어가더니 조금 뒤에 곧 도로 나와서 수기를 두르며

"진을 범한 죄는 비록 중하나 용기와 재주를 대장께서 아시고 특별히 용서하라신다."

하고 큰 소리로 외치었다. 살이 그치며 활꾼들이 뒤로 물러갔다. 꺽정이와 덕순은 서로 돌아보며 웃었다.

아이들의 진이 풀리어 여러 아이들이 뿔뿔이 흩어질 때, 반찬장수의 아들이 두 사람의 섰던 근처에 와서 도는 것을 꺽정이가

"용돌아."

하고 부르니

"왜 그러시오."

하고 대답하며 즉시 가까이 왔다.

"너희가 무섭구나."

하고 꺽정이가 허허 웃으니

"멋모르고 혼났지요."

하고 용돌이도 히히 웃었다.

"우리가 너희 대장을 만나보고 싶으니 네가 가서 이리 좀 데리고 오너라."

"보고 싶으시거든 저리들 가보시오. 인제는 관계찮소."

"그러면 네가 앞장을 서라."

"그건 그리하시오."

꺽정이와 덕순이가 용돌이를 앞세우고 대장아이에게로 오니 그 아이는 습진할 때 올라서던 발판 위에 걸터앉아서 다른 아이 두서넛을 데리고 군법 쓰려던 것을 이야기하다가 중간에 그치고 일어섰다. 그 얼굴에 가로 찢어진 눈 하나를 제치고는 예사 아이보다 두드러져 보이는 것이 없었다. 용돌의 얼굴은 우악스럽고 무식스러울 뿐이요, 그 아이와 같이 영발한 기운이 없지마는 언뜻 보기에는 용돌이가 더 사내다워 보이었다.

"나를 왜 보자고 하셨습니까?"

하고 그 아이가 먼저 말을 묻고 나서는데 말은 깍듯하나 태도가 당돌하였다. 덕순이가 아이를 한번 공동시켜[3] 볼 생각으로

"네가 아이들을 몰아가지고 못쓸 장난을 하기에 말을 일러 주려고 보자고 했다."

하고 말한즉 그 아이는 대번에

"그런 말은 일러 주시지 않아도 잘 압니다."

3 　공동(恐動)하다. 말을 무섭게 하여 두려워하게 하다.

하고 코웃음을 쳤다.

"너 같은 조그만 아이가 무얼 잘 알꼬."

"조그만 아이기로 밤낮 책망 듣는 일을 모를까요."

"그러면 네가 역적으로 몰릴 것을 아느냐?"

"역적이오? 그것은 처음 듣는 말씀이오."

"그것 보아라. 네가 습진 장난하다가는 역적으로 몰릴 것이니 이후로 조심해라."

"어째서 역적으로 몰립니까?"

"가만 있거라. 병정무기(丙丁戊己)."

하고 덕순이가 다섯 손가락을 다 꼽았다 펴고 나서 말하였다.

"지금부터 사십 년 전 일이다. 그때 남촌 아이들이 남산에 올라가서 습진 장난을 하다가 역적으로 몰린 일이 있었다. 습진 장난이란 마구 못할 장난이니라."

"그것이 참말씀이오? 참말씀이면 그때 아이들이 역적질할 생각으로 장난을 했던 것이지요."

"입에 젖내나는 아이들이 이때 저때가 어디 있니. 그때 아이들도 너희나 마찬가지 장난이지."

"그래도 당초에 역적질할 생각이 없는 사람을 어떻게 역적으로 모나요? 몬다고 어디 역적이 되나요?"

"네가 아직 나이 어려서 세상을 모른다."

그 아이는 덕순의 말이 곧이들리지 아니하는 듯이 연해 고개를 흔드는데 꺽정이가 앞으로 나서서

"대체 네 성명이 무어냐?"

하고 물으니 그 아이는 의관(衣冠) 아니한 사람에게 해라를 받는 것이 창피한 모양으로

"성명은 알아 무어할라오? 역적으로 고변할라오?"

하고 뒤받아 대답하였다.

"어른이 말 묻는데 그렇게 대답하는 버릇이 어디 있니?"

하고 껑정이가 얼굴에 불쾌한 기색을 보이며

"네가 양반의 자식이로구나?"

하고 물은즉 그아이가

"그렇소, 양반이오."

하고 천연스럽게 대답하고

"그래 내 성명을 알고 싶소? 성은 덕수(德水) 이가고 이름은 순신(舜臣)이, 이순신이오."

하고 거추장스럽게 성명을 말하였다. 껑정이가 어이없어 하는 모양으로 순신을 보며

"잘 알았다."

하고 혼잣말로

"양반의 새끼 고양이 새끼라고 앙칼지다."

하고 돌아섰다. 덕순이가 순신을 보고

"너 올에 몇 살이냐?"

하고 물어서 순신이가

"열한 살입니다."

하고 대답하니

"열한 살로는 대단히 웃자랐다. 열너덧 살 되었대도 곧이듣겠다."

하고 순신의 등을 툭툭 치면서

"네가 이다음 큰 인물이 되려거든 장난보다 공부를 힘써 해라."

하고 곧 껑정이에게로 가까이 가서

"우리 고만 가자."

하고 말하니 껑정이가

"잠깐 가만히 계시오."

하고 다시 돌아서서 순신의 팔을 잡아당겼다.

순신이 껑정의 앞으로 끌려가면서

“왜 이리 하오?”

하고 그 얼굴을 치어다보니 큰 눈방울이 구르고 숱 많은 윗수염이 꺼치렇게 일어섰다.

“너 같은 어린애는 어린애라고 가만둘 수가 없다.”

하고 덥석 뒤꼭지를 잡아서 번쩍 치어드니 순신이 대롱대롱 매어달리게 되었다. 옆에 있는 아이들이 저의 대장의 당하는 것을 보고 잠깐 동안은 우두망찰들 하고 있었으나 한 아이가 눈짓하기 시작하자 여러 아이들이 돌려가며 눈짓하고 일시에 와 하고 꺽정이 에게로 달려들어 한편 다리에 대여섯씩 매어달려서 주저앉히려고 애를 썼다. 그러나 갓 난아이가 아름드리 쇠기둥을 흔드는 것 같아서 꺽정이는 끄덕도 아니하였다. 마소가 파 리 붙는 것을 성가시게 여기어 다리를 드놓듯이 꺽정이가 이편 저편 다리를 번갈아서 들 었다 놓으니 아이들이 와르르 와르르 나자빠졌다. 덕순이가

“이것이 무슨 짓이냐!”

하고 꺽정이를 나무라는데 꺽정이는 들은 체 만체하고 손에 든 순신을 보면서

“말대답 불공스럽게 한 것이 잘못한 일인 줄 알고 빌면 모를까, 그렇지 아니하면 너를 태기치고 갈 터이다.”

하고 어르고 곧

“빌 터이냐?”

하고 물어야 순신이는 대답이 없었다.

“빌겠다든지 못 빌겠다든지 얼른 말해라.”

하고 꺽정이가 다그치니 순신이는 눈을 똑바로 뜨고 꺽정의 아래턱을 바라보다가

“수염이 좋소.”

하고 하하 웃었다. 꺽정이가 곧 순신을 태기칠 것같이 둘러메다가 사뿐 땅에 내려놓 으며 바로 덕순을 돌아보고

“고만 갑시다.”

하고 말하였다.

“그래, 가자.”

하고 덕순이가 꺽정이와 같이 돌아설 때 꺽정이는 순신의 말을 흉내내듯이

"수염이 좋소."

하고 수염을 쓰다듬으며

"밉지가 않거니."

하고 허허 너털웃음을 웃었다.

덕순이와 꺽정이가 사주인에 돌아왔을 때 대사는 눕지 않고 앉아 있다가

"신기가 좀 어떠시오?"

덕순이 묻는 말에

"신기야 좋지요."

대답하고 빙그레 웃었다.

"아까는 신기가 좋지 못하다시더니?"

"낫살 먹은 탓으로 몸을 꿈질거리기 싫은 때가 가끔 가다 있어요."

"우리와 같이 가기 싫어서 거짓 핑계하셨구려."

"늙은 것이 몸을 재게 움직이지 못해서 싸리살이나마 맞으면 낭패 아닌가요."

"번히 알고 계시며 미리 일러주지도 안 하신단 말이오?"

"아따, 책망은 고만두시고 대관절 아이가 보시기에 어떻습디까?"

"아닌게아니라 영특합디다. 우리 같은 범안으로 보기에도 장래 큰그릇 될 것 같습니다."

하고 덕순이가 꺽정이를 돌아보며 한번 웃고

"저 수염수새에 눈딱지를 부릅뜨고 뒤꼭지를 잡아 치어들고 서서 태기친다고 얼렀으니 어지간한 아이가 아니면 초풍을 하였을 것인데 태연하게 수염이 좋소 하고 말하는 태도라니 여간 담대한 아이가 아닙디다."

하고 입에 침이 없이 어린 이순신을 칭찬하는데 꺽정이가

"선생님?"

하고 대사를 부르더니 말하기 전에 쓴입맛부터 다시고

"난리는 까맣습디다. 고 조그만 애가 다 자라서 난리를 친다면 우리는 늙어 죽을 것 아니오. 난리가 난대도 이 세상을 뒤집어놓지 않으면 신통치 못한데 그나마 난리도 구경 못할 모양이니 선생님 말씀이 맞는다면 나는 낙심(落心)이오."

하고 말하니 대사가

"난리를 저렇게 고대하는 사람도 드물 것이야."

하고 한번 빙그레 웃고

"큰 난리는 아직 멀지만 작은 난리는 눈앞에 있네. 조금 참으면 볼 터이니 염려말고 기다리게."

하고 말하여

"큰 난리 전에 작은 난리가 있어요? 작은 난리나마 있다니 없다는 것보다는 낫습니다."

하고 꺽정이는 웃으며 말하고

"난리가 곧 난단 말씀이오? 난리가 난다면 어디서 나겠소?"

하고 덕순이는 미간을 찌푸리며 묻는데 이때 마침 영창문 밖에서 한두 번 기침소리가 나더니 늙은 주인이 영창을 열고 들어섰다(3권: 282-291).

꺽정이와 봉학이의 '을묘왜변' 참전기

명종10년 을묘년에 왜구가 전라도 땅에 침입했다. 1555년 6월 9일부터 7월 25일까지 전라도의 여러 군현을 유린하고 제주도를 왜구의 약탈거점으로 삼으려고 일으킨 게 바로 '을묘왜변'이다. 이 왜변에 훗날 의형제 결의를 하는 임꺽정, 이봉학, 배돌석 등 삼인이 참전하여 활약한 일화가 『임꺽정』 '양반편'의 대미를 장식한다. 을묘왜변은 명종 조에 발생한 실제 사건으로 홍명희는 『명종실록』을 바탕으로 이 사건을 실감 있게 다루고 있다.

왜변 이야기에 등장하는 이윤경, 이준경, 남치근, 김경석 등은 모두 실존했던 인물이다. 그들은 을묘왜변에서 왜구를 물리친 지휘관으로 『명종실록』에도 잘 나와 있다. 반면, 꺽정이, 봉학이, 돌석이가 을묘왜변에 참전한 일화는 홍명희가 꾸며낸 이야기다. 을묘왜변에 임꺽정이 활약한 일화는 뻔히 보이는 허구임에도 어째서 홍명희는 왜변을 주제로 꺽정이와 그 형제들의 활약상을 꾸며낸 것일까?

여기에는 홍명희의 두 가지 의도가 깔려있다고 여겨진다. 첫째는 『임꺽정』이 신문 연재소설로 쓰여 진 이상 독자들의 흥미를 돋우기 위함이다. 을묘왜변 이야기에는 봉학이와 돌석이가 각각 활과 돌팔매로 자웅을 겨루는 대목이 흥미진진하게 펼쳐진다. 이 일화는 홍명희가 지어낸 것임을 누구나 알고 있음에도 워낙 사실감 있게 그려지다 보니 독자들은 이게 사실인지 허구인지 착각할 정도로 자기도 모르는 사이에 『임꺽정』에 빠져든다.

둘째, 독자들의 몰입을 통해 홍명희가 의도한 '애국'과 '충'이라는 문제의식이 독자들에게 그대로 스며든다. 왜변이야기에서 민중을 대변하는 세 인물의 활약상을 실제 전쟁 상황과 맞물려 절묘하게 그려낸 것은 시사하는 바가 아주 크다. 이는 을묘왜변과 꺽정이가 체포되어 죽음을 맞이한 지 얼마 지나지 않아 도래할 최대 국난인 임진왜란이 왕이나 양반과 같은 지배계급이 아닌 기층 민중의 힘을 통해 극복되었다는 사실을 부각함으로써, 식민지 통치를 종식하고 독립을 이룩할 주체가 조선의 일반 대중, 곧 민중이라는 사실을 적극 강조하려는 의도가 짙게 깔려있다. 요컨대, 『임꺽정』은 대내적으로는 신분차별에 기반한 봉건 조선과 대외적으로는 민족차별에 기반한 일제 통치를 완전히 극복함으로써 새로운 자주독립 국가 건설에 조선 민중이 떨쳐 일어나기를 촉구한 충과 애국의 소설이다.

백정은 군인이 될 수 없다

꺽정이는 병해대사를 모시고 서울서 칠장사로 돌아온다. 바로 이때 어릴 적 벗이자 의형제인 봉학이가 찾아와 회포를 풀다가 전라도에 왜변이 일어났다는 소식을 듣고 봉학이와 함께 참전하기 위해 서울로 올라온다. 왜변에 참전할 군사 모집에 응하지만 꺽정이는 백정이라는 이유로 탈락하고 봉학이만 합격한다. 꺽정이의 탈락 소식에 봉학이는 분을 참지 못하여 자기도 참전하지 않겠다는 뜻을 밝힌다. 꺽정이가 단독 출전이 싸우기에 편할 뿐만 아니라 거추장스럽지 않아 오히려 잘된 일이라고 다독이자 봉학이는 마음을 고쳐먹고 전라도순찰사인 이준경 휘하 부대에 배속하여 격전지 영암으로 향한다.

> 꺽정이는 말참예 아니하고 바깥을 내다보고 앉았다가 남산 위에서 검은 연기가 솟는 것을 바라보고
>
> "이애, 남산에 연기가 난다."
>
> 하고 말하여 봉학이가 머리를 돌리려 할 때에 주인이
>
> "봉화둑에서 올리는 연기구려. 연기 번수 수를 좀 헤어 보시오. 다섯 번 아닌가. 요지막은 늘 다섯 번씩이오."
>
> 하고 말하였다.
>
> "다섯 번이면 어떻단 말이오?"

하고 봉학이가 물으니

"봉화 드는 법이 평시에 한 번 들고, 도적이 현형(現形)할 때 두 번 들고, 도적이 근경에 들어올 때 세 번 들고, 도적이 지경에 침범할 때 네 번 들고, 다섯 번 들면 접전하는 것입니다."

하고 아는 체 하며 대답하였다. 이때 서울에는 남산 봉화둑의 다섯째 봉화가 밤낮 그치지 아니하여 밤이면 봉화가 번쩍번쩍 빛나고 낮이면 낭연(狼煙)이 물씬물씬 올라왔었다. 남산 다섯째 봉화는 양천 개화산((楊川 開花山)으로 들어오는 것이니 이것이 곧 충청, 전라에서 오는 해로봉화(海路烽火)이었다.

꺽정이와 봉학이가 군총으로 뽑히러 갔을 때 군총 뽑는 일을 맡아보던 병조 무비사(兵曹武備司) 관원들이 전장에 나가기 자원하는 것을 기특히 생각하여 두 사람을 즉시로 불러들이게 되었다. 봉학이가 먼저 불리게 되었는데 관원이 봉학이에게 말 몇마디 물어보고는 곧 거주 성명을 군적(軍籍)에 올리고 어느 날 어디로 와서 군기를 타가라고 말을 일러서 내보내고 다음 차례에 꺽정이가 불리었다. 대상에 앉았던 관원들이 대하에 와서 섰는 꺽정이의 신수(身首)를 내려다보고 서로 돌아보며 고개를 끄덕이더니 한 관원이 입을 열어 말을 물었다.

"너 어디 사느냐?"

"양주읍내 삽니다."

"나이 몇 살이냐?"

"서른다섯 살입니다."

"부모와 처자가 있느냐?"

"아버지가 있고 처자도 있습니다."

"네 집에서는 농사하느냐?"

"아닙니다. 아무것도 아니 하고 놉니다."

"아무 것도 아니하고 놀아? 네 아비는 무엇하는 사람이냐?"

"소백정입니다."

"소백정."

하고 그 관원이 말 묻는 것을 그치고 옆에 앉았는 관원과 서로 돌아보며 되느니 안 되느니 하고 몇 마디 말을 지껄이고 나서 다른 말이 없이

"고만 물러나가거라."

하고 분부하였다.

봉학이가 먼저 나와 밖에서 기다리고 있다가 꺽정이의 나오는 것을 보고 그 앞으로 와서 상글상글 웃으면서

"형님은 나보다 더 쉽게 끝나구려. 아이구 시원하오."

하고 꺽정이의 얼굴을 치어다보니 아랫입술이 윗입술을 치밀어서 윗수염이 콧구멍을 막고 눈동자가 아래로 내려와서 검은자위 위로 흰자위가 보이었다. 꺽정이가 심사가 틀리거나 골이 날 때에 눈동자를 아래로 처뜨리는 것은 아이 적부터 있던 버릇이라, 봉학이가 그것을 잘 아는 까닭으로 얼른 웃음을 거두고 말을 물었다.

"형님 무엇에 화가 났소?"

"객주로 가자."

하고 꺽정이가 다른 말이 없이 앞서 걸어나가니 봉학이는 뒤를 따라오며 고개를 갸우뚱거리었다. 얼마를 오다가 꺽정이가 뒤를 돌아보며

"나는 오늘 집으로 내려가겠다."

하고 말하니 봉학이가

"대체 어찌된 일이오? 사람이 갑갑치 않게 말이나 좀 자세히 해주시오."

하고 꺽정이의 옆으로 나섰다.

"나는 틀렸다."

"틀리다니? 형님이 뽑히지 못했단 말이오? 대상에 앉았던 놈들이 눈깔이 멀었던 게구려."

"내가 백정의 아들이라고 그것들이 되느니 안 되느니 하고 수군거리더니 그대로 나가라든구나."

“백정의 아들은 군사 노릇도 못 한단 말이오? 별 망한 놈의 일을 다 보겠소.”

하고 봉학이가 분이 올라서 얼굴이 새빨개졌다.

꺽정이와 봉학이가 객주에 돌아왔을 때, 꺽정이는 먼저 방으로 들어가고 봉학이는 물을 얻어먹기가 급해서 밖에 남아 있다가 주인 늙은이가 떠다 주는 냉수 한 그릇을 한숨에 다 들이켜고 나서 손바닥으로 입을 씻고

“여보, 노인께 물어볼 말씀이 있소.”

하고 말하니 늙은 주인이 손에 빈 그릇을 받아들고 서서

“무슨 말씀이오?”

하고 봉학이의 얼굴을 들여다보았다.

“군총을 뽑는 데 보는 것이 무엇무엇이오?”

“무과를 보이는 것이 아니니까 보는 것이 무어 있겠소. 병신이 아니면 다 뽑겠지.”

“문벌이나 지체를 보아서 뽑나요?”

“별소리를 다하시오. 막이군사로 뽑는데 문벌이란 다 무어고 지체란 다 무어요.”

“그러면 백정의 아들도 뽑겠구려?”

“백정의 아들이라고 뽑지 말란 법은 없겠지요. 그렇지만 군사 중에 백정이 섞여 있는 줄 알면 같은 군사들이 좋아 안할 터이니까 백정은 백정대로 따로 뽑으면 모를까 섞어 뽑지는 않을는지 모르지요.”

“좋아 안할 건 무어요?”

“아무리 진중에서도 백정 같은 천인과 같이 뒹굴기를 누가 좋아하겠소.”

“제기, 망한 놈의 세상도 다 보겠다.”

하고 봉학이가 혼잣말하며 돌아서서 방으로 들어왔다. 꺽정이가 무엇을 생각하는 모양으로 머리를 숙이고 앉았는데, 봉학이가 그 앞에 나가 앉으며

“형님, 오늘 나하고 같이 떠납시다.”

하고 풀기 없이 말하니 꺽정이가

“너는 왜?”

하고 머리를 치어들었다.

"이런 놈의 세상에 난리는 치러 나가 무어하겠소. 시골 구석에 가서 농사나 지어먹고 엎으려 있을라오."

"너의 외조모의 한풀이는 어떻게 할라느냐?"

"한을 풀어 준다고 죽은 이가 알 터이오. 고만두겠소."

"내가 지금 생각한 일이 있다. 너는 너대로 전쟁에를 나가거라."

"나 싫소."

"군총에 뽑히는 것은 나의 본래 소원도 아니니까 뽑히지 못해서 낭패될 것이 없다. 내가 어째서 맘이 쏠렸는지 한번 나가기로 작정한 것을 지금 와서 나간다기가 싫으니까 나는 나대로 전장에를 나갈 터이다."

"어떻게 나간단 말이오?"

"혼자 나가면 못쓰느냐?"

"그러면 나도 형님과 같이 갑시다."

"너는 그렇게 할 것이 없다. 네가 날 따라나가서는 외조모의 한을 풀어줄 도리가 없으니까 너는 잔말 말고 군총에를 들어가거라."

하고 꺽정이가 봉학이에게 말을 일렀다.

꺽정이는 봉학이의 성공을 도와줄 겸 왜진을 한번 구경하려고 출전할 맘을 먹게 된 터이라, 전장에서 전공(戰功)을 세우더라도 공이 세상에 드러나기를 바라지 아니하므로 항오(行伍)⁴에 끼여서 군율(軍律) 얽매이느니보다 필마단기로 맘대로 진상(陣上)에서 출몰하는 것이 수단을 다하기에 도리어 낫다고 생각하였다.

"내가 내 풀로 따로 가는 것이 군사로 각 떼에 매이어 가는 것보다 조금도 못할 것이 없다. 내가 너의 뒤를 밟아 내려가면 중로에서든지 진상에서든지 서로 만나볼 수도 있을

---

4 군대를 편성한 대오. 한 줄에 다섯 명을 세우는데 이를 오(伍)라 하고, 그 다섯줄의 스물다섯 명을 항(行)이라 한다.

것이다."

하고 꺽정이가 봉학이에게 말하는데, 봉학이가

"형님, 꼭 뒤에 오실 테요?"

하고 뒤를 다지다가

"내 말을 믿지 않는 것이 네가 사람이냐?"

하고 꺽정이가 꾸짖으니 봉학이는 다시 두말 하지 못하였다.

그 뒤에 봉학이는 도순찰사 휘하의 아병(牙兵)[5]이 되어 도순찰사 행진(行陣)에 따라가게 되었는데, 꺽정이는 그 동안에 양주 집에 내려가서 병신 아버지의 시중을 잘 들라고 집안 식구에게 당부하고 너무 상없이 장난치지 말라고 백손에게 말을 이르고 집을 떠나 다시 서울로 올라와서 며칠 동안 두류하며 행장을 차리었다. 도순찰사의 진이 떠난 뒤에 꺽정이는 전립(戰笠)[6] 한 닢과 군복 한 벌을 장광도와 같이 보에 싸서 안장 뒤에 붙이고 칠장마를 채질하여 행진 뒤를 따라갔다. 칠장마는 허담의 준 말이니 꺽정이가 그 말을 받아 가지고 칠장사에서 떠날 때 덕순이가 좋은 말은 이름이 있는 법이라고 절 이름을 떼어서 이름지어 준 것인데 꺽정이는 칠장이 절 이름보다도 말 이름으로 더 좋다고 좋아하였었다(3권: 320-326).

전황

왜변 초기에 조선군은 영암 소재의 달량성을 빼앗기는 등 고전을 면치 못했다. 왜적은 달량진 전투에서 승리한 후 서울을 침공하겠다고 엄포를 늘어놓는 등 기세등등했다. 『실록』에 의하면, 왜적은 전라도 달량진(達梁鎭)으로 쳐들어왔다. 당초에 왜선(倭船) 60여 척이 전라도 달량진 해구(海口)에 정박하자, 절도

---

5   본영(本營)에서 대장을 수행하던 병사.

6   조선 시대에, 무관이 쓰던 모자의 하나. 붉은 털로 둘레에 끈을 꼬아 두르고 상모(象毛), 옥로(玉鷺) 따위를 달아 장식하였으며, 안쪽은 남색의 운문대단으로 꾸몄다.

사(節度使) 원적(元績)이 군사 2백여 명을 거느리고 장흥 부사(長興府使) 한온(韓蘊), 영암 군수(靈巖郡守) 이덕견(李德堅)과 함께 구원하러 들어갔는데, 왜적들이 거짓 피하여 도망하자 원적이 드디어 성으로 들어가 지키며 방어했다.

적들의 무리가 크게 몰려와 성을 포위한 지 3일이 되니 원적은 구원할 군사는 오지 않고 양식도 장차 다 떨어져 가므로 군사로 하여금 성에 올라가 화친(和親)을 청했다. 이에 적들이 조선군의 전력이 약함을 알아차리고서 더욱 급박하게 포위하여 달량성을 드디어 함락시켰다. 원적의 머리를 베고 군사들도 남김없이 살해했다. 한온은 장흥서 온 사수(射手)들과 함께 최후까지 결전을 벌이다 장렬히 전사했다. 이덕견은 애걸하여 살아서 돌아왔는데 도적들이 그 편에 글을 부쳐 '바로 서울을 범하겠다'는 모욕적인 언사마저 서슴지 않았다.

이때 수사(水使) 김빈(金贇)과 광주 목사(光州牧使) 이희손(李希孫)이 구원하러 들어갔다가 모두 패하여 도망하자 적들이 승세를 타고 마구 각처의 진(鎭)에 침입하였으며 드디어 병영(兵營)과 강진(康津)까지 위협하였으므로 지키는 장수들이 멀리서 바라만 보고도 도망쳤다. 그러자 관아(官衙)에 불을 질러 화염이 뒤덮였고 군량(軍糧)과 군기(軍器)를 모조리 약탈해 갔다(『명종실록』 권18: 20책 278면).

영암성을 사수하라!

왜적의 기세에 눌린 전라감사는 영암이 뚫리면 전라도 전역이 위태롭게 될 것을 우려하여 주성인 영암성을 사수하기 위해 이윤경을 수성장으로 임명한다. 이때 조정에서는 무장(武將) 출신의 김경석, 남치근 두 사람을 좌우방어사로 뽑고 호조판서 이준경을 도순찰사로 정하여 선후로 출진하게 하였다. 수성장 이윤경과 좌우방어사 김경석, 남치근은 영암성에 진을 치고 왜병들과 일전을 치른다. 여기서 영암성 전경이 눈에 보이는 듯 생생하게 그려진다. 이것은 홍명희가 그곳을 직접 답사하지 않고는 묘사할 수 없다 할 정도로 영암 지리에 대단히 정통하였음을 알 수 있게 해주는 대목이다.

전라감사(全羅監司) 김주(金澍)가 약간 군병을 거느리고 영암으로 달려왔는데, 오기만 왔지 어찌할 방략을 몰라서 다만 뻔질나게 장계(狀啓)질만 하고 앉았었다. 전라감영 비장(裨將) 하나가 김주를 보고 말하기를 왜적이 장흥을 깨친 뒤에 기세가 더욱 강성하여 북으로 영암을 범할 일이 눈앞에 있는데, 영암이 만일 위태하면 나주(羅州) 이상이 모두 동요되어 원수군의 대군이 서울서 내려오더라도 주둔(駐屯) 할 곳이 없을 것인즉 영암은 반드시 지켜야 할 터이나 그러나 감사는 일도(一道)의 주장(主將)이니 뒤로 퇴진(退陣)하는 것이 좋고, 전주부윤(全州府尹) 이윤경(李潤慶)이 지략이 있어 대사를 감당할 만하니 영암을 와서 지키게 하는 것이 좋다는 뜻으로 말하여 김주는 나주로 퇴진하고 이윤경을 불러서 가수성장(假守城將)으로 정하여 영암을 지키게 하였다.

이때 조정에서는 호반의 김경석(金景錫), 남치근(南致勤) 두 사람을 좌우방어사로 뽑고 호조판서 이준경(戶曹判書 李浚慶)을 도순찰사로 정하여 선후로 출진하게 하였는데, 도순찰사 이준경은 곧 가수성장 이윤경의 아우이었다. 이준경이 나주에 와서 주둔할 때 영암은 벌써 왜에게 에워싸이어 있었으므로 공사(公私)에 맘이 다같이 급하여 곧 두 방어사에게 영암으로 진군할 것을 명하였다.방어사 남치근이 나주에서 떠날 때에 도순찰사 앞에 나와서

"왜적과 접전하는 데는 사수(射手)가 제일 요긴하온데 소인 수하에 사수가 극히 부족하오니 사오십 명쯤만 휘하에서 뽑아 주시기를 바랍니다."

하고 품하여 이준경이 허락하고 즉시 중군을 불러 명하였다. 중군이 밖으로 나와 별장(別將)을 불러세우고

"사수 사십 명만 뽑아서 대령해라."

하고 명령하여 순찰사 휘하 군병 중에서 남치근에게로 갈 사수를 뽑게 되었다. 군중 물계[7]를 짐작하는 사수들은 남치근의 위인이 혹독하여 군사의 목숨을 초개같이 여기는

7　어떤 일의 처지나 속내.

줄 알고서 각각 모피하려고[8] 오장(伍長)에게 청하고 또 단장(團長)에게 청하는데, 왜와 접전하게 되기를 고대하던 봉학이는 도리어 지원하고 나섰다. 봉학이가 뽑히기를 자원할때 물계 아는 사수는

"저 자식은 천둥벌거숭이로군."

하고 손가락질을 하며 웃었다.

영암군은 소읍이 아니요, 또 요해처(要害處)이므로 성이 토성(土城)이 아니고 당당한 석축(石築)이다. 장흥부와 장녕성은 주(周)가 천 척 안에 드는 작은 성이니 말할 것도 없거니와 전라도 병마절도사가 좌정(坐定)하고 있는 곳인 병영성이 삼천척이 못 되고, 광·나주 목사라고 광주와 아울러 치는 목사 치하(治下)의 나주성이 삼천 척에 얼마 넘지 못하는데, 영암성은 주가 사천삼백육십구 척이고, 전라도 내에서 대성(大城)으로 제일 제이를 치는 광주성과 전주성이 고(高)가 모두 팔구 척에 지나지 못하는데 영암성은 고가 십오 척이다. 영암성은 이와 같이 상당히 크고 동뜨게 높을 뿐 아니라 성 안의 물도 장녕성과 같은 못이 없고 나주성과 같은 시내가 없을망정 대한불갈의 샘들이 있어서 아무리 바깥 통로가 막히더라도 조만하여서는 물 걱정을 할 곳이 아니다(3권: 328-329).

수성장 이윤경의 사람 됨됨이

홍명희가 『임꺽정』 전체를 통틀어 양반계급 가운데 일관되게 칭송한 인물이 둘 있다. 그중 하나가 정희량이요 다른 하나가 이윤경이다. 이윤경의 사람 됨됨이와 문무를 겸비한 청렴한 관리로서의 행적을 홍명희는 『실록』을 통해 발견했을 것이다. 『명종실록』의 한 기사는 이윤경(李潤慶)의 전주부윤 임명 사실을 전하며, 이윤경에 대해 천품이 순미(純美)한 데다 학문으로 보완하여 선을 즐기고 옛것을 좋아했다고 평했다. 그의 아우 이준경(李浚慶)과 함께 다 현행(賢行)이 있었는데 평생을 청렴(淸廉)과 근신(謹愼)으로 지냈으며, 성주(星州)·의주(義州) 두

---

8   피하려고 꾀를 내다. 또는 그렇게 하여 피하다.

고을의 목사(牧使)가 되었었는데 다 선정(善政)을 베풀어 백성들은 그가 간 다음에도 못잊어 했다(『명종실록』 권16: 20책 177면). 『명종실록』은 을묘왜변에서 이윤경이 세운 전공에 대해서도 다음과 같이 적고 있다.

전라도 관찰사 김주(金澍)가 장계하기를

"왜적들이 달량에서 성을 함락시킨 뒤부터 승승장구하자, 우리나라의 인심이 어수선하여 두려워하기만 하고 나가서 싸우려고 하지 않아 적이 쳐들어 온다는 소식을 들으면 그만 흩어져 물러서려고 하므로 사세가 지탱하기 어렵게 되었습니다.

전주 부윤 이윤경이 군사 3천여 명을 거느리고 영암에 진을 치고 지키면서 명령이 분명하고 은혜와 위엄을 다같이 보이므로 성에 있는 군졸들이 한결같은 마음으로 호응하며 의지하여 믿었습니다. 순찰사 이준경이 나주(羅州)에 이르러 형제간이라 절제(節制)하기 어렵겠다고 여기고는 영암에 이문(移文)하여 나오도록 했었는데, 이윤경이 '국가의 후한 은덕을 받았으므로 마땅히 죽음으로써 보답해야 하니 의리상 나갈 수 없다.'고 답하고서 그대로 영암에 있으며 군사들을 진정시켰습니다. 왜적들이 성 밖의 민가들을 불태우고 장차 성을 포위하려고 하자 성 안의 장사(將士)들이 서로 돌아보며 기색을 잃어 적들을 부술 계획이 없었습니다. 그런데 이윤경이 앞장서서 의리를 주창하며 거느린 정병을 뽑아내어 방어사와 함께 힘을 합쳐 참획하여 적의 기세가 크게 꺾였습니다. 대체로 방어하고 포획한 공은 오직 이윤경이 제일입니다."

하니, 정원에 전교하기를,

"이 서장을 보건대 이윤경이 힘을 다해 조치하였다니 매우 가상하다. 마땅히 포상해야 하니 이런 뜻을 비변사에 말하라."

하였다(『명종실록』 권18: 20책 279면).

훗날 이윤경은 봉학이의 용맹함과 성실함을 눈여겨보아 그를 비장으로 선발하여 자신의 수하에 둔다. 상관과 부하로서의 이윤경과 이봉학의 질긴 인연은 봉학이가 청석골에 합류하기까지 오랫동안 이어진다. 홍명희가 이윤경을 칭송한 이유는 위민(爲民)의 일념으로 국가에 충성하고 외적의 침입에 대항하여 목숨을 초개와 같이 버릴 수 있는, 조선 역사에 몇 되지 않는 양반 계급 인물이었기 때문이다. 이는 임진왜란에서 백척간두의 조선을 구원할 이순신과 같은 인물의 출현이 우연이 아니었음을 일깨워주는 것이라 할 수 있다.

이윤경이 처음 성을 지키러 왔을 때 왜의 선성에 경겁한 백성과 군사들이 밤이면 왜가 왔다고 헛놀라서 동요될 때가 많았는데 이런 때에 이윤경은 넓은 대청에 촛불을 밝히고 앉아서 한가한 태도로 책을 보고 동요된 것이 가라앉기를 기다려 조용히 전령 군졸 몇 사람을 보내서 순성하는 군사들을 신칙하였다. 이윤경은 군사들보다 늦게 자고 일찍 일어나서 군사들이 먹는 음식으로 조석을 먹고 아침부터 밤까지 군무에 분주하였다.

군량 준비와 군기 수선을 모두 게을리 아니하고 군사를 단속하는 일면에 그 기운 돋우기를 아울러 힘쓰고 자리에 앉았을 사이가 적도록 친히 성을 순시하고, 군사 중에 병나는 자가 있으면 몸소 의약을 보살펴 주고 틈틈이 백성들을 효유하여 인심 진정하기에 수고를 아끼지 아니하였다. 비단 군무가 다단할 뿐 아니라 군무 이외에도 여러 가지 일이 날로 생기어서 이윤경은 눈코 뜰 사이가 없건마는, 일을 처리할 때에 민첩할 대로 민첩하고서도 안상한 구석이 있어서 일의 선후 도착되는 것이 없었다.

불과 얼마동안 지나지 아니하여 군사, 백성 할 것 없이 모두 맘들이 일변하여 살아도 같이 살고 죽어도 함께 죽기를 기약하니 인심이 성이 되어 옛성 안에 새 성이 나타나며부터 영암성은 굳은 품이 금성탕지[9]로도 견주어 말하기 어려웠다. 처음에는 오지도 아니한 왜에게 헛놀라던 사람들이 성 아래에 나타난 왜를 보고도 놀라지 아니하였다. 그러나 왜들이 사람의 목을 칼끝 창끝에 꿰어들고 가로 뛰고 세로 뛰는 것을 성 위에서 내려다

---

9   쇠로 만든 성과 그 둘레에 파 놓은 뜨거운 물로 가득 찬 못이라는 뜻으로, 방어 시설이 잘되어 있는 성을 일컫는다. 『한서』 '괴통전(蒯通傳)'에 나오는 말이다.

볼 때 군사들도 얼굴에 황황한 빛이 없지 않았는데 이윤경이 격려함을 마지아니하여 나중에 군사는 고사하고 예사 백성들까지 성 밖에 왜를 향하여 아이들 장난하듯이 손가락으로 욕질하였다.

영암성을 사방으로 둘러싸서 물 부어 샐 틈이 없도록 하자면 만 명 사람도 부족할 것인데, 많게 보아서 천 명이 넘을까말까한 왜에게 성을 에워쌀 힘이 있을 까닭이 없다. 왜가 한떼로 몰리어 성의 한편을 깨쳐 보려고도 하고 여러 떼로 나뉘어 성의 이 문 저 문을 함께 들이치려고도 하였다. 이윤경은 장졸을 신칙하여 왜가 멀리 있을 때는 가만히 내버려 두었다가 가까이 들어온 뒤에 활로 쏘아서 화살을 많이 허비하지 아니하고, 왜가 성에 사다리를 놓고 올라오려고 할 때에는 불끄럼지를 내어 던지거나 끓는 물을 내려부었다. 왜가 할 수 없으면 성 위를 바라보고 주먹질하며 뒤로 물러갔다.

왜가 하루도 몇 번씩 밀물같이 들어왔다 썰물같이 나가는데 성 안에서는 이것을 소일거리 쇠임직이 알게 되어서 조금도 겁내지 아니하였다. 왜가 어두운 밤을 타서 성을 치기도 한두 번이 아니지마는, 이윤경이 낮번 군사보다도 밤번 군사를 일층 더 신칙하는 까닭에 번번이 낭패 보고 물러갔다. 왜가 성을 침범한 뒤로 이윤경은 성문을 굳이 닫고 나가지 아니하여 장졸들이 한번 나가 접전하기를 청하니 이윤경이

"가만히들 있거라."

하고 눌러 두었다가 어느 날 저녁때 왜들이 맘이 해이하여 대오가 산란하여진 것을 성 위에서 바라보고, 성문을 열고 군사를 풍우같이 몰고 나가서 왜의 목 삼십여 개를 베어 가지고 들어왔다. 며칠 뒤에 왜의 대오가 전날보다도 더 산란한 것을 성 위의 장졸들이 바라보고 또 한번 나가기를 청하니 이윤경이

"이것은 우리를 꾀이려는 것이다."

하고 허락하지 아니하였더니 저녁때가 다 되어 왜가 물러갈 때에 양편 길 옆에서 난데없는 왜들이 꾸역꾸역 나오는 것을 보고 성위의 장졸들은 이윤경을 귀신같이 여기었다. 이윤경이 자기의 가진 병력이 영암성을 지키기에는 넉넉하나, 멀리 쫓아 버리기에는 부족한 까닭으로 초조하게 생각하고 있을 때에 원수가 나주에 유진하고 방어사가 영암

으로 출진하는 기별을 듣고 날마다 기다리는데 어느 날 저녁때 성 밖에 왔던 왜가 창황히 뒤로 물러나가며 왜의 앞에 멀리 진토가 일어나는 것을 바라보았다(3권: 330-332).

봉학이와 돌석이의 솜씨 겨루기

을묘왜변에서 전공을 쌓던 중 봉학이는 돌팔매의 달인 배돌석이를 만난다. 지휘관의 명으로 봉학이와 돌석이는 활과 돌팔매로 누가 더 낫다고 할 것 없이 자웅을 겨룬다. 홍명희는 두 사람 간의 솜씨 겨루는 장면을 흥미진진하게 그려 낸다. 봉학이와 돌석이가 왜변에서 조우한 사연은 후일 청석골에 들어가 의형제를 맺는 인연으로까지 이어진다.

방어사가 온다는 말이 들릴 때에 이윤경은 벌써 장졸 호궤[10]할 것을 생각하고 그 준비로 소를 여러 필 구해 두게 하고 술을 여러 독 빚어놓게 하였었다. 그 술이 괴기 시작하여 이윤경이 호군(犒軍)할 것을 일간 일간 하던 차라 갑자기 서두르는 일과 달라서 모든 준비가 선선하게 되었다. 있는 소를 잡고 괸 술을 걸러서 음식을 준비하고 성 동편 넓은 빈 터전에 한 곳에 부계매고 여러 곳에 차일 쳐서 자리를 준비하고 호군 끝에 놀리려고 재인 광대까지 뽑아서 등대시키었다. 재인 광대는 이윤경이 군중에 쓰려고 전주서 영암으로 올 때에 수백 명 복색을 갖추어 데리고 왔던 것이다. 이윤경은 이와 같이 호군을 주장삼았으나, 남치근과 김경석은 이윤경의 뜻을 모르고 다만 이봉학이와 배돌석이 재주 겨룸 시키는 것을 주장일로 생각하였다.

이튿날 아침 밥 때가 지난 뒤에 기치가 번득이고 고각이 울리는 중에 각진 장졸이 한데 모이었다. 이윤경이 남치근, 김경석과 함께 각진 항오를 한번 돌아보고 부계 위로 올라왔다. 부계에는 송판 위에 멍석을 깔고 멍석 위에 기직자리, 돗자리를 깔아놓았는데, 이윤경이 남치근, 김경석을 윗자리에 느런히 앉히려고 하니 김경석은

---

10   음식을 베풀어 군사를 위로함. 호군(犒軍).

“오늘 영감이 일을 주장하시는 터이니 영감이 윗자리에 앉으시오.”

하고 자리를 사양하고 남치근은

“매사 간주인이라니 우리는 주인이 앉으라는 대로 앉읍시다.”

하고 먼저 자리에 앉았다.

각기 좌정한 뒤에 이윤경이 남치근, 김경석을 반반씩 갈라보며

“재주 겨룸 시키는 것은 이미 내게 맡기셨으니까 설혹 맘에 마땅치 못하신 점이 있더라도 두 분 영감이 다 참견하지 못하십니다.”

하고 뒤를 다지어 남치근은 대번에

“한번 맡긴다고 했으면 고만이지 일구이언이 어디 있겠소.”

하고 대답하고 김경석은 따라서

“그렇지요. 우리가 영감께 일임하기로 한 일을 중간에 참견할 리가 있소.”

하고 대답하였다.

“자, 두 분 영감은 구경들 하십시오.”

하고 이윤경이 자리를 옮기어 부계 끝으로 나앉았다. 뒤에는 군관들이 둘러서고 아래에는 전령 군사가 늘어섰다. 이윤경이 영을 내리어 각 진 장졸들을 편히 자리잡고 쉬게 한 뒤에 먼저 배돌석이 하나를 불러 대령하게 하였다. 돌석이는 봉학이처럼 해사하게 생기지 못한 대신에 봉학이보다 다부져 보이었다. 이윤경은 돌석이의 수단을 한번 친히 본 뒤에 봉학이와 겨룸을 시키려고 생각하고

“돌석이 말 듣거라. 내가 지금 백 보 밖에 군사 하나를 내어세울 터이니 네가 거기서 팔매를 쳐서 그 군사의 벙거지 꼭지를 맞혀보아라.”

하고 분부하였다. 돌석이가

“네.”

하고 대답하고 군사가 나서기를 기다려 한번 팔매에 쉽사리 벙거지 꼭지를 맞히었다. 이윤경은 그제야 돌석이의 팔매 수단이 봉학이 활과 겨룰 만한 줄을 짐작하고 봉학이를 마저 불러서 돌석이와 같이 세우고 처음에

"너희들 벙거지를 벗어서 이리 올려라."

하고 분부하니 두 사람이 영문을 모르나마 분부대로 벙거지들을 벗어 올리었다. 이윤경이 소매 속에서 가옥으로 만든 큼직한 옥판들을 꺼내어서 군관 한 사람을 주어 한 벙거지에 하나씩 꼭지 앞에 붙이게 하였다. 봉학이와 돌석이가 각각 옥판 붙인 벙거지를 쓰고 나선 뒤에 이윤경이 약속을 정하여 둘에게 일러 돌리었다.

"너희들이 설 자리를 정하여 줄 것이매 각각 자리에 가서 서로 향하고 서서 벙거지 앞에 붙인 옥판을 맞혀 깨치도록 하여라. 몸을 피하면 피한 자가 지는 것이고 다른 곳을 맞히면 맞힌 자가 지는 것이다. 만일에 몸에 상처를 내면 승부에 질 뿐이 아니라 벌을 당할 것이다. 벌을 상처를 보아 정하되 중하게 정할 것이매 미리 알아두어라."

봉학이와 돌석이가 대답들도 하기 전에 남치근이 자리에서 일어나서 나오며

"여보 영감, 그래서는 너무 싱겁소. 병신을 만들든지 목숨을 빼앗든지 저희들 재주껏 하래야 보는 재미가 있지 않소?"

하고 풀풀하게 말하는데 이윤경이 슬며시 돌아보며

"영감, 일구이언 아니하신단 말씀을 잊으셨구려."

하고 웃으니 남치근이 쓴입맛을 다시고 다시 말을 못하였다.

이윤경이 군관 하나를 명하여 봉학이와 돌석이에게 각각 자리를 정하여 주었는데, 두 자리의 상거가 가까워서 오륙십 보에 지날 것이 없었다. 김경석이

"거리가 너무 가깝군."

하고 말하더니 이윤경이 입 벌리려는 것을 보고 얼른

"그저 그렇다는 말이지 참견이 아니오."

하고 발명하였다. 이윤경이 한번 웃고 곧 군관을 시켜 큰북을 갖다 올리게 하였다. 첫째 북소리에 돌석이가 한번 팔매를 치고, 둘째 북소리에 봉학이가 한번 활을 쏘고, 셋째 북소리에 돌석이와 봉학이 다같이 부계 아래에 모이도록 약속을 정한 것이다. 한번 북소리가 나며 돌석이가 팔매를 치더니 김경석의 부하가 아우성을 지르고, 두번 북소리가 나며 봉학이가 활을 쏘더니 남치근의 부하가 역시 아우성을 질렀다. 세번째 나는 북소리에

돌석이와 봉학이가 부계 아래에 와서 대령하였다. 이윤경이 벙거지들을 벗어 올리라 하여 두 벙거지의 옥판이 모두 깨어진 것을 보고

"너희들의 재주가 막상막하이다."

하고 칭찬하니 돌석이는

"황송합니다."

하고 대답하고 봉학이는 말이 없이 허리만 굽신하였다. 이윤경이 좋은 활 한 개와 극택한 살 한 벌을 봉학이에게 상급하고 환도 한 자루를 돌석이에게 상급하여

"팔맷돌은 구하기가 쉽고도 어려워서 환도를 대신 주니 그리 알아라."

하고 말을 일렀다. 이윤경이 전령 군사를 지휘하여 좌우방어사의 부하에서 이단 군사 오십 명씩 불러다가 봉학이와 돌석이를 각각 옹위하고 물러가게 한 뒤에 안침으로 들어와서 자리를 잡고 앉으며

"오늘 재주 겨룸이 잘되었지요?"

하고 말하니 김경석은

"글쎄요."

하고 고개를 비틀고 남치근은 뿌루퉁하고 말이 없었다.

"둘이 다 유용(有用)한 인물인데 서로 해치지 않은 것이 첫째 잘된 일이고, 승부가 없어서 이편저편 낯이 깎이지 않은 것이 둘째 잘된 일입니다. 두분 영감이 잘되지 않았다고 하시면 내가 시비를 하겠습니다."

하고 이윤경이 허허 웃으니 김경석은 대번에 고개를 끄덕이고 남치근은 한참 생각하다가

"영감의 말씀이 옳소."

하고 대답하였다.

"술과 고기를 준비한 것이 있으니 장졸을 호궤합시다."

"좋소."

"좋지요."

"오늘 하루를 즐겁게 보내려고 재인 광대들을 지휘해 두었는데 두 분 영감의 의향이 어떠하실는지요?"

남치근은 맘에 싫을 것이 없어서 고개를 끄덕일 뿐이었지만, 광대 소리를 들을 줄 아는 김경석은 반색하다시피 좋아하며

"좋다뿐이오. 지금이라도 곧 소리판을 차리시구려."

하고 재촉하듯이 말하였다. 이윤경이 수하 군관 두서너 사람을 불러서 한두 마디 말을 분부하더니 심부름꾼 남녀들이 술동이와 고기 안주 목판을 지게로 짊어 나르고 머리로 이어 날라서 부계 위와 여러 차일 속은 말할 것 없고 풀밭 위에까지 여기저기 술자리가 벌어졌다. 술기운들이 돌 만한 때에 재인 광대들이 떼로 몰리어와서 부계 아래에서 문안을 드리고 군관의 지휘를 따라서 이리 저리 흩어졌다. 얼마 아니 지나서 이곳에 단가 저곳에 잡가 노랫소리가 곳곳이 일어나고, 여기 줄타기 저기 땅재주 구경판이 군데군데 벌어졌다. 각진 장졸이 서로 왕래하기 시작하여 차일 앞과 풀밭 위에 사람의 그림자가 어지럽게 왔다갔다 하였다.

"한 사발 받으시오."

"안주 집으시오."

하고 술고기를 권하는 사람

"재주를 잘 넘는데, 참말로 눈깜짝하면 못 보겠군."

"토끼 화상을 잘 그리는 구려."

하고 재인 광대를 평하는 사람들, 서로서로 웃고 지껄이는 중에

"수성장은 당대 인물이오."

"같은 형제간이라도 수성장은 속이 차돌 같은 분이지만 도순찰사는 겉위풍뿐이신갑디다."

"수성장은 지모가 비상한 양반이오."

"수성장은 부하 사랑이 거룩하신갑디다. 어떤 군사라도 부상한 것을 보면 손목을 잡고 눈물까지 흘리신답디다."

하고 수성장 이윤경을 칭찬하는 소리가 가장 많았다. 이때 부계위에서는 소리판이 벌어져서 광대가 어려운 목을 쓸 때마다 김경석이 고수보다도 먼저

"좋지 잘한다."

하고 얼러 주는 중이었는데, 어떠한 군관 한 사람이 말을 타고 달려와서 말에서 뛰어내리며 한달음에 부계위로 올라왔다.

그 군관이 이윤경의 앞에 와서 가쁜 숨을 참아 가며

"지금 남문 밖에 왜적이 새까맣게 몰려들어옵니다."

하고 말하였다. 이윤경이 별로 놀라는 빛이 없어 그 군관을 보고 고개를 끄덕이고 곧 고개를 돌리어 남치근과 김경석을 바라보며

"자리를 마치지 못하게 되었습니다."

하고 말하니 남치근은

"자리가 다 무어요, 얼른 취군(聚軍)[11]시키십시다."

하고 벌떡 일어서고 김경석은

"영감이 취군령을 놓으시오."

하고 이윤경을 바라본 뒤에

"파흥이다."

하고 한옆에 물러섰는 광대들을 돌아보았다(3권: 349-355).

각자의 벙거지 꼭대기에다 석판을 올려놓고 봉학이와 돌석이가 자웅을 겨루는 장면은 프리드리히 폰 실러(Friedrich von Schiller)의 『빌헬름 텔(Wilhelm Tell)』에서 영감을 얻었음이 분명하다. 보다 중요한 사실은 『빌헬름 텔』이 자유와 독립을 쟁취하기 위해 오스트리아제국에 대항하여 투쟁한 스위스인들의 항쟁의 역사, 한마디로 충(忠)과 애국(愛國)을 다룬 작품이라는 것이다. 공교롭게도 '왜

---

11 군사들을 불러 모음.

변(倭變)장'을 쓸 당시 홍명희는 신간회 사건으로 구금당하고 『임꺽정』 또한 정간을 면치 못했다. 우연치고는 기이한 우연 일치가 아닐 수 없다.

홍명희는 봉학이와 돌석이의 솜씨 겨루는 장면을 통해 조선민중으로 하여금 『빌헬름 텔』을 상기시킴으로써 일제에 대항해 떨쳐 일어날 것을 주문한 것이다. 신성로마제국 시절, 오스트리아 치하의 스위스는 일제 치하의 조선과 상당히 유사했다. 빌헬름 텔이 아들인 발터 텔의 머리에 사과를 올려놓고 활을 쏘게 된 사연 역시 천황 사진에 머리를 조아리던 식민지 조선 상황과 대단히 흡사하게도 텔의 아들이 장대 꼭대기에 걸어놓은 총독 모자에 머리를 조아리지 않았다는 이유에서였다.

빌헬름 텔은 결국 화살을 사과에 명중시키지만 게슬러 총독은 텔에게 있던 화살 한 대가 자신을 죽이려고 남겨 논 것이라고 억지를 피며 텔을 오스트리아로 압송 할 것을 명령한다. 총독의 강압조치에 스위스 민중들은 총독의 명령이 신성로마제국이 반포한 자유 칙서에도 어긋나며 황제라도 그렇게 할 수 없다고 거세게 반발한다. 게슬러 총독은 스위스인들의 항의를 일축하며 다음과 같이 발언하는데, 이 발언은 조선 총독이 했다 해도 그대로 믿을 수 있을 정도이다.

> 게슬러: 그런 것이 어디 있어? 황제가 그것을 확인해 주었더냐? 확인해 주지 않았다…. 이런 은혜는 복종을 통해서 얻어내야 하는 것이다. 너희들은 모두 황제의 재판에 반대하는 폭도들이고 대담한 폭동을 꾸미고 있다. 나는 너희들을 잘 안다…. 나는 너희들 속을 완전히 꿰뚫어 보고 있어. 빌헬름 텔을 이제 너희들 가운데서 빼내어 가지만 너희들 모두 그의 죄에 가담되어 있다. 현명한 자는 입을 다물고 복종하는 법을 배워라(실러, 2009: 142).

왜변에서 나라를 구한 꺽정이와 봉학이

전장에서 꺽정이가 왜군에게 죽기 일보 직전의 남치근을 구하지만 이는 악연으로 이어져 실제 역사에서는 껍정이가 토포사 남치근에게 체포되어 사형을 당한다. 홍명희는 남치근을 용맹하나 무모하고 대단히 포악한 성정을 가진 인물로 묘사한다. 남치근의 포악성은 『실록』에도 여러 차례 등장하는 사실이다. '왜변'에서 임껍정이 남치근을 구한 일은 껍정이가 후일 남치근에게 체포되어 죽임을 당한 일에 대해 홍명희가 사후적으로 소소하게나마 되갚아 준 것이라 할 수 있다.

영암성 전투에서 껍정이와 봉학이가 활약하는 대목은 홍명희가 모두 꾸며낸 이야기다. 여기서 핵심은 역사적 사실성 여부가 아니라 나라가 위기에 처했을 때 민중들이 앞장서서 국난을 극복했다는 것이다. 대표적으로 을묘왜변 당시 의병을 일으켜 영암성 전투 승리에 결정적 기여를 한 의병장 양달사(梁達四)를 꼽을 수 있다.

영암성을 몇 차례 방문한 적 있던 홍명희는 양달사 장군과 영암 의병에 대해 잘 알고 있었을 것이다. 양달사와 영암의병 일화를 백정 출신의 무명용사 껍정이의 활약으로 치환해 국난극복의 의미를 새롭게 조명한 것이다. 실제로 양달사 의병장과 영암의병이 영암에서 왜구들을 물리치지 못했다면 왜구들은 호남의 심장인 나주를 능욕했을 가능성이 컸다. 왜변이 끝나자 조정에서는 영암성 싸움에 기여한 신하들의 공을 논의했다. 그렇지만 방어사 남치근 등 조정이 파견한 장수들에게만 공이 돌아가고 양달사 의병장에게는 아무런 상도 돌아오지 않았다.

양달사 의병장은 조정의 논공행상에 조금도 섭섭한 기색을 보이지 않았다. 오히려 "공을 자랑하며 상을 구함은 부끄러운 일이다"며 시시비비 가리는 일을 멀리했다. 양달사 의병장은 영암성 전투 때 10여 군데에 깊은 상처를 입었다. 상처의 독이 깊어져 영암성 전투 1년 만인 41세 나이로 숨을 거두었다.

영암군민들은 양달사 장군의 죽음에 눈물을 흘리며 "만약 양달사 의병장이 없었더라면 우리가 왜구로부터 어육을 당했을 것이다. 을묘년처럼 왜구를 물리친 일이 없었는데 양달사 의병장이 없었더라면 어떻게 그런 승리를 거둘 수 있었겠느냐? 그런데도 조정에서는 그 공을 몰라주고 다른 사람들에게만 공을 돌리고 있다"(『명종실록』 권19: 20책 313면)고 탄식했다. 의병장 양달사의 풍모는 백정이라는 이유만으로 전쟁에 나설 기회마저 박탈당했던 꺽정이가 구국의 일념 하나로 왜적과의 싸움에 앞장선 모습과 묘하게 닮아있다.

이윤경이 남문에서 온 군관을 먼저 보내고 부산히 취군을 시키는 중에 동문에서 군관이 와서 왜가 성 밖에 나타났다고 고하고, 또 서문과 북문에서 군관들이 와서 역시 왜의 나타난 것을 고하였다. 이윤경이 남치근과 김경석을 보고 성문 갈라 지킬 것을 상의 하니 김경석이 먼저

"영감이 갈라 보시오."

하고 이윤경에게 일임하는 뜻을 말하여 이윤경이

"내가 갈라 보오리까?"

하고 남치근의 얼굴을 바라본즉 남치근이

"남문은 내가 맡은 터이니까 남문만 빼놓고 갈라 보시오."

하고 말하였다.

"남문도 좋지요만 제일 어려운 곳을 영감이 맡아 주셨으면 좋겠습니다."

"제일 어려운 곳이 어디요?"

"북문입니다."

"북문이 어째서 제일 어렵소?"

"북문은 문이 약하고 성이 튼튼치 못할 뿐 아니라 지형이 밖에서 공격하기 편하니만큼 안에서 지키기가 어렵습니다. 왜가 이것을 잘 아는 까닭에 다른 문을 버리고 북문만을 친 때가 한두 번이 아닙니다. 우선 영감이 오시던 때도 북문 밖에서 접전 한바탕이 있지 않았습니까?"

"그러면 남문은 고만두고 북문을 내가 맡으리다."

하고 남치근이 북문을 맡은 뒤에 김경석은 서문 하나를 맡고 이윤경은 동남 두문을 얼러 맡게 되었다. 남치근이 제일 어려운 곳을 맡은 것을 좋아하여 즉시 부하 장졸들을 거느리고 북문으로 달려와서 군사들을 자리잡아 벌려세우고 군관 몇 사람과 같이 문루에 올라서 성 밖을 내려다보니, 성 밖에 있는 왜가 불과 백여 명인데 그나마 두패에 갈리어서 한 패는 성에서 멀찍이 있는 나무숲 아래에 퍼더리고 앉았고 한 패는 성에서 가까운 둔전 위에 뭉치어 서 있었다.

둔전 위의 왜들이 문루위에 기치가 날리고 군관이 왔다갔다 하는 것을 바라보더니 일제히 팔을 뽐내며 문루 위를 가리키고 성 아래를 가리키고 하는 것이 문루 위의 사람더러 성 밖으로 나오라는 뜻이었다. 남치근이 문루 근처에 있는 사수들에게 활을 쏘라고 명하여 화살이 빗발같이 날아나가니 왜들이 일시 둔전 아래로 뛰어내려갔다가 화살이 뜸하여진 뒤에 다시 둔전 위로 올라와서 문루를 향하여 욕질하는데, 젊은 왜들은 볼기짝을 문루 편으로 치어들고 두 손바닥으로 두드렸다. 남치근이 욕질하는 것을 보고 분이 나서 곧 부하 장졸에게 출전할 준비를 명하였다.

고각이 소리나고 기치가 움직이며 성문이 열리니 둔전 위의 왜들이 숲 아래의 왜들과 합세하여 접전할 준비를 차리는데, 남치근이 왜의 수 적은 것을 업신여기어 단번에 도륙 내려고 군사를 풍우같이 몰고 내달았다. 처음 형세로는 왜들이 아무리 죽을 힘을 다하여도 불과 얼마 동안에 하나 남지 않고 다 도륙을 당하고 말 것 같더니 다른 문의 왜들이 차차로 모여와서 나중에는 북문 밖은 왜의 천지가 되며 형세가 처음과 달라졌다.

남치근이 급히 부하를 거두어 진을 치다가 선봉장 소달이 간 곳이 없는 것을 보고 군사를 놓아 찾던 차에 왜장이 소달의 머리를 칼끝에 꿰어들고 진전에서 횡행하니 다른 장졸은 고사하고 남치근부터 이것을 보고 놀라지 않을 수 없었다. 소달은 자기의 용맹을 믿고 깊이 적진에 들어가서 필마단검(匹馬單劍)으로 좌충우돌하고 다니다가 말이 앞다리에 칼을 맞아 고꾸라지며 사람도 역시 칼머리에 주검 됨을 면치 못한 것이다. 진중 장졸이 소달의 머리를 보고 모두 기운이 죽어서 군심이 황황할 때에 이봉학이 남치근 앞에 와서

"소인이 나가서 소위장의 원수를 갚겠습니다."

하고 품하여 남치근이 고개를 끄덕이니 봉학이 곧 활을 들고 진으로 나아갔다.

이봉학이가 진전에 나설 때에 왜장은 소달의 머리를 들고 왜진으로 돌아가는 중이었다. 봉학이가 급히 앞으로 쫓아나가며 한번 활을 잡아당기니 날아나가는 살이 왜장의 뒤통수를 꿰뚫어서 그 자리에 고꾸라지게 하였다. 봉학이가 소달의 머리를 빼앗아 오려고 고꾸라진 왜장에게로 쫓아갈 때에 여러 왜들이 일시에 쏟아져 나오니 남치근이 이것을 보고 급히 진을 풀어 가지고 쫓아나가서 접전이 나게 되었다. 화살이 날고 창, 칼이 번쩍거리고 북소리, 아우성 소리가 대단하였다. 남치근이 뒷걸음치는 군사 두서넛의 목을 베고 자기의 말을 몰아서 군사들보다 앞서 나가며

"나를 따라라!"

하고 큰소리를 질렀다. 그러나 싸움이 달게 어울리기 전에 왜들이 일제히 아우성치고 앞으로 달려들며 군사들이 와하고 도망질 하는데, 형세가 막은 물 터지는 것 같아서 장령으로 걷잡을 수가 없었다. 남치근의 신변에는 이봉학

외에 오륙십 명 장졸이 남아 있을 뿐인데, 왜가 남치근이 대장인 줄 알고 겹겹히 둘러쌌다. 장졸 오륙십 명에 사수가 반이 넘어서 사수들이 남치근을 중간에 두고 전후좌우로 둘러선 까닭에 왜가 화살이 두려워 바로는 덮치지 못하였다. 그러나 살은 점점 줄어들고 왜는 차차 욱여들어왔다. 남치근이 도저히 벗어날 가망이 없는 줄을 알고 말께서 뛰어내려 땅위에 주저앉아서 장졸들을 돌아보며

"내가 죽거든 너희 중에 누구든지 내 목을 베어 가지고 도망해라. 죽은 뒤 목이나마 도적의 손에 넣지 마라."

하고 환도로 목을 찌르려고 하였다. 그 옆에 가까이 섰던 군관 하나가 남치근의 환도 든 손을 붙잡고

"조금 참아 보십시오. 설마 성 안에서 구원이 나오겠습지요."

하고 우는 소리로 말하였다. 이때 이윤경이 북문 소식을 듣고 왔다가 남치근의 패진하는 것을 보고 놀라 급히 김경석과 같이 군마를 거느리고 나오기는 나왔으나, 왜에게 앞이 막히어 더 나가지 못하고 북문 밖에서 둔전을 끼고 진을 쳤다. 구원을 기다리는 사람들이 거의 낙심이 되었을 때, 왜들의 에워싼 것이 한구석이 갑자기 헐리기 시작하였다. 오륙십 명 사람이 일시에 헐리는 구석을 바라보니 그곳에 이수성장 김방어사의 군마는 나타나지 아니하고 몸에 갑주를 갖추지 아니한 말탄 군관 한사람이 왜진을 짓쳐들어오는데, 그 군관 수중에 있는 칼이 번개같이 놀아서 왜들이 그 앞에 수가 없이 거꾸러졌다. 그 군관이 마침내 에워싸인 사람들에게

가까이 왔을 때, 괴상히 여기는 오륙십 명 중에 오직 한 사람이 반갑게 내달으며,

"형님이오?"

하고 소리를 지르는데, 그 소리 지르는 사람은 곧 유명한 사수 이봉학이었다. 그 군관이 말 위에서 내리지도 않고

"오냐, 내다."

하고 대답하고

"어서들 내 뒤를 따라나오게 해라."

하고 말하며 곧 말머리를 돌이켰다. 남치근 이하 오륙십 명이 그 군관의 뒤를 따라서 왜진을 뚫고 나오는데 그 군관의 칼 앞을 막는 사람이 없었다. 그 군관이 길래 앞장서서 북문 밖 둔전 근처까지 왔었는데, 이윤경과 김경석이 마주 나와서 남치근이 부득이 수어수작하고 다시 살펴보니 그 군관이 벌써 눈에 보이지 아니하였다.

"봉학아, 너의 형이란 사람이 어디로 갔느냐?"

하고 남치근이 묻는데

"소인도 어디 가는 것을 보지 못하였습니다."

하고 봉학이가 대답한즉 남치근이 응 하고 혀를 차며 찌푸린 미간을 더욱이 찌푸렸다. 이윤경이

"누가 어디 갔단 말씀이오."

하고 물으니 남치근이 패진한 분과 부끄러움이 속에 가득 차서 입이 무거워진 까닭에

"네, 누구 말씀이오?"

하고 이윤경이 다시 물은 뒤에야 겨우 입을 열어

"우리 앞서 오던 군관 말이오."

하고 대답하였다.

"그것이 소위장이 아니든가요?"

남치근은 말이 없이 고개를 가로 흔들었다.

"우리는 소위장인 줄만 알고 유심히 보지 않았구려."

하고 김경석이 말한 뒤에

"그러면 소위장은 어디 갔나요?"

하고 이윤경이 물으니

"전망(戰亡)했소."

하고 남치근은 더 말하기 싫어하는 기색을 보이었다(3권: 355-360).

제4부　다섯 가지 재미있는 이야기

꺽정이가 말타는 법 배운 일화

꺽정이는 서울에 머물던 병해대사의 칠장사 가는 길에 동행한다. 이때가 꺽정이 생전 병해대사와 함께 한 마지막 시간이었다. 어쩌면 꺽정이 인생에 칠장사에서 보낸 날들이 가장 행복했을지도 모른다. 꺽정이는 허담이라는 중에게 말타는 법을 익히고 을묘왜변에 참전하기 위해 칠장이라 이름 부쳐진 준마를 선물 받는다. 여기서 허담의 말타기에 대한 묘사가 아주 재미있다. 이 대목 역시 어느 하나 허투루 넘어가지 않는 홍명희의 전문적 식견을 보여주는 것이라 할 수 있다.

김덕순이가 병해대사와 같이 서울서 떠나서 죽산 칠장사로 갈 때에 꺽정이와 갈리는 것을 섭섭하게 생각하여

"이왕 나선 길이니 칠장까지 같이 가자."

하고 말한즉 꺽정이가

"집에서 나올 때 말을 아니해서 병신 아버지가 기다리라구요."

하고 따라 가려고 하지 아니하다가

"자네가 갈 생각만 있으면 지금이라도 집에 가서 말하고 오게나. 자네 걸음에 반 나절이면 넉넉히 다녀올 것 아닌가."

하고 대사까지 같이 가면 좋을 뜻으로 권하여 꺽정이는 마침내 양주를 갔다 와서 덕순이와 같이 대사를 따라 칠장사로 놀러 오게 되었다.

이때 칠장사에 허담(虛潭)이란 중이 있었는데 기운꼴을 쓸 뿐

이 아니라 말을 잘 알고 잘 다루는 까닭에 아무리 사나운 생마라도 허담의 손에 걸리면 길들지 아니하는 것이 없었다. 허담이 말을 잘 아느니만큼 말을 좋아하여 언제든지 말 한 필을 먹이는데 허담은 말을 자녀와 같이 사랑하였다. 꺽정이 칠장에 오던 이튿날 마굿간에 말이 매인 것을 보고 대사에게 들어와서

"마굿간에 매인 말이 절에서 먹이는 것입니까?"

하고 물은즉 대사가

"이 절에 말을 좋아하는 중이 하나 있어서 말을 먹인다네."

하고 대답하고 곧 옆에 있던 상좌를 돌아보며

"허담을 좀 불러 오너라."

하고 말하더니 얼마 아니 있다가 그 상좌가 허위대 큼직한 중 하나를 데리고 왔다. 대사가 말을 일러서 그 중이 덕순에게 문안하고 꺽정이와 인사한 뒤에 대사가 꺽정이를 가리키며

"저 사람이 말타기를 좋아하니 네가 아는 대로 가르쳐 주어라."

하고 말하니 허담이란 중이

"무어 아는 것이 있어얍지요."

하고 겸사하고 꺽정이를 돌아보며

"말을 더러 타보셨소?"

하고 물었다.

"별로 타본 일이 없소."

"말도 잘 타자면 어렵습니다."

"어려운 줄 아오."

"어려운 줄 아신다니 무던히 타시는구려."

"무던히가 다 무어요. 겨우 말등에 올라앉을 줄 알지요."

"말등에 올라앉을 줄 아시면 잘 타는 말이오. 몇 해나 공부 하였소?"

"공부라니요? 말타기 공부는 해본 일이 없소."

"몇 해 공부가 없이는 몸이 말등에 척 붙도록 되지 못할걸요."

"공부가 없어도 올라앉으면 고만 아니오."

"말도 말 나름이지요. 강아지 같은 말이면 모르겠소만 범 같은 길들지 아니한 말은 당초에 등에 사람을 붙이지 아니하니까 한번 올라앉기도 여간 어렵지 아니합니다."

"그럴까요?"

"그럴까요? 그러면 쉬운 줄 아시오? 지금 내가 먹이는 말로만 말하더라도 본래가 그다지 사나운 말이 아닌데다가 두서너 달 동안 내 손때를 먹어서 성질이 좋아진 폭이건만 아직까지도 이 절에서 나 하나 빼놓고는 타는 사람이 없소. 무슨 일이든지 생각하기 쉽고 말하기가 쉽지, 하기는 생각과 말같이 쉽지 않습니다."

"말을 한번 좀 타봅시다."

"그렇게 하시오. 지금 나가십니다."

하고 허담이 코웃음을 치고 일어서며 꺽정이도 웃으며 일어섰다. 허담이 마굿간에 들어가서 말목을 툭툭 치고 고삐를 끌어냈다. 허담이 말을 끌고 절 앞 넓은 마당에 나와서

"자 한번 타보시오."

하고 고삐를 꺽정이에게 주었다. 말은 대번에 고삐를 쥔 사람이 저의 주인이 아닌 줄을 알고 머리를 설레설레 흔들더니 고삐를 당겨쥔즉 갈기를 세우고 머리를 번쩍 치어들어 올라타려고 한즉 몸을 돌리며 뒤를 번쩍 솟치었다. 허담이 이것을 보고 웃고 섰는데 꺽정이는 불덩이 같은 화가 속에 치밀었다. 고삐를 놓고 갈기를 잡으며 말머리를 땅에 끌어박으려고 하였다. 말이 고분고분히 당할 까닭이 없건마는 꺽정이 눈에서 불이 흐르며 입에서 응 소리가 한번 나자 말의 흥흥거리던 코가 땅에 와서 닿았다. 꺽정이가 그제야 번개같이 몸을 솟치어 말 등에 올라앉아서 고삐를 잡아 채치니 한풀 꺾인 말이 식식거리며 빙빙 돌다가 절 아래 산길로 뛰어내려 갔다. 꺽정이가 말등에 붙어앉아서 말이 뛰는 대로 뛰어다니다가 말이 기운이 시진(漸盡)하여 온몸에 구슬땀이 흐를 때에 고삐를 채쳐 절로 돌아왔다. 허담이 말을 마구에 들이매며

"이놈이 거센 체하다가 오늘 혼이 났구나."

하고 언치[1]를 말등에 얹어주고 나와서 꺽정이를 보고

"말을 잘 타자면 힘과 재주 두 가지가 다 넉넉하여야 하는데 당신이 힘은 너무 넘치는 것 같고 재주는 좀 부족한 것 같소."

하고 말타는 것을 평하였다.

꺽정이와 허담이 대사 방에 왔을 때 덕순이는 대사와 같이 불경(佛經)을 보다가

"고만 두었다 봅시다."

하고 불경책을 덮어 치우며 꺽정이를 보고

"그래 말을 타보았느냐?"

하고 물었다. 꺽정이가

"아닌게아니라 한번 등에 올라앉기도 어렵습니다."

하고 대답한즉 덕순이는 꺽정이가 말을 타지 못한 줄로 알고

"말에게 견모[2]만 하고 온 모양이구나."

하고 웃는데 허담이 나서서

"말도 무던히 타지만 기운이 참말 장사입디다."

하고 말하니 덕순이가 웃으며

"말을 탔어? 허담이 견마를 잡아준 게지?"

하고 꺽정이를 바라보았다.

"제주서 생외 처음 말을 탈 때도 견마는 잡힌 일이 없었소."

"처음 타는 주제에 견마를 잡히지 않았으면 낙마는 면치 못했겠지."

옆에 있던 대사가 빙그레 웃으면서

"적어도 수십 번 말에서 떨어졌으리다."

하고 말하여 덕순이가

---

1   안장이나 길마 밑에 깔아 말이나 소의 등을 덮어 주는 방석이나 담요.

2   업신여김을 당함.

"골통은 잘 먹었겠다."

하고 웃으니 허담이

"골탕을 안 먹어보고는 말을 잘 타지 못합니다."

하고 꺽정이를 대신하여 발명하듯이 말한 뒤에 꺽정이를 돌아보며

"제주 생말 공부한 솜씨라 내괴[3] 다릅디다. 내 말은 쌀말[4]로 그만큼 타기가 조만한 일이 아니지요. 그러나 흠을 잡아 말하자면 법없이 함부로 배운 표가 납디다."

하고 말하였다. 꺽정이가 무슨 말을 하려고 할 즈음에 덕순이가 법 있고 없는 것이 어떻게 다르냐고 물으니 허담이 한번 에헴 하고 기침한 뒤에 아는 것을 자랑하려는 구기(口氣)로 말을 꺼내었다.

"말 타는 데는 일신(一神), 이기(二氣), 삼태(三態), 사술(四術)이라고 보는 것이 여러 가지 있습니다. 술(術)은 배울 수가 있고, 태(態)는 지을 수가 있고, 기(氣)는 기를 수가 있고, 신(神)은 배우거나 짓거나 길러서 될 수 없는 만큼 천생이 있지마는 많이 배우고 오래 짓고 힘써 기르면 나중에 절로 생긴답니다. 태조대왕께서 화장산(華藏山)에서 사슴 사냥 하실 때에 사람이 발 못 붙일 절벽을 말 타신 채 미끄러져 내려오셨다고 합니다. 태조대왕 같으신 기가 아니면 말이 아무리 팔준마(八駿馬)[5]라도 도저히 되지 못할 일입니다. 그러나 이것이 신 지경 일은 아닌 것이 그때 대왕 타신 말이 앞으로 꺼꾸러졌다고 합니다. 신 지경에는 사람의 맘과 말의 힘이 빈틈이 없이 일치하여 나가는 까닭에 조금이라도 실수가 없답니다. 말 타는 데 신 지경은 말하자면 득도(得道) 지경과 다름이 없을 것입니다. 경전(經典)을 본다고 저마다 득도할 것은 아니지요만, 경전을 모르고 도를 닦으면 못쓸

---

3   어쩐지. 왠지.

4   길이 들지 않아 성격이나 행동이 정 붙이기 어려운 거친 말. 생마.

5   중국 주나라 때에, 목왕이 사랑하던 여덟 마리의 준마. 화류(華騮), 녹이(綠耳), 적기(赤驥), 백의(白義), 유륜(踰輪), 거황(渠黃), 도려(盜驪), 산자(山子)를 이르며 역사적으로 유명하다.

외도 되는 것과 같이 말 타는 것도 법없이 배우면 못씁니다. 육조(六祖)[6] 같은 분은 무식한 나무꾼 출신으로 오조(五祖)[7]에게 의발(衣鉢)[8]을 받으셨지만 이것은 구방고(九方皐)란 사람이 피아말[9]·상사말[10]도 구별할 줄 모르면서 백락(伯樂)의 뒤를 이은 것과 같이 천만인의 한 사람도 드뭅니다.”

허담의 도도한 말이 그칠 줄을 모를 때 대사가 웃으면서

“인제 고만 지껄여라. 너무 지껄이면 입아귀가 아픈 법이다.”

하고 허담의 말을 자르고 꺽정이를 바라보며

“허담의 말 설법이 재미있는가?”

하고 물으니 꺽정이가

“재미있구먼요.”

하고 대사에게 대답한 뒤에 곧 허담을 돌아보며

“내가 지금 늦깎이라도 좀 배워봅시다.”

하고 말하였다.

---

6   당나라(618~907) 시대의 선승으로 선종에 가장 큰 영향을 미친 혜능대사를 이른다. 그의 다른 이름은 조계대사(曹溪大師)이다. 대한민국 불교종파인 조계종, 전라남도 순천시 조계산에서 조계라는 두 글자는 모두 혜능선사가 머물렀다는 조계에서 따온 단어들이다. 최근 공간된 자료에 따르면 신라시대 왕명을 받고 쌍계사 비문을 쓴 최치원이 쌍계사 창건조사 진감선사 혜소(774~850)를 ‘조계의 현손’, 곧 혜능대사의 직계제자로 적은 것으로 알려졌다.

7   중국 당나라 시대 선종 제5조로서 4조 도신(道信, 580-651)의 제자이며, 6조 혜능(慧能)의 스승이다. 달마(達磨)—혜가(慧可)—승찬(僧璨)—도신(道信)—홍인(弘忍)으로 이어지는 중국 선종의 실제적인 확립자이며, 동산법문(東山法門)의 개창자이다. 제자인 신수(神秀), 혜능(慧能) 등으로 하여금 남북 각지에서 선(禪)을 펴게 했다.

8   승려가 죽을 때 자신의 가사와 바리때를 후계자에게 전하던 일에서 유래한 말로 스승이 제자에게 전하는 교법(教法)이나 불교의 깊은 뜻을 이름.

9   다 자란 암말.

10   발정(發情)하여 일시적으로 매우 사나워진 수말

그 뒤에 꺽정이는 매일 허담에게 말 타는 법을 배우느라고 재미를 들여서 날 가는 줄을 모르고 지내는 동안에 거의 달포가 되었는데 이때 난리 났다는 소문이 산속에까지 굴러들어왔다. 꺽정이가 난리 소문을 듣고 궁금증이 나서 덕순을 보고 산에서 나가자고 말하니 덕순이는

"나는 대사와 같이 불경이나 보고 과하(過夏)[11]하기로 작정하였으니까 아직 더 있어 볼 터이다."

하고 말하여 꺽정이가 혼자 떠나가기로 작정하였는데 떠나려던 전날 저녁 꺽정이는 의외에 반가운 사람 하나를 칠장사에서 만나게 되었다.

꺽정이가 허담의 말을 타고 동구 밖에 나가서 주마 놓고[12] 돌아다니다가 해가 설핏할 때 절로 올라와서 말을 마굿간에 들여매고 말갈기를 쓰다듬어 주며

"내일은 작별이다."

하고 말한즉 말이 꺽정이의 말을 알아들었다는 듯이 머리를 건들거리었다.

꺽정이가 마굿만 앞에서 돌아설 때 말이 구유 너머로 머리를 내밀어 꺽정이의 머리 동인 수건 끝을 물고 지근지근 잡아당긴 까닭에 꺽정이가 손을 머리 뒤로 돌리어 수건 끝을 빼앗고 다시 말 앞으로 돌쳐서서 웃으면서

"이 자식, 버릇없는 자식 같으니, 머릿수건을 잡아당기는 법이 어디 있단 말이냐."

하고 한 손을 둘러메니 말은 얼른 머리를 한옆으로 피하였다.

"맞을까 보아 무서운 게구나."

하고 꺽정이가 둘러메던 손으로 말 목을 뚜덕뚜덕해 주면서

"작별이 섭섭하냐?"

하고 말을 묻는데 말이

"섭섭합니다."

---

11   여름을 지냄.

12   주마 놓다. 말을 몰아 빨리 가다.

하고 대답하는 모양이 머리를 꺽정이 앞으로 내밀고 코를 치어들고 흥흥거리었다.

"이 다음 내가 너를 보러 오마."

하고 꺽정이가 두 귀 사이의 늘어진 갈기를 만져 주니 말의 영리한 두 눈 속에는 정다이 여기는 빛이 보이었다. 달포 지내는 동안에 꺽정이가 말을 사랑할 뿐 아니라 말도 꺽정이에게 정이 들었던 것이다. 꺽정이가 말과 작별하고 있을 때 상좌 하나가 꺽정이에게 와서

"판도방 앞마루에 손님 하나가 와 앉아서 양주 임서방이 절에 와 있었느냐고 묻습디다."

하고 말하니 꺽정이가

"어떤 손님이?"

하고 마굿간 앞에서 돌아섰다(3권: 295-302).

허담이 꺽정이에게 말타기에 관해 설법한 내용은 배움의 중요성에 대해 일깨워준 것이다. 세상이치가 모두 그렇듯 저절로 얻어지는 것은 없다. 설법 중간에 중국 선종의 토대를 확립한 오조(五祖)와 육조(六祖)의 일화 그리고 백락(伯樂)과 구방고(九方皐)에 관한 고사가 등장한다. 일자무식(一字無識) 나무꾼 출신의 육조(六祖) 혜능대사를 한 눈에 알아본 오조(五祖) 홍인대사의 혜안과 구방고를 알아본 백락의 선견지명은 천행과 같은 요행일 뿐 일반화 할 수 없다는 게 설법의 요지다. 요컨대, 웅대한 목표를 이루려면 끊임없이 정진하고 배움을 게을리 해서는 안된다는 것이다.

백락과 구방고에 얽힌 일화는 『열자(列子)』 권8 '설부(說符)편'에 나온다. 백락은 중국 춘추전국시대의 인물로 말을 감정하는 상마가(相馬家)에 종사했다. 말보는 안목이 특출나서 백락이 고른 말은 백이면 백 다 모두 명마였다고 한다. 어느 날 진(秦)나라 목공(穆公)이 백락이 추천한 구방고(九方皐)에게 천리마(千里馬)를 구해 오라 일렀다. 3개월이 지난 뒤 구방고가 천리마를 구해왔다고 하니,

목공이 어떤 색깔의 말이냐고 물었다. 구방고가 누런 암말이라고 대답하여 다른 사람을 시켜 가서 보게 한 결과 그 말은 검은 숫말이었다.

화가 난 목공이 누런지 검은지, 암말인지 숫말인지 구분조차 못하는 구방고를 천거한 백락(伯樂)을 불러 책망했다. 그러자 백락은 "구방고가 보려 한 것은 선천적으로 타고난 성질이므로, 그 정(精)한 것만 얻고 추(麤)한 것은 버리며, 본질을 꿰뚫되 표면은 고려하지 않은 것입니다"라고 답했다. 말을 데려와 보니, 과연 천하의 양마(良馬)였다. 인재의 숨겨진 자질이나 사물의 외양이 아닌 본질을 볼 수 있는 능력을 후세 사람들은 '구방안(九方眼)', 곧 '구방고의 안목'으로 불렀다.

표창명수 박유복이가 아버지 원수 갚고 결혼한 이야기

유복이는 꺽정이 어릴 적 동접친구인데, 봉학이 등과 함께 의형제를 맺은 사이로 어질고 착한 사람이다. 『임꺽정』에 등장하는 인물들 가운데 소년시절, 유복이 만큼 불행하고 힘들게 산 사람도 드물다. 유복이 어렸을 때 황해도 배천에 살았다. 유복이 아버지가 이웃에 살던 노가라는 사람의 모함에 들어 죽임을 당하는 바람에 어쩔 수 없이 일가친척 하나 없는 서울에 올라와 홀어머니 아래서 어렵게 자랐다. 유복이는 효성이 지극했을 뿐만 아니라 자신의 처지를 비관하거나 절망하지 않았다. 어진 심성 덕에 사람들은 유복이를 모두 좋아했다. 꺽정이 식구들이 유복이를 특히 이뻐라했다.

유복이의 어진 심성은 우는 아이를 보는 족족 도리깨로 때려죽이는 것으로 소문난 곽오주를 살뜰하게 돌보는 데서도 잘 드러난다. 곽오주가 눈이 돌아가 기광을 부리기 시작하면 누구하나 말릴 재간이 없었다. 이런 오주도 신기하게도 유복이 말만큼은 잘 따랐다. 완력을 쓴다거나 고함을 질러 윽박지르는 게 아니라 마음을 열고 자애롭게 대하기에 살인귀 오주마저 유복이 뜻을 거스르지 않는 것이다.

이봉학이와 박유복이가 사랑방에 와서 여러 두령 중의 밖에 나간 사람까지 다 불러 모아놓고 상의한 끝에 박유복이·배돌석이·황천황동이·길막봉이·이춘동이 다섯 두령이 두목·졸개 십여 명을 데리고 선진으로 가기로 대개 작정하고 집짝에서 가지고 갈 병장기들을 꺼내놓는 중에 꺽정이가 나와서 갈 사람 작정한 것을 듣고 이봉학이 더러

"자무산성으루 가는데 일체 일을 맡길 테니 자네가 선진을 거느리구 가게."

하고 말을 일렀다.

"아까 의논들을 할 때 유복이두 나더러 가는 게 좋겠다구 말을 합디다만 나는 여기서 안식구들 길 떠날 준비를 시키려구 빠졌습니다."

"길 떠날 준비야 별거 있겠나. 여기 남은 사람이 시켜두 넉넉할테니 염려 말구 가게."

"녜, 형님 분부대구 선진을 맡아가지구 가겠습니다."

"그러구 오주는 왜 여기 남겨두나. 오주두 마저 데리구 가게."

"그럼 내일 내행[13]들 올 때 배행[14]할 사람이 아주 부족하지 않겠습니까?"

"아니 오주를 내행 배행할 사람으루 남겨놨나? 만일 어린애들이나 울면 길에서 미쳐 날뛰라구."

"오늘 산성 아래 동네 도평[15] 가서 동네사람을 모아놓구 우리 일에 거행을 잘 하두룩 일러두자구 의논들 했는데 오주가 가서 만일 해거[16]나 부리게 되면 우리 위신이 상하지 않습니까. 그래서 오주는 빼났습니다."

"유복이가 가는데 무슨 염련가. 오주를 다잡는데 유복이 윗수갈 사람이 또 어디 있나."

꺽정이의 말과 같이 곽오주를 다루는 데는 박유복이만한 사람이 다시 없었다. 곽오주가 어린애 우는 소리에 광증이 발작될 때 꺽정이의 호령질로도 제지는 되지마는 박유복이는 곽오주의 뒤를 지성스럽게 쫓아다니며 발작 안되도록 미리단속하고 혹시 발작되더라도 않는 아이 다루듯 하여 곱게 가라앉히고 꺽정이같이 큰소리를 내지 아니하였었다 (10권: 122-123).

청석골 터줏대감으로 꺽정이와 그 형제들을 도적에 입문시킨 오가는 곽오주가 어떤 인물인가에 대해 설을 푸는데 청산유수가 따로 없다. 좀 모자라고 칠칠맞지 못한 사람을 표현하는 데 쓸 수 있는 우리말을 모조리 가져다 퍼부을 태세

13　부녀자들의 여행길.

14　모시고 함께 다님.

15　자모산성 인근의 마을 이름.

16　괴상하고 얄궂은 짓.

지만 오가라 밉지 않다. 또 따지고 보면 사람 같지 않은 오주를 살뜰히 챙기는
유복이를 칭찬하는 말이려니 악의가 없다.

> "오주는 서림이더러 사람 아니구 불여우라구 하지만 오주 저두 사람은 아니야. 미련
> 은 곰새끼구 우악은 억대우구, 오주가 우멍한[17] 눈을 끔벅끔벅하는 걸 보면 나는 언제
> 든지 탑고개에서 뜸베질[18]당하던 생각이 나네. 사람 치구 그 따위 무지하구 미욱하구[19]
> 용퉁하구[20] 데퉁궂구[21] 열퉁적구[22] 별미없구[23] 변모없는[24] 위인을 우리 사위 양반은
> 무엇에 반했는지 처음부터 이날 이때까지 꼭 데리구 들어온 자식 두남두듯[25] 속살루 은
> 근히 두남두느라구 애를 부둥부둥 쓸 때가 많으니 그게 아마 전생에 오주의 빚을 지구
> 이생에 와서 갚는 모양이야"(10권: 28).

유복이는 평산에서 관군과 접전이 벌어졌다는 소식을 듣고 곽오주와 함께 한
걸음에 달려오지만, 청석골을 비워놓고 왔다고 꺽정이에게 핀잔을 듣는다. 그
런데 그게 다가 아니었다. 유복이가 포도청에 잡혀있는 서림이 말만 믿고 배신
한 줄도 모른 채 서림이 식구를 서울로 보내준 것이다. 다른 사람이었다면 꺽정

---

17   쑥 들어가 우묵하다

18   소가 뿔로 이것저것 가리지 않고 마구 들이받는 짓

19   어리석고 미련하다

20   용렬하고 미욱하다.

21   성질이나 행동이 조심성이 없고 미욱하며 거친 데가 있다.

22   눈치 없고 퉁명스럽다.

23   하는 짓이 어울리지 않고 멋이 없다.

24   주변머리가 없다. 융통성이 없다.

25   두남두다. 편들어주거나 잘못된 것을 두둔하여 주다.

이에게 요절이 났을 텐데, 꺽정이 역시 유복이의 성품을 잘 알기에 크게 혼내지
않는다.

　　박유복이가 서림이의 편지 사연과 서림이의 식구 보낸 곡절을 대강 다 이야기하니 꺽
정이는 화를 벌컥 내며
　　"너희들이 서가눔하구 부동[26]했느냐?"
　　하고 호령을 내놓았다.
　　"서림이가 형님께 배심 먹을 줄은 꿈에두 생각 못했습니다."
　　"내가 오란 때 오지 않은 것만 봐두 알 것 아니냐? 네가 사람이냐, 돌부처냐!"
　　"생각이 부족해서 일을 잘못했습니다."
　　"잘못했다면 고만일 줄 알구 일을 그 따위루 했느냐?"
　　이봉학이가 박유복이 앞으로 나가서
　　"형님, 꾸중을 하시더라두 가서 하시지요."
　　하고 말하니 꺽정이는 박유복이의 죄송스러워하는 모양을 말없이 내려다보다가
　　"사람이 약지를 못해두 분수가 있어야지."
　　하고 혀를 몇 번 찬 뒤 여러 사람을 돌아보고
　　"자, 고만들 가자."
　　하고 말하였다(9권: 306).

　　지금까지 『임꺽정』을 네댓 번은 읽었다. 주요 부분은 예닐곱 번 이상 찾아 읽
었다. 그럴 때마다 그간 눈여겨보지 않거나 고정관념에 의해 혹은 스테레오 타
입으로 이해해온 인물들이 새롭게 눈에 들었다. 그 중 대표적인 사람이 봉단이
엄마 임씨, 꺽정이 처 운총, 그리고 박유복이다. 세 사람은 겉으로 드러난 행동

26　부동(符同)하다: 그릇된 일에 함께 어울려 한통속이 되다.

이나 기질 면에서 판이하게 다르다는 것을 알 수 있다. 하지만 세 사람에겐 공통점이 있다. 비굴하지 않으며 어떤 난관이 닥쳐도 비관하거나 슬퍼하지 않는 긍정적 성품의 소유자들이다.

박유복이는 우리민족의 역사 속에서 드러내지 않고 묵묵히 자신의 자리를 지켜온 수많은 민초들, 민중들과 가장 많이 닮아있다. 유복이는 병해대사나 봉단이처럼 이성적 사리판단이 뛰어나다는 의미에서 현명한 사람은 아니다. 하지만 스피노자 식으로 표현하면 유복이는 정념을 잘 돌볼 줄 아는 사람이다. 인간의 정념은 속성 상 외부적 사물에 영향을 받아 변하기 쉽고 그렇기에 불안정하다. '정서(情緖)'를 뜻하는 영어의 affection 역시 변하기 쉬운 인간 정념의 속성을 나타낸다.

스피노자는 욕망을 인간의 본질로 간주한다. 그에 따르면, 기쁨에서 생기는 욕망은 기쁨의 정서 자체에 의해 촉진되거나 증대된다. 반대로 슬픔에서 생기는 욕망은 슬픔의 정서 자체에 의해 감소되거나 억제된다. 인간의 정념을 잘 돌보고 평온한 마음의 상태를 유지하기 위해서는 기쁨이나 즐거움과 같은 능동적·긍정적 정서를 통해 슬픔이나 노여움 같은 수동적 정서를 압도하려는 노력이 필요하다(Spinoza, 2002: 325). 기쁨에서 생기는 욕망은 인간이 갖고 있는 능력에 더해서 외적 원인의 힘(the power of an external cause)에 의하여 규정되는 반면, 슬픔에서 생기는 욕망은 오직 인간의 능력에 의해서만 규정 될 수 있기에 기쁨에서 발생하는 욕망이 슬픔에서 발생하는 욕망보다 한층더 강력하다고 할 수 있다. 스피노자는 다음과 같이 말한다.

우리들 외부에는 우리에게 유익한 것, 즉 우리들이 추구할 만한 것이 많이 주어져 있다. 그 중에서 우리의 본성과 전적으로 일치하는 것보다 더 가치 있는 것은 생각해 낼 수 없다. 예를 들면, 만일 전적으로 본성이 같은 두 개체가 서로 결합한다면 단독의 개체보다 두 배의 능력을 가진 개체가 되기 때문이다. 따라서 인간에게 인간보다 더 유익한 것은 없다(Spinoza, 2002: 331).

유복이는 능동적 정서를 통해 수동적·부정적 정서를 제어할 수 있기에 마음
이 안정돼 있을 뿐 혼자가 아닌 벗들과 함께 하는 데서 행복을 찾기에 곽오주처
럼 자신보다 못한 처지의 사람들을 마음 속 깊이 이해하고 따뜻이 대할 수 있는
것이다. 그런 면에서 유복이는 유덕한 인간이다. 자상하고 따뜻한 마음을 가진
박유복이가 어떤 곡절을 겪으며 살았는지 알아보기로 하자. 재미있고 좋은 글
은 여럿이 함께 읽어야 제 맛이다.

유복이의 소년고생과 표창 익힌 사연

어느 날 양주 꺽정이 집으로 오랫동안 연락이 끊긴 어릴 적 동무 박유복이가
찾아오면서부터 얘기가 시작된다. 꺽정이 아버지 돌이와 꺽정이 식구들은 유복
이의 소년시절 고생, 특히 앉은뱅이로 지낸 사연에 제 일인 마냥 애달파하고 표
창 익힌 얘기에 시간가는 줄 모르고 즐거워한다. 여기서 우리 민족이 예로부터
쭉 둘러앉아 이야기 나누기 좋아하고 밥먹는 데 진심이었다는 것을 알 수 있다.
『임꺽정』에는 밥 먹는 대목이 수 없이 나온다. 그럴 때마다 예의 말의 향연이
펼쳐진다.

> "처음에 서울서 이사갈 때 황해도 어디루 갔었지?"
> "녜, 배천으로 갔었습니다."
> "옳아, 그래서 백손 애비가 자네를 찾으러 배천을 갔었거니."
> "백손이 어른이 그대 어디 배천만 갔었나요. 이 사람의 본고향 강령까지 갔었지요. 이
> 사람의 종적을 모르고 와서 괴탄[27]도 하더니 오늘날까지도 이 사람의 말만 나면 그 자

---

27 괴상하게 여기어 탄식함.

식 죽었어, 그 자식 죽었어 하면서 언짢아하지요. 아이 적 동무는 정이 특별한 거예요.”

애기 어머니가 옆에서 이야기에 쐐기를 쳤다.

“그래 배천서 어디루 갔었나?”

“어머니가 저를 데리구 배천으루 내려가기는 이모를 의지하구 살 생각이었는데 내려간 뒤 일 년 채 못 되어서 이모가 돌아가구, 이모 장사지내구 며칠 안 되어서 어머니가 돌아가셨습니다. 어머니가 저를 유복자루 낳아가지구 갖은 고생을 다해 가며 키워서 간신히 열두어 살 먹여놓구 돌아갈 때 눈이 잘 감겼겠습니까. 돌아가던 날 식전까지두 정신이 남아서 저의 손을 만지면서 내가 죽어두 눈을 감지 못하겠다. 네가 커서 너의 아버지……”

하고 유복이의 목이 메이어서 말을 못하다가 병인이

“그래서?”

하고 이야기 끝을 재촉한 뒤에 유복이가 이야기를 이어 하였다.

“제가 어머니 하나 믿구 살다가 그 어머니를 여의구 보니 자연 천지가 아득할 것 아닙니까. 이모부와 동네 사람 덕으루 장사라구 지내구 나서 저는 동소문 안 선생님께 와서 지낼 소견으루 이모부 더러 서울루 가겠다구 말하니까 이모부가 자기 집에 와서 이종매와 같이 있으라구 만류합디다. 그래서 이모부의 집에 가서 얹혀 있게 되었었습니다.”

“그때 고만 서울루 오지. 그랬더면 이번에 전장에도 같이 갔지.”

하고 애기 어머니가 말하니

“글쎄 말이오. 생각하면 모두가 다 내 팔자가 험한 탓이오.”

유복이가 대답하고

“사람이 너무 진실해서.”

하고 애기 어머니가 말하니

“내가 나를 모르는 줄 아시오? 내가 미련하지”(4권: 21-22).

유복이는 열일곱 살 되던 해에 병을 얻어 시름시름 앓기 시작해 죽을 고비를 넘겼다. 일 년간 병석에 있다 보니 뼈에 가죽만 남게 됐고 그 영향으로 완쾌됐음에도 걸음을 걷지 못하는 앉을뱅이 병에 걸렸다. 앉을뱅이 병에 비관해서 몇 번이나 죽으려고까지 했으나 죽을 맘이 날 때마다 죽은 부모 한풀이를 어떻게 하나 생각하구 마음을 고쳐먹었다. 십 년 동안 앉을뱅이로 지내다가 하늘의 도움인지 산속으로 약을 캐러 다니는 노인으로 재주가 신통하고 비범한 어른을 만나 벌떡 일어설 수 있었다.

애기 어머니가 유복이 보는 데 창피한 맘이 나서 푸념을 내놓으니 병인이

"에라 고만 지껄여라. 저 사람 이야기나 듣자."

하고 유복이를 보며

"대체 십 년 앉을뱅이가 어떻게 해서 저렇게 성한 사람이 되었나?"

하고 말을 물었다.

"하느님 덕택으로 이인 하나를 만나서 약을 얻어먹었습니다."

하고 유복이가 말하니

"어떻게 이인을 만나구 어떠한 약을 얻어먹었나 이야기 좀 자세히 하게."

하고 병인이 벽에 기대었던 몸을 앞으로 일으키었다.

"아까두 말씀하였지만 저의 병이 두 무릎 아래가 힘이 빠져서 걸음을 걷지 못하는 병이라 앉았다가 일어서려면 남이 붙들어 주거나 그렇지 않으면 무엇이든지 붙들어야 간신히 일어나구 두 손으루 벽을 짚구 게걸음을 쳐서 한두 발쯤 걸으면 벌써 다리가 벌벌 떨려서 펄썩 주저앉게 되구 하니까 할 수 없이 토막 둘을 양손에 갈라 쥐구 궁둥이루 다니게 되었었습니다."

"그러면 바루 앉을뱅이는 아니었었군."

"무릎이 붙어서 꼼짝 못하는 것만 앉을뱅이가 아니구 저처럼 무릎 아래 힘이 없어 걷지 못하는 것두 앉을뱅이라구 합디다. 걸음을 걷지 못하니 앉을뱅이지 무엇입니까."

"그렇지."

"궁둥이루 다니는 것이 무슨 일을 할 수 있습니까. 조팝[28]으루 주린 배를 채우면 뜰 앞에 앉아서 해를 보냈었습니다."

"해가 길지, 질감스럽게 갈지."

"오뉴월에두 해 긴 줄은 모르구 지냈습니다."

"밖에 나가 앉아서 이것저것 구경하니까 나와는 달르단 겔세. 나는 해가 길어서 고생일세."

"저는 종일 앉아 손장난을 한 까닭에 해 긴 줄을 몰랐습니다."

"무슨 손장난?"

"나무때기루 짜름한 꼬챙이를 깎아서 던지는 장난을 했습니다. 처음에는 심심풀이 장난으루 시작한 것인데 물건을 노리구 던지면 맞는 데 재미가 날뿐더러 그것두 혹시 재주루 쓸 데가 있을까 하구 일심 정력을 들여서 익혔습니다. 그래서 긴긴 해두 가는 줄을 모르구 보냈습니다."

유복이가 말을 마치고 나서 애기 어머니를 돌아보며

"누나 입으루 콩알을 잘 부시더니 지금두 부시우?"

하고 물으니 애기 어머니는 웃기만 하고 대답을 아니하는데

"콩알을 불어서 새를 다 잡으신다오."

하고 백손 어머니가 대신 대답하였다.

"누나는 다 아시지만 봉학 언니는 활을 잘 쏘구 여기 언니는 칼을 잘 부리는데 나만 아무 재주가 없어서 어머니에게 구박두 많이 맞았더니 꼬챙이 던지기를 익힌 것이 지금은 백 보 이내의 큰 짐생을 맘대루 잡을 수 있소."

"나무 꼬챙이로 어떻게 짐생을 잡나?"

애기 어머니 말끝에

"나무 꼬챙이로 무슨 짐생을 잡아 새앙쥐나 잡을까."

---

28   조팝나무.

백손 어머니가 말깃을 달고 깔깔 웃기까지 하였다.

"처음엔 나무 꼬챙이를 가지구 익히다가 나중엔 쇠끝으루 꼬챙이를 치어서 익혔는데 병을 고쳐주신 어른이 조그만 창끝 같은 병장기를 스무 개 한 벌 갖다 주셔서 그 뒤는 줄곧 그걸 가지구 익혔어요."

"지금 가졌거든 어디 구경 좀 하세."

애기 어머니 말에

"보따리에 들었으니 이따 구경시켜 드리지요."

유복이가 대답하는 것을 백손 어머니는 듣기가 무섭게 얼른 가서 유복이의 보따리를 들고 왔다. 병인이 홀저에 성한 다리에서 쥐가 난다고 벽에 기대어 앉으면서 애기 어머니더러 주물러 달라고 말하여 애기 어머니가 병인의 다리를 주무르는 동안에 백손 어머니는 유복이 가까이 와 앉아서

"어서 좀 보여주시우."

하고 졸랐다. 유복이가 보따리 속에서 유지[29]에 싼 것을 꺼내서 풀러놓으니 반들반들 길이 든 조그만 창열 스무 개가 드러났다. 백손 어머니가 얼른 손을 내밀어서 한 개를 집어들고

"아이구 이뻐라. 아주 창열 천연해."

하고 말하였다.

"이것을 주신 어른은 진서글두 잘하시구 대국[30]일두 잘 아시는 어른인데 이 창을 대국서 표창(鏢槍)이라구 한다구 말하십디다. 내 이종매가 이것을 보구 장뼘 한 뼘밖에 안 된다구 뼘창이라구 이름을 지어서 나두 장난으루 뼘창이라구 부릅니다만 원이름은 표창이랍니다."

"그래 이걸 가지구 짐생을 어떻게 잡소?"

---

29   기름을 먹인 종이.

30   여기서는 중국, 즉 명나라를 뜻함.

"골통이나 산멱[31]에 두어 개 들어가 백히면 아무리 큰 짐생이라두 제가 넘어가지 별

수 있습니까."

"빗맞으면 큰일 아니오?"

"왜 빗맞게 던지나요."

"호랑이도 잡아보셨소?"

"잡아 봤습니다."

"우리 남매가 백두산 속에서 사냥질할 때 긴 창들을 가지고도 호랑이에게는 여러 번

혼이 났는데 요런 조그만 쇠끝을 가지고 호랑이 같은 큰 짐생을 어떻게 어를까요"(4권:

27-31).

덕적산 무당굿 열두거리

유복이가 노가 성을 가진 노인의 모함에 들어 억울하게 목숨을 잃은 아버지

의 원수를 갚고 부모님 유골을 합장(合葬)한다. 그때 유복이를 추격해온 강령 장

교들과 일전을 벌인 후 도망질하여 덕적산으로 들어갔다. 여기서 무당굿의 정

석이라 할 수 있는 열두거리 무당굿이 등장한다. 홍명희가 전통 민속놀이에 대

한 식견이 탁월할 뿐만 아니라 굿 놀이에 대한 묘사 역시 대단히 뛰어남을 알

수 있다. 당대 사람들이 『임꺽정』을 '민속학의 보고'로 입을 모아 상찬한 게 고

개가 끄덕여진다. 우리에게 너무나 잘 알려진 『메밀 꽃 필 무렵』의 작가 이효석

은 『임꺽정』을 "큰 규모 속에 담은 한 시대 생활의 세밀한 기록이요, 그 민속적

재료의 집대성이요, 조선 어휘의 일대 어해(語海)를 이룬 점에서도 족히 조선 문

학의 한 큰 전적(典籍)"(임형택·강영주 편, 1996: 281)이라고 극찬해 마지않았다.

덕적산은 딴 이름이 덕물산이니 진달래꽃으로 이름 높은 진봉산 남쪽에 있다. 그 흔

31　살아 있는 동물의 목구멍.

한 진달래꽃조차 진봉산같이 많지 못한 산이라 아무것도 보잘 것이 없건마는 이름은 경향에 높이 났었다. 이것은 다름이 아니고 오직 산 위에 최영 장군의 사당이 있는 까닭이었다. 최장군이 고려 말년의 영웅으로 당세에 큰 공로가 있었다고 유식한 사람들이 그 사당을 위하는가 하면 그런 것도 아니고, 또 최장군이 무덤에 풀이 나지 않도록 원통하게 죽었다고 유심한 사람들이 그 사당에 많이 오는가 하면 그런 것도 아니다. 그 사당을 누가 세웠는지 세운 사람은 혹시 장군의 죽음을 불쌍히 여기고 또는 장군의 공로를 못 잊어 하였는지 모르나, 그 사당은 장군당이라고 일컫는 무당들의 밥그릇이 되고 최영 장군은 최일 장군으로 이름까지 변하여 무당들의 고주귀신이 되었다.

장군당에 와서 치성을 드리면 병 있는 사람은 병이 낫고 아들 없는 사람은 아들을 낳았다. 그 대신에 여러 사람의 재물은 무당의 손으로 들어갔다. 대체 귀신을 있다고 잡고 말하더라도 최영 장군 같은 인물이 죽어서 귀신이 되었다면 총명하고 정직한 귀신이 되었으련만, 요사스러운 무당 입에 놀아나서 장군의 귀신은 귀신으로 희한하게 잡탕스러워서 죽은 귀신이 산 사람같이 마누라가 있었다. 그 마누라는 근처 동네에서 숫색시를 뽑아다가 장군당 옆에 붙은 별채에 두고 밤이면 귀신이 와서 동침한다는 것이었다.

그 마누라가 나이 늙거나 죽을 병이 들면 일변 내보내며 일변 곧 대신을 뽑아오는 까닭에 장군당 별채 침실이란 곳에 계집이 떠날 날이 없었다. 여러 번 그 마누라가 바뀌어 내려오는 중에 한번 마누라로 뽑힌 색시의 부모가 딸 내놓기가 싫어서 도망하듯이 타관으로 이사 나간 일이 있었는데, 장군의 벌역이 내려서 그 집은 그 집대로 염병에 전가가 폭 망하고 산밑 동네에서 그 해가 미쳐서 그해 연사[32]가 흉년이 들고 못된 병이 돌아서 사람이 많이 사망하였다는 것이 산밑 여러 동네에서 아이들까지 다 아는 이야기다.

장군의 귀신이 영검스럽기 짝이 없는 까닭으로 근동 동민들은 이 이야기를 믿고 의심치 아니하여 누구든지 저의 딸이나 누이가 장군의 마누라로 뽑히기만 하면 으레 바칠 것

---

32 농사가 되어 가는 형편.

으로 생각할 뿐 아니라 한동네 사람은 고사하고 근방 타동 사람까지 들쌘들을[33] 대어서 아니 바칠래야 아니 바칠 수가 없었다. 그 마누라를 뽑는 것은 무당이니 무당은 장군의 신을 빙자하는 것이요, 그 마누라를 바치도록 주선하는 것은 각동 동임들이니 동임들은 장군도 위하고 동네도 위한다는 것이요, 그 마누라를 바치는 것은 그 부형이니 부형은 다시 말할 것 없이 장군의 벌역을 두려워하는 것이었다. 이해는 전에 있던 장군의 마누라가 병이 들어 일지 못하게 되어서 새 마누라를 뽑게 되었는데 날을 받아 각동 동임[34]들이 한자리에 모여앉고 무당이 장군의 귀신을 청배하였다. 무당이 몸에 신이 실려서 위엄 있는 사내 목소리로

“나의 새마누라는 산상골 최서방의 맏딸이다.”

하고 말끝을 길게 빼어 포함[35]을 주었다. 최서방의 맏딸은 근동에서 얼굴이 이쁘기로 이름난 처녀니 나이 열여덟 살이고 보방골 박첨지의 막내아들 열네 살 먹은 아이와 정혼하고 금년은 쌍년이니 고만두고 내년에 성취시키자고 두 집 부모가 서로 의논하여 작정하고 있는 터이었다. 박첨지가 보방골 존위[36]로 그 자리에 와서 있다가 이 말을 듣고 가슴이 내려앉았으나 의뭉스러운 늙은이라 선뜻 무당 앞에 나와 꿇어앉아서

“최가의 딸이 여러 가지루 다 합당하오나 장군님과 동성이라 어떠하오리지.”

하고 슬며시 말썽을 일으켜보았다. 이것도 전에 없던 일이라 다른 사람들은 혹시 장군의 노염이 내릴까 겁이 나서 눈이 둥그래졌다. 아니나다를까 신 내린 무당이 기를 길길이 펴면서

“이놈, 무슨 잔소리니! 나는 마누라가 동성동본이라도 좋지마는 더구나 본이 다르다. 그 색시는 너의 며느리감이 아니다.”

---

33 등쌀을 대다. 몹시 짓누르거나 못살게 굴다.

34 동네 일을 맡아보는 사람.

35 무당이 귀신의 말을 받아 호령하는 일.

36 예전에, 한 면 또는 마을의 어른이 되는 사람을 이르던 말.

하고 통통이 호령하여 다른 사람들이 일제히 꿇어앉아서

"옳소이다. 옳소이다."

하고 말하는 중에 박첨지는

"미련한 인간이 무엇을 아오리까. 장군님 분부가 지당합소이다."

하고 빌고 다시 두말 못하였다. 최장군의 새 마누랏감이 이와같이 작정되어서 다시 생기 복덕 좋은 날을 받아 장군당 침실로 맞아오게 되었다.

최장군이 새 마누라를 맞자면 굿이 여러 번 있지마는 색시를 침실로 맞아오는 날, 사람으로 이를테면 초례 겸 신부례 날은 큰 굿이 있는 법이었다. 사흘 전기하여 각동 소임들이 장군당에 모여 와서 마당 앞에서 당집까지 황토 스무 무더기를 간격 맞춰 펴놓고 그날은 첫새벽부터 각동 존위 이하 동임들이 모두 와서 무당들과 같이 큰굿 준비를 차리었다. 당집 안 일정한 자리에 작고 큰 전물상들을 벌여놓는데 삼색 실과와 백설기에 소찬 소탕을 곁들여 놓은 것은 불사상이요, 무더기 쌀과 타래실과 고깔 꽂은 두부를 놓은 것은 제석상이요, 약주와 안주 외에 장군에 드리는 삼색 예단(禮緞)을 놓은 것은 대안주상이요, 떡시루 탁주동이 외에 도야지를 통새미로 잡아놓은 것은 대감상이요, 그 외에 군웅상과 상산상과 조상상은 큰 상들이요, 지신상·호구상·영신상·선왕상·걸립상은 작은 상들이다. 경사굿이라 상문상이 없고 안굿이 아니라 성주상과 터줏상이 없고, 출물상이 없는 굿이라 무당 차지의 대신반이 없었다.

최서방의 딸은 벌써 머리를 얹히어 당집 안 특별한 자리에 앉히고 그 부모가 딸의 양옆에 갈라앉고, 당집 추녀 아래에는 각동 존위 이하 동임들이 문길만 틔워놓고 늘어앉고, 추녀 밖 멍석을 연이어 깐 굿자리에는 기대와 잡이와 전악들이 각기 제구를 가지고 자리잡아 앉고, 마당가에는 각동에서 모여 온 구경꾼들이 남녀노소 섞이어 빈틈없이 들어섰다. 구경꾼들이 굿 시작을 고대고대한 뒤 원무당이 비로소 굿자리에 나와 앉고 소위 주당물림이라고 추녀 안에 있던 사람을 모두 추녀 밖으로 내세우고 나서 기대가 장구를 울리고 잡이가 제금을 치고 전악들이 저[37]를 불고 피리를 불고 해금을 켰다. 주당을 물

리고 나섰던 사람이 각각 저의 자리에 가서 앉은 뒤에 기대가 다시 장구를 땅 치니 이로써 큰굿 열두거리의 첫거리 부정풀이가 시작된 것이다.

기대가 장구를 치면서 영정 가망이 놀아나느니 부정 가망이 놀아나느니 한동안 지껄이고 나서 처음에 진부정을 푼다고 잿물 한 바가지를 들고 당집 안팎을 돌아다니고 또 마른부정을 푼다고 냉수 한 바가지를 들고 먼저와 같이 돌아다니고 그 다음에 부정 소지를 올린다고 백지 한 장을 태웠다. 부정풀이가 끝난 뒤에 진작(進爵)이라고 장군과 상산신령에게 술잔 올리는 절차가 있고 잠깐 동안 쉬었다가 둘쨋거리 가망청배가 시작되었다.

가망청배는 신을 청하여 내리는 절차다. 기대가 전악들의 풍류를 맞추어 장구를 치면서 가망 노랫가락을 부르고 난 뒤에 원무당이 장옷을 입고 좌우 손에 백지를 쥐고 밖에서 동남서북으로 돌아가며 사방에 절하고 당집 안에 들어가서 장군 신상 앞에 절하였다. 그리하고 다시 굿자리에 나와서 백지들은 접어두고 왼손에 방울, 바른손에 부채를 쥐고 한바탕 풍류 맞춰 춤을 추다가 잇 소리를 한 번 길게 빼며 풍류는 뚝 그치고 공수를 주는데 공수는 받는 사람이 있는 법이라, 보방골 박첨지가 각동 존위 중에 나이 제일 많고 입담이 제일 좋은 까닭으로 여러 사람의 몸을 받아 공수를 받게 되었다.

"내가 누구신지 아느냐? 위엄 있구 공덕 많구 영검하신 최장군 아니시냐. 너희가 아느냐 모르느냐. 예 바르고 돔바른[38] 내 아니시냐."

"옳소이다."

"내가 새 마누라 맞아오는 오늘 같은 경삿날에 이것이 무엇이냐. 원숭이 입내냐 따짜구리[39] 부적이냐. 욕심 많구 탐 많은 내 아니시냐. 이놈들 잦혀놓구 배가르구 엎어놓구 목딸 놈들 같으니. 너의 죄상을 아느냐 모르느냐!"

하고 무당은 부채를 확확 펴는데

---

38   인정사정없는.

39   딱따구리.

"미련한 인간이 무엇을 아오리까. 쇠술로 밥을 먹어 인간이옵지 개도야지나 다름이 없사외다. 저희들은 이만 정성을 드리느라고 낮이면 진둥걸음을 걷사옵고 밤이면 시위 잠을 잤소이다. 용서하여 주옵시고 소례를 대례로 받읍소사. 입은 덕도 많습지만 새로 새 덕을 입혀 주옵소사."

하고 박첨지는 두 손으로 싹싹 빌었다. 원무당이 공수 주다 말고 다시 풍류 맞춰 춤을 추고 춤추다 말고 또 잇 소리를 지르고 공수를 주는데 나중에는 나는 무어다, 나는 무어다 하고 오방제신을 다 끌어내었다. 공수 끝에 원무당과 기대 사이에 한차례 만수받이가 있고 가망청배가 끝이 났다(4권: 120-124).

부부 연을 맺은 유복이와 최씨 처녀

덕적산에 숨어든 유복이는 무당의 꾐에 빠져 꽃같은 청춘시절 내내 귀신 마누라로 신당살이를 해야 만했던 동네 처녀가 자기를 최영 장군의 귀신으로 착각하는 바람에 첫날밤을 함께 보내고 백년가약을 맺는다. 이것만 놓고 보더라도 유복이는 지말과 다르게 마냥 미련하지만은 않은 사람임에 틀림없다.

종일 시끄럽던 끝에 갑자기 조용하여지니 장군당 당집까지 어디로 떠나고 빈 터만 남은 것 같았다. 새마누라인 처녀가 사람의 말소리가 들릴 때까지는 오히려 사람의 얼굴빛이 남아 있더니 인제는 얼굴에 핏기 하나 없고 옹송그리고 앉아서 발발 떨었다. 나이 열여덟에 더구나 숙성하여 다 큰 처녀지마는 처녀야 어디 가랴. 낯선 사내와 같이 자게 되더라도 송구한 마음이 없지 못하려든 말만 들어도 섬뜩한 귀신과 잠자리를 같이 하게 된다 하니 겁이라도 여간 겁이 날 것이랴. 울지 않는 것만도 오히려 나이값으로 볼 것이다. 얼마 뒤에 처녀가 간신히 떠는 것을 진정하고 몸을 도사리고 앉았는데 작은 바람소리만 나도 몸을 오므라뜨리고 괴상한 새소리만 들려도 몸을 소슬뜨리었다. 방안에 바람이 돌면서 촛불이 흔들리어서 처녀는 일어나서 촛대를 집어다가 옆에 놓고 다시 자리에 앉았다. 밤은 지리하고 초는 속히 달아서 초 심지가 쓰러졌다. 아무리 돌아보아도 대신 부칠

초도 없고 등잔거리는 있지마는 기름접시도 없어서 처녀는 흘러내린 촛농을 모아서 심지 위에 얹어가며 꺼져 가는 불을 애를 써서 살리었다. 처녀가 불을 살리기에 골똘하여 밖에서 나는 소리를 듣지 못하였던 끝에 방문이 부스스 열리니 처녀는 겁결에 촛농을 내던지고 벽에 와 붙어섰다. 불이 꺼지며 갑자기 캄캄하던 방이 다행히 남창에 비치는 달빛이 있어서 차차로 희미하게 밝아졌다.

처녀가 정신을 가다듬고 앞을 바라보니 장군이 방문 안에 들어섰는데 모양이 만들어 앉힌 신상과는 딴판 달랐다. 장군이 방안을 둘러보는 모양이더니 방구석에 놓인 상 앞으로 걸어가서 무당이 처녀더러 같이 먹으라던 떡이며 실과며 다른 음식을 혼자서 다 먹어버리는 모양이었다. 처녀가 정신은 말짱하나 오금이 붙어서 앉지도 못하고 선 채로 서 있는데, 장군이 상 앞을 떠나서 바짝 가까이 와서 얼굴을 들여다보니 처녀는 눈을 감고 뜨지 못하였다. 처음에

"네가 귀신이냐 사람이냐?"

하고 당치 않은 말을 묻더니 손목을 쥐었다. 다음에

"허허 허허."

하고 너털웃음을 웃더니 몸을 끌어안았다. 처녀는 죽이거나 살리거나 마음대로 하라고 눈을 잔뜩 감고 가만히 있었다. 펴놓은 이부자리 위에 안아다가 뉘어 주고 옷까지 차례로 벗기어 주었다. 처녀는 장군 품안에 누워서 장군이 산 사람과 다름이 없는 귀신이라고 생각하였다.

여자가 눈을 감은 채 죽은 듯이 누워 있는 중에 잠이 소르르 들었다. 꿈에 눈을 뜨고 살펴보니 자기 옆에 누워 있는 것이 귀신도 아니요, 사람도 아니요, 산더미 같은 큰 호랑이였다. 맘에 놀라우나 그래도 피할 생각은 나지 않아서 같이 누워 있는데, 호랑이가 앞다리로 목을 끼어안아서 숨이 막힐 것같이 갑갑하였다. 잠이 깨서 보니 무거운 팔 하나가 자기 목에 얹히어 있어서 그 팔을 고이 들어 내려놓았다.

팔 임자는 잠이 든 모양이라 여자가 마음을 놓고 참말 눈을 뜨고 살펴보니 상투 있는 사내가 옆에서 누워 자는데 수염난 것만 보더라도 나이는 들어 보이나 얼굴은 밉지 않은

것 같았다. 이것이 장군의 귀신인가. 귀신이 숨이 덥고 살이 덥단 말을 듣지 못하였고 꿈에 호랑이로 보이었으니 산신령인가. 덕적산 산신령은 장군의 하인이라는데 하인이 상전의 신방을 가로챌 것 같지 않고 그러하니 예사 사람인가 하면 예사 사람, 게다가 사내가 장군당 침실에 들어올 리 만무한 일이라 여자는 생각을 질정하지[40] 못하였다. 여자가 살그머니 일어나는데 자연 그 몸을 건드리게 되어서 사내가 잠이 깬 모양이었다. 한번 기지개를 켜고

"한숨 잘 잤다."

하고 혼자 말하더니

"어째 일어나 앉았나? 이리 와 누워서 이야기나 좀 하세."

하고 손을 잡아당기어서 여자는 다시 그 옆에 누웠다.

"대체 이 산중에 혼자 와 있는 것이 무슨 까닭인가?"

하고 대답을 기다리는 것 같이 한동안 있다가

"이 옆에 있는 것이 당집 같으니 당집 지키는 무당인가?"

하고 또다시 한동안 잠자코 얼굴만 들여다보더니

"왜 대답이 없어, 벙어린가?"

하고 손가락으로 턱을 걸었다. 모든 것이 점점 예사 사람 같아서 여자는 대담스럽게 마음을 먹고 말문을 열어서

"장군님 아니신……"

하고 말끝이 모호하게 말을 물으니

"무어 장군님? 내가 장군이냐 말이야? 이 다음에는 장군이 될는지 모르나 아직은 장군이 아닌걸."

하고 웃고

"그래 귀신이 아니시오?"

---

40 질정하다. 갈피를 잡아서 분명하게 정하다.

하고 이번에는 말끝까지 분명하게 다지어 물으니

"무어 귀신? 죽어야 귀신이 되지, 아직은 산 사람이야."

하고 더욱 웃었다. 여자가 옆에 누운 것이 사람인 줄 안 뒤에는 일변 든든한 마음이 있으면서도 일변 공연히 몸이 떨리어서 한동안 떨다가

"왜 이렇게 떨어?"

하고 묻는 그 사람의 말을 듣고 이를 악물고 간신히 진정하였다. 무서운 마음이 가라앉으며 홀저에[41] 부끄러운 생각이 나서 돌아누우려고 몸을 트니 그 사람이

"이대로 누워서 이야기 좀 하세그려."

하고 돌아눕지 못하게 하였다. 그 사람이 자기는 평안도 사는 박가인데 무슨 일이 있어서 이곳을 지나다가 길을 잃고 밤중에 산속에서 헤매던 중에 불빛을 보고 찾아왔다고 말하고 다시 여편네 혼자 산속에 있는 까닭을 물어서, 여자가 장군 내력과 자기의 신세를 대강 이야기한 뒤 장군의 벌역이 내려서 지금 두 사람의 목숨이 어떻게 될지 모른다고 말하니

"산 장군이 온대두 겁날 것이 없는데 그까지 죽은 장군이 오면 우리를 어찌할 텐가. 조금두 근심 말게."

하고 그 사람은 씩씩하게 말하였다.

"사내가 밤에 장군당에 오기만 해도 급살맞는 법이라는데 지금 그저 온 것과도 다르고 벌을 안 받을 수 있을라구요."

"그것 보지. 장군당에 오기만 해도 급살 맞는다는데 나는 와서 잠만 한숨 잘 잤으니 장군두 사람 보아가며 벌을 내리는 게지."

그 사람의 말이 유리하여 여자의 마음에도 그런 것 같으나 그렇다고 마음이 아주 놓이지 아니하였다. 두 사람이 누워서 이야기를 하는데 여자는 부끄러워서 묻는 말을 겨우 한 마디 두 마디 대답하였다. 지새는 달빛이 없어지며 곧 동이 텄다. 여자는 뜬눈으로 밤

41　급작스럽고 소홀하게.

을 새우고 무당이 올라와서 사내 있는 것을 보면 어찌하나 걱정이 되어서

"해만 뜨면 무당이 올라올 터인데 어떻게 하나요?"

하고 남자에게 의논하니 남자는

"무당이 와서 보면 소문이 날 테지. 그건 안 되었는데."

하고 한참 생각하다가

"내가 낮에는 산속에 가서 돌아다니다가 밤에 다시 오지."

하고 일어서서 벗어놓았던 갓을 집어 쓰고 갓과 같이 머리맡에 놓아두었던 환도를 다시 몸에 지니는데 여자는 은근히 남자가 다시 오기를 바라는 맘이 있어서

"무당이 해만 지면 저의 집으로 내려간대요."

하고 말하였다. 그 남자가 일어서면서

"시장할 것이 탈인데 무어 먹을 것이 없을까?"

하고 방구석에 가서 음식상을 들여다보았다. 입에 마닐마닐한[42] 것은 밤에 다 먹고 남은 것으로 요기될 만한 것이 피밤 여남은 개와 흰무리 부스러기뿐이었다.

"이나마 가지고 갈까."

하고 그 남자는 수건을 꺼내서 싸가지고

"해진 뒤에는 와두 좋겠지?"

하고 한번 다시 여자를 돌아보고 밖으로 나갔다(4권: 128-133).

유덕한 인간 유복이

최씨 처녀는 박유복이보다 나이는 한 참 어리지만 현숙한 여인이다. 처녀는 전날 밤 일을 사과하러 온 유복이 사정을 다 듣고 함께 떠나기로 결심한다. 평생 굿당이나 지키며 늙어가느니 유복이와 결혼해서 사는 게 차라리 낫다고 판단했기 때문이다. 그보다도 처녀는 유복이의 자상한 성격과 구김살 없는 모습

---

42 음식이 씹어 먹기에 알맞도록 부드럽고 말랑말랑하다.

이 맘에 들었다.

유복이는 가부장적인 모습이라곤 찾아볼 수 없는, 남존여비를 당연시했던 조선 시대 남성상에 비춰봤을 때 대단히 예외적인 인물이다. 부인과 겸상을 하고 설거지를 도맡아 하며 먼 길 함께 떠날 아내를 위해서 짚신을 삼아준다. 그것도 그냥 삼아주는 게 아니라 어린 아내의 발 치수를 직접 재어가며 말이다. 칠 백 리 머나먼 평안도 맹산 땅으로의 도망 길에 어린 아내가 얼마 못가서 발병이 나 걸을 수 없게 되자 유복이는 지게를 사서 아내를 태워 걷는다. 정말이지 이런 사람 다시 없다.

박유복이는 실존한 인물이 아니라 홍명희가 전적으로 꾸며낸 캐릭터이다. 홍명희는 자신이 꿈꾸는 대동 공화세상에서의 남성은 모름지기 박유복이와 같아야 한다고 말하고 싶었던 것은 아닐까? 여기서도 신분제 폐지뿐만 아니라 성평등을 꿈꾸었던 홍명희의 진보적 사고의 일단이 드러나고 있다고 말할 수 있다.

여자가 당집 문밖에 나와서 무당을 기다려 같이 오려다가 지붕에 있던 구렁이 생각이 문득 나며 곧 그것이 근처에 서리고 있는 것 같아서 뒤도 안 돌아보고 침실로 달려왔다. 무당이 와서 아침밥을 지을 때 여자가 같이 나서 하려고 하니 무당이

"고만두시오. 더구나 머리가 아프시다며 방에 들어가 누워 기시오."

하고 일을 못하게 말리어서 못이기는 체하고 방으로 들어와서 무당이 아침상을 들여올 때까지 편하게 누워 있었다. 무당이 상머리에 앉아서 이것저것을 먹어보라고 권하였지만, 여자는 입맛이 없어서 한두 술 물에 말아 시답지 않게 건지다가 숟가락을 놓았다. 여자가 점심은 아침보다 좀 낫게 먹었지만 역시 얼마 먹지 아니한 까닭에 저녁때는 시장기가 들었으나 분향하러 가기가 싫어서 꾀피우느라고 저녁 짓기 전에 미리 무당더러

"나는 골머리가 아파서 저녁을 먹지 않을 테요."

하고 말하였다. 저녁 분향은 마침내 무당에게 떠맡기게 되었으나 그 대신에 저녁밥은 숟가락도 들어보지 못하였다. 무당이 저녁밥을 지어놓고 와서 체면치레로

“종일 아무것도 잡순 것이 없어 어떻게 하나. 아침처럼 물에 놓아서 한술 잡수어 보시지요.”

하고 말하다가 여자가 싫다고 고개를 흔드니 다시 두말 않고 저 혼자 가서 밥을 먹어 치웠다. 해가 지자, 무당이 방문 앞에 와서

“나는 내려갑니다. 내가 있어 보아 드리느니보다 장군님이 오셔서 한번 만져 드리면 머리 아픈 것쯤 거뜬 나실 게요.”

하고 수다를 부리고 내려갔다. 여자가 자기도 시장하려니와 종일 굶은 사내가 오면 먹이려고 생각하고 부엌에 내려가서 둘러보니 찬밥 한술도 남겨둔 것이 없어서 새로 밥을 짓는 중에 그 남자가 부엌에 들어섰다.

“인제 저녁을 짓는 중인가?”

하고 남자가 말을 묻는데 여자는 속으로 기다리던 사람이 와서 은근히 반갑고 든든하나 말이 없이 남자를 흘끗 돌아보고 곧 고개를 숙이고 아궁이에 불을 넣어서 밥을 잦히었다.

“무당이 시중을 든다더니 조석두 지어주지 않아?”

“왜 안 지어요.”

“그럼 저녁은 벌써 먹구 나 줄라구 따루 짓나?”

하고 남자는 벙글벙글 웃었다. 여자가 갑자기 부끄러워서 한참 동안 입을 다물고 있다가 특별히 남자만 주려고 새로 짓는 것이 아니란 뜻을 보이려고

“무당만 먹고 갔세요.”

하고 말하니 남자가 일부러 자기 앞으로 당기어 듣는지

“나하구 같이 먹을라구 무당만 먼저 먹여보냈어?”

하고 말하여 여자는 더욱 부끄러워서 다시 입을 떼지 않고 새촘하고 있다가 나중에 남자가 우두머니 섰는 것이 보기 딱하여

“먼저 방으로 들어가시지요.”

하고 남자를 보지 않고 말하였다. 남자가 방으로 들어간 뒤 여자는 부지런히 밥을 퍼

서 사발 위에 사발을 덧놓은 것만큼 수북히 담은 밥을 외상으로 차려다가 방문 안에 들여놓았다.

“왜 외상이야? 밥이 이뿐인가?”

“또 있어요.”

“그럼 가지구 와서 같이 먹지. 어서 가지구 와.”

“먼저 잡수세요.”

“같이 먹구 얼른 치워버리지. 어서 이리 가지구 와서 같이 먹어. 안 가지구 오면 나두 안 먹구 앉았을 테야.”

여자가 남자의 억지를 못이겨서 부끄럼을 참고 누룽지 섞어 떠붙인 밥사발을 숟가락 한 매와 함께 들고 들어왔다. 상 옆에까지 와서도 방바닥에 따로 놓고 먹으려고 하는 것을 남자가 또 억지를 써서 겸상하여 같이 먹는데 남자가

“부끄러울 것이 무어 있어? 맘놓구 먹게.”

하고 이르고

“숟갈 좀 자주 놀리게.”

하고 재촉까지 하였건만 남자가 그 많은 밥을 다 먹도록 여자는 몇 술 뜨지 아니하여 나중에 남자는 빈 사발 위에 숟가락을 가로 얹어놓았다.

“숟가락 지우시지요.”

여자가 말하여 남자가 숟가락을 지운 뒤에 여자는 상을 돌려놓고 잠깐 동안에 다 먹었다. 여자가 상 가지고 부엌에 나가서 설거지하여 무당이 해놓고 간 대로 그릇들을 엎어놓고 솥까지 말끔 부시어 놓고 불씨를 가지고 들어와서 촛불을 당겨놓고 등잔접시에 기름까지 따라놓았다. 여자가 일을 다한 뒤 앉지 않고 주저주저하고 섰는 것을 남자가 손을 잡아끌어다가 촛불 아래 앉히고 마주 앉아서 한동안 말이 없이 얼굴을 바라보니 여자는 눈을 아래로 내리깔고 치마끈을 만지작거리고 있었다. 남자가 먼저 입을 열었다.

“나이 올에 몇인가?”

하고 나이를 묻다가 여자가 대답을 아니하니

“스물이 아직 못 되었지? 내가 일찍 장가만 들었더면 자네만한 딸두 두었을걸.”

하고 웃고

“내 나이는 올에 서른넷이야. 장가두 한번 못 들어보구 좋은 때를 다 지냈네.”

하고 손가락으로 머리 위를 가리키며

“이 상투는 노총각 노릇 하기가 싫어서 외자루 끌어올린 것일세.”

하고 말하는데 여자는 말이 없이 들을 만하고 있을 뿐이었다.

“그런데……”

하고 남자는 말머리를 고치었다.

“내가 살인하구 도망해서 숨어 다니는 사람일세.”

“사람을 죽였어요?”

하고 여자는 말소리가 떨리어 나오는데

“그래, 바루 아흐레 전에 내가 사람 하나를 죽였어.”

하고 남자는 말하는 것이 예사로웠다. 여자가 남자의 얼굴을 보지 아니하려고 한동안 외면하고 앉았다가

“내가 사람을 죽이게 된 내력을 이야기할 것이니 들어보게.”

하고 남자의 말하는 것을 듣고 비로소 고개를 돌리어서 남자의 입을 바라보았다.

“나는 박유복이란 사람인데……”

하고 이야기를 시작하여 자기 아버지가 노가의 모함에 죽은 것을 이야기하고 자기 어머니가 남편 원수를 못 갚아서 한을 품고 죽은 것을 이야기하고, 또 자기가 앉을뱅이로 세월을 허송한 까닭에 부모의 원수를 일찍 갚지 못한 것을 이야기하는 동안에 아이 적에 서울서 지낸 일도 이야기하고, 또 그 외에 병 고친 이야기와 표창질 이야기도 다하여 이야기 갈래가 많아서 초 한 자루가 다 닳았다. 초 심지가 타느라고 부지지 소리가 날 때 여자가 일어나서 벽에 걸린 등잔에 불을 당겨놓고 앉았던 자리에 다시 와서 앉았다. 유복이가 이야기를 다시 계속하여 강령서 원수 갚고 배천 와서 성묘하고 벽란나루를 건너와서 양주로 가다가 못 가고 덕적산으로 들어온 곡절을 일일이 이야기하였다. 여자는

정신 놓고 이야기를 듣다가 이야기가 그치며 곧

"부모의 원수 갚은 것도 죄가 되나요?"

하고 물으니 유복이는

"글쎄 모르지. 더구나 다른 사람을 상해 놓아서 잡히면 무사할 수 없을걸."

하고 대답한 뒤

"지금 내 사정이 이러하니 어떻게 했으면 좋겠나?"

하고 돌이켜 물었다.

"무어를 어떻게 해요?"

"첫째 우리들이 나이가 너무 틀리구, 둘째 내가 한몸을 주체 못하는 처지니 어떻게 했으면 좋겠느냐 말이야. 내가 오늘 낮에 곰곰 생각해 보아야 별수가 없데. 그래서 오늘밤에 오두 않구 그대루 가버리려다가 다시 오마구 말두 했거니와 한번 사정을 이야기하구 사과나 할까 하구 왔네."

"남의 몸을 망쳐놓고."

"그러기에 사과하러 왔지."

"사과는 무슨 사과요?"

"그러니 어떻게 했으면 좋겠느냐 말이야."

"나를 죽이고 가셔요."

"무슨 원수가 있다고 자네를 죽인단 말인가."

"어떻게 할 수 없으면 죽여라도 주셔야지요."

"내가 자네 같은 안해를 얻으면 더 바랄 것이 없지만 신세가 하두 망칙하니까 잘못되었다구 사과할 외에는 다른 말을 할 나위가 없네."

하고 유복이는 말을 그치고 앉아서 여자가 앞니로 치마끈을 물어뜯는 것을 바라보다가

"내가 어디 가서 숨어 있다가 한 일 년 후에 바람이 자거든 다시 찾아올 것이니 그때까지 기다리려나?"

하고 다시 말하였다.

"여기 하루도 더 있을 수가 없어요."

"그러면 나 따라서 도망하려나? 무슨 고생을 하든지 원망이 없겠나?"

"원망은 무슨 원망? 모두가 팔자지요."

"내 팔자가 남의 칠자만두 못하니까 자네 팔자까지 망치기가 첩경 쉬워."

하고 유복이는 한숨을 길게 쉬었다.

유복이가 우연히 관계된 여자를 버리기도 아깝고 달고 가기도 어려워서 질정한 마음이 없던 끝에 여자의 말에 끌리어서 같이 도망하기로 작정하고 곧 갈 곳을 의논하였다.

"가서 의지할 성으루는 양주 임꺽정이가 맹산 이종(姨從)버덤 도리어 든든하나 파묻혀 있을 자리루는 맹산이 양주버덤 훨씬 나은 편인데 나 혼자 같으면 형편을 보아가며 이리저리 옮아다니기가 어려울 것이 없지만 우리 둘이 합께 다니기는 어려우니까 아주 가서 있을 곳을 정해야겠네."

"양주는 좋지 않아요."

"왜?"

"우리 동네서 왕래가 있어요. 내 동무 하나가 양주로 시집까지 갔어요."

"맹산 두메 속에 가서 조밥 먹구 살겠나?"

"조밥은 누가 못 먹는다고 해요."

"이따금이 아니구 끼니마다 조다짐이야."

"맹산이 얼마나 먼가요? 이삼백 리 되나요?"

"이삼백 리면 멀 것이 없게. 칠팔백 리나 되니까 갈 것두 걱정일세."

"여러 날 가겠어요."

"열흘을 갈는지 한 달을 갈는지 가보아야 알지."

"걸음을 못 걸어보아서 가다가 발병이 나면 어떻게 하나요?"

"내가 업구 가지."

"남부끄럽게."

"남이 볼 때는 내려놓지."

"설마 기어라도 가겠지요."

"양주를 제쳐놓으면 맹산밖에 갈 데가 없으니까 걸어가든 기어가든 가보세그려."

갈 곳을 맹산으로 작정한 뒤 다음에 갈 준비를 의논하게 되었다(4권: 135-141).

유복이와 최씨 처녀는 맹산 가기로 마음먹고 함께 떠날 준비를 한다. 가는 길
에 사람들이 수상히 여길 것을 걱정하여 최씨 처녀는 남자로 변장하기로 작정
한다. 어린 아내는 변장을 위해 남자 옷을 만들고 유복이는 짚으로다가 아내가
신을 신발을 삼아준다. 이 과정에 부부 사이에 다정한 대화가 오가는 데, 장곤
과 봉단이의 사랑 이야기 버금간다.

유복이는 최서방의 딸을 안해로 치고 최서방의 딸은 유복이를 남편으로 믿고서 하룻
밤을 같이 지내고 이튿날 새벽에 내외 두 사람이 일찍 함께 일어났다. 유복이가 전날과
같이 소세도 아니하고 곧 산속으로 가려고

"이따 해 진 뒤에나 또 만나세."

하고 일어서는데 그 젊은 안해가

"잠깐만 기세요. 어젯밤에 밥을 나우 지어서 떠둔 것이 한 그릇 있으니 가지고 가세
요."

하고 붙들었다. 유복이는 그 어머니를 여읜 지가 이십 년에 알뜰살뜰히 위하여 주는
사람을 보지 못하다가 이 말 한마디를 들을 때 곧 머릿속에

'어머니 살았을 때 이런 말을 들어보았거니.'

하고 생각하며 눈에 눈물이 핑 돌았다. 그 안해가 무명 꺼내던 궤짝에서 바가지 한
짝과 베보자기 하나를 꺼내가지고 부엌에 내려가서 찬밥 한 바가지를 보자기에 싸다가
줄 때까지 유복이는 우두머니 서 있다가 안해가 한 손으로 주는 것을 두 손으로 덥석 받
았다. 유복이가 나오다가 부엌 안을 들여다보니 뒤에 따라나온 안해는 자기 맘을 미루
어서 밥 지은 자취를 살피는 줄로 짐작하고

"무당이 해놓고 간 대로 다시 다 해놓았으니 염려 마세요."

하고 말하는데

유복이는

"아니야, 짚이 혹시 있나 하구 살펴보았어."

하고 말하였다.

"짚은 무어 하실라오?"

"신을 삼을라구."

"그러면 부엌 이편 구석에 짚 묶음이 있습디다."

하고 안해가 들어가서 집어 가지고 나오는 짚 묶음을 유복이가 보고

"마침 짚이 있으니 그만하면 신 서너 켤레 넉넉히 삼겠네."

하고 말하면서 한 손으로 받았다.

"발 좀 보세."

"대중해서 삼으시구려."

"길 가는 데는 첫째 신이 잘 맞아야 하네."

"발 크지요?"

하고 안해가 앞으로 내어미는 발을 유복이가 굽어보다가 허리를 구부리고 발을 들고 뼘어보려고 하니 안해는 실없은 장난으로 알고 발을 다시 끌어들였다.

"왜 그래. 뼘어보는 것이 눈대중버덤 확실하지 않아."

하고 유복이가 허리를 구부린 채 안해의 얼굴을 치어다보니

"뼘어까지 볼 것이 무어 있세요, 장난이지."

하고 안해는 방그레 웃었다.

"어린 안해를 다리고 실없이 장난할 리가 있나."

"점잖은……"

하고 안해가 말을 하다가 중동무이[43]하고 혼자 웃으니

"버릇없이 굴지 마라."

하고 유복이는 나무라면서도 역시 빙그레 웃었다(4권: 144-145).

맹산 가다 청석골 도적이 된 유복이

유복이와 유복이 처는 칠백리 맹산 길을 밤을 타 함께 떠난다. 멀고 고되고 힘든 여정이지만 둘이라서 즐겁다. 유복이 처는 산길을 오래 걸어본 적이 없어서 얼마 못가 발병이 난다. 유복이는 그런 아내가 안타깝지만 사랑스럽기 그지 없다. 유복이 부부는 아무리 힘들어도 서로를 격려하며 힘을 북돋아준다. 유복이는 쉬어 가는 길에도 무릎을 내밀어 아내의 머리를 베어주고 머리를 손으로 쓰다듬어준다. 그러고는 남자로 변장한 처에게 작은복이라고 이름을 지어준다. 발이 아파 아내가 도저히 걸을 수 없자 유복이는 피 같은 양식을 팔아 지게를 산다. 지게 위에 아내를 태우고 걷는 길은 꿈속의 길이요 행복의 길이다. 그래서 유복이는 "맹산은 고만두구 의주 압록강까지라두 잘 가게 되었다"고 말할 수 있는 것이다. 이처럼 어질고 착한 유복이가 어쩌다가 청석골 도적이 됐을까나? 세상이 원망스러울 따름이다.

그날 밤중이 지나서 달이 뜬 뒤에 유복이는 길양식과 안해의 옷가지와 무명 온필을 한 짐에 묶고 자투리 무명으로 걸빵을 만들어 짊어지고 남복한 안해를 데리고 길을 떠났다.

산에서 내려와서 무당의 집 앞을 살그머니 지난 뒤에 송도부중 들어가는 길을 따라서 오다가 부중이 멀지 않거니 생각 들 때부터 샛길로 들어서서 방향만 대고 휘돌아서 부중을 비키고 지나왔다. 곧장 오면 이십 리 남짓한 길을 샛길로 돌아온 까닭에 삼십 리를 좋

---

43   하던 일이나 말을 끝맺지 못하고 중간에서 흐지부지 그만두거나 끊어 버림.

이 걸었다.

이때 벌써 유복이의 안해는 발을 질질 끌기 시작하여 유복이가 이것을 보고

"발이 아픈가?"

하고 물으니 안해는

"녜."

하고 풀기 없이 대답하였다.

"칠팔백 리 길을 갈 사람이 겨우 이삼십 리쯤 와서 벌써 발병이 나면 앞길을 장차 어떻게 간단 말인가?"

"글쎄요, 며칠 걸어나면 좀 나을까요."

"발이 정히 아프면 좀 업구 가볼까?"

"내가 업히겠다고 해도 걱정이겠소. 짐은 어떻게 하실라오?"

"짐은 자네가 지고 자네는 내가 업으면 되지 않겠나."

"나는 업히기도 싫고 짐 지기도 싫어요."

"어디 가서 지게 하나만 얻으면 되겠네."

"어떻게?"

"지게 위에 짐을 놓구 짐 위에 자네를 앉히구 그 지게를 내가 짊어지면 될 것 아닌가."

"그 꼴이 보기 좋겠네."

"꼴이야 좋든 말든 편하게 가기만 하면 고만이지."

"나중에는 어찌하든지 지금 좀 붙들어나 주시구려."

"그리하게. 이리 오게."

유복이가 안해의 손을 붙들고 길을 걸었다.

처음 얼마 동안은 서관대로로 오다가 동이 트고 날이 밝아서 사람이 드문드문 눈에 뜨이니 유복이 내외는 대로를 버리고 소로로 잡아들어서 북쪽을 향하고 올라왔다.

유복이 내외가 소로로 들어선 뒤 오리 길을 채 못 와서 안해가 발을 끌기커녕 다리를 절기 시작하였다. 그 소로가 그다지 험한 길이 아니건만 발이 아픈 사람에게는 편편한

대로를 걷기보다 더 힘이 들어서

"다시 큰길로 나갑시다."

하고 안해가 조르니

"우리 처지가 어디 펼쳐놓구 큰길루 갈 수 있나."

하고 유복이는 말 막았다.

"큰길만 못해서 발이 더 아픈 걸 어떻게 해요."

"피나무 안반[44]을 찾는 셈인가."

"인정도 없소."

"여기 앉아 좀 쉬어나 가세."

하고 유복이가 먼저 안해를 길가 정한 자리에 앉히고 그 다음에 짐을 벗어놓고 안해 옆에 앉았다.

"나 때문에 고생일세."

"누가 할 말이오. 나 때문에 고생이지."

"그렇게 말하면 둘이 다 고생일세."

"고생 뒤에 낙이 있겠지요."

"글쎄, 갈수록 수미산이나 아닐는지 누가 아나."

"나 좀 다리를 뻗고 누웁시다."

"내 무르팍을 비구 눕게."

하고 유복이가 무릎을 내밀어서 안해의 머리를 베어주고 그 머리를 손으로 쓰다듬었다.

"자네 이름을 하나 지어야겠네."

"나는 왜 이름이 없나요?"

44 　안반이란 국수를 칠 때 받치거나 떡을 칠 때 떡 밑에 받치는 두껍고 넓은 나무판을 말한다. 능력이 부족한 사람이 자기 탓은 하지 않고 도구나 환경만 탓하는 경우 '서투른 숙수가 피나무 안반만 나무란다'고 한다.

“무어야?”

“그건 물어 무어 하세요?”

“가르쳐 주게. 어디 보세.”

“내 손위에 형님이 하나 있었던 까닭에 내 이름이 작은년이에요.”

“내 아우라구 하구 작은년이라구야 부를 수 있나. 내 이름이 유복이니 자네를 작은복이라구 부르면 어떻겠나?”

“아무렇게나 부르시구려. 작은복이도 좋지요.”

“그러면 이름은 작은복이라구 하구 또 남 보는 데서는 해라할터일세.”

“형님 행세하자면 해라해야겠지요.”

“그럴 것 없이 지금부터는 남이 보거나 말거나 해라하세.”

“그건 왜 그래요?”

“해라했다 하게했다 하자면 혹시 실수가 있을는지 모르니까 아주 해라를 입에 익혀두잔 말이야.”

“맹산 간 뒤에는 해라 못합니다.”

“어린 안해더러 해라 못할 것 무어 있나?”

“내가 나이 어리니까 해라를 받기가 더 싫어요.”

“맹산 간 뒤는 어쨌든지 지금부터 해라하네. 작은복아!”

하고 유복이가 불러보았다.

“대답을 해야지.”

“녜.”

하고 안해가 대답하며 입을 막고 웃었다.

“고만 일어나거라.”

“조금만 더 누웠다 일어나겠습니다.”

하고 둘이 같이 웃으며 머리를 숙이고 내려다보고 하나는 고개를 젖히고 치어다보다가

"웃는 눈매가 이쁘기두 하다."

"형님이 아우더러 그 따위 소리를 하나."

"이쁜 것을 이쁘다구야 못할 것 무어 있어."

하고 유복이는 참말로 눈이 가늘어지고

"그런 소리 할라거든 아우 형님 다 고만둡시다, 예 여보."

하고 안해는 거짓으로 입이 뾰족하여졌다. 한동안 늘어지게 쉰 뒤에 유복이 내외는 다시 길을 걸어서 미륵당까지 나오는데 보리밥 몇 솥 짓기가 걸리었다. 그곳에서 큰길을 건너서서 소로로 올라오다가 논골이라는 작은 동네 농가에 들어가서 아침 겸 점심 한 끼를 쌀을 주고 부치어 지어먹었다. 가짜 아우가 시장한 끝에 밥을 먹고 기운이 없어 늘어지는 까닭에 가짜 형도 하릴없이 지체하였다. 가짜 형인 유복이가 그 집 사내주인과 수작하는 중에 걸방 짐이 거북하다고 핑계하고 주인의 지게를 쌀되 주고 바꾸었다. 짐을 지게 위에 끓어놓고 유복이가 봉당 한구석에 누워 있는 가짜 아우를 향하여

"작은복아, 고만 가자. 청석골은 해 있어 지나가자."

하고 재촉하였다. 이제는 촌보를 잘 떼어놓지 못하는 안해를 유복이가 손을 잡아 끌다시피 하고 간신히 동네 밖에 나와서

"이애, 짐 위에 올라앉아라."

하고 지게를 벗어놓으니 안해가 얼마 사양하다가 나중에는 고개를 직수굿하고 있었다. 짐을 편편하게 만들고 안해를 올려앉힌 뒤에 유복이는 선뜻 지게를 지고 일어섰다.

"이게 무슨 꼴이야. 무겁지나 않아요?"

하고 안해는 두 손으로 지게뿔을 붙잡고

"염려 마라. 맹산은 고만두구 의주 압록강까지라두 잘 가게 되었다."

하고 유복이는 성큼성큼 걸음을 떼어놓았다(4권: 148-152).

유복이는 자신을 쫓아올지 모를 관병을 피해 깊은 산길로 접어들었다가 청석골 오가 집에서 하룻밤을 머문다. 오가는 야심한 밤에 유복이 부부를 죽이고 지

니고 있던 물건을 털려다 오히려 유복이의 표창에 제압당한다. 그런데 오가가 누구이던가?『임꺽정』전체에서 세치 혀만 따진다면 오가를 당할 자가 없을 정도로 입심 좋은 인물이다. 오가의 설득으로 유복이 부부는 청석골에 눌러앉게 되고 그때부터 큰대나무를 쪼개 만든 댓가지표창 도적으로 이름을 날리게 된다.

여기서 드는 의문 하나는 그토록 착하고 어진 유복이가 그렇게 쉽사리 도적이 될 수 있느냐 하는 것이다. 더구나 유복이는 백정도 천민도 아닌 상민 출신 아닌가? 이것은 조선시대가 백정도 상민도 참으로 살기 어려운 사회였음을 말해준다. 그렇다고 해서 모든 사람이 도적이 되는 것은 아니다. 유복이가 도적의 길에 접어든 이유는 다른 무엇보다도 그 자신이 살인자라는 낙인을 쓰고는 평범하게 살아갈 수 없음을 직감했기 때문이었던 것으로 여겨진다.

아버지가 모함을 받고 죽었다는 이유로 살인을 한 유복이의 행동은 어떤 이유로도 정당화될 수 없다. 하지만 다른 방식으로 아버지의 억울함을 풀 수 있었다면 유복이는 그 길을 택했을 것이다. 조선사회는 겉으로 보기에는 평온해도 안으로는 '만인의 만인에 대한 투쟁'이 지배하던 사회였다. 왕은 왕대로 대간의 등쌀에 편한 날이 없었으며 신하는 신하들대로 사화의 공포에 짓눌려 있었다.

신분제는 그 어느 시대보다 강고했고 상민, 천민 가릴 것 없이 양반계급의 착취와 위세에 무방비 상태였다. 유복이 아버지가 모함에 걸려 죽은 이유도 "상감 못 만난 덕으로 우리 백성만 못 살아" 말한 게 전부였다. 세상의 도리가 이럴 진대 꺽정이와 같은 대적(大賊)이 성행한 것은 어찌보면 당연한 노릇 아니겠는가. 그래서일까? 홍명희가 일제 잔재를 청산하는 일 만큼이나, 아니 그 이상으로 봉건 조선의 적폐를 제거하는 일이 더 어렵고 오랜 세월이 걸릴 것이라 말한 것도 바로 이러한 이유 때문이었던 것으로 여겨진다.

황천왕동이가 취재보고 장가든 사연

천왕동이는 꺽정이 처 운총의 남동생이다. 백두산 허항령이라는 곳에 살다가 매형이 살고 있는 양주로 내려왔다. 봉산 이방이 장기 잘 두는 국수라는 소문을 듣고서 실력을 겨뤄보기 위해 청석골에서 화적 노릇을 하며 살고 있는 오가의 아내, 손가, 유복이 등과 함께 봉산으로 행차한다.

> 청석골서 봉산 가는 일행이 떠나는데 오가의 마누라는 말을 타고 손가가 견마를 잡고 유복이와 천왕동이는 말 뒤를 따라서 다른 사람 보기에는 양반의 부인이 하인들 데릴 것과 같았다. 첫날은 팔십여 리을 와서 평산읍내서 자고 다음날은 새벽길까지 걸어서 일백이십 리를 와서 검수역(劍水驛)말서 자고 삼십 리 남은 봉산읍내는 사흘 되는 날 아침참을 대고 일찍이 들어왔다(5권: 125-126).

봉산 이방과 장기 두는 일은 예사 내기 장기가 아니었다. 장기 두기는 봉산 백이방이 무남독녀 외동딸인 옥련이 사위를 보기 위한 시험 과목 가운데 하나로 세 가지 시험에 들어야 옥련이를 아내로 맞이할 수 있었다. 천황동이 역시 서른셋의 과년한 나이였기에 떡본 김에 제사 지낸다고 백이방 취재에 응하기로 마음먹는다. 천황동이가 장가들기 위해 취재 본 사연은 『임꺽정』 전체에서도 손에 꼽을 정도로 재미있는 이야기 가운데 하나다. 읽는 내내 웃음이 절로 나오며 위트와 유머로 빚어내는 홍명희의 글솜씨가 얼마나 대단한지를 실감할 수 있다.

본격적인 시험에 앞서 청석골서 함께 온 오가 아내가 옥련이를 보기위해 백이방 집을 찾는다. 여기서 옥련이의 아름다운 자태에 대한 묘사가 나오는데, 눈 앞에서 보는 것마냥 생생하기 그지없다. 옥련이 미모에 반한 오가 아내는 이방 딸이 얼마나 어여쁘던지 "내가 사내 못 된 게 한이오" 너스레를 떨기까지 한다.

잠깐 동안 정신 놓고 앉았다가 눈 어둔 사람같이 눈을 씻으며 색시를 바라보았다. 얼굴 바탕이 둥근가 하고 보니 갸름한 듯도 싶고 갸름하나 하고 보니 둥근 듯도 싶어서 어떻다고 말하기가 어려운데 맑은 눈은 수정 같고 오뚝한 코는 그림 같고 나브족한 입에 입술은 앵두빛 같고 도톰한 귀에 귓속은 호두껍데기 같다. 살빛은 눈이요, 살결은 비단이다. 잇다홍[45] 무명적삼에 갈매[46] 무명치마를 입었는데 매무새까지도 얌전하다(5권: 141-142).

오가 아내가 백이방 집에서 알아온 시험 과목은 일명 '벙어리놀음', 장기두기, 궤짝 안에 숨겨둔 물건 알아맞히기 총 세 가지다.

"참말 벙어리 놀음이니 무어니를 시켜 본다던가?"
"그렇답디다. 사위 취재를 사흘 동안 보는데 첫날은 이방과 마주 앉아서 손으루 갖은 시늉을 내서 서루 의사를 통하는 것인데 말을 해선 못 쓰구, 다음 날은 장기를 두는 것인데 이방을 이겨야 쓰구, 끝날은 이방이 남몰래 궤짝 속에 넣어둔 물건을 알아내는 것이랍디다"(5권: 144).

천왕동이가 백이방 집을 찾아가 취재 보는 장면이다. 여기서 말하지 않고 손 동작만으로 의사를 통하는 대목이 등장한다. 멋도 모른 채 어림짐작으로 답한 천왕동이의 동문서답이 의외로 잘 맞아떨어져 첫째 날 시험에 합격한다.

이방이 한구석에 앉은 천왕동이를 중간으로 나앉으라고 손가락으로 자리를 가리켜서 천왕동이가 이방과 마주 대면하고 앉았다. 이방이 한 손으로 수염을 쓰다듬으며 다른

---

45   잇꽃(국화과에 속한 두해살이풀)으로 물들인 다홍빛.

46   짙은 초록빛.

손의 엄지손가락을 치어들어 보이니 천왕동이는 한동안 생각하다가 한 손의 새끼손가락
을 앞으로 내밀고 다른 손의 손가락 하나로 자기의 볼을 똑똑 두드리었다. 이방의 의사는

"사내가 엄지손가락과 같지."

하고 물은 것인데 천왕동이의 한 시늉은

"여편네는 새끼손가락이오."

하고 여편네가 분 바르는 흉내로 볼을 두드린 모양이라 대답이 되었다. 이방은 한번
빙그레 웃고 나서 손가락으로 다섯을 꼽아서 내보이니 천왕동이는 별로 지체도 않고 셋
을 꼽아서 마주 보였다. 이방의 의사는

"오륜을 아느냐?"

하고 물은 것인데 천왕동이의 한 시늉은

"삼강(三剛)까지 아오."

하고 대답한 것이라 이방은 속으로 은근히 놀랐다. 이방이 도리어 잠깐 주저하다가
혼인이란 것이 각성바지 두 사람이 서로 합하는 것이라는 의사를 보이려고 두 손바닥을
딱 쳐서 마주 붙이니 천왕동이는 선뜻 두 손을 앞으로 내들고 어린애들이 쥐암이 하듯이
손을 여러 번 폈다 쥐었다 하였다. 혼인은 백 가지 천 가지 복의 근본이라는 의사를 보이
려고 하는 시늉인 것이 분명했다. 대답이 빈틈도 없거니와 수월하고 능란하였다. 이방은
놀랍고도 기뻐서

"잘 되었네."

하고 소리를 질렀다.

"인제는 말해두 좋습니까?"

"오늘 취재는 그만 해두 넉넉하니까 말하세"(5권: 154-155).

천왕동이가 숙소로 돌아와 일행에게 첫째 날 취재에 통과했음을 알려준다.
우습기 짝이 없는 동문서답이었지만 우연의 일치로 천왕동이는 백이방의 벙어
리 놀음에 제대로 응수한 것이다. 천왕동이의 첫째 번 취재 합격 소식에 유복이

는 "의사가 참말 잘 돌았네" 하며 자기 일처럼 기뻐한다. 유복이의 어진 성품을
다시 한번 엿볼 수 있는 대목이다.

천왕동이가 객주로 돌아와서 문간에 들어서면
"박서방, 박서방!"
하고 부르니 사처방에서 오가 마누라와 이야기하고 앉았던 유복이가 내다보며
"인제오나, 어떻게 되었나?"
하고 물었다.
"벙어리 놀음은 썩 잘했소."
"어서 이리 오게. 자세한 이야기 좀 듣세."
천왕동이가 바로 사처방으로 오는 중에 봉놋방 봉당에 나란히 걸터앉았던 손가와 객
주 주인이 다 같이 뒤를 따라 나왔다. 천왕동이는 방안에 들어와서 유복이 옆에 가까이
앉고 손가는 주인과 같이 방문 밖에 와서 섰다.
"어서 이야기 좀 자세히 하게"
유복이의 재촉을 받고 천왕동이가 처음 가서 이방과 수작하던 말과 나중 온 사람
을 먼저 취재 보이게 하고 구경한 사연을 대강 대강 이야기 하니 오가 마누라가 듣고
"나중 온 사람에겐 말 한마디 않고 황도령에겐 여러 말을 물었다니 그것만 보더래도 황
도령이 백이방 맘에 든 것을 알 수 있지."
하고 웃었다. 유복이가 엄지가락과 식지가락을 둥그렇게 맞붙여 들고
"그래 이게 무에란 말인가?"
하고 물으니 천왕동이가
"그게 내 생각엔 장기쪽인 상싶습니다. 그 자식이 장기 두는 시늉이나 냈더면 어떨는
지 모를걸 손가락으로 푹 질르니 송곳으로 장기쪽을 뚫는단 말이요. 고만 틀려서 쫓겨났
지."
하고 싱글벙글하였다.

"그래 자네는 장기 두는 시늉을 내서 맞았나?"

"내가 옆에서 구경하구 미리 생각해 두었을까 봐 그랬는지 내겐 그걸 안 합디다."

"그럼 자네겐 어떻게 하든가?"

"처음에 수염을 쓰다듬으려 엄지손가락을 치어둡디다."

"그건 무슨 뜻일까?"

"자기가 엄지가락이구 거만부릴 것이 무어 있소. 생각해 보시우. 장기밖에 더 있겠소?"

"그렇지. 각골 이방쯤은 엄지가락이구 거만 부릴 턱이 못 되니까."

"그래 내가 이렇게 했소."

하고 천왕동이가 새끼 손가락을 내밀면서 볼을 똑똑 두드렸다.

"그건 무슨 뜻인가?"

"엄지가락 장기라구 흰 체하다가 새끼가락 장기가 되면 부끄럽지 않느냔 말이지. 이방이 보더니 빙그레 웃습디다."

"대답이 용하게 되었네. 그러구 고만 끝이 났나?"

"아니 또 있소. 그 담엔 이방이 손가락으루 다섯을 꼽아 보이는데 그게 장기를 한번에 다섯 수씩 본다는 자랑인 듯합디다. 국수장기라니까 수를 볼라면 십여 수라두 한꺼번에 볼 테지만 예사루두 다섯 수씩은 본다구 자랑하는 모양이기에 나는 입곱 수를 예사로 본다구 다섯 꼽은 손구락에서 두 손구락을 펴서 보였소. 그랬더니 이방이 놀라는 기색이 있습디다."

"의사가 참말 잘 돌았네."

"끝에는 아주 알기 쉽게 이방이 두 손바락을 마주 부딪칩디다."

"알기 쉽대두 나는 모르겠네."

"장기를 한번 두잔 뜻 아니겠소. 그래 내가 백번이라두 두자고 두 손을 폈다 쥐었다 했소. 그제는 이방이 말루 잘 됐다구 칭찬합디다."

"그러구 끝이 났네그려. 잘되었네. 아주 잘되었네"(5권: 155-157).

둘째 날 장기두기에서도 백이방을 만방으로 이기고 숙소로 돌아온다. 취재 보러온 천왕동이를 몰래 훔쳐보고서 사윗감으로 맘에 들어 한 옥련이 엄마가 천왕동이를 찾아와 셋째 날 시험정보를 미리 알려준다.

심부름꾼이 바깥방으로 나간 뒤에 얼마 동안 안 지나서 이방이 관가에서 나왔다. 이방이 바깥방을 들여다보며

"총각 벌써 왔던가? 내가 아침밥을 먹구나올테니 미안하지만 조금 더 기다리게."

하고 바로 안으로 들어와서 아침밥을 부지런히 먹었다. 이방이 사랑으로 나오며 곧 심부름꾼은 밖으로 나갔다. 이방이 윗목에 앉았는 천왕동이를 바라보며

"장기를 두어볼까. 이리 올라오게."

하고 말하니 천왕동이는 윗목에 있는 장기판과 장기를 들고 가려고 하였다.

"그건 거기 놔두구 이리 오게."

하고 말한 뒤에 이방이 벽장을 열고 다른 장기판과 장기를 내어놓는데 판은 가래나무요 장기는 화양목이었다. 이방과 천왕동이가 마주앉아서 장기를 벌여놓았다. 면 수습이 끝난 뒤에 이방은 자기 둘 수를 보느니보다 천왕동이 두는 수를 보느라고 한참씩 들여다 보았다. 장기가 반 판쯤 되었을 때 이방이 장기판에서 물러나 앉으며

"장기 고만두세."

하고 말하였다.

"왜요?"

"다 둘 것 없이 내가 졌네. 내일 오게."

"될 수 있으면 오늘 종일 장기를 두려구 생각하구 왔는데요."

"오늘 관가에 일이 있어서 점심 전에 또 들어갈 테니까 장기 두구 있을 수 없네."

천왕동이가 하릴없이 겨우 장기 반판 두어보고 객주로 돌아왔다. 동행들은 모두 약수산에 가고 객주에 없었다. 천왕동이가 동행들 뒤를 따라서 약수산을 가려다가 약물 먹으러 가느니 낮잠이나 잔다고 사처방에 혼자 드러누워서 낮잠 한숨을 실컷 자고 일어났다. 마당에 나와서 해를 치어다보니 점심때가 훨씬 기울었다. 점심 달라기도 겸연쩍으려니와 배도 고프지 아니하여 밖에 나가 바람을 쏘이려고 나가는 중에 객주 주인이 늙수그레한 여편네 하나와 같이 마주 들어오며

"총각 어디 가우? 이 안손님이 총각을 찾아오셨다우."

하고 말하였다.

"누구신데 날 찾아오셨소?"

"잠깐 말씀할 일이 있어 왔소. 사처방이 있으면 방으로 들어갑시다."

천왕동이가 낯모르는 여편네를 데리고 다시 방으로 들어왔다. 그 여편네가 객주 주인이 나가는 것을 보고서야 천왕동이를 향하여

"나는 백이방의 안해 되는 사람이오."

하고 말하여 천왕동이는 깜짝 놀랐다.

"요새 우리 집에 취재 보러 오지 않소?"

"녜."

"내가 일러줄 말이 있소."

"무슨 말씀입니까?"

그 여편네가 천왕동이에게로 가까이 다가앉아서 입을 거의 귀에 대다시피 하고 한참 소곤소곤 말한 뒤에 총총히 일어서 나갔다(5권: 160-161).

천왕동이를 사윗감으로 맘에 둔 백이방 아내가 궤짝 안에 든 물건 정보를 미리 알려준 덕에 셋째 날 시험도 무사히 통과하여 옥련이를 아내로 맞는 데 성공한다. 이 모든 게 한 편의 잘 짜인 희극을 보는 느낌이다. '천왕동이가 취재든 사연'과 같은 『임꺽정』의 해학적 요소는 현대 희극과 견주어도 손색이 없다.

이방이 사랑으로 나왔다. 천왕동이가 전날 기다리던 대중을 잡고 늦잡도리는 것을 이방은 알 까닭이 없었다. 이방이 여러 차례 방문 밖을 내다보며 고대하는 중에 천왕동이가 심부름꾼을 따라 들어왔다.

"오늘은 늦었네그려."

"녜, 좀 늦었습니다."

"무슨 일이 있었던가?"

"식전 일찍 일어나서 이때껏 치성을 드리구 왔습니다."

"치성은 웬일이야?"

"오늘 취재야 치성을 안 드리구 보러 올 수 있습니까?"

"치성을 어디다 드렸나?"

천왕동이는 대답을 않고 싱글싱글 웃었다.

"대답하기 싫은가?"

“이 다음 아시지요.”

“고만 취재를 시작할까?”

“그리하시오.”

“우리가 사위 취재를 보이려구 용왕께 발원한 뒤 궤짝 몇 개 속에 몇 가지 물건을 너 둔 것이 있네.”

“들어서 압니다.”

“그 궤짝의 갯수와 빛깔부터 말하구 그 다음에 궤짝에 든 물건들을 차례루 말해 보게.”

천왕동이가 단정히 앉아서 두 손길을 맞잡았다. 한동안 있다가 외면하고 혼잣말하듯

“흰 궤짝 하나, 누런 궤짝 하나, 붉은 궤짝 하나 궤짝이 세 개로군요.”

지껄이고 이방을 바라보며

“그렇습니까?”

하고 물으니 이방은 눈을 똑바로 뜨고 말없이 고개만 끄덕이었다. 천왕동이가 다시 외면하고 먼저와 같이

“붉은 궤짝에는 붉은 팥이 한 낱, 누런 궤짝에는 누런 콩이 아홉 낱, 흰 궤짝에는 목화가 열두 송이.”

하고 지껄이는 동안에 이방이 말은 고사하고 숨소리도 없이 듣고만 있다가 천왕동이 입에서 마지막 말이 떨어지자마자 벌떡 일어나서 안문을 박차고 맨발로 뛰어들어가며

“여보게 여보게, 사위를 얻었네.”

하고 큰소리를 질렀다(5권: 166-168).

배돌석이가 돌팔매로 호랑이 잡은 사연

호랑이는 우리 민족의 영물(靈物)이다. 그런 만큼 호랑이와 관련된 수많은 민화가 전해 내려온다. 호랑이가 맹수의 왕인만큼 인명을 살상하기에 애증도 깊다. 『임꺽정』에는 꺽정이를 비롯하여 청석골 형제들이 호랑이 잡은 일화가 여러 편 나오는데 그 가운데 배돌석이가 돌팔매로 호랑이 잡은 이야기가 단연 압권이다.

중국의 3대 고전소설 가운데 하나인 『수호전』에도 무송(武松)이 호랑이를 맨손으로 때려잡은 일화가 나온다. 하지만 손에 땀을 쥐게 하는 박진감과 사실성 면에서 배돌석이가 호랑이 잡은 이야기에 비할 바가 못된다. 호랑이 잡는 대목도 대목이거니와 다른 무엇보다 호랑이 사냥을 둘러싼 막전막후 이야기가 너무 재밌어서 한 번 읽게 되면 손에서 내려놓을 수가 없다.

호랑이의 본적은 어디인가

이 가운데 가장 우스운 장면이 호랑이 본적을 놓고 벌어지는 지방관들 사이의 말장난이다. 이들의 말을 종합해 보면 호랑이가 한 군데 진득허니 거주하지 않고 이 동네 저 동네로 무단전입하는 통에 이 사달이 났다는 얘기다. 홍명희는 호랑이가 무서워서 서로 잡지 않으려고 밀당하는 지방관들의 부조리, 무사안일주의를 당시의 행정제도에 대한 해박한 설명에 곁들여 해학적이고도 맛깔나게 그려낸다.

지방관들을 무턱대고 비난만 한 것은 아니다. 결국 호랑이를 잡아낸 데에는 지방관들의 역할이 컸기 때문이다. 물론, 그 이유인즉 지방관의 공적 책임감에서 비롯한 게 아니라 봉산 군수 자신이 유복자였던지라 유복자가 호랑이에 잡아먹힌 사연에 동정심을 느껴 그렇게 했다는 게 참으로 어이없는 노릇이긴 하지만 말이다. 그 역시 홍명희가 말한 '조선정조' 가운데 하나였다고 한다면 그

것은 반드시 혁파해야 할 나쁜 정조였음에 틀림없다.

봉산읍에서 황주읍까지 칠십 리에 거의 오십리는 산골길인데 중간에 동선령이 있고
새남(솜人峀)이 있으니 동선령은 봉산읍에서 삼십 리요, 새남은 황주읍에서 삼십 리다.
새남 남쪽에서 서남쪽으로 벌려 있는 한철산(漢鐵山)과 발양산(發陽山)은 봉산땅이요, 북
쪽으로 더 들어가는 무인지경 산골은 황주땅이요, 동쪽에 있는 삼봉산(三峰山)과 서쪽에
있는 정방산(正方山)은 모두 두 골의 접경이다. 새남 근방에 호랑이 나다닌다는 소문이
있던 중에 황주읍내 사람 하나가 봉산읍내 볼일 보러 왔다가 돌아가는 길에 새남 아래
서 대낮에 호환을 당하였다. 그 사람의 집에는 늙은 어머니와 젊은 안해가 있어서 이틀
사흘 눈이 빠지도록 기다리다가 마침내 호환에 간 것을 알고 두 고부가 다같이 죽으려
고 날뛰는 끝에 그 어머니는 상성[47]이 다 되었다. 그 늙은 여편네가 황주 관가에 들어가
서 목사에게 자식 원수를 갚아달라고 애걸복걸 하였다.

"늙은 것의 정경은 기긍하나 범에게 죽은 것을 어떻게 원수 갚는단 말이냐."

"죽은 자식이 아비 없는 유복자올시다. 불쌍한 자식 원수나 갚아줘야겠습니다."

"글쎄 유복자 아니라 유복자보다 더한 것이라도 갚을 수 없는 원수야 어떻게 갚느냐.
사주 팔자로만 생각하고 고만두어라."

목사의 타이르는 말을 늙은 여편네는 들은 체 아니하고

"제발 덕분에 자식의 원수를 갚아줍소사."

하고 머리를 땅에 끌어박듯이 숙이면서 두 손을 치어들고 빌었다. 목사가 한동안 미
간을 찌푸리고 앉았다가

"이거 보아라, 징징거리지 말고 말 들어라!"

하고 소리지르니 늙은 여편네는 머리를 들고 목사를 치어다보았다.

"네 자식이 새남서 호환을 당했다지?"

---

47   본래의 성질을 잃어버리고 아주 다른 사람처럼 되거나 그렇게 행동함.

"네, 새남 아래 두이봉(斗伊峰) 가는 샛길에 찢어진 갓이 떨어져 있더랍니다."

"그리고 보면 네 자식을 물어간 범이 봉산 범이 아니겠느냐?"

"그건 모르겠습니다."

"봉산땅에서 물어갔으나 봉산 범이겠지."

"네."

"범은 사람과 달라서 봉산서 황주로 잡아넘길 수가 없다. 그러니 네가 봉산 관가에 발괄[48]을 해보아라."

황주목사는 약게 두통거리를 봉산군수에게로 밀어버렸다. 그 늙은 여편네가 황주 관가에서 나오는 길로 곧 봉산으로 달려오는데 늙은 여편네의 걸음이라 달음질하다시피 하는 것이 하룻밤은 산길에서 드새고 다음날 다 저녁때에사 봉산읍에를 대어왔다. 그날은 어느 큼직한 집에 들어가서 얻어먹고 밤을 지내고 이튿날 식전에 관가를 찾아와서 곧 삼문 안으로 들어가려고 하니 문에 섰던 관노들이 못 들어오게 밀막았다.

"제발 좀 들어갑시다. 봉산 안전께 아들의 원수를 갚아달라러 왔소."

"무슨 원수란 말이오?"

"봉산 호랭이가 내 아들을 물어갔소."

하고 늙은 여편네가 징징 울면서 부적부적 삼문 안으로 들어오는 것을 관노들이 가로막고 실랑이하여 늙은 여편네는 악을 쓰기 시작하였다. 관노들이 동헌에 들릴까 겁이 나서 멀리 끌어내려고 하니 늙은 여편네는 곧 맨땅에 드러누워서 몸부림을 치며 악을악을 썼다. 악쓰는 소리가 동헌에까지 들리어서 원이 통인을 불러 알아보라고 분부하여 통인이 동헌마루에 나가서 급장이를 부르고 급장이가 동헌 댓돌에 서서 사령을 불렀다. 긴 대답소리가 끝나며 관노 하나가 샐샐 기어들어왔다가 얼마 뒤에 도로 나갔다.

"안전이 잡아들이라시우. 어서 일어나우."

관노가 잡아 일으킬 사이도 없이 늙은 여편네는 툭툭 털고 일어나서 관노에게 붙들려

---

48 지난날, 관아에 억울한 사정을 글이나 말로 하소연하던 일.

들어왔다. 원이 동헌 방문을 열어젖히고 댓돌 밑에 꿇려앉힌 늙은 여편네를 내려다보며

"기집사람이 식전에 관문 앞에 와서 악을 쓰다니 그런 무엄한 일이 어디 있을꼬!"

하고 호령을 하는데 늙은 여편네는 조금도 겁없이 울며불며 사정을 하소연하였다.

봉산군수가 늙은 여편네의 모호한 말을 듣다가

"네 자식이 새남서 호환에 갔단 말이냐?"

하고 물으니 늙은 여편네는

"녜, 봉산 호랭이가 자식을 물러갔습니다. 그 호랭이를 잡아서 원수를 갚아주십시오."

봉산 호랑이란 말에 힘을 주어 대답하였다.

"그 호랑이가 꼭 봉산 호랑인 줄은 어떻게 아느냐?"

"저의 골 사또께서 일러주셨습니다."

"너의 골 사또는 용하시기도 하다. 그러면 너의 골 사또께 다시 가서 봉산 호랑이가 황주 호랑이와 어떻게 다른가 여쭈어보고 필적으로 적어줍시사고 해서 가지고 오너라."

"늙은 것이 언제 다시 갔다옵니까. 사령을 하나 보내주십시오."

"그건 못하겠다."

"원수를 안 갚아주시렵니까?"

"황주·봉산에 있는 호랑이가 한둘이 아닐 테니 호랑이부터 분간해야 원수를 갚아주지 않겠느냐?"

"봉산에 있는 호랭이들을 모조리 잡아죽여 주십시오."

"잔말 말고 어서 가서 호랑이 분간하는 법을 알아오너라."

늙은 여편네는 봉산군수의 말을 원수 갚아주기 싫어서 미루는 말로 듣고 불쌍한 백성의 원통한 사정을 돌아보아 주지 않는다고 발악을 시작하였다. 군수가 끌어내라 몰아내라 호령은 하지 않고

"관청(官廳)에서 발악하면 죄 당하는 줄 모르느냐?"

하고 얼러대었다.

"죄 당하면 죽기밖에 더하겠습니까. 이 자리에서 죽어도 좋습니다. 의지하고 살던 자

식을 앞세우고 살고 싶지도 않고 살 수도 없습니다. 그 자식을 유복자로 낳아가지고 아비 없이 기르느라고 죽을 고생 다했습니다.”

늙은 여편네의 발악이 변하여 넋두리하듯 지껄이는 말에 유복자란 말이 군수 귀에 들어가자 군수는 새삼스럽게 상을 찡그리며

“네 죽은 자식이 유복자란 말이냐?”

하고 재쳐 묻고

“녜, 유복자올시다. 자식이라곤 딸자식도 없고 그것 하나뿐이올시다.”

늙은 여편네의 대답하는 말을 듣고서는 갑자기

“네 자식 물어간 호랑이를 꼭 잡아서 원수를 갚아줄 것이니 그리 알고 나가거라.”

하고 말을 일렀다(5권: 188-192).

호랑이한테 아들 잡아먹힌 노파에게 호랑이 잡아 죽일 것을 굳게 약속한 봉산군수는 사냥꾼들을 불러모아 호랑이 잡는 일에 나섰지만 별반 무소득이었다.

화가 난 봉산군수는 이번에는 사냥꾼이 아니라 수하 장졸들에게 호랑이를 잡아들일 것을 명령한다. 호랑이 사냥이 워낙 위험한 일인지라 천왕동이 장인인 봉산 이방이 병을 핑계 삼아 봉산 관아에 장교 다니던 천왕동이를 사냥 대오에서 빼주려 하지만 천왕동이는 장인 속도 모르고 의협심이 발동하여 호랑이 잡는 데 젤로 앞장선다.

동선령과 새남은 평안도 삼십이관 관원 행차가 다니는 길이요, 연경 삼천리 사신 왕래가 지나는 길이라 이 길에서 호환 난 것이 봉산군의 작은 일이 아니다. 봉산군수는 호환 난 것을 알며 곧 읍촌의 사냥꾼들을 관가로 불러들여서 호랑이를 잡도록 하라고 분부하였었다. 관령을 받은 사냥꾼들이 동선령과 새남 사이를 뻔찔 돌아다닐 뿐 아니라 십리 동안에 목목이 덫을 해놓고 군데군데 함정을 파놓았으나 육칠 일 동안에 개호주 한 마리도 잡지 못하였었다. 봉산군수가 늙은 여편네에게 원수갚아 줄 것을 허락하던 이튿날

식전 조사 끝에 이방에게 말을 물었다.

"그 어제 늙은 것을 어디서 재웠느냐?"

"소인의 집에서 재웠습니다."

"황주로 도루 간다더냐?"

"호랭이가 잡힐 때까지 안 가구 있겠다구 떼를 쓰다시피 하옵디다."

"대체 호랑이 잡으란 것은 어떻게 된 셈이냐?"

"지금 잡으려구 애들을 쓴답니다."

"벌써 며칠이냐. 애들을 썼으면 이때까지 못 잡을리 있느냐! 그대로 내버려 두어선 못 쓰겠다."

"각별히 신칙을 하오리다."

"아니다. 사냥꾼놈들만 맡겨둘 것 없다."

군수는 곧 수교를 불러서

"건장한 장교를 열만 뽑아서 사냥꾼들을 데리고 호랑이를 잡게 하되 오늘부터 열흘 안으로 잡게 해라. 만일 열흘 한이 넘으면 사냥꾼과 장교는 고사하고 너부터 중책을 당할 것이니 그리 알아라."

하고 영을 내리고 또 군기고 감관(軍器庫 監官)을 불러서

"호랑이 사냥 가는 장교들에게 각각 군기를 내어주어라!"

하고 영을 내렸다. 관속들이 물러나올 때 이방이 넌지시 수교를 보고

"내 사위는 뽑지 말게."

하고 부탁하니 수교는

"백두산 일등 사냥꾼을 빼놓구서 누구를 뽑습니까?"

하고 고개를 외쳤다.

"내 사위가 사냥꾼인지 아닌지 나두 모르는 걸 자네가 어떻게 아나?"

"자기 입으로 이야기를 하니까 알지요. 나뿐 아니라 지금 장청에서 모르는 사람이 없는 걸요."

"젊은 아이들의 흰소리를 어떻게 다 곧이듣나."

"그래두 아무 까닭없이 뽑지 않으면 장교들 사이에 뒷공론이 날 것입니다."

"그러면 병탈[49]을 시킬까?"

"그렇게 하면 좋겠습니다."

"자네에게 단단히 부탁하네."

"녜, 알았습니다. 그런데 안전께서 황주서 온 여편네에게 자식의 원수를 갚아주신다구 허락하셨다지요."

"그리하셨다네. 그 여편네를 지금 내 집에서 묵이네."

"말씀 들었습니다. 그 여편네가 미친 사람이라지요."

"외아들을 죽이구 상성이 되었나 부데. 좀 시룽시룽[50]하데."

"안전께서 처음에는 황주루 도루 보내시려구 하시다가 죽은 자식이 유복자란 말을 들으시구 선뜻 허락을 하셨답디다."

"당신이 유복자라 달리 생각하신 모양이지."

"안전이 유복자신가요?"

"그렇다네."

이방과 수교가 수작을 마친 뒤에 이방은 집으로 나가고 수교는 장청으로 들어갔다.

아침때가 지난 뒤에 수교가 장청에 앉아서 호랭이 사냥갈 장교들을 뽑는데 물론은 백이방의 사위 황천왕동이가 첫손가락에 꼽히나 이방의 부탁을 받은 깐이 있어서 다른 사람들부터 뽑고 나중에 와서 이면 수습으로 황천왕동이 하고 이름은 부르면서도 병탈하기를 기다리었더니 천왕동이가 녜 하고 대답한 뒤에 다른 말이 없었다. 수교가 이방의 부탁을 무이기 어려워서

"자네가 무슨 병이 있다지?"

---

49 병을 핑계 삼음.

50 점잖지 못한 언행으로 보기 싫게 웃고 쓸데없는 말을 지껄이는 모양.

하고 물으니 천왕동이는

"아니오."

하고 고개를 가로 흔들었다.

"무슨 병이 있다구 자네 장인이 말씀하시데그려."

"꾀병하구 호랭이 사냥 나가지 말라구 말씀합디다."

천왕동이 말에 동무 장교들은 웃느라고 허리들을 잡고 수교도 억지로 웃음을 참느라고 입을 빼물었다(5권: 193-196).

배돌석이가 돌팔매로 호랑이를 때려잡다

천왕동이 포함하여 장교 열 사람이 떼를 지어 호랑이 잡으러 몰려나갔다. 열 사람 중에 활이 여덟이요, 창은 둘뿐인데 긴 창을 어깨에 메고 맨 앞에 선 사람이 천왕동이였다. 천왕동이는 호랑이 발자국을 발견하고 발자국을 따라간 끝에 호랑이 굴을 발견한다. 백두산에서 배우고 익힌 솜씨를 믿고 혼자 힘으로 호랑이 굴에 들어가 사냥에 나선다. 굴속에 있던 새끼 호랑이들을 죽이는 데는 성공했지만 굴 바깥에 있던 어미 호랑이는 굴속의 낌새를 알아채고 그길로 내뺀다.

호랑이는 모성애가 지극한 동물이다. 새끼의 죽음에 어미 호랑이는 발광하여 닥치는 대로 사람들을 물어 죽이며 이곳저곳 가리지 않고 호환을 일으킨다. 공교롭게도 호랑이한테 잡아먹힌 사람 가운데 하나가 경천역(敬天驛)말 다니던 늙은 역졸이었다. 마침 경천역에 와있던 금교역 찰방이 이 소식을 듣고 황주목사를 찾아 가지만 황주 목사의 대답은 무사안일 자체였다. 역졸이 죽었으니 찰방 휘하의 역졸을 풀어 호랑이를 잡으면 되지 않느냐는 것이다.

화가 잔뜩 난 금교역 찰방은 황주목사는 믿을 것이 못되니 자기가 나서서 호랑이를 잡아 죽이기로 결심한다. 호랑이 사냥에 가장 적합한 인물을 물색하니 그 사람이 바로 돌팔매질의 달인 배돌석이었다. 돌석이는 당시 찰방 밑에서 심부름하던 하인이었다. 호랑이를 잡아 죽이면 역졸로 정식 채용해 달라는 돌석이 요구를 찰방이 들어주기로 하자 돌석이는 호랑이 사냥에 본격 나선다. 인간과 맹수가 일대일로 맞서는 장면은 박진감 넘치는 전개와 홍명희의 뛰어난 문장력을 통해 한 편의 드라마로 완성된다.

새끼 잃은 호랑이가 봉산·황주 두 골로 넘나들며 소동을 일으켰다. 두이봉 근처 동네에서는 호랑이 쫓을 징·꽹과리를 안 가지고는 낮에 들일들을 나가지 못하고 마늘메 아랫마을에서는 호망(虎網)을 치고서도 호랑이 소리에 밤에 잠들을 자지 못하였다. 봉산서는 장교와 사냥꾼들이 가끔 두이봉 근처에를 돌아다니지만 황주서는 장교는 고만두고 사냥꾼 하나가 마늘메까지를 나온 일이 없었다. 호랑이가 황주를 넘보았던지 마늘메에서 시루메까지 들어와서 여러 마을로 횡행하였다. 이 마을에서 도야지를 물어갔다, 저 마을에서 송아지를 물어죽였다, 송구스러운 소문이 자자할 때에 경천역(敬天驛)말 늙은 역졸 하나가 오릿골 사는 딸을 보고 온다고 하루 말미하고 가서 이틀이 되고 사흘이 되도록 오지 아니하여 찰방(察訪)[51]이 오릿골로 사람을 보내보았다.

경천은 금교 속역(屬驛) 열 중의 하나인데 이때 마침 역에 말썽스러운 사건이 있어서 금교찰방이 경천에 와서 있는 중이었다. 오릿골서 하루도 묵지 않고 떠난 줄을 안 뒤에 찰방의 사람이 오릿골 사람들을 데리고 나서서 두루 널리 찾아오는 중에 논골 근처 후미진 산모롱이에서 호랑이에게 물려죽은 참혹한 송장을 찾았는데 송장 옆에는 역졸이 쓰는 거먹초립이 떨어져 있었다.

경천역 역졸이 호환에 죽은 뒤에 찰방이 목사를 들어가 보고 호랑이를 속히 잡아 없애도록 하라고 권고하니 목사는 찰방의 권고가 아니꼬워서

"네가 자네의 지휘를 받을 사람인가?"

하고 꿰진 대답을 하였다.

"내 수하의 역졸이 호환에 죽었으니까 말씀하는 것 아니오."

---

51   조선 때, 각 도의 역참(驛站) 일을 맡아보던 외직(外職) 문관 벼슬.

"자네 수하의 역졸이 호환에 죽었으니 자네가 역졸을 풀어서 호랑이를 잡아 없애게그 려."

"요전에는 호환난 곳이 새남이라고 봉산에게로 떠다밀었다더니 이번에는 호환당한 자가 역졸이라고 내게로 떠다미는 모양이오. 떠다미는 수단이 매우 영롱하시오!"

"떠다미는 수단이라니, 그것이 뉘게 하는 말버릇인가?"

"나를 역승(驛丞)으로 대접하시오."

"찰방은 장하니까 그런 말버릇두 좋단 말인가!"

"찰방같은 미관말직을 웅주거목(雄州鉅牧)[52]이 세실 리 없지마는 서리(書吏)[53] 출신과 같은 대접은 받을 수 없소."

각 역의 역승은 서리의 적사구근[54]으로 시키던 것을 김안로 이판 때에 찰방이라고 고 치고 남행당하로 제수하게 되었는데 이때 벌써 삼십여 년이 지났건만 목부사(牧府史)들 은 전에 역승에게 하던 기습이 남아 있어서 찰방 대접이 홀할 때가 많았다. 찰방이 증이 나서 곧 수어인사하고 일어나니 목사도 애써 붙들지 아니하였다. 찰방이 역으로 돌아올 때 호랑이를 잡아 없애도록 힘써 보려고 마음을 먹었다. 자기가 힘쓰는데 목사가 가만 히 보고 있으면 황주 일경은 고사하고 인근읍 백성들까지라도 목사를 비방할 것이고 또 죽은 역졸의 계집자식은 말 말고 다른 역졸들까지라도 자기를 고마워하리라고 생각하 였다. 역에 돌아오며 곧 역졸 중의 일 아는 자들을 불러들여서 호랑이 잡을 것을 의논하 여 보니 역졸의 결찌에 사냥질하는 사람이 두서넛 있다 하나 큰사냥들은 잘하는 것 같지 않아서 앞잡이로 내세울 만한 일등 사냥꾼을 달리 구하려고 하였다.

"호랑이 잘 잡는 사냥꾼을 너희가 아는 사람이 없느냐?"

52　땅이 넓으며 산물이 많은 고을. 또는 그 고을의 원(員).

53　조선 때, 경아전(京衙前)에 속하여 문서의 기록과 서책(書册)의 관리 업무를 맡아보던 하급의 구실아치.

54　여러 해를 벼슬살이함.

"별루 없소이다."

"너 좀 생각해 보아라."

"지금 언뜻 생각나는 사람이 없소이다."

"너두 그러냐?"

"녜."

찰방이 역졸들을 면면이 돌아보다가

"옳지, 이자가 어떨꼬? 호랑이도 잘 잡을까."

혼자 말하고 나서

"돌석이를 좀 불러라."

하고 분부하더니 한동안 뒤에 얼굴이 가무잡잡하고 가슴이 딱 바라진 사람이 하인청에서 나와 찰방이 앉은 대청 앞 댓돌 위에 올라섰다.

찰방이 불러들인 사람은 경상도 김해 사람이니 사람이 당차고 다부지기도 하려니와 돌팔매치는 재주가 귀신 같았다. 석전군(石戰軍) 배돌석이라 하면 고향 김해 외에도 아는 사람이 많았으니 을묘년에 방어사 김경석(金景錫) 휘하의 투석대 대정(投石隊隊正)으로 이름을 각진에 드날린 사람이 곧 이 사람이다. 이 사람이 어찌하여 일자반급(一資半級)[55]의 출신을 못하고 말았던가. 난리가 끝나서 각군이 호궤(犒饋)[56]를 받던 날 돌석이가 술이 취한 끝에 방어사의 친척 되는 위장(衛將)에게 칼부림하고 군법에 걸렸는데 방어사가 죽이려고 하는 것을 동향 사람 중군이 힘을 써서 목숨은 보전하였으나 군사들이 다 타는 상급 무명조차 타지 못하고 맨손으로 고향에 돌아가서 이삼 년 지내는 동안에 술망나니란 별명만 듣고 서울로 올라와서 한 반년 떠도는 동안에 굶어서 들피[57]가 나다가 아는 양반이 금교찰방으로 오는데 하인도 아니고 하인같이 따라왔었다. 말하자면 전정은 칼

55　보잘 것 없는 작은 벼슬.

56　음식을 베풀어 군사를 위로함.

57　굶주려 몸이 여위고 쇠약해짐.

부림 싸움 한번으로 요감하고 신세는 한입 구처가 극난하여 구구히 얻어먹으러 금교찰방을 따라온 것이다. 돌석이가 찰방의 하인 노릇을 한 뒤로 하루 삼시 밥은 얻어먹으나 밥보다도 더 좋아하는 술을 마음대로 먹지 못하여 술먹을 벌이를 할 양으로 역졸이나마 박아달라고 찰방에게 청하고 있는 중이라 찰방이

"네가 호랑이를 잡을 수 있겠느냐?"

하고 묻는 말에 들었다 보았다 하고

"소인이 호랭이를 잡아바치면 호환에 간 놈 대신 역졸 거행을 시켜 주시렵니까?"

하고 호랑이 잡는 값부터 작정하려고 하였다.

"호랑이만 잡아오너라."

"역졸은 틀림이 없습니까?"

"그거쯤은 어려울 것이 없다."

"어려울 거 없는 줄은 잘 압니다만 분명한 말씀 한마디가 있어야 호랭이 잡을기운이 나지 않습니까!"

"그래라. 호랑이를 잡아오면 역졸을 박아주마."

"호랭이가 황주·봉산으루 넘나든다는데 봉산땅으루 내빼는 때는 어떻게 합니까? 그대루 쫓아가두 좋습니까?"

"내가 봉산군수에게 사찰로 편지해서 봉산으로 못가도록 막아 달라고 해보마."

"봉산 편에서 막기만 잘 막아주면 호랭이를 꼭 잡아오겠습니다."

"호랑이를 잡으러 갔다가 못 잡아가지고 오면 너도 망신이고 나도 망신이다."

"녜, 염려없습니다."

"익숙한 사냥꾼을 서너 사람 얻어줄 것이니 데리구 가거라."

"다른 사냥꾼은 없어두 좋습니다만 얻어주시면 데리구 갑지요."

이튿날 돌석이가 사냥꾼 세 사람을 데리고 호랑이 사냥을 떠나는데 찰방이 돌석이를 보고

"대개 며칠이나 걸리겠느냐?"

하고 물으니 돌석이가 한참 생각하다가

"날짜는 정할 수 없습니다. 지금 소인의 겉가량으루 열흘 잡습니다."

하고 대답하였다.

"오냐, 열흘도 좋다. 그 동안 내가 궁금하면 사람이라도 보내볼 터이니 너희들이 가서 숙소를 한 곳에 정한 뒤에 곧 한번 기별해라."

"죽은 놈의 자식이 오릿골 저의 매가[58]루 같이 가자구 합니다."

"그자의 자식두 사냥 간다느냐?"

"녜, 호랭이 잡는 데까지 따라다니겠답니다."

"그러면 사람을 보낼 때 오릿골로 보낼 테니 그리들 알고 가거라."

돌석이와 사냥꾼들이 죽은 역졸의 아들아이를 앞세우고 오릿골로 왔다. 죽은 역졸의 사위는 그 처남아이의 손위라 나이 근 삼십한 장정인데 당가[59]한 살림에 살림 형편이 과히 구차치 않아서 돌석이 일행을 술밥으로 진창 대접하였다. 돌석이가 칙사 같은 대접을 받으면서 하는 일은 잔돌 굵은 돌을 주워다 놓고 하루 몇 차례씩 팔매만 치고 정작 호랑이 사냥을 나서지 아니하여 역졸의 아들아이가 재촉하고 같이 온 사냥꾼들까지 재촉하나 돌석이는 하루 이틀 미뤄나가기만 하는데 그 동안에 닷새가 그냥 지나갔다.

역졸의 딸 내외는 주인 된 체면으로 차마 와서 재촉은 하지 못하나 속으로는 다른 사람보다 더 답답하여 내외간에 뒷공론이 많았다.

"사냥 온 사람들이 산에는 갈 생각두 안하니 그게 웬일이오?"

"글쎄 낸들 알 수 있나."

"그 사람들이 온 지가 벌써 며칠이요, 오늘이 닷새째 아니오?"

"배대정이란 사람이 안 가려구 한다구 같이 온 사람들두 투덜거리데."

"배대정이라고 부르는 걸 보면 대정쟁이 노릇하든 사람 아니겠소. 대정쟁이 출신이

---

58   시집간 누이의 집.

59   집안일을 주장해 맡음.

큰사냥을 어떻게 하오. 토끼 새끼도 잘 잡을는지 모르겠소.”

“그 사람이 돌팔매질을 잘 친다네.”

“팔매질로 큰 짐생을 잡았단 말 들어보았소?”

“듣지는 못했지만 혹시 모르지.”

“내 생각엔 찰방 나리가 속은 것 같소.”

“찰방이 데리구 온 사람이라는데 어련히 잘 알구 보냈겠나.”

“동생 말을 들으니까 찰방 나리가 처음에 불러 물어보고 보냈답디다.”

“그래두 아주 허무할 듯하면 보냈겠나.”

“그러나저러나 우리 집에서 여러 사람을 무작정하고 두고 먹일 수 없지 않소?”

“며칠만 더 두구 보세.”

“며칠 후에는 어떻게 할 테요?”

“가라구 쫓아버리지.”

“가만히 두고 보지 말고 사냥 나가라고 말을 좀 하구려.”

“내일 안 나가면 말을 좀 하겠네.”

주인이 말하려고 벼르는 날 이른 식전에 배대정이

“오늘부터 산에를 좀 나가보까.”

하고 사냥갈 준비를 차리었다. 잔돌은 차고 다니는 바랑만한 주머니에 넣고 굵은 돌은 주인집에 있는 외멍구럭[60]에 담아서 역졸의 아들에게 맡기면서

“너는 이것을 메구 내 뒤를 따라오너라.”

하고 말을 일렀다.

“돌덩이는 산에 가면 쌔버렸는데 왜 무거운 것을 메구 가자시우?”

“닷새 동안 손에 익힌 돌들이다. 잔말 말구 가지구 가자.”

“호랭이를 창으루 잡지 않구 돌멩이루 잡으실라우?”

60　새끼로 그물처럼 눈을 드물게 떠서 만든 큰 망태기.

"창으루 잡든지 돌덩이루 잡든지 잡기만 하면 고만 아니냐."

"돌덩이에 호랭이가 잡히나요?"

"얼뜬 호랭이는 잡힐는지 누가 아느냐? 가서 보구 말을 해라."

돌석이가 창 하나를 들고 앞에서 가고 아이가 돌멍구럭을 메고 그 뒤를 따라가고 사냥꾼들이 각기 창을 메고 중간에 늘어서 가고 주인과 동네 사람 넷이 여러 사람의 점심밥을 걸머지고 뒤에서 몰려갔다. 마늘메서 시루메로 들어가며 호랑이의 발자국은 많으나 정작 호랑이는 구경도 못하고 도로 내려오다가 먹골 근처에서 점심들을 먹는데 먹골 나무꾼 하나가 와서 방금 소학골 산속에서 호랑이를 보았다고 말하여 총총히 점심들을 먹어치운 뒤에 그 나무꾼까지 데리고 소학골로 들어왔다. 나무꾼이 보았다는 자리에 호랑이가 있지 아니하여 근방을 뒤지는 중에 시냇가에 있는 조그만 장등[61] 위에 큰 송아지만한 것이 누워 있는 것을 일행 중에 한 사람이 먼저 보고 손가락질하여 가리켰다.

서쪽에는 정방산성이 가로막혔으나 산성을 끼고 남으로 도망할 수가 있고 동쪽에는 새남으로 내뺄 길이 있다. 돌석이가 사냥꾼 세 사람은 새남 편으로 보내서 호랑이 내뺄 목을 지키게 하고 오릿골 동네 사람들과 먹골 나무꾼은 몽둥이들을 들고 정방산 편으로 가서 호랑이 못 가게 아우성을 치라고 일렀다. 여러 사람들이 나뉘어 간 뒤에 한동안 착실히 있다가 돌석이가 역졸의 아들을 데리고 호랑이의 대가리 있는 편으로 가서 장등을 타고 호랑이 누운 곳으로 내려가는데 창은 아이를 들리고 돌멍구럭은 자기가 어깨에 메었다.

풀을 헤치고 한 걸음 두 걸음씩 가까이 들어가는 중에 호랑이가 낮잠을 자다가 깨었던지 부스스 일어나서 앞뒤 다리를 펼 수 있는 대로 펴서 허리를 잘록하게 하고 주홍 같은 아가리를 벌릴 대로 벌리었다. 돌석이가 이것을 보자 얼른 돌덩이 하나를 손에 들고 쫓아들어가며 팔매를 치니 그 돌덩이가 호랑이 아가리에 들어가 박혔다. 호랑이가 돌을

---

61   조그만 산마루.

뱉으려고 대가리를 흔들면서 각각 거릴 때 돌덩이가 연주전(連珠箭)[62]같이 연거푸 대가리 위에 떨어졌다. 호랑이는 아가리에 돌덩이를 문 채 새남 편으로 달아났다.

돌석이가 아이와 같이 호랑이 뒤를 쫓아올 때 앞에 사냥꾼 세 사람이 있는 것을 믿었더니 호랑이는 멀리 내빼서 눈에 보이지 않고 목 지키러 온 세 사람은 새남 가는 길에서 오락가락하고 있었다.

"어디루 갔소?"

돌석이가 장등에서 내려다보고 소리쳐 물으니 세 사람이 다같이 쫓아올라오며 그중의 앞선 한 사람이

"호랭이가 이리루 왔소?"

하고 도리어 물었다.

"이리루 오다니, 호랭이 오는 것두 못 봤단 말이오?"

"우리는 못 봤는걸."

"목은 알뜰하게 잘 지켰다. 예끼순 밥 빌어다 죽 쑤어먹을 자식들 같으니."

돌석이가 골이 나서 욕질을 하니 그중에 한 사람은 반죽이 좋아

"밥으루 죽을 쑤면 느루 먹구[63] 좋지그려."

하고 이죽거리고 한 사람은 성깔이 있어서

"호랭이는 자기가 놓치구서 왜 우리보구 욕질이야! 우리가 만만하니까 잿골에 말 박긴가."

하고 중얼거리고 남은 한 사람은 성미가 부드러워서

"우리가 사냥질이 서툴러서 목을 잘 본다는 게 알량하게 보았소. 용서하구 그놈이 멀리 내빼기 전에 쫓아가나 봅시다."

하고 돌석이의 눈치를 보았다.

---

62   연거푸 쏘는 화살.

63   느루 먹다. 양식을 절약하여 예정보다 더 오랫동안 먹다.

"호랭이는 벌써 봉산 갔겠소."

"새남까지나 가보구 옵시다."

"제기!"

하고 돌석이가 먼저 새남 편으로 걸음을 떼어놓으니 사냥꾼 세 사람이 서로 돌아보면서 아이와 같이 돌석이의 뒤를 따라왔다. 새남을 거의 다 와서 난데없는 아우성 소리가 들리더니 호랑이가 이편으로 뛰어오다 말고 가로새어 내빼려고 하였다. 돌석이는 이것을 보고 일변 돌주머니를 벌리며 일변 호랑이를 앞질러 가서 돌팔매 한 개로 호랑이의 한편 눈을 맞혔다. 호랑이가 앞발로 저의 눈퉁이를 허비는 동안에 다시 돌팔매 한 개로 호랑이의 다른 편 눈을 마저 맞혔다.

돌덩이가 아가리에 들어박히듯이 돌이 눈 속에 들어박히지는 아니하였으나 호랑이는

눈이 아파서 뜨기가 어렵든지 두 눈을 다 감고 아가리만 딱딱 벌리며 어흥 소리를 질렀다. 아가리에 틀어박혔던 돌덩이는 어느 틈에 빠져 없어졌다. 돌석이가 멍구럭에서 큰 돌멩이 한 개를 꺼내서 들고 있다가 호랑이가 아가리를 벌릴 때에 노리고 던졌다. 그 돌덩이가 또 아가리에 들어가 박히니 호랑이는 어흥 소리도 못 지르고 다시 칵칵거리고 간간이 으르렁거렸다.

돌덩이가 눈퉁이에 떨어지고 대가리에 떨어져서 호랑이가 배기다 못하여 천방지축으로 뛰어 내빼는데 돌덩이들이 엉덩이와 볼기짝에까지 떨어졌다. 돌석이가 멍구럭의 돌덩이를 한 개 남기지 않고 다 던진 뒤에 아이를 돌아보며 창을 달라고 하니

"호랭이가 인제는 잘 내빼지도 못하게 되었으니 내가 쫓아가서 창으루 찔러 잡아보리다."

아이가 창을 가지고 호랑이를 쫓아가는데 사냥꾼들도 따라갔다. 눈은 뜨지 못하고 아가리는 다물지 못하는 병신 호랑이를 아이와 사냥꾼 셋이 새남 뒤에 와서 찔러 잡았다. 봉산서 나온 장교와 사냥꾼 한 떼가 호랑이 잡은 데 와서 보고 경천서들 왔느냐고 묻고 호랑이 잡은 이야기를 물어서 아이가 돌석이 뒤에 따라다니며 눈으로 본 것을 자초지종 다 이야기하니 여러 사람의 눈이 돌석이게로 모여들었다(5권: 204-213).

호랑이 잡은 공으로 돌석이는 정식 역졸로 취업한다. 아들을 호환으로 잃은 노파가 호랑이 잡아준 은혜를 갚기 위해 며느리를 돌석이에게로 재가시켰다. 돌석이는 부인과 금슬이 좋지 않았다. 부인이 이웃 외간남자와 눈이 맞아 부정을 저지르다 돌석이에게 발각되는 일이 발생한다. 배돌석이는 이 둘을 돌팔매로 쳐 죽여 옥에 갇히는 신세가 되었다. 곧이어 돌석이의 사형을 집행하기 위해 황주로 압송하라는 명령이 떨어진다. 하지만 돌석이의 처지를 불쌍히 여긴 천왕동이의 귀띔을 받고 출동한 청석골 식구의 도움으로 황주로 압송가던 중에 구사일생으로 살아나 청석골에 들어간다.

천왕동이는 돌석이 도운 일이 탄로나 제주도로 귀양을 가게 되는데 귀양길에

매형인 꺽정이가 동행하여 제주 정의현감을 지내던 봉학이와 상봉한다. 『임꺽정』에서 배돌석이는 어느 하나 제대로 풀리는 게 없는 불운의 대명사처럼 그려진다. 신산하기 짝이 없는 돌석이 인생을 보노라면 정말 사람에게는 타고난 운이 어느 정도 있는 걸까 하는 착각마저 들 때가 있다. 물론 나는 타고난 운이란 걸 조금도 믿지 않긴 하지만 말이다.

꺽정이와 운총이의 웃픈 부부싸움 이야기

백손 엄마 운총이가 꺽정이를 데리러 청석골에서 서울까지 찾아온 이유는 꺽정이가 집에 돌아올 생각은 안하고 주색에 빠져 급기야 세 여자를 부인으로 삼았기 때문이다.

> 박씨는 육례를 갖추고 원씨는 정실로 자처하고 또 김씨도 부실이라고 아니하는 까닭에 꺽정이의 처가 광복산에 있는 본처는 치지 말고 서울 안에만 세 사람이나 되는 셈이었다(7권: 222).

꺽정이는 대를 이어 장물아비 노릇을 해온 한온이의 주선과 배려 덕에 서울살이 재미에 푹 빠져 청석골로 돌아갈 생각조차 안 했기에 청석골 식구들의 걱정이 이만저만이 아니었다. 하지만 꺽정이의 성정을 잘 알고 있었던지라 푸념만 늘어놓을 뿐 누구하나 꺽정이를 데려올 용기가 나지 않았다. 꺽정이 어릴 적 동접친구인 봉학이와 유복이는 꺽정이를 서울서 데려올 수 있는 사람은 단 하나, 백손 엄마뿐이 없다는 사실을 잘 알고 있었으나 내색조차 하지 못했다. 그러던 차에 운총이가 꺽정이의 못된 버릇을 고쳐놓겠다고 나서자 이보다 더 반가운 노릇이 아닐 수 없었다.

운총이와 꺽정이 아들 백손이, 봉학이, 유복이 등 네 사람이 꺽정이가 살고 있는 서울 한온이 집으로 찾아온다. 이어지는 꺽정이와 운총이의 부부싸움 장면이 가관이다. 잘 연출된 한편의 슬랩스틱 코미디에 견주어도 손색이 없을 만큼 우습고 재밌지만 다른 한편으로는 슬프기 그지없다.

그 앞에 서면 주눅 들어 누구 하나 꿈쩍 못하는 꺽정이를 향해 거침없이 자기 할 말 다 하고 게다가 조리 있기까지 한 백손 엄마 결기에 꺽정이는, 어찌할 줄 모른 채 '폭력'을 행사하며 가부장주의적 궤변만 늘어놓는다. 가정폭력은 중범

죄다. 이 상황은 '조선정조' 관점에서는 웃어넘길 수 있을지 모르겠지만, 재미
로 치부하기에는 곤란한, 꺽정이의 폭력성을 드러낸다.

꺽정이가 호령할 때 윗간 방문이 열리고 이봉학이가 백손이를 들여다보고

"잠깐 이리 나와서 내 말 좀 들어라."

하고 불러내 가더니 억지로 끌고 건넌방으로 들어가는 모양이었다.

"자식에게라두 그렇게 당해 싸지."

하고 백손 어머니가 혼잣말로 말을 내기 시작하자

"무엇이 싸단 말이야, 이년아!"

꺽정이가 대뜸 년자를 내붙였다.

"무얼 잘했다구 큰소리야!"

"이년아, 내가 네게 큰소리 못할 게 무어냐!"

"콧구멍 둘 마련 잘했다. 사람이 기가 막혀 죽겠네."

"되지 못한 말 지껄이지 말구 가만히 있거라."

"되지 못하게 기광 부릴 생각 마라."

"이년을 곧."

"곧 어째?"

"내가 창피한 생각이 없었으면 너희들은 벌써 초죽음했다."

"꼴에 창피를 다 알아."

"지금 한 말 다시 한번 더 해봐라. 가만두니까 꽨 듯싶어서."

"다시 한 번만? 백번이라도 더 할 테야."

꺽정이가 벌떡 일어나서 한걸음에 뛰어오며 곧 백손 어머니의 머리채를 움켜잡았다.

꺽정이가 해거[64]를 부리려 들자마자 백손 어머니 입에서 발악이 막혔던 물 터진 것같

64　해괴하고 짓궂은 짓. 행패.

이 쏟아져나왔다.

"오냐, 어디 해보자. 네가 나를 죽이기밖에 더하겠느냐? 내가 네 손에 죽지 않으면 내 손으로 자결해서라도 죽지, 뒷방에서 천덕꾸러기 노릇하고 살지 않는다. 첩도 안 얻겠다던 놈이 본기집이란 게 자그마치 셋씩이야? 본기집 명색이 한꺼번에 셋씩 넷씩 되는 법이 어디 있더냐, 이놈아! 지금은 부모 거상[65]을 삼 년 입는 세상인데 너 혼자 옛날 법이라고 스무이레 입고 시지부지 고만두더니 상제 복색 입고 기집질하기 거북해서 미리 고만두었느냐? 내 머리에 흰 당기는 너 아버지 거상이다. 흰 당기 드린 머리를 끄둘르는 것이 죽은 부모 대접이냐?"

꺽정이가 백손 어머니를 머리채 잡아서 치켜들고 내두르다가 흰 당기 내세울 때 손을 놓아서 백손 어머니는 방바닥에 나동그라졌다. 백손 어머니가 다시 일어나며 곧 꺽정이게로 바락바락 달려들어서 꺽정이는 치고 차고 백손 어머니는 물고 뜯고 쌈을 하는데 건넌방에 있던 사람들이 우 건너와서 이봉학이, 박유복이, 한온이 세 사람이 꺽정이의 앞을 둘러막고 백손이가 저의 어머니 앞을 가로막아서 쌈을 떼어놓았다. 꺽정이도 몸에 몇 군데 상채기가 났지마는 백손 어머니는 그 동안에 벌써 참혹하게 당하였다. 육중한 손에 이마가 터져서 피투성이가 되고 센 발길에 앞정강이가 부러져서 다리 한 짝이 병신이 되었다.

부러진 뼈를 들이맞춘다, 산골[66]을 갈아서 먹인다, 버드나무 조각을 앞뒤로 대고 버들껍질로 동여맨다, 찬찬한 이봉학이와 진중한 박유복이까지 황당스럽게 구는 백손이와 한온이만 못지않게 수선들을 부리는 중에 바깥방에 나가 있는 상노아이들 들어온 것은 말할 것도 없고 대소가의 안팎 심부름꾼이 많이 몰려와서 마루에도 사람이요, 마당에도 사람이었다. 아랫간에 가서 가만히 앉아 있던 꺽정이가 훌쩍 말없이 일어서서 밖으로

65　상중에 상제가 입는 예복이나 부착물.

66　구리가 나는 곳에서 나는 푸른빛을 띤 누런색의 자연동(自然銅). 정육면체인데 갈아서 접골 약으로도 씀.

나가는데 백손 어머니가 쫓아가 붙들려고 앉은 채로 날뛰면서

"이놈아, 사람을 이 지경 병신 만들어놓고 어디로 도망가느냐! 내가 오늘 밤에 죽든 살든 양단간 끝을 낼 테다. 도망갈 생각 말고 이리 들어오너라!"

하고 악을 들이썼다. 꺽정이가 문밖에서

"저년이 참말 미쳤지 성하구야 저럴 리가 있나."

혼잣말로 말하고 건넌방으로 들어갔다. 꺽정이는 동소문 안이나 남성[67] 밑으로 갈까 하고 일어서 나온 것인데 도망질친단 소리를 듣고 가기도 창피하고 그렇다고 들어오라 는데 도로 들어가기도 창피하여 건넌방으로 들어가 버린 것이었다. 백손 어머니가 꺽정 이를 놓칠까 겁이 나서 곧 건넌방에 쫓아갈 작정으로 동인 다리를 디디고 일어서려고 하 니 이봉학이가 잠깐만 참으라고 말린 뒤에 백손이를 시켜서 물 축인 수건으로 면상의 피 를 씻어주게 하고 기름에 개어온 밀타승[68]을 이마 상처에 발라주게 하고 머리까지 거두 어 주라고 하는데, 백손 어머니가 자기 손으로 흐트러진 머리를 거듬거듬 거둬서 모양없 이 틀어얹으며 백손이더러

"나를 좀 붙들고 건너방까지 가자."

하고 말하였다.

"그리하면 아버지 맘을 다 알았는데 또 쫓아가서 무어하우? 성한 다리 하나 마저 부 러뜨리고 싶소?"

백손이 입에서 곰살궂지 않은 대답이 나오니 백손 어머니가 매서운 눈으로 아들을 노 려보며

"고만둬라."

하고 한 다리를 뻗은 채 앉은뱅이 걸음을 쳐서 앞으로 나가다가 다리가 문지방에 다

67　한양성 남쪽. 지금의 충무로, 남산 일대.

68　납을 공기 속에서 고열로 태워 만든 노란 가루로 일산화납의 일종. 색상의 농도에 따라서 금 (金)밀타·은(銀)밀타 따위가 있음.

닥뜨려서 이를 악물고 아픈 것을 참고 갑자기 문설주를 붙들고 혼자 일어섰다. 박유복이가 백손이더러 붙들어드리라고 말하여 백손이가 마지못해 와서 부축하려고 하는 것을 백손 어머니는 매몰스럽게 뿌리치고 외짝다리로 깨금을 뛰어서 안방에서 건넌방으로 건너갔다. 이봉학이와 박유복이는 쓴입맛들을 다시면서 바로 뒤를 따라가고 백손이는 눈물이 나는 것을 주먹 쥔 손등으로 이리 씻고 저리 씻고 하다가 뒤떨어져서 쫓아가고 한온이는 마루 위와 마당 아래 여러 사람들을 꾸짖어 내쫓느라고 한동안 마루에서 지체하였다. 백손 어머니가 건넌방 문지방을 넘어서며 곧 주저물러 앉아서

"자, 속시원하게 아주 죽여라."

하고 이를 갈며 몸을 옮겨서 꺽정이 앞으로 들어가니 꺽정이는 어이가 없는지 깃구멍이 막히는지

"허 그거 참."

하고 눈살을 찌푸리고 있다가 가까이 간 백손 어머니의 성한 다리 무릎께를 한 손으로 내밀었다. 꺽정이의 힘들이지 않은 것이 분명히 사렴[69]을 두고 미는 것이건만, 백손 어머니의 몸은 이때껏 애써 들어간 것이 헛일이 되도록 주르륵 밀려나왔다.

"왜 못 죽이느냐!"

백손 어머니가 다시 앞으로 들어가며 이번에는 내밀지 못하게 소매라도 붙잡으려고 생각하였으나 몸을 옮길 때 두 팔로 방바닥을 짚는 까닭에 미처 손을 놀릴 사이 없이 또 주르륵 내밀리었다. 실컷 내밀어 보아라 안채듯이 백손 어머니는 부적부적 들어가고 누가 지나 보자 배짱을 먹은 듯이 꺽정이는 자꾸 내밀었다. 쌈의 승부가 여기 달린 것같이 내외가 서로 지지 않고 들어가면 내밀고 내밀면 들어가고 하는데 이봉학이와 박유복이는 백손이를 데리고 한옆에 가만히 서서 구경들만 하였다.

한온이가 안팎 심부름꾼들을 다 내쫓은 뒤에 건넌방 문을 열고 들어오려다가 말고 안방에서 방 치우는 상노아이를 불러서 일각문과 중문을 아주 걸어두라고 말을 이르며 한

69　사념(思念). 근심하고 염려하는 따위의 생각. 사려(思慮).

발을 먼저 들여놓고 남은 발을 마저 들여놓을 즈음에 꺽정이 손에 내밀린 백손 어머니의 몸이 한온이 다리에 부닥쳤다. 다리가 삐끗 몸이 휘뚝 앞으로 고꾸라져 백손 어머니에게 덮쳐 누르게 되는데 한온이가 놀라서 몸을 얼핏 가눈다는 것이 백손 어머니 등뒤에 가서 쓰러지게 되었다. 한온이는 백손 어머니를 인사하려고 의관을 정제하고 온 사람이라 활개가 벌어질 때 큰 소매가 너푼하고 머리가 방바닥에 닿을 때 넓은 갓양태가 꺾여서 깔렸다. 한온이 입에서

"아이쿠!"

한마디는 경황없이 나왔으나 뒤미처 나온

"새우쌈에 고래등 터지네."

하는 말은 말소리까지 익살스러웠다. 한온이가 일으켜 주기를 기다리는 것같이 쓰러진 채 누워 있는 것을 박유복이가 쫓아가서 붙들어 일으켰다. 한온이가 평지낙상하는 동안에 꺽정이의 내외쌈이 잠시 중단되고 또 조금 묽어졌다. 백손 어머니가 뭉그적뭉그적 한온이를 피하여 앉은 뒤에 슬금슬금 꺽정이게로 가까이 오는 것을 꺽정이가 보고 손을 내저으며

"대들 생각 말구 거기 앉아서 말루 해."

자기부터 비로소 말로 하는데 말소리도 그다지 거칠지 아니하였다. 이봉학이가 얼른 백손 어머니 앞에 나와 서서

"아주머니, 그렇게 하십시오. 두발부리[70]를 하실 때 하시더라두 우선 시비를 말루 가리구 나서 하십시오."

은근히 백손 어머니를 가로막았다.

"이리와서 앉게."

꺽정이가 이봉학이를 옆에 불러다가 앉히고 그 다음에 박유복이와 한온이를 보고 이리들 오라고 말하여 박유복이가 한온이와 같이 꺽정이 앞에 와서 모꺾어[71] 느런히 앉았

---

70   두발부예(頭髮扶曳). 서로 머리털을 움켜잡고 휘두르며 싸움.

71   몸을 약간 옆으로 향하다.

다. 백손 어머니가 꺽정이에게로 가자면 이봉학이의 자리를 지나고 박유복이의 무릎을 스치게 되어서 갈 생각을 안 먹고 도리어 뒤로 물러나 앉고 백손이도 혼자 섰기가 싫든지 저의 어머니 옆에 와서 쭈그리고 앉아서 꺽정이와 이봉학이가 아랫목 자리를 차지하고 박유복이, 한온이와 백손 어머니, 백손이가 양옆자리에 각각들 마주 대하여 앉게 되었다.

“오늘 저녁 같은 창피한 꼴은 내 평생 처음이야.”

꺽정이가 이봉학이를 돌아보니 이봉학이는 꺽정이의 말은 대답않고

“아주머니 말씀 안 하시우?”

하고 백손 어머니를 바라보았다.

“서울에 기집이 몇이야? 어디 속시원하게 말 좀 들어보자구.”

백손 어머니가 말을 붙이고

“기집이 몇이냐구? 뜨내기 기집은 이루 헤아릴 수가 없구 붙백여 데리구 사는 것만이 셋이다. 인제 속이 시원하냐?”

꺽정이가 말을 받아서 살풍경의 드잡이가 거연히 옥신각신하는 말다툼으로 변하게 되었다.

“뻔뻔도 하다. 인두겁을 쓰고 그런 말이 입에서 잘 나온담.”

“이년아, 말이라면 다 하는 건 줄 아느냐? 서방더러 뻔뻔은 무어구 인두겁은 무어냐?”

“그버덤 더한 말을 못하까, 망나니 대접 그것도 과하지.”

“내 부아를 돋우면 네게 돌아갈 것 주먹밖에 없다.”

“오냐, 다리 하나 마저 분질러라.”

“앉은뱅이가 되구 싶어서 몸살이 나느냐?”

“죽인대도 겁 안 난다. 맘대로 해라.”

“죽여 달라구 지다위[72]하러 왔느냐?”

---

72 남에게 등을 대고 의지하거나 떼를 씀. 또는 그런 짓.

"지다위가 무슨 지다위야?"

"그럼 무어냐?"

"나 몰래 기집질하는 걸 알고 가만히 있으까? 죽든 살든 해보고 말지. 내가 딴서방을 몰래 얻으면 가만히 있겠나 생각 좀 해보지."

"기집년하구 사내대장부하구 같으냐?"

"사내나 여편네나 사람은 매한가지지."

"저게 소견없는 기집년의 생각이야. 그래 같은 사람이면 아이나 어른이나 마찬가지구 종이나 상전이나 마찬가지냐?"

"아이에 머슴애도 있고 종에 사내종도 있지. 기집애만 아이고 기집종만 종인가?"

"말귀나 터졌어야 남의 말을 알아듣지. 누가 머슴이나 사내종이 없다느냐? 기집을 아이루 치면 사내는 어른이구 기집을 종으루 치면 사내는 상전이란 말이지."

"사내가 어른이면 기집도 어른이고 사내가 상전이면 기집도 상전이지 어른을 아이로 친다고 아이가 되고 상전을 종으루 친다고 종이 될까."

한온이가 홀저 허허 웃으며

"초록은 동색으루 저두 사내니까 선생님 편을 들어서 말씀 한마디 하겠습니다. 아이와 여자를 한데 쳐서 아녀자란 말은 있어두 아남자란 말은 없지 않습니까? 또 여편네를 문서 없는 종이라구는 하지만 사내더러야 누가 그렇게 말합니까. 안 그렇습니까?"

하고 백손 어머니를 바라보니 백손 어머니는 독살스러운 눈으로 마주 바라보며

"그 따위 다 같은 심장이니까 맞붙어서 갖은 짓들 다했지."

하고 쏘아붙였다. 백손 어머니의 위인[73]이 낯선 사내라고 부끄러워 말 못할 숫기 없는 여편네가 아닌데다가 더욱이 악이 오른 판이라 낯이 설거나 말거나 가리지 않고 해내려고 하였다.

"천왕동이란 자식이 무슨 말씀을 여쭈었는지 모르나 저는 원통한 꾸중을 듣습니다."

---

73 사람의 됨됨이. 또는 됨됨이로 본 그 사람. 사람됨.

"천왕동이란 자식이라니, 천왕동이가 자기 자식인가? 내가 천왕동이 누이인 줄 번히 알면서 내 앞에서 그게 무슨 말버릇이야. 그리고 천왕동이가 무슨 말을 했다고 공연한 사람을 말밥에 올려?"

"무심쿠 한 말이 잘못됐습니다."

꺽정이가 백손 어머니에게

"너는 죽으려구 환장한 년이니까 가만둔다."

말하고 곧 한온이를 돌아보며

"자네 망신이 아니라 내 망신일세."

하고 말하였다. 이봉학이가 꺽정이더러

"아주머니는 형님이 환장했다구 하시니까 내외분이 피장파장이오."

하고 말하니 꺽정이는 새삼스럽게 화를 벌컥 내면서

"저깟년은 말할 거 없지만 그래 너희들이 나를 망신시키려구 저년을 데리구 온단 말이냐!"

하고 언성을 높이었다. 이봉학이는 목소리를 도리어 낮추어 가지고

"형님, 새삼스럽게 화내실 거 무어 있소? 조용히 이야기합시다."

말하고 잠시 꺽정이의 눈치를 살펴본 뒤

"망신이라면 형님이나 아주머니나 다같이 망신인데 형님버덤두 아주머니가 더 톡톡히 망신한 셈 아니오. 우리가 형님 망신시키러 왔다는 건 억설이니까 발명두 할 것 없구 아주머닌들 형님 망신시키구 자기 망신하자구 서울까지 오셨을 리야 있소?"

하고 차근차근 말하였다.

"그럼 왜 왔어?"

"내 생각에는 아주머니가 형님께 말씀 한마디를 하려구 허위단심[74] 하구 삼사백 리 길을 오신 줄 아우."

---

74 일정한 목적지까지 가려고 허우적거리며 무척 애를 쓰다.

"무슨 말을 하러 왔단 말이야?"

"아주머니 속에 있는 말을 내가 짐작으루 말해 보리까? 형님이 서울서 얻은 기집들을 다 내버리구 우리와 같이 광복산으루 가잔 말 외에 다른 말이 없을 게요."

"버리라면 버리구 가자면 가구 내가 장[75]이 문문한[76] 모양일세."

"처분은 형님께 달렸지요."

이봉학이 말끝에 한온이가

"지금 선생님께서 내일 모레 양일간 떠나가시기루 작정하구 기십니다."

말참례하고 나섰다. 이봉학이는 한온이의 말을 듣고 백손 어머니에게

"아주머니, 조그만 참구 기셨더면 좋을 걸 공연히 오셨소."

하고 말한 뒤에 다시 꺽정이를 보고

"우리들두 하루 쉬어 가지구 가게 모레쯤 떠나시면 꼭 좋겠소."

하고 말하니 꺽정이가 볼멘소리로

"나는 내일 떠나겠네."

하고 대답하였다. 이봉학이가 한온이더러

"우리 아주머니는 내일 가시자면 승교바탕이라두 타셔야 할 텐데."

하고 말하여 한온이가

"그런 준비는 염려 마십시오."

하고 대답할 때 백손 어머니가 이봉학이를 바라보며

"나는 내일 안 가요."

말하고 고개까지 가로 흔들었다(7권: 276-285).

---

75 소화기의 한 부분. 여기서는 마음이나 생각, 마음가짐에 해당하는 속의 의미로 쓰였음.

76 무르고 부드럽다. 다루기 쉽게 호락호락하다.

꺽정이 성격의 이중성과 여성해방운동의 선구자 운총이

꺽정이가 서울에서 여러 부인을 얻어 생활한 것은 역사적 사실이다. 한온이 역시 서울서 청석골패의 장물아비 노릇을 했던 실존 인물이다. 서림이의 자백에 따르면 꺽정이는 함께 살던 서울 부인들이 감옥에 갇힌 것을 알고서 전옥서(典獄署)를 깨부수려는 구출 계획까지 세웠었다. 이에 비해 꺽정이와 운총이의 부부싸움 일화는 문학적 상상력의 산물이다. 홍명희가 꺽정이와 운총의 부부싸움 장면을 이토록 실감나게 그려낸 이유는 무엇일까? 조선의 극단적인 남존여비(男尊女卑) 사회질서에서 기인하는 축첩제와 가부장주의에 찌들대로 찌든 남성의 폭력성을 여과없이 드러냄으로써 꺽정이도 어쩔 수 없는 조선 남자의 하나였다는 점을 부각하려 했던 것으로 여겨진다.

꺽정이를 가정폭력을 일삼는 남성으로만 묘사했다면 꺽정이에게도 다소 억울한 측면이 있을 것이다. 꺽정이가 사경을 헤매던 팔삭동이 이복동생을 살갑게 보살피고, 아버지 돌이의 병구완을 살뜰히 도맡아 하고, 꺽정이 검술 스승이 죽여버리겠다고 하니 정신줄을 놓은 채 "고맙습니다"하고 꾸벅 절한 부평도호부 수교의 목숨을 살려주라 한 것을 보면 꺽정이는 분명 마음 한 구석이 따뜻한 사람이다.

꺽정이도 자신의 이중적 성격을 어느 정도는 알고 있었다. 꺽정이가 처남인 천왕동이 귀양길에 동행해서 제주에 왔을 때, 정의현감인 봉학이를 만나 천왕동이의 귀양이 풀리게 제주목사에게 주선해 줄 것을 부탁 한 적이 있었다. 그러나 그것이 쉬운 일이 아니라는 말을 봉학이에게 듣자, 꺽정이는 풀이 죽어서 다음과 같이 말한다.

"자네 힘으루 곧 풀어주지 못할 줄은 짐작 못한 건 아니지만 혹시를 바랐더니 틀렸네 그려."

"술잔 식소. 어서 술이나 잡수시우."

“천왕동이만 떼놓구 갈 일을 생각하니까 술맛이 다 없어지네.”

“형님이 꽤 심약해졌소그려.”

“속을 썩히며 한세상을 약약하게[77] 지내려니까 맘이 한편으룬 약해지구 한편으룬 독
해지데.”

“약해지면 약해지구 독해지면 독해지지 어떻게 한꺼번에 약해지구 독해지구 한단 말
이요.”

“글쎄, 내 맘이라두 나는 모르겠네”(5권: 391-392).

꺽정이 성격의 이중성을 홍명희만큼 잘 아는 사람도 드물다. 꺽정이의 성품
과 기질은 홍명희에 의해 만들어진 것이기 때문이다. 홍명희는 임꺽정의 성정
에 대해서 다음과 같이 말한다. ‘십팔반무예’에 대한 지식은 덤이다.

얼마 뒤에 이봉학이가 와서 마루에 올라가 기침하고 방으로 들어오는데 꺽정이는 가
만히 앉아 있고 서림이는 일어나서 꺽정이 앞에 자리를 사양하고 아래로 내려앉았다. 꺽
정이가 이봉학이를 바라보며

“내가 물어볼 것이 있어서 불렀네.”

하고 말하니

“무얼 물어보실 것이 있습니까?”

하고 이봉학이는 꺽정이의 눈치를 살피었다.

“십팔반무예가 무엇무엇인지 다아나?”

꺽정이의 묻는 말이 이봉학에게만 뜻밖일 뿐 아니라 서림이에게도 짐작 밖이었다. 대
체 꺽정이가 처지의 천한 것은 그의 선생 양주팔이나 그의 친구 서기(徐起)나 비슷 서로
같으나 양주팔이와 같은 도덕도 없고 서기와 같은 학문도 없는 까닭에 남의 천대와 멸

---

77   약약하다. 싫증이 나서 귀찮고 괴롭다.

시를 웃어버리지도 못하고 안심하고 받지도 못하여 성질만 부지중 괴상하여져서 서로 뒤쪽되는 성질이 많았다. 사람의 머리 베기를 무밑동 도리듯 하면서 거미줄에 걸린 나비를 차마 그대로 보지를 못하고 논밭에 선 곡식을 예사로 짓밟으면서 수채에 나가는 밥풀 한낱을 아끼고 반죽이 눅을 때는 홍제원 인절미 같기도 하고 조급증이 날 때는 가랑잎에 불붙은 것 같기도 하였다.

꺽정이가 서림이더러 십팔반무예를 물을 때 서림이가 못 알아들을 글 외듯 하는데 화가 나고 곧 조급증이 발작되어서 십팔반무예를 당장 알고 말려고 이봉학이를 불러다가 묻게 된 것이었다.

"십팔반무예는 왜 갑자기 물으십니까?"

"자네두 잘 모르나?"

"왜 몰라요."

"알거든 말해봐."

"칼이 한쪽 날 양쪽 날 두 가지요, 창이 여느[78] 창 삼모창 양지창 삼지창 네 가지요, 도채가 여느 도채[79] 긴자루도채 두 가지니 칼창 도채가 도합 여덟 가지요, 거기다가 활 쇠뇌 철편 철간(筒) 방패 작살 몽치 일곱 가지를 넣구 또 올가미 치는 법, 손질하는 법, 발길질하는 법 세가지를 넣으면 모두 여덟 가지 아닙니까. 그런데 작살과 올가미 치는 법과 발길질하는 법을 빼구 그 대신에 철퇴와 사슬낫과 총통이라구 불질하는 기계가 들기두 한답디다."

"인제 잘 알았네."

하고 꺽정이는 곧 서림이를 돌아보며

"서종사두 똑똑히 알았소?"

하고 껄껄 웃었다(7권: 23-24).

---

78 일반. 보통.

79 도끼.

꺽정이의 폭력성은 어느 정도는 사회구조적 문제에 기인한 것이기도 하다. 꺽정이는 백정의 자식으로 아이 적부터 창피를 보고 설움을 받은 것이 뼈에 맺힌 까닭에 천참만륙할 도둑놈이란 말은 오히려 웃고 들을 수는 있어도, 백정놈의 자식이란 말은 듣기만 하면 언제든지 온몸의 피가 일시에 끓어올랐었다(8권: 143). 꺽정이가 서울서 임선달로 행세하면서 기생방에 드나들 때, 자신이 누구인지 모르는 소흥이란 기생에게 정체를 밝히면서 이렇게 말했다.

"나는 함흥 고리백정의 손자구, 양주 소백정의 아들일세. 사십 평생에 멸시두 많이 받구, 천대두 많이 받았네. 만일 나를 불학무식하다구 멸시한다든지 상인해물한다구 천대한다면 글공부 안한 것이 내 잘못이구 악한 일 한 것이 내 잘못이니까 이왕 받은 것 보다 십배, 백배 더 받더래두 누굴 한가[80]하겠나. 그 대신 내 잘못만 고치면 멸시 천대를 안 받게 되겠지만 백정의 자식이라구 멸시 천대하는 건 죽어 모르기 전 안 받을 수 없을 것인데, 이것이 자식 점지하는 삼신할머니의 잘못이거나 그렇지 않으면 가문 하적[81]하는 세상 사람의 잘못이니까 내가 삼신할머니를 탓하고 세상 사람을 미워할 밖에. 세상 사람이 임금이 다 나보다 잘났다면 나를 멸시 천대하더래두 당연한 일루 여기구 받겠네. 그렇지만 내가 사십 평생에 임금으루 쳐다보이는 사람은 몇을 못 봤네. 내 속을 털어놓구 말하면 세상 사람이 모두 내 눈에 깔보이는데 깔보이는 사람들에게 멸시 천대를 받으니 어째 분하지 않겠나"(8권: 145-146).

백정에 대한 사회적 차별, 멸시와 천대에 기인한 꺽정이의 불같은 성격이 운총이에게 가한 폭력을 정당화할 수 없다. 우리가 보다 주목해야 할 점은 꺽정이의 폭력에 굴하지 않고 자기할 말 다하는 운총이의 당당한 모습이다. 홍명희는

---

80 원통한 생각을 갖는 것.

81 가문의 험을 잡아 욕하는 것.

봉단 엄마나 운총이를 등장시켜 자기 운명을 주체적으로 결단하는 진보적 여성상을 구현하고 있다. 이는 조선 사회가 찬미하던 여인상에서는 결코 찾아볼 수 없는 모습이다. 가족과 친구들 앞에서 찌질한 모습을 보인 꺽정이와 달리 운총이는 자신의 문제를 다른 사람에게 떠맡기지 않고 스스로 해결해나가는 강인하고 기백 있는 여성상을 드러낸다. 그런 점에서 운총이는 여성해방운동의 선구자다.

제5부   임꺽정 로드를 찾아서

꺽정이의 계양산 검술 선생 이야기

꺽정이에게는 여러 명의 스승이 있었다. 꼽자면 세 명 정도인데, 첫째는 꺽정이 평생 스승인 갖바치 양주팔이고, 둘째는 조선제일검이라 할 수 있는 부평 계양산 도적이다. 셋째는 꺽정이에게 말 타는 법을 가르쳐 준 칠장사 허담이라는 중이다. 꺽정이는 일찍이 김 아무개로만 알려진 계양산 도적에게 검법을 배웠다. 계양산 도적은 꺽정이에게 칼 쓰는 법만 가르친 게 아니라 칼쓰는 도리까지 가르쳤다. 개인적으로 벽초의 『임꺽정』에서 젤로 멋있고 닮고 싶은 인물이 바로 계양산 도적이다.

꺽정이의 검술 선생인 계양산 도적은 전업 도적이 아니라 평소에는 주막일을 보다가 인근 적당패거리가 자기들 힘으로 감당 못할 일이 생겨 도움을 청하면 해결사 노릇을 해주는 생계형 프리랜서 도적이다. 바람처럼 와서 구름처럼 살다 간, 요즘 말로 이 세상 가장 '힙(hip)'한 인물이자 진정한 자유인이 바로 꺽정이 검술 선생이다. 이 또한 홍명희가 꿈꾸던 또 다른 자아의 모습은 아니었을까?

검술 배우러 계양산을 찾은 꺽정이

꺽정이가 계양산 도적에게 칼 쓰는 법을 배우러 갈 때 10대 후반의 약관(弱冠)이었다. 당시 꺽정이는 생사를 오가던 팔삭동이 이복동생을 완구히 보살피고 있었다.

꺽정이는 동생 하나가 생겼다는 소식을 듣고 집으로 내려왔다. 갓난아이를 보고 동기가 귀엽다느니보다 인생이 불쌍하였다. 아버지는 고사하고 아이의 어머니까지 며칠 못 살고 죽을 것으로 셈을 치고 죽으라고 내버려 두다시피 하는 까닭에 더욱이 불쌍하였다. 꺽정이는 아이가 울면 젖을 먹이라고 재촉에 재촉을 더할 때가 많을 뿐 아니라 곰살궂지 못한 손으로 조심하여 샅깃[1]을 바꾸어 줄 때도 적지 아니하였다(2권: 185).

꺽정이는 아버지 심부름으로 어물가게에 들렀다. 거기서 검술 배운답시고 계양산을 찾았다가 부평 구슬원 인근에서 상투 베여 죽을 뻔한 손님 사연을 듣고 계양산을 직접 찾기로 결심한다. 꺽정이는 서울 북쪽을 가로지른 뒤 행주나루에서 한강을 건넌 다음 김포에서 남하하여 계양산 자락에 접어든다. 꺽정이는 나무가 빽빽이 들어선 무인지경의 숲속 길을 나와서 오리(五里)쯤 걷다가 외딴 주막 하나를 발견한다. 그곳에는 노인 하나가 맷방석을 틀고 앉았었다. 꺽정이는 그 노인이 일전 어물가게에서 들었던 손님 상투 벤 검객이라 추측하고 그 앞에서 힘자랑을 벌인다. 노인은 꺽정이가 하늘이 낸 장사임을 금새 알아채고 검술 가르쳐주기로 마음먹는다.

'이 숲이 그 손의 상투 잘린 곳이구나.'

하고 꺽정이는 생각하며 그 숲을 지나 나와 곧을 길로 한 오 리를 와서 본 즉 과연 외딴 주막이 하나 있다. 삼간 초가(草家)가 까치집 같이 엉성한데 넓지 못한 앞마당에 늙은이 하나가 맷방석을 틀고 앉았다.

'이 늙은이가 수상한 늙은이구나.'

하고 꺽정이가 속으로 생각하며 늙은이의 앞으로 나가서

"다리가 아프니 좀 쉬어 갑시다."

---

1   기저귀의 다른 이름,

하고 말을 붙이었다. 그 늙은이가 한번 흘긋 치어다보더니 고개를 돌이켜서 턱으로 봉당을 가리키며

"저기 앉아 쉬어 가게."

하고 손에 잡은 일거리를 놓지 않은 것이 일에 재미를 붙인 모양이다. 꺽정이가 봉당 위에 올라앉아서 늙은이의 뒷모양을 바라보며 생각하였다.

'머리에 검은 털 하나 없는 늙은이가 눈의 열기는 어찌 그리 매서울까. 이 늙은이가 확실히 수상하지.'

꺽정이가 늙은이와 말을 하고 싶으나 말거리가 없어서

"구슬원이 여기서 먼가요?"

하고 물어볼 것도 없는 말을 물었더니 늙은이는

"멀지 않아."

간단하게 대답하고 돌아다보지도 아니하였다. 꺽정이가

"물어볼 말씀이 있소."

하고 말을 붙이니 늙은이가

"무어?"

하고 돌아보는데

"검술 배우려고 왔다가 이 앞 숲속에서 상투만 잘리고 간 사람이 있소?"

"나는 몰라. 듣지도 못했어."

하고 늙은이는 일 방해하는 것이 재미없다는 듯이 현저히 불쾌한 내색으로 고개를 흔들고 손에 잡은 일을 계속하였다. 꺽정이가

'이 늙은이 보아라. 얼마나 재미있게 일을 하나 보자.'

하고 속으로 생각하며 봉당[2] 위에까지 뻗치어 올라온 맷방석[3] 날[4]을 두서넛 함께 집

---

2   안방과 건넌방 사이의 마루를 놓을 자리를 흙바닥 그대로 둔 곳.

3   매통이나 맷돌을 쓸 때 밑에 까는, 짚으로 만든 방석.

4   천, 돗자리, 짚신 따위를 짤 때 세로로 놓는 실, 노끈, 새끼 따위.

어 매듭을 지은 뒤에 봉당 중간에 선 기둥을 들어 매듭이 들어 갈만한 틈을 내고 그 매듭을 틈에 끼워놓았다. 늙은이가 맷방석 테[5]를 들어올리다가 뒤에 걸리는 것을 알고 아이가 손으로 붙잡았나 의심하고 돌아다보는데 꺽정이는 두 손으로 턱을 괴고 먼 산을 바라보고 있었다. 늙은이가 날을 잡아당기다가 기둥 밑에 끼인 것을 알았다.

늙은이가 일어나서 몸에 붙은 검부적을 떨고 봉당 위로 올라왔다. 한번 기웃이 기둥 밑을 들여다보고 다시 물끄러미 꺽정이를 바라다보았다. 아무리 초가집의 약한 기둥이라도 한 손으로 기둥을 들고 한 손으로 물건을 끼자면 여간 장사로는 되지 못할 일이니 아직 몇 살 되어 보이지 아니하는 아이가 이런 일을 할 수 있을까? 맷방석날이 저절로 기둥 밑에 돌아끼었을 리도 없고 대낮에 도깨비가 장난쳤을 리도 없고 본즉 아이의 짓인 것은 틀임이 없다. 늙은이는 한참 생각하고 섰다가 꺽정이 옆으로 와서 붙어앉으며

"이애?"

하고 부르니 이때껏 시침을 떼고 앉았던 꺽정이가

"네."

하고 대답하며 돌아보았다.

"너 어디 사니?"

"양주 사오."

"양주? 너의 아버지가 관푸주하니?"

"그렇소. 어떻게 아오?"

늙은이가 꺽정이의 어깨를 툭 치며

"참말 장사다. 내가 너의 장사란 말을 듣고 한번 보러 가려고 했더니 잘 만났다. 지금 어디 가는 길이냐?"

"어디 가는 길이 아니라 여기까지 왔소."

늙은이는 이 말을 듣고 빙그레 웃더니

---

5 어그러지거나 깨지지 아니하도록 그릇 따위의 몸을 둘러맨 줄.

"네가 상투 잘린 사람의 이야기를 듣고 상투 자른 사람을 찾아 온 모양이냐?"

"그렇소."

"그 사람은 찾아 무엇하니? 힘겨룸해 보려냐?"

"아니오. 그 사람에게 검술을 배워 보려고 왔소."

"다른 사람 같으며 알려줄 수 없지만 너니까 내가 일러주마. 내가 그 사람을 안다. 내게서 며칠만 묵으면 자연히 그 사람을 만나보게 될 것이다."

하고 늙은이는 연하여 싱글싱글 웃었다. 꺽정이 만난 것을 진정으로 반가워하는 모양이었다.

"이애, 맷방석날을 꺼내놓아라. 치워버리게."

꺽정이가 한번 웃고 나서 한 손으로 기둥을 들고 한 손으로 매듭을 잡아당겨 눌리었던 기둥 밑에서 떼어 놓았다. 보고 있던 늙은이는

"하늘이 내신 장사다."

하고 칭찬을 마지 아니하였다(2권: 187-190).

홍명희는 주막 노인네 사는 정경을 묘사하는데 요즘 말로 따지면 1인 가구 독거남이다. 노인이 생활을 꾸려가는 방식이나 사고방식이 하도 '힙'해서 요즘 살아도 손색이 없을 정도다. 꺽정이를 제자 삼기로 결심한 후 노인은 고기 반찬과 양식을 들여놓고 본격적으로 검술 수업에 돌입한다. 검술 선생은 꺽정이에게 칼 쓰는 법만 아니라 칼을 쓰는 도(道)에 대해서도 가르친다. 핵심인 즉 죄없는 목숨을 해치지 말고, 여색을 탐해 칼을 빼지 말고, 까닭없는 미움과 쓸데없는 객기로 칼을 쓰지 말라는 다짐이다.

그 늙은이는 홀아비의 혼자 살림으로 조그만 퉁노구에 밥이나 죽이나 끓여서 소금찬으로 먹고 지내는 터이었다. 길가던 사람이 혹시 날이 저물어서 자고 가게 되면 자기네 행중 양식을 자기네 손으로 끓여먹게 하는 데, 퉁노구를 빌리고 나무를 줄 뿐이지 막무

가내로 다른 청하는 것은 받지 아니하였다. 손이 양식을 가지지 아니하여 굶어 자게 된다고 쌀 한 보시기 떠주는 법이 없었다. 늙은이가 꺽정이를 귀엽게 여기어서 없던 법을 개시하여 자기 양식으로 대접하는데 장사라 양도 클 것이라고 퉁노구에 가득히 밥을 지어 많이 먹으라고 권하기까지 하였다. 저녁을 먹은 뒤에 늙은이가 꺽정이의 집 일도 물어보고 꺽정이의 공부도 물어보고 하는 중에 갖바치의 말이 나니

"내가 평산 박연중이에게서 갖바치의 말을 들은 일이 있다. 연중이란 사람은 입에 침이 없이 칭찬하더라."

하고 늙은이는 꺽정이더러

"너 그래 그에게 무얼 배웠니? 글 배웠니?"

하고 물으니 꺽정이가

"병서(兵書)를 배웠소. 내가 글을 못하니까 이야기로 배웠소."

하고 대답하였다.

"병서를 이야기로 배워? 그래 잘 알겠디?"

"대강이야 알지요."

"어려운 병서를 이야기로 가르치는 사람도 용하지만 이야기만 듣고 아는 너는 더욱 용하다."

하고 늙은이는 꺽정이를 칭찬하였다. 밤이 들어 바깥이 캄캄한데 늙은이가 꺽정이를 보고

"너 먼저 자거라. 내 어디 좀 다녀오마."

말하고 나가더니 보리밥 한 솥 짓기가 지나도록 돌아오지 아니하였다. 꺽정이가 잠이 혼곤히 들었다가 무슨 소리에 놀라 깨었다. 방문 앞에서 사람의 말소리가 난다. 늙은이의 쟁쟁한 소리와 다른 사나이의 무뚝뚝한 소리가 섞이어 들린다.

"내일 혼자 들여놓으시겠습니까?"

하고 묻는 것은 다른 사나이의 목소리요

"염려 말게."

하고 대답하는 것은 늙은이의 목소리다. 나중에 쨍쨍한 소리가

"수고했네, 잘 가게."

하고 인사하니 무뚝뚝한 소리가 대답한다. 그 대답이 끝난 뒤에 방문이 열리며 늙은이가 들어서니 꺽정이는 일어 앉았다.

"이때껏 자지 않았니?"

"아니오. 자다가 지금 깨었소."

"곤할 터인데 아니 되었다. 다시 자거라."

하고 늙은이는 꺽정이 옆에 와서 앉으며

"양식도 달리거니와 너를 맨밥 먹이기 답답해서 양식하고 반찬하고 얻어 왔다."

"내일 아침에 고기 반찬해서 한밥 잘 먹자. 첫닭이 울었다. 어서 자자."

하고 늙은이는 목침을 베고 눕기가 무섭게 코를 골기 시작하였다. 꺽정이가 속으로

'이 밤중에 어디 가서 얻어왔을까? 훔치어 온 것이 아닐까?'

하고 별생각을 다하다가 다시 잠이 들었다.

이튿날 이른 식전에 꺽정이가 일어나서 보니 늙은이는 먼저 일어났었다. 늙은이가 방에서 나오는 꺽정이를 보고

"이애, 저것을 윗방에 좀 들여놓아라."

하고 봉당에 놓인 멱대기[6]를 가리키니 꺽정이는

"그러지요."

하고 쉽사리 멱대기를 들여놓았다. 쌀 열말을 한 말 무게같이 드는 것을 보고 늙은이는

"이 담에는 쌀을 얻으러 갈 제 너하고 같이 가야겠다. 어젯밤에 짊어지고 오는 사람이 하도 낑낑대서 속이 터질 뻔했다."

하고 웃었다. 이 날 식전부터 꺽정이가 늙은이의 시중을 들기 시작하여 차차로 밥도 꺽정이가 짓고 집안도 꺽정이가 치우게 되었다. 그리하여 꺽정이가 늙은이의 귀여움을

---

6   짚으로 날을 촘촘히 결어서 만든 그릇의 하나. 주로 곡식을 담는 데 쓰인다.

받으며 며칠을 지내었다. 그 동안에 늙은이는 다른 이야기를 많이 하면서도 검술 이야기만은 입밖에도 내지 아니하였다. 꺽정이가 어느 날

"만나게 된다든 사람을 언제 만나겠습니까?"

하고 물으니 늙은이는

"참, 검술하는 사람을 만나게 해주마고 했지. 대체 검술은 배워 무엇하니?"

하고 말하는 것이 딴청을 부리는 것 같았다.

"그저 배워 두었으면 좋으려니 생각할 뿐이지, 무엇하려는 작정은 없소."

"작정 없이는 배울 수 없을라. 그 사람이 잘 가르쳐 주지 않을 걸."

"가르쳐 주거나 아니 가르쳐 주거나 사람을 만나보아야하지요."

"만나보기는 쉽다. 오늘 저녁에는 만나게 하마."

하고 늙은이는 꺽정이를 보고 빙글빙글 웃었다.

저녁밥이 끝난 뒤에 늙은이가

"검술하는 사람을 만나러 나가자."

하고 꺽정이를 데리고 집 뒤로 돌아와서

"여기 잠깐 섰거라."

하고 꺽정이를 뒷마당에 세워두고 다시 앞으로 나아갔다. 이때는 초생이라 반달이 서천에 걸리어 있었다. 희미한 달빛 아래 꺽정이가 한참 동안 이리저리 거니는데 홀저에 뒤에서 머리꽁지를 지근지근 잡아당기는 것이 있었다.

'이것이 무엇일까?'

하고 생각하며 한참을 가만히 내버려 두었다가 번개같이 돌쳐서서 손으로 꽉 잡으려고 하니 눈앞에서 어른하는 새까만 물건이 새같이 날아서 몇 간 밖으로 물러갔다.

'이것이 무엇인가?'

하고 바라보니 아래위에 검은 옷을 입고 머리에 검은 수건을 쓴 사람이 손에 막대를 잡고 섰다. 꺽정이가 앞으로 나가며 자세히 얼굴을 바라보니 그 사람이 다른 사람이 아니요, 곧 주인 늙은이다.

“내가 검술을 아는 사람이다.”

그 목소리는 평시같이 쨍쨍하지 아니하고 독 속에 울려나오는 것 같았다.

“내 생각에도 그런 듯합디다.”

하고 꺽정이가 가까이 가려고 한즉 늙은이는 뒤로 더 물러서며

“네가 나를 한번 붙들어 보아라.”

하고 말하여 꺽정이가 늙은이를 붙들려고 손을 벌리고 쫓아다니는 데 늙은이는 이리 피하고 저리 피하여 붙들릴 것 같으면 붙들리지 아니하였다. 꺽정이가

“못 붙들겠소.”

하고 우뚝 서니

“그것 보아라. 늙은 사람이 천하 장사에게 붙들리지 않는 것도 검술이다.”

하고 늙은이는 웃으며 막대를 내던지었다.

“인제 나를 붙들어 보시오.”

“너야 몇 걸음 안에 붙들지.”

“못 붙들면 어떻게 하실라오?”

“어떻게 하긴 무얼 어떻게 한단 말이냐?”

“못 붙들면 검술을 가르쳐 주실라오?”

“아따, 그래라. 그 대신 붙들리면 어떻게 하려느냐?”

“무엇이든지 말씀하면 말씀대로 하지요.”

“좋다. 그리 하자.”

“자, 붙드시오.”

하고 꺽정이가 달음질을 치기 시작하였는데 참말로 몇 걸음 나가기 전에 늙은이의 손이 등에 와서 닿았다. 꺽정이가 용을 써서 몸을 공중으로 솟치어 피하니

“어 장사다. 그렇지만 내 손에 붙들리고 말 것이니 보아라.”

하고 늙은이는 날아다니는 새와 같이 가볍게 몸을 놀리어서 꺽정이가 이리 피하면 이리 앞을 막고 저리 피하면 저리 앞을 막았다. 꺽정이가

'이렇게 몰리다가는 참말 붙들리겠다.'

하고 생각하며 뛰엄질을 시작하였다. 처음에는 넓이로 뛰어 앞을 막는 늙은이의 너머로 몇 간씩 뛰어나가다가 그래도 늙은이에게 몰리니까 나중에는 높이로 뛰었다. 힘껏 용을 써서 한번에 집을 뛰어넘었다. 늙은이가 지붕 위로 뛰어올라와서 앞마당에 섰는 꺽정이를 내려다보며

"장사라 할 수 없다. 못 붙들겠다."

하고 앞마당에 사뿐 내려서서 꺽정이의 손을 잡고

"내가 한 나이나 젊었을 때 같으면 너의 뛰엄질도 못 당할 내가 아니지만 인제는 늙었다."

하고 한숨을 내쉬었다.

"인제 내기는 어떻게 하실라오?"

"시행하지. 자, 고만 방으로 들어가자."

하고 늙은이가 꺽정이를 데리고 방으로 들어와서 옷을 바꾸어 입고 앉은 뒤에 꺽정이더러

"이리 와서 앉아라."

하고 말하여 앞에 가까이 앉히고서

"너에게 검술을 가르치기 전에 몇 가지 다짐을 받을 일이 있다."

하고 젊잖게 말하였다.

"검술하는 사람은 죄없는 목숨을 해치는 법이 없다. 네가 할 수 있겠느냐?"

"탐관오리(貪官汚吏) 같은 것도 죄없는 사람일까요?"

"죄없는 탐관오리가 어디 있을꼬?"

"그럼, 할 수 있지요."

"여색을 탐하여 칼을 빼는 법이 없으니 네가 할 수 있겠느냐?"

"할 수 있지요."

"검술하는 사람은 까닭없는 미움과 쓸데없는 객기로 칼을 쓰지 않는 법이니 네가 할 수 있겠느냐?"

"이 세상에는 미운 것들이 많은걸요."

"악한 것을 미워함은 곧 착한 일이라, 그 미움은 금하는 것이 아니로되 까닭없는 미움으로 인명을 살해함은 천벌(天罰)을 면치 못할 일이다."

"아무쪼록 천벌을 받지 않도록 하지요."

"네가 지금 말한 것이 장래에 틀림없을 것을 다짐둘 수 있겠느냐?"

"다짐둘 수 있지요."

이러한 문답이 있은 뒤에 늙은이는 꺽정이의 맹세를 받고 제자로 정할 것을 허락하였다(2권: 190-197).

칼끝에는 사정이 없으니 조심해라

꺽정이는 계양산 검술 선생에게 본격적으로 검술 지도를 받는다. 목검으로 대련하다가 지루해진 꺽정이는 진검으로 대련해 볼 것을 제안한다. 검술 선생은 이 제안을 허락하면서 꺽정이에게 '칼끝에는 사정이 없으니 조심하라'고 이른다. 검의 본질에 관해 이 말만큼 정확한 표현은 찾아보기 힘들 것이다. 홍명희는 인간과 사회, 사물의 본질에 관해 뛰어난 통찰력을 지녔다. 게다가 그것을 말로 표현하는 데는 천재였다. 본질을 꿰는 통찰력과 천재적 글재주는 거저 얻어질 수 없다. 사물에 대한 주도면밀한 관찰, 끊임없는 공부, 무엇보다 인간과 사회에 대한 너른 애정에 힘입은 것이다.

늙은이가 나무칼 두 자리를 만들어서 한 자루는 자기가 쥐고 또 한 자루는 꺽정이를 쥐이고 칼 쓰는 법을 가르치었다. 쥐는 법과 겨누는 법과 치는 법과 치르는 법과 그 외의 모든 법을 입으로 일러주고 손으로 바로잡아 주었다. 처음 얼마 동안은 낮에는 주막 늙은이 노릇을 하고 밤에만 검술 선생질을 하던 것이 제자의 수단이 나날이 달라가는 데 재미를 붙이어서 낮에라도 앞길에 행인이 그칠 때는 앞마당에 앉아서 삼태기를 겯거나 맷방석을 틀거나 하지 않고 뒷마당으로 들어와서 제자와 같이 나무칼을 잡게 되었다.

한 달 두 달 지나는 동안에 꺽정이가 검술 배우기 시작한 뒤 거연히 일 년 세월이 지나갔다. 그 동안에 꺽정이는 나무칼을 여러 번 새로 만들었다. 어느 날 밝은 밤에 선생 제자가 각각 나무칼을 들고 악 소리를 질러가며 치고받고 하다가 쉬는 동안에 꺽정이가 우연히 선생 늙은이에게

"참말 칼이면 재미가 더 있을걸요."

하고 말하였더니 늙은이가

"너만하면 참말 칼 가지고도 할 만하니 어디 한번 해보자."

하고 방으로 들어가서 깊이 간수하였던 환도 세 자루를 한꺼번에 꺼내 가지고 나왔다. 짧은 환도 한 자루는 젖혀 놓고 긴 환도 두 자루를 집을 벗기어서 꺽정이를 보이며

"둘 중에 어느 것이든지 너의 맘대로 골라잡아라."

하고 말하여 껑정이가 고른 뒤에 나머지를 자기가 쥐고 먼저 마당 중간에 나서서

"자, 이리 나오너라."

하고 껑정이를 불렀다.

"칼끝에는 사정이 없으니 조심해라."

"염려 마셔요."

두 칼이 어울리기 시작하였다. 치는 칼에 막는 칼이 날에서 불을 내고 들어가는 칼에 쫓아오는 칼이 슴베[7]에서 소리를 냈다. 얼마 동안 두 칼이 왔다갔다 하며 또 어울렸다 풀렸다 하다가 그 사이에서

"이 애, 고만 쉬자."

하고 늙은이의 말이 떨어지며 선생 제자가 서로 갈라서서 이마의 땀을 씻었다. 땀이 든 뒤에 늙은이가

"내 한번 칼춤을 추어 보랴?"

하고 짧은 환도를 빼어들고 마당에 나서서 전후좌우로 칼을 놀리는데 서리같은 칼 빛이 백비단 같은 남빛과 서로 얼리어서 흰빛으로 사람을 휩쌌다. 번쩍거리는 흰빛덩이 가 이리저리 굴러 다니었다.

껑정이가 보다가 신명이 나서

"선생님, 나도 한번 해봅시다."

하고 소리를 치니 선생 늙은이가 흰빛을 거두고 나서며

"너는 긴 칼을 가지고 한번 추어 보려무나."

하고 말하여 껑정이가 긴 칼을 들고 나서서 춤을 추었다. 칼이 길뿐이 아니라 손이 선 생같이 재게 놀지 못하여 흰빛이 연하지 못하고 토막토막 떨어져서 중간에 선 사람을 감 추지 못하였다.

"이애, 신신치 않다. 고만두고 이리 오너라."

---

7 칼, 괭이, 호미 따위의 자루 속에 들어박히는 뾰족하고 긴 부분.

하고 늙은이가 꺽정이를 불러다 옆에 앉히고 손에 쥐었던 짧은 칼을 보이며

"이 칼은 내가 목숨같이 아끼는 칼이다. 이십칠팔 년 전 난리에 내가 출전하였다가 진중에서 얻은 것이다. 너 오기 전에는 내가 울적하면 이 칼을 가지고 지금같이 칼춤이나 한번씩 추어야 속이 시원하던 것인데, 너 온 뒤로는 너 가르치는 데 재미를 붙여서 칼 춤 한번 추지 않고 지내왔다."

말하고 칼날을 집에 꽂으려고 하니 꺽정이가

"어디 한번 써봅시다."

하고 청하였다. 늙은이가

"무엇에다 써볼까?"

하고 한참 생각하더니 짚단을 집어오라고 말하여 꺽정이가 집어온 뒤에 짚 한 묶음을 아래위를 묶어서 세우고

"중간을 한번 베어 보아라."

하고 꺽정이에게 칼을 주니 꺽정이가 받아들고 몇 걸음 밖에서 뛰어들어오며 한번 가로 쳤다. 짚 묶음은 칼을 맞지 않은 것과 같이 그대로 서 있었다. 선생 늙은이가 이것을 보고 빙그레 웃으며 짚 묶음 앞에 와서 발길로 툭 차니 아래 위 묶는 것이 두 동강이 되어 땅에 쓰러졌다.

"칼도 잘 먹지만 칼질도 제법이다."

하고 칭찬할 제

"무엇이 제법이오?"

하고 말끝을 채며 마당 한구석에 들어서는 사람이 있었다. 늙은이가

"그게 누구냐?"

하고 호령기 있게 물으며 그 사람을 바라보더니

"나는 누구라고. 자네 웬일인가?"

하고 일어서서 마주 나가다가 돌쳐서서

"꺽정아, 칼들을 가지고 먼저 방으로 들어가거라."

하고 말하여 꺽정이가 방에 들어와서 한참 된 뒤에 늙은이가 혼자 들어오더니 분분히 검은 옷을 찾아내서 짧은 칼과 같이 싸서 손에 들고 꺽정이더러

"내가 어디를 좀 갔다 올 터이니 집을 잘 지키고 있거라. 늦어도 사오 일 안에 돌아오마."

하고 총총히 나가는데 꺽정이는 '웬 사람이 무슨 일에 선생을 청해 가나' 하고 의심하며

"안녕히 다녀오시오."

하고 인사하였다.

사오 일 된 다음 늙은이가 과연 닷새 만에 돌아왔다. 그 동안 어디 갔다온 것은 늙은이가 말하지도 아니하고 꺽정이가 묻지도 아니하였다. 그 뒤 어느 날 밤에 비가 주룩주룩 내리어서 꺽정이가 거의 밤마다 나가는 뒷마당에를 나가지 못하고 방안에서 늙은이와 마주 앉았는데, 늙은이가 옛이야기를 하나 들려준다고 말하고 자기의 내력을 이야기하였다(2권: 197-200).

꺽정이 검술 선생 이력

꺽정이 검술 선생은 군인이었다. 삼포왜변(三浦倭變)에 참전했다가 공을 세울 욕심으로 방어에 집중하라는 군령을 어기고 적진 속에 들어가 왜적을 제압했지만 군령 어긴 죄로 사형을 면치 못했다. 마침 그때 산 위의 적진이 깨어지며 무수한 적병이 개미떼같이 헤어져 바닷가로 도망하니 이것을 뒤쫓기가 급하여 영을 미처 시행할 사이가 없었다. 그는 이 틈을 타서 도망하여 어느 촌가로 들어가서 군복(軍服)을 벗어던지고 전전걸식(轉轉乞食)하다가 평산 땅에서 인품 좋은 주인을 만나 머슴노릇을 하며 숨어 지냈다. 그러던 중 영의정 남곤을 죽이려다가 실패하고 평산에 숨어들어 살던 박연중이와 이웃하여 형제처럼 지냈다. 박연중이는 기묘사화에 연루되어 유배지에서 자결한 김식 집안 유모 아들로 김식 가문 내 대소사를 도맡아 했었다. 박연중이가 남곤을 죽이려했던 것은 영의정 남곤이 기묘사화의 주역이었기 때문이며 억울하게 죽은 주인의 원한을 갚기 위

함이었다.

그렇게 지내던 중 박연중이가 영의정을 죽이려 했다는 사실이 발각되어 평산부사가 박연중이를 옥에 가두고 서울로의 압송을 준비했다. 꺽정이 검술 선생은 형제같이 친하던 사람이 죽을 땅에 들어간 것을 불쌍히 여겼다. 그래서 칼 하나를 몸에 지니고 밤중에 옥사장이를 찾아가 칼로 위협하여 옥문을 열고 박연중이를 구출해서 함께 도망쳤다.

두 사람이 갈 곳을 정하지 못한 채 이 산 저 산 숨어 지내다가 해주 운달산(雲達山) 근처에서 모르고 적굴에 들어간 것이 연분이 되어 박연중이와 운달산에서 일이 년 간 함께 지냈다. 그 뒤에 그는 운달산 도적 두목자리를 박연중이에게 물려주고 세상에 나와서 얼마동안을 떠돌아다니다가 부평 계양산(桂陽山) 적굴에서 다시 화적의 괴수 노릇을 했던 것이다. 하지만 꺽정이 검술 선생은 천생 자유인이라 화적 일을 내켜하지 않았다.

> 화적 노릇하기가 종시 맘에 불쾌하여 늙은 것을 핑계하고 적굴에서 나와서 주막 늙은이 노릇한 것이 육십이 지난 뒤의 일이라 인제 오륙 년밖에 되지 아니하였다. 그러나 그 전 연분이 있어서 운달산 사람과 계양산 사람이 연신[8]은 그치지 아니하는데, 꺽정이가 처음 오던 밤에 쌀·고기를 보내줄 뿐이 아니라 그 뒤로 양식을 대다시피 하는 것이 계양산 사람이다. 일전에 계양산에 급한 일이 있어서 늙은이에게 청병을 오니까 늙은이는 모른 체할 수 없어 잠시 갔다온 것이었다(2권: 202).

부평도호부사를 혼내준 꺽정이와 꺽정이 검술 선생

꺽정이가 검술 공부에 매진하는 가운데 소동이 생겼다. 그동안 잠잠하게 지내던 부평부사가 갑자기 계양산 화적을 소탕하겠다고 나선 것이다. 그도 그럴

---

8   소식이 끊이지 아니함. 또는 그 소식.

것이 부평도호부는 계양산과 너무 가까이에 있었기 때문이다. 홍명희는 "계양산은 부평읍내서 엎드러지면 코가 닿을 만큼 가까운 곳에 있는 읍의 진산(鎭山)이니 이 산 안에 명화적(明火賊)이 당을 짓고 있는 것은 말하자면 명화적이 부평부사와 이웃하여 지내는 셈"(2권: 203)이라고 썼다. 부평도호부는 현재 인천부평초등학교 자리로 지금도 흔적이 남아있다.

부평부사는 계양산 명월사에 가보려 하다가 그곳 근처에 화적이 출몰하여 위험하니 만일사에 오르는 게 어떠냐는 이방의 조언을 듣고 명월사 방문을 접었다가 분함을 이기지 못해 계양산 화적 토벌을 명령한다. 부평 도호부 소속 장교와 군노들이 부사의 명이라 칼과 활 등 병기를 갖추고 마지못해 계양산 화적의 소굴을 찾았지만 꺽정이와 꺽정이 검술 선생에게 혼쭐 난 채 '걸음아 나 살려라' 도망치기에 급급했다. 부평도호부 소속 관병들은 부평 향토지리 관련 서적에 오래 전에 화적이 출몰했다고 알려져 온 계양산 징매이고개 근처에서 꺽정이와 꺽정이 검술 선생에게 당했을 것으로 추정된다.

도호부사(都護府使)로 진무영장(鎭撫營將)을 겸한 부평부사가 비위를 눅게 가지어 이웃 대접을 예(禮)에 맞도록 하여야망정이지 혹시 성깔을 부리어 큰 소리를 지를 양이면 계양산에서 울려나가는 소리가 동헌 대들보를 흔들었다. 그때 부평부사가 나이 젊은 탓으로 동헌에 들어앉았기가 갑갑하여 고려 이상국(高麗 李相國)의 놀던 자취를 찾아 계양산 명월사(明月寺)에를 올라가려고 하니 이방(吏房)이 부사 앞에 나아가서

"계양에는 만일사(萬日寺)가 좋다 하옵니다. 안전께옵서 행차합시기도 편하옵고 바다 경치를 내다봅시기도 좋사옵고 또 절도 명월보다 훨씬 낫습니다. 명월사는 높이 있다뿐이옵지 산이 가리어 바다도 잘 보이지 아니하옵니다.."

하고 명월을 흠잡아 말하였으나 부사는 공연한 고집으로

"구경은 가는 길이 좀 어려워야 좋으니라."

하고 명월에 가려는 것을 변하지 아니하니 이방이 기어코 말릴 생각으로

“말씀을 아뢰옵기도 황송하오나 명월은 화적당의 출입이 잦은 곳이라 불의의 봉변을 하옵실까 두렵소이다.”

하고 말하였다. 부사가 화적에게 봉변할 것을 헤아리지 않고 명월에 올라가도록 구경에 팔리지 아니하여 구경 가려는 것을 중지하니 이방은 속으로

‘그러면 그렇지, 내 말에 고집을 세울 수가 있으랴.’

하고 생각하였다. 부사가 구경 못 가서 흥심이 꺾인 까닭으로 분이 나서 좌우 병방을 불러들이어

“계양산 안에 명화적의 소굴(巢窟)이 있다는구나? 이것을 모른 체하고 내버려두는 것은 관가에 수치가 될 뿐이 아니라 죄없는 백성에게 큰 해를 끼치는 것이니 너희들이 장교(將校)와 건장한 군노를 데리고 나가서 그 소굴을 찾아 괴수를 잡도록 하여라.”

하고 분부하니 병방들이 속으로는

‘이 양반이 화적의 소굴이 있는 것을 인제 알았나?’

‘장교 군노 따위를 데리고 화적의 괴수를 잡으니 하늘의 별을 따기가 쉬울 걸.’

하고 생각들 하면서도 녜녜 대답하고 물러나왔었다. 장교들이 칼을 차고 군노들이 활을 메기 전에 소문이 벌써 계양산 사람의 귀에 들어갔다. 병방들이 도망질치기 쉬운 대낮에 군노들을 앞세우고 적굴로 들어올 제, 적굴이 멀지 아니한 곳에서 화적 두 사람이 마주 나오는 것을 보았다. 그 두 사람은 다같이 몸에 가뜬한 검은 옷을 입고 머리에 긴 검은 수건을 두르고 손에 긴 칼을 들었는데, 한 사람은 얼굴을 다 내놓고 다른 한 사람은 머리에 두르다 남은 수건으로 얼굴을 싸고 눈만 내놓았었다. 얼굴을 내놓은 사람이

“이 놈들 뒤어지고 싶거든 각기 제 손으로 목을 따 뒤어지지, 남의 칼을 더럽힐 생각마라.”

하고 호통을 질러서 앞을 선 군노가 발을 멈추고 뒤를 돌아보니 병방 한 사람이

“더 나가지 말고 여기서 활을 쏘아라.”

하고 영을 내리었다. 방패도 아니 가진 검은옷 두 사람에게 대고 여럿이 활을 쏘니 한 살이라도 맞을 듯하건마는 한 사람은 옆에 있는 나무 뒤로 숨어서 살이 맞지 않고 다른

한 사람은 숨지도 아니하고 가까이 가는 살을 칼끝으로 받아 떨어뜨리어 이편에서 화살만 허비하게 되었다. 활질이 끝나자마자 얼굴 내놓은 검은옷이

"이놈들 활 잘 쏜다. 인제 우리 칼맛 좀 보아라."

하고 호통치는데 병방 두 사람부터

"이애들, 이거 아니 되겠다."

하고 뒤를 빼기 시작하니 장교나 군노는 말할 것도 없다. 병방 이하 삼사십 명 사람이 일제히 뒷걸음을 치기 시작하였다. 얼굴 가린 검은옷이 나는 새같이 쫓아내려오니 뒷걸음을 앞걸음으로 돌이켜 가지고 도망질들을 하는데 삼사 명 사람의 머리 위에 칼빛이 번쩍번쩍하였다. 병방들이 멀리 도망하여 나온 뒤에 간신히 정신을 진정하여 사람의 수효를 점고하니 다행히 죽거나 상한 사람은 한 사람도 없으나, 머리에 들쓴 벙거지가 모두 꼭지가 없어졌다. 이것이 검은옷의 칼에 떨어진 것을 알고 간들이 서늘하였다. 병방 이하 여러 사람이 관가에 들어와서 접전 전말을 아뢰고 꼭지 없는 벙거지를 바치니 부사가 얼굴빛이 새파랗게 질리며

"부평부사는 고만 하직이다."

하고 혼잣말하였다(2권: 203-205) .

부평부사는 꺽정이와 꺽정이 검술선생에게 크게 당한 후로 적당 소탕을 대놓고는 못했지만 암중모색하며 복수 갚을 일을 다짐했었다. 그러던 차에 계양산 화적과 꺽정이 검술 선생 사이를 오가며 잔심부름 하던 농부 하나를 잡아들여 화적의 동류(同類)로 취급하여 매로 다스리던 중 주막 늙은이 행세를 하며 화적 일을 돕던 꺽정이 검술 선생의 정체가 탄로 난다. 부평부사는 일전 자신이 보낸 토벌군을 망신 준 당자가 주막 늙은이 임을 알아내고 부하들을 보내어 체포해 올 것을 명령한다. 부평부사가 수하 군졸을 보내 자신들을 잡아들이려 한다는 정보를 계양산 화적에게서 미리 듣고서 꺽정이와 꺽정이 검술선생은 도망치기는커녕 관군을 혼내주기로 작정한다.

이때 외딴 주막에는 앞마당에서 늙은이가 맷방석의 휘갑[9]을 치고 뒷마당에서 꺽정이가 나무칼로 칼춤을 추고 있었다. 늙은이의 일이 끝난 뒤에 해가 거의 저녁때가 다 되어서 늙은이가 꺽정이를 데리고 저녁밥을 짓는 중에 얼굴 험상스러운 사람이 하나 찾아왔다. 늙은이가 이 사람이 오는 것을 보자

"자네 왜 왔나?"

하고 몰풍스럽게 물으니 그 사람은 가쁜 숨을 돌려 가지고

"빨리 다녀오라는 말씀이 있어서 숨이 턱에 닿게 줄달음을 쳐왔습니다."

하고 휘황스럽게 대답하였다.

"무슨 급한 일이 있다냐?"

"녜."

하고 그 사람이 꺽정이 듣는 것을 꺼리는 눈치로 말하기를 주저하니

"염려 말고 아무 말이라도 하게."

하고 늙은이가 말을 재촉하였다.

"벙거지 꼭지 도리신 것이 탄로(綻露)가 났답니다. 그래 오늘 밤 중에 장교 군노 이십 명이 이리 나온답니다. 아까 이방에게서 급한 기별이 왔겠지요."

하고 한번 싱긋 웃고 다시 말을 이어

"그래 대장께서 주막은 치우시고 곧 오시라고 말씀합디다."

하고 말하니 늙은이가 꺽정이를 가리키며

"저애하고 나하고 둘이 있으면 이십 명은 고사하고 이백 명이 온데도 겁이 없네."

하고 빙그레 웃고 다시

"인제 여기 주막은 지니고 있지 못할 모양이니까 오늘 밤으로 치워버리고 갈 터일세. 자네 먼저 가서 말씀하게."

하고 말하여 곧 그 사람을 돌려보냈다. 꺽정이가

---

9 마름질한 옷감이나 맷방석, 돗자리의 가장자리가 풀리지 아니하도록 꿰매는 일.

"그 사람이 계양산에서 왔나요?"

하고 물으니 늙은이가 고개를 끄덕이고

"얼른 저녁을 먹어치우자."

하고 밥을 퍼가지고 방으로 들어왔다. 선생 제자 두 사람이 마주앉아 밥을 먹으며 선생 늙은이가 먼저 말하였다.

"일 년 넘어 같이 지내다가 섭섭하지만 인제는 작별할 수밖에 없다."

"계양산에 가서 길래 계실 터인가요?"

"가서 보아야 알겠지만 아마 평산 박연중이게로 갈까 보다."

"계양산까지 뫼시고 갔다가 나는 서울로 가지요."

"그럴 것 없다. 너는 그런 데 발을 들여놓을 것이 없다. 저녁 먹은 뒤에 너 먼저 떠나가거라. 나중에 나는 집을 불질러 버리고 계양으로 갈 터이다."

"장교들 나오는 것을 보고 가시지요."

"글쎄, 혼들을 좀 내보낼까?"

"나도 구경하고 가겠어요."

선생 늙은이가 꺽정이를 보고

"칼을 좀 써보고 싶으냐?"

하고 빙그레 웃었다.

저녁밥이 끝난 뒤에 늙은이는 요긴하고 가벼운 물건만을 수습하여 조그맣게 짐을 쌌다. 짧은 환도, 긴 환도 두 자루는 싸지 않고 내어놓았는데 늙은이가 짧은 환도의 날을 뽑아들고 처음으로 보는 것같이 위아래를 치보고 내리보고 하다가 날을 누이어 꺽정이를 보이며

"철색(鐵色)을 보아라. 철중쟁쟁(鐵中錚錚)이라니 이런 것이 쟁쟁한 철이다. 그리하고 칼끝을 보아라. 명공(名工)의 비범한 솜씨가 아니면 저와 같이 쏙 빠지게 될 수 없는 법이다. 내가 제포 진중에서 얻은 뒤로 삼십 년이 가까웠으나 날카롭게 드는 맛에는 언제든지 새삼스럽게 반하지 아니할 수 없다."

하고 칼 칭찬이 굉장하였다.

껍정이는 써보지 못한 칼이라 드는 맛도 모르거니와 칼 보는 묘리에 서툴러서 칼끝을 보고 명공의 솜씨인지 용공(庸工)[10]의 솜씨인지 분간할 줄을 모르는 까닭에 다만 서리 같은 칼날의 쇠 좋은 것만 들여다보다가 어구(魚口)[11] 가까이 글자 박힌 것을 보았다.

"무슨 글자가 박혔습니다."

"긴 장자, 빛 광자 장광(長光)이란 글자다. 아마 이 칼을 치어낸 왜인의 이름인가 보더라."

하고 늙은이는 날을 집에 꽂아 어루만지며

"그래서 내가 이 칼 이름을 장광도(長光刀)라고 지었다. 이것을 정표로 너에게 줄 터이니 나로 여겨 두고 보고 쓰게 될 때는 처음 맹세를 어기지 마라."

하고 칼을 들어 껍정이를 주는데 선선히 주는 늙은이는 칼을 임자찾아 전하는 것같이 생각하나 오히려 얼굴에 슬픈 빛이 나타나고 공손히 받는 껍정이는 선생이 목숨같이 아끼는 것을 주거니 생각하여 자연히 눈에 눈물이 고이었다.

그날 밤, 닭 울 때에 수교(首校) 한 명이 장교와 군노 이십 명을 영솔하고 나와서 외딴 주막을 들이쳤다. 앞잡이가 방문을 열고 보니 방안이 비었었다.

"벌써 어느 틈에 김이 새었군. 감쪽같이 도망한 모양인데."

하고 앞잡이가 돌아섰다. 검술하는 늙은이가 도망한 줄 알고 비로소 맘을 놓고 이십 명이 앞뒤로 갈려서 건정으로 수색하는 중에 별안간에 어디서

"이놈들, 맘대로 남의 집을 된장질[12] 하느냐?"

하고 호령하는 소리가 나며 검은옷 입은 사람이 손에 긴 칼을 쥐고 앞마당에 나타났다.

"여기 있다."

---

10   재주나 기술이 변변치 못한 장인(匠人).

11   칼 어귀. 칼자루와 칼이 접하는 첫머리.

12   사람이나 짐승, 물건 따위를 뒤져내는 짓.

하고 수교가 소리를 질렀다.

“지금 소리지른 놈이 누구냐? 내 칼 받아라.”

하고 검은 옷이 나는 듯이 달려들어 칼등으로 어깨를 내리치니 수교는

“아이쿠머니!”

하고 근두박질을 쳐서 어느 구석으로 들어갔다. 검은옷의 칼이 여기서 번쩍, 저기서 번쩍 하며 여기서도 아이쿠 소리요, 저기서도 아이쿠 소리다. 창잡이는 대중없이 창을 내지르고 칼잡이는 정신없이 칼을 휘두르다가 번쩍번쩍하는 칼빛이 눈앞에 닥치면 아이쿠 아이쿠 하고 머리들을 싸쥐었다. 앞마당에 있던 사람이 이와 같이 우박을 맞을 때 뒷마당에 돌아갔던 사람은 벼락을 맞았다. 아이쿠 소리도 변변히 못 지르고 이 구석에 엎드러지고 저 구석에 자빠졌다. 앞마당에서는 과히 상한 사람이 없었지만 뒷마당에는 어깨 떨어지고 이마 쪼개진 사람이 많았다. 앞뒤 마당에 화톳불이 밝아졌다. 상한 사람들까지도 목숨 붙은 것만 다행으로 여기며 간신히 서로 붙들고 도망하였는데, 부엌 구석에 쌓아놓은 잎나무 더미 속에 한 사람이 남아 있었다. 매에 쫓긴 꿩과 같이 머리만 처박고 있었다. 이것이 검은옷에게 들키어서

“나무더미 속에 있는 놈, 이리 나오너라!”

하는 호령을 듣고 벌벌 떨며 기어나와서 검은옷 앞에 꿇어 엎드렸다.

“수교놈이구나. 다른 놈들은 목숨을 붙이어 보냈지만 네 목만은 용서치 않겠다.”

얼이 빠지다시피 된 수교가 용서한다는 말로 잘못 듣고

“감지덕지하외다.”

하고 고개를 정신없이 구부리니 환도날에 묻은 피를 불에 비춰가며 씻던 아이가 검은옷 앞으로 나서며

“선생님, 죽인다는데 감사하다는 놈 죽여 무엇하시오. 쫓아버립시다.”

하고 말하였다. 검은옷이 고개를 끄덕이며 아이가 쫓아와서 엎드려 있는 사람을 두 손으로 끌어안으려는 것같이 일으키어 서너 간 밖에 가서 떨어지도록 동댕이쳤다. 수교는 다행히 죽거나 병신이 되거나 하지 않느라고 풀이 무성한 풀밭에 떨어져서 한동안 기

절(氣絶)하였을 뿐이었다. 수교가 정신이 들었을 때 눈앞이 대낮같이 환하였다.

"날이 밝았나?"

하고 의심할 사이도 없이 눈에 불빛이 비치고 코에 내[13]가 맡아졌다. 외딴 주막 삼간 집이 한참 타는 중이었다. 수교가 멀찍이 기어나와서 길가에 누워 밤을 지내고 이튿날 아침에 찾아나온 관속들과 같이 불탄 자리만 돌아보고 들어갔다(2권: 207-211).

안무가 잘 짜여 진 한 편의 춤판과도 같다. 꺽정이와 꺽정이 검술 선생은 이 일 이후 작별하여 꺽정이는 서울로 돌아오고 검술 선생은 계양산에 잠시 머물 다 운달산 박연중이에게로 가서 생을 마감한다. 꺽정이와 검술 선생은 살면서 한 차례 더 해후했다. 사제 간 정이 도타웠고 꺽정이 역시 검술 선생을 평생 존 경하며 그 은덕을 잊지 않았다.

꺽정이가 계양산 스승에게 하사받은 칼이 '장광(長光)'이라는 이름의 일본도 였다면, 헤이안 시대(平安時代)를 배경으로 쓰여진 구로사와 아키라 감독의 명 작 '라쇼몬(羅生門)'에는 산적 다조마루로 분한 미후네 토시로(三船敏郎)가 고려 검(高麗劒, こまのつるぎ)을 메고 등장한다. 구로사와 감독은 어째서 고려검을 등 장시켰을까? 그 이유에 대해서는 자세히 밝혀진 바 없다. 다만, 외날의 일본도 와 양날의 고려검이 대결하는 영화 장면은 대단히 이질적으로 느껴지는 낯선 풍경임에 틀림없다.[14] 조선과 일본이 칼 두 자루로 교류한 셈이다.

검객의 무용담은 동서 가리지 않고 대중들의 흥미를 자아낸다. 대표적으로 이도류(二刀流)를 창시한 일본의 전설적 검객 미야모토 무사시(宮本武蔵), 『쾌걸 조로(The Mark Of Zorro)』, 『스카라무슈(Scaramouche)』 등을 꼽을 수 있다. 이 가

13　무언가 태울 때 발생하는 부옇고 매운 기운.

14　영화 '라쇼몬'의 저본이 된 아쿠타가와 류노스케(芥川龍之介)의 단편소설 '덤불속(藪の中)'에 는 '고려검'이라고 명시적으로 나와 있지 않다.

운데『임꺽정』과 비슷한 서사를 갖는 소설이『스카라무슈』다.『스카라무슈』는 프랑스 혁명기에 앙드레 루이라는 평민계급 출신의 청년 변호사가 유랑극단 광대인 스카라무슈, 검객, 혁명가 등으로 변신하며 악랄한 귀족과의 결투에서 목숨을 잃은 친구의 복수를 갚기 위하여 겪게 되는 파란만장한 인생편력을 다루고 있다.

『스카라무슈』,『쾌걸 조로』는 통속 활극으로 문학적 가치는 거의 없다. 검의 도리와 칼의 이치에 대해 깨우치고 있는 소설은『임꺽정』이 유일하다. 검술을 소재로 박진감 있게 풀어가는 유려한 글솜씨에 더해 해학과 재미, 게다가 인생의 배움에 관한한『임꺽정』을 당할 이야기는 동서고금에 없다고 자신한다.

계양산과 허암 정희량에 얽힌 이야기

꺽정이가 계양산 도적에게 검술 배운 일화는 그 어떤 역사적 사실에 기반하지 않은 채 홍명희가 지어낸 허구적 이야기다. 그렇다면 어째서 홍명희는 하고 많은 장소 가운데 꺽정이 검술 배운 곳을 계양산 자락의 구슬원 근처로 정했을까? 추정하건대 허암 정희량에 존경심을 표하기 위해, 오마주(hommage)하기 위해 구슬원과 계양산을 택한 것으로 여겨진다.

꺽정이는 검술 선생을 만나러 양주서 출발하여 송추, 고양을 지나 행주나루를 건너 김포 땅에 접어든다. 그리고 김포에서 남하하여 빽빽한 숲길에 접어들어 곧을 길로 5리 정도 걸어서 검술 선생이 살고 있던 주막집에 도착했다. 꺽정이 검술 선생이 살던 주막은 귤현역과 계양역 사이에 있었다. 구슬원은 그곳에서 검암역 방향으로 조금 더 가서 위치했을 것으로 여겨진다. 지금은 흔적조차 사라져 정확한 위치를 비정할 수 없지만,『신증동국여지승람』에는 구슬원이 부평도호부 북쪽 10리쯤 있었다고 나오기 때문이다. 부평도호부 터는 현재 인천 부평초등학교 자리며, 이곳에서 북쪽으로 10리는 다남체육공원 근방으로 추정된다.

홍명희가 구슬원과 계양산을 『임꺽정』의 주요 장소 가운데 하나로 등장시킨 이유는 계양산 인근 험봉산 자락에 허암 정희량이 숨어살던 유허지가 남아 있었기 때문이다. 홍명희가 『임꺽정』에서 양반 계급 출신으로 일관되게 존경의 마음을 드러낸 사람은 정희량(1469-?)과 이윤경(1498-1562)이 유일하다. 『임꺽정』 초반부에 이장곤에게 '주위상책 북방길'이라는 계책을 써주어 유배지 탈출을 도왔고 후일에는 세상과 등진 후 이천년으로 개명하여 묘향산에서 도를 닦다가 묘향을 찾아온 갓바치 양주팔의 평생 스승이 된 사람이 바로 정희량이다.

허암 정희량은 학문적 재능과 뛰어난 식견을 지닌 인물이었다. 하지만 시대를 잘못 타고나 비운(悲運)의 삶을 살았다. 정희량은 성종 23년(1492년), 장원 급제해 생원이 됐고 연산 즉위년(1494년)에 별시문과에 병과로 급제해 예문관 대교에 올랐다. 일찍이 사림의 종장(宗匠) 김종직은 정희량의 총명함을 칭찬하여 "너는 사유하는 깊이가 바다처럼 깊고 넓구나. 그게 나라 일에 이롭게 쓰여야 한다"고 말했다. 정희량은 연산군 5년(1498년), 예문관 봉교(藝文館奉敎) 자격으로 『성종실록』 편찬에도 참여했지만 그의 인생 대부분이 폭군 연산주 대와 함께 했다는 점에서 정희량의 불행은 예고된 것이나 다름없었다.

정희량은 서슬 퍼렇던 연산군에게 "신자가 나라를 근심하고 임금을 사랑하는 마음인즉 조금도 다르지 않으므로 삼가 일을 조목별로 들어 올리오니, 한가한 틈에 보아 주시기를 원합니다"로 시작되는 열 가지 임금의 덕에 대한 상소문을 올린 것으로도 유명하다. 그 내용인즉 첫째, 임금의 마음을 바르게 할 것, 둘째, 경연(經筵)을 부지런히 할 것, 셋째, 간쟁(諫諍)을 받아들일 것, 넷째 현(賢)과 사(邪)를 분별할 것, 다섯째, 대신을 공경할 것, 여섯째, 내시를 억제할 것, 일곱째, 학교(學校)를 숭상할 것, 여덟째, 이단(異端)을 물리칠 것, 아홉째, 상벌(賞罰)을 삼갈 것, 열째, 재용(財用)을 절약할 것으로 요약된다. 마지막 '재용(財用)을 절약할 것'의 한 대목을 들어보면 정희량이 이용후생(利用厚生)의 경세가였음을 알 수 있다.

신은 들으니 천지에서 나는 재화(財貨)는 숫자가 한정되어 민간에 있지 아니하면 관
(官)에 있다 합니다. 그 취하는 것이 도(道)가 있고 그 쓰는 것이 절제가 있으면 민력(民力)
은 여유가 있어 의식(衣食)이 불어날 것이니, 이른바 백성이 풍족하면 임금이 어찌 풍족
하지 않겠느냐는 것이며, 취하기를 그 도로써 않고 쓰기를 절약하지 않으면 횡포한 세금
과 과다한 추렴이 백성의 이익을 침해할 것이니, 이른바 백성이 풍족하지 못하면 임금이
어찌 풍족하겠느냐는 것입니다(『연산군일기』 권25: 13책 251면).

평범한 임금이라 해도 고언·충언 듣는 일을 좋아하지 않았건만 하물며 패주
연산임에랴. 임사홍 등 간신배들이 정희량을 눈엣가시로 여겨 제거할 기회를
엿보다가 무오사화 때 사초문제(史草問題)로 탄핵하고 난언(亂言)을 알고도 고하
지 않았다는 죄목으로 장(杖) 100대, 유(流) 3000리 벌에 처하여 의주로 귀양 보
냈다.

1500년 5월, 경상도 김해로 유배지를 옮긴 후 이듬해 유배에서 풀려나 직첩
을 돌려받았으나 대간이나 홍문관에는 복직할 수 없었다. 그 해 어머니가 돌아
가시자 경기도 고양에서 어머니 묘를 지키다가 병을 얻었다. 그 후로는 풍덕군
덕수현(德水縣) 종의 집에 피해 살다가 어느 날 산책을 나간 뒤 다시 돌아오지
않았다. 『실록』은 이 사실을 다음과 전한다.

풍덕군(豊德郡)으로 이거(移居)하여서는 여러 가지 버섯과 풀들을 캐어먹으며 한 잔의
물도 마시지 않기를 열흘 또는 한 달이 되도록 하다가, 단오(端午)날 몸을 빼서 도망해
버려 간 곳을 알 수가 없었다. 그 가족이 찾아서 해변(海邊)에 이르니, 다만 신 두 짝이 물
가에 남아 있을 뿐이었다. 어떤 이는, '갑자사화(甲子士禍)가 일어날 것을 미리 알고 물에
빠져 죽은 것이었다' 하고, 어떤 이는 '거짓 미쳐 세상을 피하며 지금도 아직 살아있다'고
한다(『연산군일기』 권44: 13책 492면).

연산군은 정희량을 몹시 두려워했다. 『실록』에 따르면, 승지들이 "희량은 오랫동안 경연(經筵)에 모시던 사람인데, 지금 미친병을 얻어 집을 나가서 간 곳을 알 수가 없으니 청컨대 경기·황해 두 도의 감사로 하여금 널리 찾도록 하소서"라고 제안했더니 연산군은 "착하지 못한 사람을 무엇 때문에 찾겠는가?"하며 건의를 일축했다(『연산군일기』 권44: 13책 492면).

정희량이 빠져 죽었다고 전해지는 풍덕강은 한강 하류의 강으로 북한 장단군과 남한 김포시에 연하여 있는 조강(祖江)이다. 죽었는지 살았는지 소문만 무성하던 정희량은 강을 건너 부평 땅 검바위 마을(현재 검암동)로 왔다. 그리고는 훗날 자신의 아호를 따 허암봉이라 이름 부쳐진 야트막한 산 위에 초막을 짓고 이름 없는 도인처럼 차를 마시며 책을 읽었다.[15]

정희량의 행적이 조금씩 알려지고 부평 부사가 관심을 갖기 시작하자 그는 향나무에 옷을 벗어 걸어 놓고 다시 홀연히 자취를 감추었다. 그는 한강으로 가서 배를 타고 사라졌다. 정희량이 종적을 감춘 것은 곧 또 한 번의 사화가 일어날 것을 예견했기 때문이다. 그의 예측은 갑자사화로 현실이 되었다. 정희량은 속세와 완전히 인연을 끊기 전 가천원(加川院) 벽에 자신의 심경을 담은 한시 두 편을 남긴 것으로 전해진다.

鳥窺頹院穴 (조규퇴원혈) 새들은 무너져 내리는 집의 담 구멍을 엿보고

人汲夕陽泉 (인급석양천) 사람들은 석양녘에 샘물을 긷네

山水爲家客 (산수위가객) 산과 물로 집을 삼는 나그네

乾坤何處邊 (건곤하처변) 하늘과 땅 어느 가에 머물까

15　혹자는 정희량의 호인 허암이 허암산에서 유래한 것으로 주장하기도 한다. 정희량의 호를 따라 허암봉이라 불렀건 정희량의 호가 허암산에서 유래한 것이든지 간에 지금의 험봉산이 정희량과 밀접히 관련된 것은 분명해 보인다.

風雨驚前日 (풍우경전일) 전날에는 풍우에 놀라더니

文明負此詩 (문명부차시) 문명의 이때를 저버렸도다

孤筇遊宇宙 (고공유우주) 외로운 지팡이로 우주를 노니니

嫌鬧並休詩 (혐요병휴시) 시끄러움이 싫어 시(詩)조차 그만두노라

안성감옥 파옥기

『임꺽정』은 한반도 전체를 대상으로 쓰여 진 총 10권에 이르는 장편 역사소설이다. 『임꺽정』은 백두에서 한라, 금강에서 구월에 이르기까지 한반도가 우리민족 고유의 강역임을 널리 알린 인문지리서이기도 하다. 홍명희는 한반도 전역을 소설 무대로 활용한다. 민중의 삶과 애환에 대하여 민속학적 고증에 곁들인 전문가적 설명을 통해 국토사랑의 면모를 드러낸다. 임꺽정 일당의 활동 무대는 황해도와 경기도, 그리고 서울이다. 특히 황해도와 경기도가 『임꺽정』의 주요 사건이 벌어지는 핵심 공간으로 등장한다.

그렇다면 어째서 이들 지역이 소설의 주무대가 된 것일까? 그것은 바로 조선시대의 생활권과 관련이 있다. 경기도와 황해도는 조선시대부터 정치·경제·문화의 중심지였을 뿐만 아니라 성인의 걸음걸이로 한나절, 길어도 이틀 안에 도달할 수 있는 공동 생활권이었다.

『임꺽정』에는 임진나루가 있는 연천에서 시작하여 양주·파주·김포·광주·의정부·용인·부천·안성 등 경기도 전역이 소설의 중심무대로 등장한다. 그 가운데 대표적 사례로 들 수 있는 지역이 바로 안성이다. 안성 관아와 감옥, 그리고 장호원·죽산·진천 등 안성 인근 동네, 죽산의 칠장사는 『임꺽정』 전체의 모티프가 탄생하는 지리적 공간이다. 안성이 임꺽정의 주요 무대가 된 이유는 칠장사에서 열반에 든 갖바치 병해대사가 임꺽정이 이봉학이, 박유복이의 평생 스승이었기 때문이다.

안성은 『임꺽정』의 주요 장면 가운데 하나인 '의형제편'이 전개되는 핵심지역으로 부각된다. 그것은 두 갈래로 이야기를 형성한다. 하나는 병해대사가 임꺽정을 데리고 백두산·금강산·지리산·한라산 등 한반도 일대를 주유하고 안성 칠장사에서 부처님께 귀의한 후 열반에 드는 과정이다. 다른 하나는 청석골 두령 중 한명인 길막봉이가 고향인 발안을 찾았다가 체포되어 옥에 갇혔다가 꺽정이와 청석골 식구의 도움으로 탈옥에 성공한 후 칠장사에서 의형제를 결의하는 과정이다.

『임꺽정』에는 이야기 전체에 생명을 불어넣는 두 개의 장소가 등장한다. 하나는 임꺽정을 최고 두령으로 하는 화적들의 생활거처인 청석골이다. 다른 하나는 이들을 운명공동체로 엮어주는 정신적 거처인 칠장사이다. 『임꺽정』에 나오는 대부분의 이야기는 청석골과 황해도 일대를 중심으로 펼쳐지지만 이들을 하나의 공동운명체로 새롭게 탄생시킨 안성과 칠장사 없이는 『임꺽정』 이야기의 정당성도 후세에 전하고자 하는 주제 의식도 탄생할 수 없었을 것이다. 한마디로, 안성과 칠장사를 빼놓고서는 『임꺽정』을 논할 수 없을 정도로 두 장소는 『임꺽정』에서 대단히 중요한 절대 공간이다.

홍명희는 왜 하고 많은 사찰 가운데서 칠장사를 병해대사가 최후에 머무는 공간으로 설정한 것일까? 그리고 왜 이들이 의형제를 맺는 사건이 전개된 장소가 안성일까? 홍명희 고향은 안성과 비교적 가까운 곳에 위치해 있는 충청북도 괴산으로 그곳에서 어린 시절을 보냈다. 홍명희는 안성과 칠장사에 친숙했고 칠장사에 얽힌 임꺽정 설화에 대해서도 비교적 잘 알았을 것으로 여겨진다.

어물장수로 위장하여 안성에 잠입한 꺽정이 일당

임꺽정과 그 형제들이 청석골에서 멀리 떨어진 안성까지 간 이유는 청석골 두령 가운데 한 명인 길막봉이가 안성 감옥에 투옥됐기 때문이다. 막봉이는 가족을 데리러 고향인 경기도 발안에 갔다가 장인의 형인 박선달이라는 자의 고발로 관군에 체포되어 피투성이가 된 채 안성 관아로 끌려왔다. 도적 두목 중 하나인 까닭에 서울로 압송해 사형을 집행하겠다는 명령이 서울서 내려와 목숨이나마 부지할 수 있었다.

청석골 두령회의에서 임꺽정 책사인 서림이가 어물장수로 위장, 안성에 잠입하여 막봉이를 빼내오자고 계략을 낸다. 청석골 두령들이 막봉이를 구출하기

위해 안성으로 총 출동한다. 그들은 어물장수로 위장하고 생선 짐짝 아래 병장

기를 숨긴 채 안성 달골에 숨어든다.

　　일행이 청석골서 떠나던 날 무사히 송도를 지나고 장단을 지나서 가얌고개 아는 사람
의 집에 들어가서 하룻밤 편히 자고 이튿날 식전 나루를 건너서 임진을 지날 때에 이봉
학이를 알아보고 깜짝 놀라는 진군들을 봉학이는 보고도 못본 체하였다. 큰 길로 오다
가 가는버들 사잇길로 고골 앞을 지나서 바눌티 정상갑이 집에 들어가서 문안에는 들어
가지 않고 남대문 밖에 있는 친한 객주집에 와 앉아서 장물을 팔아 보내고 소문을 알아
보내는 남소문안패 괴수의 아들 한온이를 청해다가 만나보고, 점심 뒤에 한강으로 나와
서 나룻배를 기다리는 중에 나룻가 주막에 앉았던 포교 두엇이 일행을 보고 쫓아들 나
왔다. 포교 하나가 꺽정이 앞에 와서 내려놓은 짐짝을 가리키며 반말로

　　"무슨 짐이냐?"

　　하고 묻는데 다른 사람이 대답하기 전에 서림이가 턱 나서서

　　"어물짐이올시다."

　　하고 대답하였다.

　　"어물장사들인가?"

　　"네, 그렇습니다."

　　"어디들 사나?"

　　"저는 양지읍에 살구요, 동무들은 고든골 사는 사람두 있구 좌찬이 사는 사람두 있습
니다."

　　"물건은 어디서 해가나?"

　　"서울서 해갑니다."

　　"서울을 언제 왔나?"

　　"엊그저께 왔습니다."

　　"어디서 묵었나?"

“남대문 밖 객주에서 묵었습니다.”

“지금 어디루 가나?”

“고향에들 가서 하루 이틀 쉬어 가지구 양성 죽산을 거쳐서 청홍도[16] 진천·음성 등지루 물건을 펴먹이러 가겠습니다.”

포교가 하게로 하는 말을 서림이가 공대해서 대답하는데 대답하는 품이 조금도 꾸며 하는 것 같지 아니하였다 그 포교가 말을 더 묻지 않고

“음, 그래 어물장사들이야.”

하고 혼잣말하며 동무 포교를 돌아본 뒤 다시 서림이를 보고

“무슨 어물들인가? 구경 좀 하세. 짐짝들을 풀게.”

하고 말하니 서림이가 망건 뒤를 긁죽긁죽하며 일행들을 돌아보고

“길이 늦어 탈이지만 물건을 구경하자시니 얼른얼른 짐짝들을 이리 내다 풀지.”

하고 말하였다. 한 짐을 푸니 그 짐에는 상어·광어 등속이 차곡차곡 재여 있었다. 포교들이 들척들척해보고 또 한 짐을 푸니 그 짐에는 오징어·가오리 등속이 가로세로 넣어 있었다. 포교들이 쑤석쑤석해보고 다시 또 한 짐을 푸니 그 짐에는 전복꼬치와 홍합줄이 상자에 그들먹하게 들어 있었다. 포교 하나가 작은 전복을 가리키며

“전복은 요렇게 작은 것이 큰 것보덤 맛이 있느니.”

하고 동무 포교를 돌아보는데, 서림이가 얼른 작은 전복 한 꼬치를 집어들고

“이것이 감복이올시다. 맛이 신통하지요.”

---

16   청홍도는 충청도의 한때 이름이다. 충청도가 을사사화(乙巳士禍) 여파로 발생한 '양재역 벽서 사건'으로 청홍도로 바뀐 것이다. 명종이 즉위하자 친모인 문정왕후와 작은 오라비인 윤원형이 을사 사화를 일으켜 권력을 장악했다. 대왕대비 문정왕후와 윤원형은 '양재역 벽서 사건'을 빌미로 사림 들과 눈엣가시였던 다른 왕족들도 제거했다. 대윤의 잔당을 뿌리 뽑는다는 명분으로 을사사화보다 도 이 양재역 벽서 사건의 여파가 더욱 컸다. 1549년, 양재역 벽서사건을 빌미로 충주에서 이홍윤의 옥사가 터지자 수십 명을 죽이고 충주를 유신현으로 강등함으로써 충주·청주가 있다는 의미의 충청 도 역시 청주·홍주가 소재한 청홍도로 그 이름이 바뀌었다.

하고 한 꼬치 열 개를 그 포교에게 내주며

"노놔서 맛들이나 보십시오."

하고 말하니 그 포교는 고개를 가로 흔들다가

"인정으루 주는 게니 받세그려."

동무포교가 권하는데 권에 못이기는 체하고 손을 내밀었다.

"이런 좋은 어물들이 시굴 구석에서 잘 팔리나?"

"시골구석에서는 소대상[17]두 안 지냅니까. 일 년에 한두 번씩은 펴먹을 수가 있습니다."

"자네가 물건 주인인가?"

서림이가 이봉학이를 가리키며

"저 사람하구 저하구 둘이 밑천을 대서 장사합니다."

하고 대답한 뒤 곧 포교들더러

"남은 짐은 한꺼번에 풀어서 보시게 해두 좋겠습니까?"

하고 물으니 포교들은

"남은 짐을 다 볼 거 없네."

"푼 짐을 도루 묶게."

하고 각기 한마디씩 말하였다.

짐 세 짝을 풀었다가 다시 묶는 동안에 한 배를 놓치고 다음 배로 일행 열 사람은 무사히 한강을 건넜다. 새원을 지나서 다르냇재를 넘을 때 잿길[18]이 된 까닭에 짐들이 갑자기 무거워져서 작은 두목들은 다 땀을 철철 흘리고 입을 벌리고 헐헐하였다(6권: 220-223).

---

17   소상은 사람이 죽은 후 일 년 만에 지내는 제사이며 대상은 죽은 지 두 돌 만에 지내는 제사로서 소대상은 소상과 대상을 아울러 이르는 말.

18   재에 난 길. 또는 언덕바지에 난 길. 고갯길.

열반에 든 병해대사

안성에 도착해 병해대사가 열반에 들었다는 소식을 접하고 꺽정이, 봉학이, 유복이는 오열을 금하지 못한다.

능통이가 바깥 머슴방에 있는 졸개 두엇을 불러서 말을 이르더니 얼마 동안 뒤에 마당에 포진[19]이 훌륭하게 되었다. 멍석을 깐 위에 기직자리를 연폭하여 깔아놓고 이슬받이로 차일까지 쳐놓았다. 여섯 사람이 다 건넌방에서 마당으로 나온 뒤에 능통이가 안방에 들어가서 요때기 이불때기를 한아름 안아 내다놓으며

"새벽녘에는 선선들 하실 테니 배만이라두 덮으십시오."

하고 말하여 이 사람 저 사람이 능통이의 후의를 사례하는 중에 곽오주는

"우리 동생, 사람이 신통한걸"

하고 너털거리었다. 서림이가 능통이를 보고

"메주고개가 일터라니 말씀이지만 우리가 만일 메주고개서 일을 내게 되면 부하를 모아가지구 우리를 도와주실 수 있겠소?"

하고 물으니 능통이는

"어째 메주고개에 가서 일을 내시게 됩니까?"

하고 되물었다.

"지금 안성옥에 갇힌 우리 동무를 서울루 압송할 때 중로에서 빼앗을 작정이오."

"메주고개를 장대시다가[20] 김량[21]으루 돌아가면 어떻게 하실랍니까?"

"그렇기에 앞에 가서 목을 지키지 않구 뒤를 따라가려구 하우. 혹시 메주고개서 일을 내게 되거든 도와 달란 말이오."

---

19 바닥에 깔아 놓는 방석·요·돗자리 따위를 통틀어 이르는 말

20 마음속으로 기대하며 잔뜩 벼르다.

21 용인 소재 지명.

"어째 파옥하실 생각을 안 하십니까?"

"파옥을 하자면 접전이 날 텐데 우리 열 사람쯤 가지구 한편으루 접전하며 한편으루 파옥하자면 우선 손이 모자라서 할 수 없소."

"안성 관군이 한껏하야 이삼백 명밖에 안될 겝니다. 여러분 같은 영웅 장사가 그까지 것쯤 해내기야 여반장이 아니겠습니까. 여러분이 관군만 해내신다면 파옥하는 건 변변치 않은 내가 담당하오리다."

꺽정이가 능통이의 말을 듣고 서림이더러

"이 주인이 이왕 한팔 도와준다니 다시 파옥할 계책을 생각해보우."

하고 말하니 서림이가

"네, 잘 생각해 보지요."

하고 대답하였다.

"우리는 내일 칠장사 가서 하룻밤 자구 올 테니 내일 하루 여기 주인하구 잘 상의하우."

서림이가 꺽정이의 말을 대답하기 전에 능통이가

"칠장사는 왜 가시려구 합니까?"

하고 꺽정이에게 물었다.

"우리 선생님을 보이러 가우."

"선생님이 누구십니까?"

"이 근방에서 생불스님이라구 하는 이가 우리 선생님이오."

"생불스님은 그 동안 돌아가셨습니다."

"돌아가셨어? 언제?"

"사십구일재가 며 칠 안 남았을걸요. 이 근방에서두 재 구경 간다구 벼르는 사람이 많습니다."

"선생님이 돌아가셨단다."

하고 꺽정이가 목멘 소리 하며 이봉학이와 박유복이를 돌아볼 때, 두 사람의 눈에서도 눈물이 흘러내렸다(6권: 235-237).

　임꺽정, 이봉학, 박유복 등 세 사람은 칠장사를 찾아 지극정성으로 스승의 제를 지내고 사십구재를 기릴 목적에서 병해대사 불상을 모시기로 한다. 그 불상이 지금까지 전해 내려오는 '꺽정불'이다.

　칠장사 서쪽 산기슭 편편한 땅에 새로 새운 소도바가 한 개 있으니 이 소도바에 들어 있는 한 줌 재는 팔십오 세 일생을 이 세상 천대 속에서 보낸 사람이 뒤에 끼친 것이다. 그 사람이 초년에는 함흥 고리백정이요, 중년에는 동소문 안 갖바치요, 말년에는 칠장사 백정중이라 천인(賤人)으로 일생을 마쳤으나, 고리백정으로는 이교리의 처삼촌이 되고 갖바치로는 조정암의 지기(知己)가 되고 백정중으로는 승속간(僧俗間)에 생불(生佛) 대접을 받았었다. 생불이 돌아갈 때 목욕하고 새 옷 입고 앉아서 조는 양 숨이 그치었는데, 그날 종일 이상한 향내가 방안에 그득하고 은은한 풍악소리가 공중으로 났다고 소문이 자자하였다. 이생의 복을 빌고 후생의 원을 세우는 어리석은 사내, 어리석은 여편네들 중에 대웅전의 부처님을 두고 산기슭 소도바 앞에 와서 치성하는 사람이 벌써 하나 둘이 아니었다.

　밥술 먹는 촌사람 하나가 자식을 비느라고 내외 같이 와서 절에서 묵어가며 사흘 동안 치성하는데, 사흘 되는 마지막날 아침 노구메[22]를 올리려고 소도바 앞을 정하게 쓸어놓았을 때, 속인 셋이 젊은 중 하나를 데리고 소도바 있는 곳에 와서 중은 서고 속인들은 쓸어놓은 자리에 느런히 꿇어 엎드렸다. 촌사람 내외가 노구메를 짓다가 쫓아와서 남이 쓸어놓은 자리에 먼저 와서 치성들 한다고 사설하니 젊은 중이 나서서 치성하는 사람이 아니니 염려 말라고 타일렀다. 세 사람은 엎드려서 다같이 굵은 눈물방울을 떨어뜨리다가 한참 만에 일어들 났다. 촌사람 내외가 아들을 낳으려고 치성하는 것을 젊은 중

22　산천의 신령에게 제사 지내기 위하여 놋쇠나 구리로 만든 작은 솥에 지은 메밥.

이 이야기하여 세 사람 중에 얼굴 해사한 사람이 촌사람 내외를 보고

"임자네들 쓸어놓은 자리에 우리가 와서 엎드린 것이 노구메 진상버덤 못할 것 없소. 우리 선생님이 알음이 기시면 영락없이 아들 하나 점지해 주시리다."

하고 말하니 그 촌사람 내외 얼굴에 현연히 기쁜 빛이 나타나며 여편네가 사내에게 귀띔하여 사내는 세 사람 앞에 나와서 인사를 청하였다. 먼저 말하던 해사한 사람은

"이서방이오."

하고 수염 많은 무서운 사람은

"나는 임가요."

하고 나중 한 사람은

"나는 박서방이오."

하고 통성들 하였다. 인사가 끝난 뒤에 젊은 중이 세 사람을 보고

"고만 들어들 가십시다."

하고 말하여 세 사람은 젊은 중을 따라 절로 들어갔다.

꺽정이와 봉학이와 유복이가 대사의 상좌이던 젊은 중을 데리고 소도바 있는 곳을 나가 보고 들어와서 대사의 거처하던 별당채 마루에 둘러앉은 뒤에, 젊은 중이 들어가서 조그만 편지봉 하나를 가지고 나와서

"스님께서 두었다 주라구 말씀하신 유서요."

하고 말하며 꺽정이를 내주었다. 두 손으로 편지봉을 받아서 속을 뜯어본즉 쪽지 종이에 진서 몇 줄이 쓰이었는데 흰 것은 종이요, 검은 것은 글씨라 진서 좀 아는 봉학이와 젊은 중더러 보아 달라고 하니 글이 어려워서 뜻을 알 수 없다고 체머리들을 흔들었다. 꺽정이가 유서 쪽지를 주머니에 집어넣고 나서 마루 끝에 놓인 짐을 가리키며

"저것이 상목이오. 우리가 오다가 들은즉 선생님의 사십구일재가 멀지 않다니 그때 써주우."

하고 그 젊은 중더러 말하였다.

"재가 인제 한 열흘 남았으니 묵어서 보구 가시구려."

"우리는 바쁜 일이 있어서 오늘 곧 가야겠소."

"저 무명이 몇 필이오?"

"열 필이오."

"그러면 저것을 재에 쓰지 말구 스님 불상을 하나 뫼십시다."

"불상을 뫼시다니?"

"지금 마침 불상을 잘 파는 사람이 절에 와서 있소. 그 사람더러 스님 목상을 하나 파래서 아주 부처님으루 뫼시잔 말씀이오."

"좋소. 저것으루 부족되지나 않겠소?"

"그 사람이 수공을 얼마나 달랄는지 모르지만 만일 부족되면 이 절 대중과 의논해서 보태어 주지요."

"그럴 것 없소. 우리가 나중에 다시 와서 부족한 것을 채워놓을 테니 우선 일을 시키시우."

"불상을 뫼시구 사십구일재를 지내두룩 일을 시키리다."

꺽정이와 봉학이와 유복이는 서로 돌아보며 다같이 좋아하였다(6권: 237-240).

파옥

곽능통이가 사는 달골에 작전본부를 차린 꺽정이 일행은 안성감옥을 파옥하고 막봉이와 막봉이의 처·장인을 구출해내는 데 성공한다. 이후 가현방면으로 나와 안성천을 따라 탈출로를 정하고 가사리, 내동을 거쳐 도주한 다음 청량산 뒷편 산상골에서 추격해온 관병과 일대 격전을 치른 후 달골로 무사히 돌아온다. 길막봉이를 안성감옥에서 구출하는 대목은 『임꺽정』 전체에서 손에 땀을 쥐게 하며, 박진감 넘치는 최고 장면 가운데 하나다.

좌우병방이 군사들을 끌고 가사리로 나온 뒤 얼마 아니 있다가 화적 한 패가 파옥하려 들이닥쳐서 옥을 지키던 군사들이 막으려고 한즉, 화적 중에 환도 가진 괴수가 단신으로 내달아서 순식간에 군사 칠팔 명을 꺼꾸러뜨려서 군사들은 접전할 생의도 못하고 새떼같이 흩어져 버렸었다. 화적들은 거침없이 옥을 깨치고 옥에 갇힌 도적들을 꺼내어 미리 준비해 가지고 온 말들을 태우려다가 박가의 부녀는 말을 타나 길가는 장창이 심하여 말을 타지 못하는 까닭에 환도 가진 화적 괴수가 졸개 몇을 데리고 동리(東里) 존위 집에 가서 동네 보교를 뺏어다가 길가를 태워가지고 읍내서 남쪽으로 풀려나갔는데, 군수가 좌우병방에게 급히 회군령을 놓은 것은 화적의 뒤를 쫓으려는 것이었다. 좌우병방이 즉시 읍내로 들어와서 군사는 삼문 밖에 머물러놓고 순령수들과 같이 관가에 들어와서 군수께 패전한 전말을 아뢰고 청죄할 사이도 없이 군수가 좌우병방더러 빨리 화적의 뒤를 쫓아가서 길가와 박가의 부녀를 도로 뺏어오되 만일 뺏어오지 못하면 군율을 당할 터이니 그리 알라고 영을 내리어서 좌우병방은 엄령지하에 두말 못하고 삼문 밖을 물러나왔다.

좌우병방이 육칠십 명 군사를 거느리고 홍살문 밖으로 나올 때 우병방이 좌병방을 돌아보며

"화적패가 남쪽으루 갔다니 계촌 아니면 현암으루 나갔겠지."

하고 말하니

"글쎄 모르겠네. 먼저 계촌 나가서 물어보구 그 다음에 현암으로 올라가세."

하고 좌병방은 대답하였다.

"우리가 물어보구 다니는 동안에 화적패가 멀리 가버리면 어떻게 하나."

"간 종적이나 탐지해 가지구 들어오지 별수 있나."

"길가 하나만이라두 도루 뺏어가지구 들어와야지 빈손으로 들어오면 우리는 죽는 사람일세."

"설마?"

"설마라니, 이 사람 무슨 소린가. 패전한 죄에다가 죄수를 놓친 죄까지 겹쳐 뒤집어쓰구 군율을 면할 수 있겠나, 생각해 보게."

"한칼에 칠팔 명 군사를 무찔렀다는 화적패의 괴수가 장사요, 검객인 꺽정이란 놈일

겔세. 지금 우리가 뒤쫓아가서 길가를 뺏으려다가는 우리두 그놈의 칼에 죽기가 쉽지 않겠나."

"군율에 죽느니버덤은 도둑놈 칼에 죽는 것이 잘 죽는 죽음일세."

"제 명에 못 죽기는 마찬가지지. 잘 죽는 죽음이란 다 무엔가."

"우리가 도둑놈 칼에 죽으면 처자는 살지만 만일 규율에 죽으면 처자까지 못 사네."

"그러구 보면 우리는 죽으러 가는 사람 아닌가. 집에들 가서 처자의 얼굴이나 한번 다시 보구 가세."

"우리가 집에 다니러 가면 군사들두 뿔뿔이 다 갈테니 그걸 어떻게 다시 모을 텐가. 그런 소리는 입밖에 내지 말게. 사중구생(死中求生)이라니 죽을 작정하구 가보세. 혹시 살 도리가 있을는지 누가 아나."

"아이구 나는 모르겠네. 자네 요량대루 하게."

좌우병방이 서로 지껄이는 중에 동리 장터 끝까지 다 나왔다. 피란 안 가고 남아 있는 장터 백성 서너 사람이 어느 집 앞에 몰려섰는 것을 보고 혹시 화적의 간 방향을 알까 하고 불러다가 물어보니, 서너 사람이 다같이 가현으로 나갔다고 가리켰다.

"계촌이나 현암으루 나가지 않구 정녕 가현으로 나가드냐?"

"개울 건너서 가현으로 가는 걸 저희들 눈으로 봤습니다."

좌우병방이 군사를 몰고 가현으로 나왔다. 가현 사람에게 화적의 종적을 물어서 화적이 동네에 들어오지 않고 개울물을 끼고 위로 올라갔단 말을 듣고 개울 옆 작은 길을 횃불로 비춰본즉 여러 사람의 발자국이 있었다. 횃불을 없애고 그 뒤로는 논틀밭틀을 헤아리지 않고 쫓아오기 시작하여 내동 앞길에서 멀리 화적들의 떠드는 소리까지 듣고, 마침내 청량산 뒤 산상골 근처에서 화적의 뒤를 가까이 쫓아오게 되었다. 화적이 뒤쫓기는 줄 깨달은 뒤에는 두 패로 갈려서 한 패는 앞으로 나가고 한 패는 뒤로 돌아섰다. 칠팔 명 화적이 우뚝우뚝 선 것을 어렴풋이 바라보고 좌우병방은 곧 군사들을 길로부터 길 옆 논 속에까지 벌려 세우고 활 가진 군사를 시켜서 활을 쏘이었다. 화적 한둘이 꺼꾸러지는 듯 다른 화적들이 이리저리 흩어지는 중에 화적 하나가 뛰어오는데 손에 휘두르는 것이 분명히 칼이었다.

"쫓아오는 놈을 쏘아라."

살이 맞지 않는지 칼로 받아버리는지 그 화적은 별로 지체도 않고 뛰어오며

"이놈들 죽어봐라!"

하고 호통을 질렀다. 좌병방보다 다기진 우병방이 먼저 창을 들고 내달으며

"모두 함께 달려들어라."

하고 소리치니 좌병방 이하 여러 장교와 군사들이 창과 칼을 내두르며 전후좌우로 그 화적에게 달려들었다.

그 화적은 비호 같았다. 동에서 번쩍 서로 닫고 서에서 번쩍 북으로 달았다. 사방에서 연해 나는 악소리 중에 간간이 아이쿠 소리가 섞이어 나는데, 아이쿠 소리 나는 곳에는 반드시 사람 하나가 자빠지거나 꺼꾸러졌다. 화적의 칼에 찔리거나 찍힌 것이다. 여러 사람은 슬금슬금 뒤로 물러나며 화적이 가까이 대어들지 못하도록 칼이나 창을 내두르기만 하는데, 우병방만은 화적을 노리고 앞으로 나가면서 창끝을 놀렸다. 여러 사람의 악소리들이 차차로 줄어드니 우병방이 사기(士氣)를 돋우려고

"이놈이 화적 괴수 꺽정이란 놈이다. 이놈만 잡으면 길가 같은 놈은 백 명 놓쳐두 좋다."

하고 큰소리를 질렀다.

"주제넘은 눔 큰소리 마라."

그 화적 괴수가 우병방에게 달려들었다. 우병방은 창을 앞으로 꼬나들고 화적 괴수는 칼을 위로 치켜들었다. 우병방이 화적 괴수의 가슴 복판을 노리고 창을 내지르니 화적 괴수는 몸을 틀어 창끝을 한옆으로 흘리며 곧 한손으로 창목을 잡아 앞으로 채쳤다. 우병방의 몸이 고꾸라지자, 칼이 번쩍 목이 떨어졌다. 우병방이 삽시간에 죽는 것을 보고 좌병방은 뒤대어 나설 생각을 못하고 슬그머니 논으로 내려가서 도망질을 쳤다.

"좌병방 도망간다!"

어떤 군사가 외쳤는지 그 외치는 소리 한마디에 군사들이 와 하고 떼도망을 치게 되

었는데, 화적 괴수는 도망하는 군사들을 뒤쫓지 않고 한번 껄껄 웃은 뒤 돌아서 뚜벅뚜벅 걸어갔다. 꺽정이 이하 청석골 두령들이 달골 곽능통이의 조력을 얻어가지고 안성옥을 깨치고 길막봉이와 그 안해·장인까지 구해냈다(6권: 263-266).

꺽정이와 청석골 형제들이 길막봉이를 안성감옥에서 구출하여 탈출하는 장면은 독일의 문호 프리드리히 실러의 『도적떼(Die Räuber)』의 일부 내용과 겹친다. 청석골 일당의 힘이 조선시대 죄수를 관장하던 전옥서(典獄署)를 공격할 정도로 대담하고 그 위세가 조선 사회를 뿌리 채 흔들어 놓을 정도로 막강했기에 홍명희는 보헤미아 숲 속의 도적 일당의 행각을 다룬 실러의 『도적떼』를 참조했을 것으로 여겨진다.

『도적떼』에는 길막봉이 구출 장면과 유사한 내용이 나온다. 도적떼 우두머리인 귀족 출신의 청년 카를은 심복 롤러가 교수형에 처하게 됐다는 소식을 듣자 말을 타고 달려가서 그를 구출한다. 구사일생으로 살아난 롤러가 도적 소굴에 돌아와 카를의 또 다른 심복인 슈바이처와 나눈 대화를 들어보면 『임꺽정』의 그것과 상당히 비슷함을 알 수 있다. 『임꺽정』에서도 길막봉이를 관아에 밀고한 박선달이의 집을 통째로 불태우는 장면이 나온다.

슈바이처: 정말 신났었는데, 한번 들어볼텐가. 우리는 어제 염탐꾼 편에 롤러가 그야말로 곤경에 처해 있다는 정보를 입수했네. 하늘이 제때에 무너지지 않는 한 내일, 그러니까 바로 오늘 말일세. 황천길을 모면할 수 없다는 것이었어. 그러자 두목이 "가자!"고 말했네. 친구의 목숨보다 더 소중한 것은 없다, 롤러를 구해내든지 구해낼 수 없다면 적어도 지금껏 어느 왕의 장례식에서도 보지 못한 장례 횃불을 성대하게 밝혀서 놈들의 등짝을 거무튀튀하게 태워 버리자. 두목의 이 말에 이어서 전 대원이 소집되었고, 우리는 급히 염탐꾼 편에 쪽지를 보내 그 쪽지를 수프 속에 집어넣는데 성공하였네.
롤러: 나는 설마 성공할 줄 몰랐어.

슈바이처: 우리는 인적이 뜸해질 때까지 때를 기다렸네. 두 발로 걷는 사람, 말을 탄 사람, 거기다 마차까지 뒤섞여 온 도시가 구경거리를 쫓아갔다네. 멀리 교수대에서 성경 읽는 소리와 왁자지껄한 소리가 시끄럽게 들려왔어. 그때 두목이 말했다네. "이때다 불을 질러라. 어서 불을 질러라!" 그 즉시 모두들 화살처럼 날아가, 시내 서른세 곳에 일제히 불을 지르고, 화약고와 교회와 창고 근처에 불붙은 화승줄을 내던졌다네. 빌어먹을! 그러고 채 십오 분도 지나지 않아서, 우리처럼 원한 맺힌 북동풍이 때마침 멋지게 우리를 도와주지 뭔가. 불길이 바람을 타고서 처마 끝까지 훨훨 치솟았다네. 그 사이에 우리들은 도시 곳곳의 골목길을 이리저리 내달리며, 불이야! 불이야! 미친 듯이 고래고래 소리를 지르고 울부짖고 악을 썼네. 마침내 화재를 알리는 종이 땡땡거리고, 화약고가 요란한 폭음과 함께 공중분해 되었어. 마치 땅덩어리가 둘로 갈라지고 하늘이 폭발하고 지옥이 천길만길 더 깊이 가라앉는 것 같았다네(실러, 2007: 105-106).

심지어 도적떼 두목인 카를과 임꺽정의 성격을 묘사하는 대목에서도 유사점을 발견할 수 있다. 도적떼의 일원인 슈바르츠는 두목 카를의 성격에 대해 "우리 두목은 한번 한다고 하면 반드시 하고야 마는 사람일세"라고 자랑스럽게 말한다. 라츠만이라는 부하는 카를의 풍모에 관해 다음과 같이 언급한다.

라츠만: 농담이 아니라니까! 그 친구들은 우리 두목 아래서 일하는 것을 부끄럽게 여기지 않는다네. 두목은 우리처럼 물건을 강탈하려고 사람을 죽이는 법이 결코 없어. 쓸 만큼 충분히 있으며, 돈에는 더 이상 관심이 없다네. 그리고 당연히 두목 몫인 전리품의 삼분의 일도 고아들에게 나누어 주거나 앞날이 유망한 가난한 젊은이들의 학비로 주어 버린다네. 하지만 농민들을 짐승처럼 부려먹는 시골 귀족은 혼쭐을 내주고, 황금으로 칭칭 치장하고서 법을 속이거나 정의를 사칭하는 악당, 그 밖의 불한당에게는 철퇴를 내리친다네. 그러면 물고기가 물을 만난 듯 기운이 펄펄 나고, 모든 힘줄이 복수의 여신처럼 사납게 날뛴다니까(실러, 2007: 99).

꺽정이 역시 한번 한다면 하는 인물이다. 조정에서 파견한 관병과 군이 대적할 필요가 있냐며 박연중이가 꺽정이를 설득하는 대목에서 홍명희는 군힘이 없는 꺽정이 성격의 일면을 드러낸다.

이춘동이가 술을 내와서 술들을 먹는 중에 꺽정이가 박연중이에게 봉산군수 잡아 죽일 계획을 말하고 장맞이하기[23] 좋은 자리를 물으니, 박연중이가 듣고 한참 있다가

"내가 자네게 할 말이 있는데 후기 없는 늙은이 말이라구 웃지 않구 들어주겠나?"

하고 정중하게 말을 내었다.

"무슨 말씀이오?"

"우리가 서루 사돈까지 정해서 그저 친한 처지와두 다른데 진정을 기일 수가 있나. 나는 대체 자네네 청석골 사업이 너무 큰 것을 재미없게 아는 사람일세. 우리가 압제 안받구 토심 안 받구 굶지 않구 벗지 않구 일생을 지내면 고만 아닌가. 그외의 더 구할 게 무언가. 자네네 일하는 것이 나보기엔 공연한 객기의 짓이 많데. 이번 일만 말하더라두 그게 객기 아닌가? 봉산군수를 죽이면 금이 쏟아지나 은이 쏟아지나. 설사 금은이 쏟아지더라두 뒤에 산더미 같은 화가 올 걸 어째 생각 아니하나? 아무리 무능한 조정이라두 지방관원을 죽인데 가만히 보구 있겠나? 말게, 제발 말게."

"말씀은 잘 알아들었지만 이왕 작정한 일이니까 이번 일은 그대루 할밖에 없소."

"자네가 고만두면 고만 아닌가."

"칼을 뺐다 그대루 꽂을 수야 있소."

"잘못 뺀 칼은 그대루 꽂는 게 장살세."

"그건 할 수 없소."

꺽정이가 말을 듣지 아니하여 박연중이는 길이 탄식하고 말을 그치었다(9권: 252-253).

---

23 길목을 지키고 기다리는 일.

문학적 완성도 면에서 실러의 『도적떼』는 『임꺽정』의 그것과 비교가 되지 않는다. 『도적떼』는 독일 낭만주의의 산물이다. 여기서 실러는 영주(領主)의 아들인 카를이 왜 도적떼 두목이 되었는지에 관해 그 어떤 인과적 설명도 제시하지 못한다. 카를의 도적 행각은 무모할 뿐만 아니라 허위의식에 가득 차 있다. 현대 문학의 전거(典據)라 할 수 있는 사실주의적 요소를 결여한 채 실러의 『도적떼』는 후일 독일 낭만주의가 뿌린 씨앗이라 할 수 있는 허무주의(Nihilism)적 요소를 다분히 포함했다.

의형제 결의

꺽정이가 칠장사에 모셔진 병해대사 불상에 첫 예불을 드리고 떠나겠다고 하자 나머지 두령들도 갖은 이유를 대며 칠장사에 함께 가겠다고 성화를 부린다. 배 아파 가기 싫다는 서림이만 빼고서 꺽정이 이하 청석골 일곱 두령은 막봉이를 가마 태워서 수곡·초당마을을 지나 북전고개 넘어 칠장사에 이른다. 새로 만든 병해대사 불상 앞에서 『임꺽정』의 최대 하이라이트라 할 수 있는 청석골 일곱 두령의 의형제 결의가 이루어진다.

꺽정이가 불상 앞에서 결의할 것을 중에게 말하니 중이 내심에는 반갑게 여기지 아니하나 하릴없이 불전에 등불도 밝혀 주고 향롯불도 담아주었다. 꺽정이가 봉학이와 의논하고 결의 절차를 정하여 꺽정이 이하 여섯 사람은 향탁 아래 엎드리고 봉학이는 향탁 옆에 꿇어앉아서 일곱 사람의 성명과 연령 적은 종이쪽을 손에 들고 축문 읽듯 읽었다.

"임꺽정이 신사생 삼십팔 세."

"이봉학이 신사생 삼십팔 세."

"박유복이 임오생 삼십칠 세."

"배돌석이 임오생 삼십칠 세."

"황천왕동이 을유생 삼십사 세."

"곽오주 임진생 이십칠 세."

"길막봉이 정유생 이십이 세."

봉학이가 종이에 적힌 것을 다 읽은 뒤 그대로 마치기 심심하여

"결의형제 사생동고"

두 마디를 구고(口告)로 보태었다. 그 다음에 꺽정이로부터 막봉이까지 한 사람씩 부처님 앞에 분향하고 절하고, 또 그 다음에는 아우 되는 사람이 형 되는 사람에게 절을 하는데 꺽정이가 여섯 사람의 절을 받은 뒤 차례로 한 번씩 줄어서 오주까지 한 사람의 절을 받고 길막봉이는 꾸벅꾸벅 여섯 번 절을 할 때 여러 두령이 돌려가며 거들어서 시켜 주었다(6권: 283-284).

의문 한 가지

처음에는 별생각 없이 재미로 읽다가 여러 번 읽다보니까 홍명희가 불상장이를 꼭 죽이는 걸로 얘기를 마쳐야 했을까 하는 의문이 들었다. 불상장이가 죽임을 당한 이유는 그가 병해대사 불상 모신 내력을 잘 알고 있었기에 나중에라도 관가에 고발하여 불상에 화가 미칠 것을 우려했기 때문이다. 그래서 불상장이에게 다른 절 불상을 만들어 돈을 벌게 해주겠다고 꾀여서 청석골로 데려가려 했던 것이다.

꺽정이의 칠형제 결의가 끝난 뒤에 젊은 중이 꺽정이를 보고 조용히 의논할 말이 있다고 방머리에 붙은 누마루 으슥한 구석으로 끌고 갔다.

"전후 두 번 절에 오신 것이 관가에 입문이 되면 필경 절이 조용치 못할 터인데 우리 중들만 탈을 당하구 말두룩 되지 않구 스님 불상에까지 누가 미치게 되면 어떻게 하우?"

"이 절 중들은 다 한통이오?"

"우리 중들은 공론한 일이 있어서 죽을 곡경을 당하기 전엔 말 낼 리 없지만 우선 불

상쟁이가 속을 다 알구 있으니 그 사람을 믿을 수 있소?”

　“그 사람은 내가 데리구 갈 테니 염려 마우. 그외에는 또 말낼 듯한 사람이 없소?”(6권: 284).

　이 제안을 칠장사 중들이 가장 먼저 꺼냈다는 게 참으로 아이러니했다. 불상장이야 어찌되건 간에 그들에게는 영험하기 그지없다는 병해대사 불상의 안위만이 중요했을 뿐이다. 결국 불상장이는 꺽정이패에게 죽임을 당한다. 그런데 이게 과연 병해대사 유지를 받드는 일이었을까? 병해대사였다면 그깟 불상의 안위보다 살생을 하지 못하도록 했을 게 분명하다. 불상장이의 죽음과는 별개로 꺽정이 패가 칠장사에 들이닥친 사연을 중들이 그럴듯하게 꾸며 냈음에도 결국에는 죽산 현감이 병해대사와 꺽정이가 사제지간이었을 뿐 아니라 병해대사를 기리기 위해 불상을 만들었다는 사실을 모두 알게 되지 않았던가?

　　현감은 칠장사 중들이 살인에 관련 없는 줄도 알고 칠장사 새 불상이 꺽정이와 사제간(師弟間)이던 백정중인 줄도 알아서, 중들을 내놓을 때 새 불상을 집어치우라고 이르고 집어치우는 것을 보고 오라고 장교 두엇까지 안동하여 내보냈다. 중들은 관령을 거역할 길이 없어서 백 년 천 년 길이길이 공양할 불상을 새로 뫼신 지 불과 며칠 만에 들어내는데, 상좌중은 말할 것도 없고 다른 중들도 모두 허우룩 섭섭하여 마음을 지향하지 못하였다. 안동하여 나온 장교들을 후대하여 들여보낸 뒤에 상좌중이 별당 누마루 한구석을 정하게 치우고 들어낸 불상을 남 안보게 뫼셔 두었다(6권: 291-292).

　불상장이 입장에서는 정든 고향과 삶의 터전을 버리고 일가친척 하나 없는 청석골로 끌려가는 게 죽기보다 싫었을 것이다. 그래서 임꺽정 일당에게 대적할 힘이 없어 따라 가겠다고는 했지만, 본의가 아니었기에 죽음을 무릅쓰고라도 도망질을 택한 것이다.

꺽정이가 젊은 중과 쑥덕공론을 하고 나와서 다른 두령에게 대강 말을 이른 뒤에 곧
일행을 끌고 나서는데, 막봉이더러 절 문간까지 걸어가자고 말하고 다른 두령들 시켜 양
옆에서 부축해 주게 하였다. 판도방 앞에 와서 꺽정이가 불상 장인을 불러내어 수어 인
사말을 마치고

"내가 다른 절에 가서 불상을 파게 해줄 테니 나하구 같이 갑시다."

하고 말을 붙이었다.

"절 이름을 가르쳐 주시면 나중 가겠습니다."

"나하구 같이 가야 하우."

"지금 같이 가잔 말씀입니까?"

"그럼 지금 가잔 말이지."

"지금 어떻게 갑니까?"

"지금 못갈 일이 무어요?"

"절에 셈두 해줄 것이 있구 지금은 갈 수 없습니다."

"못 간다면 잡아가지구 갈 테야."

"제가 무슨 죄가 있습니까."

"내 말을 거역하는 것이 죄다. 네가 아직 나를 잘 모르겠지? 나는 어젯밤에 안성서 옥
을 깨친 임꺽정이야. 지금 나하구 같이 갈테냐? 얼른 말해라."

"가겠습니다."

"너의 행장을 다 가지고 나오너라"(6권: 285-286).

홍명희는 백정부처에 치성을 들인 덕에 손자의 병이 나았다고 믿는 죽산 현
감 어머니와 백정부처 몸에 칼자국이 있는데, 칠장사 중들의 전설을 들으면 백
정부처를 와서 보고 '백정놈의 부처가 어디 있단 말이냐' 하고 칼로 찍고 곧 그
자리에서 피 토하고 죽은 술취한 양반에 얽힌 얘기를 사례로 들어 칠장대사 불
상의 영검함에 대해 말하고 있지만 정작 백정불을 만들어준 불상장이는 억울하

게 생을 마감하지 않았는가. 살생을 통해 얻은 백정불의 영검함이 과연 어떤 의미가 있을까? 홍명희가 꿈꾸었던 대동 공화세상에 불상장이의 자리는 과연 없었을까? 홍명희가 살아있다면 이 문제에 대해 꼭 한번 따져 묻고 싶었다. 독자의 흥미를 끌기 위해서 불상장이 죽음과 백정부처 일화를 지어낸 것이라면 홍명희 역시 생명을 경시했다는 비판을 면하기 어렵다.

병해대사 불상의 현존여부

병해대사 불상이 실재 존재하는지에 여부에 대해 다소 논란이 있었다. 홍명희는『임꺽정』에서 백정부처로 불리는 병해대사 불상이 칠장사에 남아있다고 했지만, 1990년대 중반 칠장사를 방문한 최명 교수는 백정불이 실존하지 않는다고 적었다(최명, 1996: 11). 2008년경 칠장사 창고에서 그간 방치해온 불상 하나가 발견됐다. 불상과 함께 불상 아래 '봉안 임꺽정(奉安 林巨正)'이라고 적힌 삼베 조각에 대한 충북대 연구팀의 동위원소 분석 결과 "1540년을 중간연대로 ±100년의 방사선 연대측정"이 가능한 것으로 확인됐다. 이를 토대로 현재 학계와 불교계에서는 임꺽정이 병해대사 불상을 실재 봉안한 것으로 인정하는 편이다. 병해대사 불상은 현재 칠장사 극락전에 잘 모셔져있다.

■ 안성감옥 파옥 답사기

1. 조선시대 안성 관아터로 현재 안성초등학교와 안성교육청이 자리하고 있다. 널찍한 게 한눈에 봐도 관아나 관청이 자리 잡을 명당임이 분명하다. 임꺽정은 여기에서 길막봉이와 그의 아내, 장인을 구출하여 가현, 안성천 방면으로 도주했다.

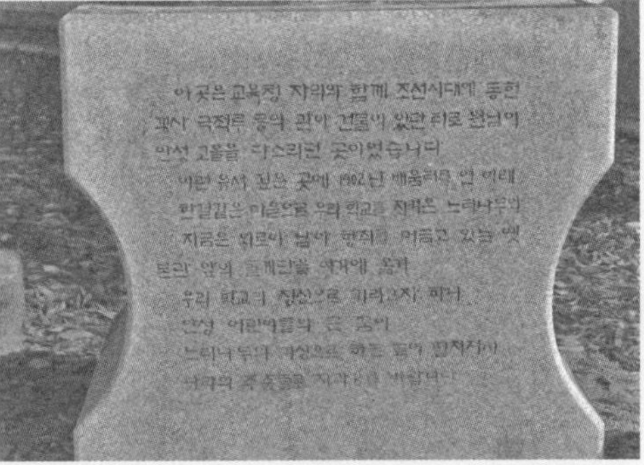

2. 임꺽정과 그 일당은 파옥 후 안성관아(현 안성초등학교)에서 극적루와 보개우체국이 위치해 있는 가현 방면으로 나와서 안성천을 끼고 가사리·구사리를 지나 내동방면으로 도주했다.

[극적루]

[보개우체국]

[안성천 및 가사리·구사리 전경]

3. 내동(현재 내방리)에서 관군은 도주하는 임꺽정 일당을 따라잡았다. 임꺽정은 추격해 오는 관병의 목소리와 인적을 알아차리고 청량산 산상골에서 접전을 벌인다.

[안성천 및 가사리·구사리 전경]

4. 청량산 뒤편 산상골(현 금수원, 안성시 삼죽면 마전초등학교 건너편) 자락에서 임꺽정 일당과 추격해온 관병의 전투가 벌어진다. 이 싸움에서 청석골 두령들은 관병을 물리치고 달골 곽능통이 집까지 탈출하는데 성공한다.

5. 임꺽정 일당이 도착한 곽능통이 집이 위치한 달골 전경. 현재도 달골로 불린다. 지금은 인가가 없지만 평평하고 너른 터에 예전에는 민가가 다수 있었을 법한 아늑한 곳이다. 임꺽정이와 청석골 일곱 두령은 병해대사 불상 앞에서 의형제를 맺기 위해 길막봉이를 옥에서 구한 후 가마에 태워 달골에서 수곡마을, 초당마을, 장계리를 지나 북전고개를 넘어서 칠장사를 방문한다. 흥미 있는 사실은 안성 지역이 산업화와 도시화의 개발 물결이 비켜갔던 관계로 조선시대부터 오랫동안 전해 내려온 지명은 물론 북전고개에서 칠장사로 가는 길을 빼곤 홍명희가 『임꺽정』을 쓸 당시의 지형·지세 모습이 원형 그대로 잘 보존되어 있음을 확인할 수 있다.

6. 달골에서 녹배고개 넘어 칠장사 가는 길. 현재 이 길이 비포장 산길도로로 잘 보존되어 있다. 녹배고개를 넘으면 다원이라는 한정식 집이 위치한다. 녹배고개라고 쓰여진 곳에서 칠장산 방향으로 산을 오르면 도덕산, 관해봉을 지나 달골에서 칠장사까지 최단 시간에 도착할 수 있다. 병해대사 열반 소식을 전해 듣고 길막봉이를 안성감옥에서 구출하기 직전, 이 길을 통해 꺽정이, 봉학이, 유복이 세 사람이 칠장사를 찾았다.

7. 녹배고개에서 15분 남짓 걸으면 한식당 '세영이네'가 보이고 그 옆으로 일차선 도로가 나 있다. 이 도로를 따라 장계리 방면으로 나가면 수곡마을과 만난다.

8. 현재 수곡이란 지명은 존재하지 않는다. 옛 수곡 길에 큰 목장이 자리하고 있기 때문이다. 하지만 왼편 사진의 '수곡 양돈농장'이라는 명칭이 여기가 수곡마을이었음을 짐작케 한다.

9. '세영이네'에서 하장마을회관을 지나 30분가량 걸으면 초당마을에 도착한다. 이 일대 지명은 지금도 초당마을로 불린다. 초당마을 끝자락에 위치한 장계저수지에서 북전고개를 넘어가는 경로가 칠장사로 가는 가장 빠른 길이었다. 하지만 지금은 안성컨트리클럽 골프장이 위치하여 북전고개로 직행할 수 없다. 골프장 건설 전부터 초당마을에서 살아온 동네 토박이로서 현재 장계저수지 낚시터를 운영하는 우원식 씨 전언에 따르면 장계저수지에서 칠장사까지 25분에서 30분 남짓 걸렸다고 한다. 그런데 골프장을 우회해 걸으면 칠장사까지 1시간 30분 이상 소요된다.

10. 골프장 내 검은 화살표로 표시한 구간이 지금은 끊겨버린 칠장사 옛길이다. 현재 북전 고개 진입로에는 개인별장이 골프장과 접하여 위치해 있다. 1992년 안성 컨트리클럽 골프장 건설로 인해 신라시대부터 천 년간 이어져온 초당마을(장계리)에서 북전고개 너머 칠장사에 이르는 산길이 사라졌다. 참으로 안타까운 일이며 북전고개 길을 복원할 수 있는 대책 마련이 절실하다.

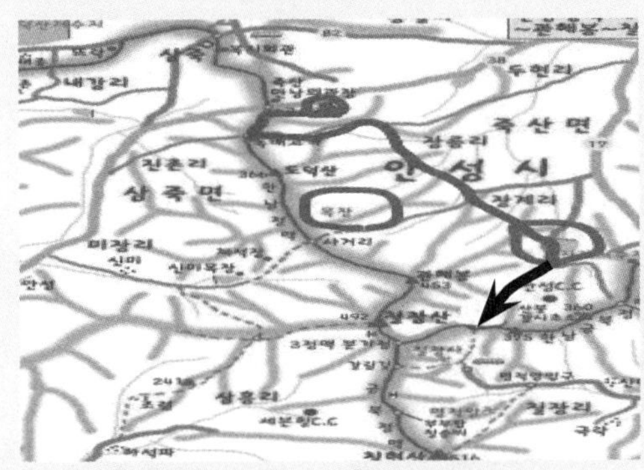

[달골에서 칠장사 가는 길]

[북전고개 진입로]

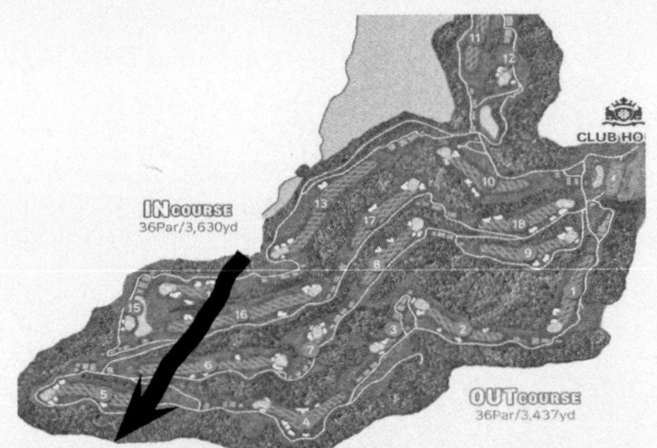

[북전고개-칠장사 가는 길]

제6부   시네마 『임꺽정』

　영화는 일종의 종합예술이다. 『임꺽정』에는 영화적인 요소가 많다. 그러려면 이야기가 다양하고 눈앞에 뵈는 듯이 생생해야 한다. 『임꺽정』에서 영화로 만들어도 손색이 없을 일화로는 꺽정이 의형제인 이봉학이 이야기와 송악산에서 대왕그네타다 벌어진 일을 꼽고 싶다. 이봉학이 이야기는 일종의 서사를 지니고 있다. 청석골의 다른 두령들과 달리 그는 을미왜변에 궁수로 참전했고 이후 전라감사 비장, 제주 정의현감, 임진별장 등 다양한 벼슬을 거쳤다. 그런 만큼 사건이나 일화가 많을 수밖에 없다.

　이봉학이 이야기가 비교적 긴 시간에 펼쳐진 파란만장한 사내의 일생을 다룬 것이라면 송악산 일화는 이틀이라는 대단히 짧은 시간에 발생한 다양한 사건을 박진감 있는 필체로 압축하여 그려내고 있다는 점에서 차이가 있다. 송악산 사건에는 현대 영화가 지녀야 할 요소들, 이를테면 액션, 코미디, 멜로, 스릴, 서스펜스, 게다가 손에 땀을 쥐는 반전의 요소까지 두루 갖춰져 있다. 이봉학이 이야기와 송악산 사건은 모두 홍명희가 지어낸 이야기다. 그런 만큼 상상의 나래를 마음껏 펼칠 수 있었을 것이며 따라서 재미는 보장된 것이나 다름없었다.

신궁 이봉학이의 파란만장 인생 이야기

이봉학이는 꺽정이가 갖바치 집에서 서울살이 할 때 또 다른 동무인 박유복이와 함께 의형제를 맺은 둘도 없는 친구 사이다. 이들은 모두 갖바치를 평생스승으로 모시며 존경했다. 갖바치는 꺽정이, 봉학이, 유복이에게 글도 가르치고 병법도 가르쳤다. 이 가운데 봉학이는 양반이긴 하지만 관비 엄마에 서얼 출신이라는 한계를 지닌 반쪽짜리 양반이었다.

봉학이는 서울 살다 외할머니와 함께 교하 낙하원 근처로 이사 가서 결혼도하고 농사일도 하며 그럭저럭 청년 시절을 보냈다. 그러던 중 영암에서 왜변 났다는 소식을 듣고 꺽정이와 함께 참전하여 공을 세운다. 을묘왜변에서 신궁 소리를 들을 정도의 빼어난 활솜씨 덕에 영암성 수성장으로 파견된 전주부윤 이윤경 휘하에 들어간다. 이윤경은 영암성 수성의 공을 인정받아 전라도관찰사로 영전한다. 『명종실록』은 이윤경의 전라관찰사 부임 사실을 전하며, 윤경(潤慶)은 밖으로는 온화하고 안으로는 근엄하여 위엄이 있고 대체(大體)를 알았다고 말했다. 조수(操守)가 방정하였고 논의(論議)가 너그러웠으며 일에 임하여서는 의(義)를 지켜 굳은 의지를 빼앗을 수 없었다. 형제간에는 우애가 지극하였다(『명종실록』 권19: 20책 292면).

이윤경은 전라관찰사로 부임하면서 을묘왜변 때부터 신임해 마지않던 이봉학이를 비장[1] 가운데 하나로 임명하여 전라감영이 있는 전주에 입성한다. 전라관찰사 부임 장면에 대한 홍명희의 묘사가 장관이다.

---

1   조선 시대에, 감사(監司)·유수(留守)·병사(兵使)·수사(水使)·견외 사신(使臣)을 따라다니며일을 돕던 무관 벼슬.

이윤경이 김주(金澍) 대로[2] 전라도관찰사가 되어서 전주에 부임할 때 난리 뒤라고 모든 일에 제폐하기를 힘썼으나 이 길이 부임이자 개선(凱旋)이라 자연 기구가 볼 만하였다. 새 감사가 전주 입성하는 날 부중 백성들이 남녀노소 모두 뒤끓어 나와서 십 리 밖까지 사람으로 성을 쌓았다. 오마작대(五馬作隊)의 마군이 선진(先陣)으로 맨 앞에 오고 그 뒤에 새 감사가 전날 부윤으로 출전할 때 데리고 갔던 여러 광대들이 오색옷들을 입고 춤을 추며 오는데 그 중간에 악수(樂手) 한 패가 길군악을 울리고 그 뒤에 오색 깃발이 바람에 펄펄 날리는데 호남제군사명기(湖南制軍司命旗)가 높이 떠서 오고 사명기 뒤에 군사 두 패가 전후에 갈라서고 그 중간에 감사가 융복(戎服)을 갖추고 백마 위에 두렷이 앉아 오는데 말탄 군관이 좌우로 옹위하였다. 이 군관은 감사 덕에 호사하는 비장들이다. 감사가 오른편을 돌아보며 무슨 말을 이르니 비장 하나가 말위에서 몸을 굽신하고 말을 옆걸음 걸려 감사 가까이 들이세우며 말머리 하나쯤 뒤떨어져 따라갔다. 감사가 좌우산천을 가리키며 말하는데 그 비장은 연해 몸을 굽신거리었다(5권: 300-301).

왜적 출몰 소식과 봉학이의 출정

『임꺽정』에서 의형제를 맺은 일곱 두령 일화가 모두 그렇듯이 이봉학이 이야기 역시 사실에 기반한 것이 아니라 홍명희가 지어냈다. 서자이긴 하나 종실 자손인 이봉학이를 『임꺽정』의 중심인물 가운데 하나로 굳이 등장시킨 이유에 대해 나로서는 알 도리가 없다. 반쪽짜리 양반이 출세길이 막히자 사회에 불만을 품고 적당에 가입할 수밖에 없었다는 '사회구조적 모순'에 근거한 설명만으로는 봉학이가 청석골에 들어간 이유를 설명할 수 없기 때문이다. 봉학이는 제주에서 현감 벼슬도 하며 나름 착실하게 관직 생활을 했고 의형제인 유복이를 도적의 길에 들어서게 했다며 꺽정이를 나무라는 등 도적이 되지 않으려고 무던히 애를 썼다. 강직하고 올곧은 성품이 그의 운명을 한순간에 바꿔 놓았다.

---

2   다음으로. 뒤를 이어.

봉학이 이야기는 황천왕동이나 박유복이, 배돌석이 일화에 비해 해학적 요소도 적고 곽오주 얘기만큼 기괴하지도 않으며 그렇다고 연민이 들 정도의 처연한 맛이 있는 것도 아니다. 하지만 봉학이 이야기는 독자로 하여금 공부하게 만든다. 그만큼 당대의 사회·문화적 고증에 충실했다는 얘기다. 봉학이 이야기가 펼쳐지는 주요 무대는 전라와 제주, 그리고 서울이다. 여기서 지금껏 듣도 보지 못한 조선시대 벼슬아치 이름이나 전라, 제주의 지명·지세에 더해 해당지역의 사회문화적 특징에 대한 자세한 소개가 이어진다.

이는 『임꺽정』의 남도 루트라 할 만 것으로 홍명희가 의도적으로 그렇게 이야기를 꾸며낸 것이라고밖에 볼 수 없다. 홍명희는 우리 민족의 고유 강역에 대한 설명을 통해 독립정신을 일깨워주려 한 것이다. 지금은 일제 식민 치하에 있지만 종국에는 독립을 쟁취하여 새로운 나라를 만들어갈, 오랜 역사와 문화를 공유하는 하나의 민족으로서 빼앗긴 나라를 되찾기위해 일치단결해 나가야 함을 자각시키려는 정치적 의도가 깊이 깔려있다. 독자들은 이봉학이 얘기를 통해 홍명희의 박식함과 뛰어난 식견에 탄성을 금하지 않을 수 없다. 그러면서 저 자신도 모르게 이야기 속으로 빠져든다.

한 달포 지난 뒤에 연해각읍(沿海各邑)에서 왜선(倭船)이 근해(近海)에 출몰(出沒)한다고 보장(報狀)이 뻔질 떠서 감사는 일변 각읍에 관자[3]하여 인심이 소동되지 않도록 하라고 신칙하고, 일변 평소에 미타히[4] 본 중군을 갈고 봉학이를 시켜 중군이 새로 나기 전 병방과 중군 일을 보게 하고 봉학이에게 군사 백 명을 뽑아 주어서 연해 각읍을 돌게 하였다.

봉학이의 행군(行軍)할 준비가 다 되었을 때 감사가 봉학이에게 영을 내리었다.

"갈 때는 금구(金溝), 태인(泰仁)·정읍(井邑)·장성(長城)·광주(光州)·나주(羅州)를 거쳐 영

3　관문. 조선 때, 상관이 하관에게, 또는 상급 관청이 하급 관청에 보내던 공문서.

4　든든하지 못하고 미심쩍은 데가 있는.

암(靈巖)에 가서 기일간 두류하며 적정(賊情)을 탐문하고, 영암서 해남(海南)·강진(康津)·장흥(長興)·보성(寶城)·낙안(樂安)·순천(順川)을 차례로 돌고, 올 때는 순천서 곡성(谷城)·남원(南原)·임실(任實)을 지나오되 왕래에 군사를 단속하여 민간에 작폐가 없게 하고 군량 이외에 지방관원에게 침책이 없게 하라. 만일 적병과 접전하게 되거든 형편을 따라 병사·수사나 또는 각(各) 진관鎭管) 도호부사(都護府使)의 지휘나 또는 조력을 받으라.”

봉학이가 감사의 영을 받은 뒤에 군사를 거느리고 곧 전주를 떠나서 영암 삼백이십 리를 나흘 만에 왔다. 지난해 여름 난리에 영암 성중은 병화(兵火)를 면한 까닭에 인가(人家)가 조밀하나 성 밖은 사방이 다 초목만 무성하여 병화의 자취가 눈에 새로웠다. 봉학이가 남방어사진이 패진하던 북문 밖을 나와 볼 때 자연 감창(感愴)한 맘이 없지 못하여 전망사졸(戰亡士卒)을 한번 제 지내 주려고 생각하고 영암군수에게 말하였더니 군수가 두말 않고 찬동하고 여러 가지로 힘을 빌려주었다. 제단(祭壇)은 북문 밖에 모으고 제물(祭物)은 주과(酒果)로 차리고 또 제일(祭日)은 택일하였다. 택일한 날 석후에 봉학이가 부하 군사와 본군 공형(本郡公兄)을 데리고 북문 밖에 나와서 제사를 지내는데 선비들도 십여 명이 나와서 참사(參祀)하였다. 위패 앞에 제물을 벌여놓은 뒤에 봉학이가 분향하고 좌수가 축문을 읽고 다 함께 곡(哭)하는데 봉학이만은 진정으로 우는 울음을 한동안 그치지 아니하여 다른 사람들까지 새삼스럽게 처량한 빛이 얼굴에 떠돌았었다.

봉학이가 사오 일 동안 영암서 두류하며 사방으로 탐문하여도 적선이 해상에 출몰한다는 소식뿐이라 해남으로 내려가려고 제사지낸 이튿날 군사들에게 길 떠날 준비를 시키고 군수에게 작별하러 들어갔더니, 장흥 득량도(得良道) 근방에 적선 두세 척이 나타났다고 장흥서 기별온 것을 군수가 말하여 주었다. 봉학이가 즉시 나와서 행군하여 떠나는데 해남으로 안가고 바로 장흥으로 내려왔다. 장흥은 지난해 적변에 부사 한온(韓蘊)이 출전하였다가 전망하고 다시 해남현감(海南縣監)이던 변협(邊協)이 요행히 해남을 보전한 공으로 부사가 되어온 곳이다. 변부사가 득량의 적선 소식을 듣고 해적이 만일 침범하면 성이나 잃지 않고 지키려고 성 지킬 도리만 생각하나, 병력이 오히려 약한 것을 근심하고 있던 차에 명궁으로 소문난 이봉학이가 물고 뽑은 듯한 군사 백 명을 거느리고 오니 변부사의 기쁜 마음은 이루 말할 수가 없었다.

봉학이가 장흥 입성하던 날 저녁때 왜적이 하륙(下陸)하였단 소문이 나며 온 성중이 곧 술렁술렁하였다. 봉학이가 부사를 보고 왜적이 들어오기 전에 나가서 치는 것이 상책이라고 말하여 보았으나, 부사는 성을 지키고 있는 것이 옳다고 고집하여 할 수 없이 그대로 고만두고 이튿날 식전에 부사를 만나서 자기의 부하만 데리고 나가서 적병의 형세를 보고 오겠다고 말하고 군사들 아침을 든든히 먹여가지고 포구로 끌고 나가는데 길에서 성 안으로 피란들어오는 피란꾼들을 많이 만났다.

피란꾼들의 말을 들으니 왜적들이 삼삼오오로 떼를 지어 포구 근방 촌가로 돌아다니며 노략질을 낭자히 하는 모양이라 봉학이가 군사를 급히 몰고 쫓아가서 각촌을 뒤지기 시작하였다. 왜적들이 봉학이의 군사를 보고 거지반 다 배로 도망하는데 나중에 이십여 명 한 떼가 관군을 넘보고 도망 않고 접전하다가 봉학이 활에 헛나가는 살이 없어서 반 넘어 살을 맞아 죽고 그 나머지는 목숨들을 도망하였다. 봉학이가 군사를 몰고 왜선 매인 해변까지 쫓아나갔으나 왜선이 벌써 해상으로 떠나가서 가는 배 뒤만 멀리서 바라보고 발을 굴렀다.

봉학이가 적의 머리 벤 것은 변부사에게 맡기고 장흥서 떠나는데 길은 강진· 해남을 빼놓고 바로 보성으로 가는 것이 편하나 감사의 영이 중하여 강진 지나 해남까지 갔다가 되쳐올 작정하고 강진으로 향하였다. 삼십 리 강진읍에 와서 군사를 머물러 두고 필마로 병영에 나가서 남병사[5]께 문후하였다. 남병사가 감영에 왔을 때 봉학이는 잠깐 승안[6]만 하였지 뫼시고 담화한 일이 없는 까닭에 이날 비로소 지난일을 말하고 사죄하니 남병사가 석연(釋然)치는 못하나 구일 부하로 대접하여 하룻밤을 붙들어 묵히기까지 하였다.

봉학이가 이튿날 읍에 돌아와서 현감을 만나러 동헌에 들어가니 현감이 책방을 데리

---

5 을묘왜변 당시 상관이었던 남치근을 이름.

6 웃어른을 찾아가 뵘. 여기서 얼굴만 보고 인사하다는 뜻을 지닌다.

고 바둑을 두다가 바둑판을 한옆에 밀쳐놓고 봉학이를 맞아들였다. 난리 소문으로 민심이 소란한 때 현감이 한가히 바둑 두고 있는 것이 마음에 괘씸하여 봉학이는 자리에 앉으며 곧

"보아하니 바둑을 좋아하십니다그려."

하고 빈정거리듯 말하였다.

"바둑을 둘 줄 아시오?"

"넷 놓구 따먹을 줄은 알지요."

"한번 두시려오?"

"싫소."

"바둑이란 맘공부가 되는 것이오."

"바둑 가지구 도적두 막을 수 있소?"

"도적은 활 쏘는 사람이 막을 테지요."

"아무 걱정이 없으십니다그려."

"병사가 가까이 기신데 무슨 걱정이 있겠소?"

"민심을 안정시키는 것두 병사또[7]가 하실 일일까요."

"강진 일경은 민심이 안연(晏然)하니 염려 마시오."

"어제 병영에서 들으니까 가리포(加里浦) 백성들은 요새 밤잠을 못 잔잡디다."

"그럴는지 모르지요. 그렇지만 육십 리 밖에 앉아서 첨사(僉使)[8]의 할 일을 대신 해주는 수야 있소."

"그렇겠소."

봉학이가 현감하고 더 말하다가는 속이 터질 것 같았다.

---

7 군사령관.

8 조선 시대에, 절도사에 속한 진(鎭)에서 수군을 거느려 다스리던 군직(軍職). 조선 초기에는 종사품 무관으로 임명하도록 규정하였으나 얼마 후 해당 지방의 수령이 겸임하게 하였다.

"고만 사처루 나가겠소."

"내일 떠나시겠소?"

"녜, 떠나지요."

"해남으로 가시겠소?"

"가리포 한번 가보구 해남으루 가겠소."

"가리포서 해남으루 가실라면 뱃길루 가시겠소그려."

현감의 눈치가 강진읍으로 다시 오지 않기를 바라는 모양이라 봉학이는 짓궂이

"아니오. 길이 있는데 배를 탈 까닭이 있소. 이리 다시 오지요."

하고 말하였다(5권: 335-338).

정의현감 이봉학이의 선정(善政)

이봉학이와 관기(官妓) 계향이는 연인 사이다. 새로 부임한 전주부윤의 수청 요구를 계향이가 거부하자 부윤 휘하의 병졸들이 매질하여 억지로 끌고 가려는 것을 봉학이가 미리 알고서 구출해낸다. 이 사건으로 골이 난 전주부윤이 조정 실세인 중추부사 윤원형에게 고자질하자 소나기는 피하고 보는 게 상책이라 판단한 이감사가 왕에게 장계를 올려 이봉학이를 제주 정의현감(旌義縣監)에 제수(除授)토록 했다.

원래 봉학이는 경기 근처 조그만 고을의 원이 되기를 이감사에게 요청했다. 이윤경은 무과 출신은 제주 같은 변방이 아니면 내지(內地) 수령은 할 수 없는 게 국법이었던지라 자기 힘으로도 어찌할 수 없다고 타이르며 정의현감 직에 최선을 다할 것을 당부한다. 계향이와 헤어지는 게 무엇보다 싫었으며 이감사 곁에서 보필하고 싶어 하는 봉학이에게, 이윤경은 전최고과법(殿最考課法)으로 알려진 수령의 치도(治道)에 대해 일러준다. '전최고과법'은 공직자의 본보기로 오랜 세월이 지난 현재에도 여러모로 곱씹어 볼 대목이다.

봉학이는 비장으로 전주 있지 못하고 현감으로 정의 가는 것이 마음에 좋지 않았다. 감사 밑을 떠나게 되는 것도 여간 섭섭하지 않거니와 계향이 옆을 떠나게 되는 것이 진정 싫어서 치하인사를 받을 때 눈살까지 찌푸렸다. 감사가 이 눈치를 알고 어느 날 조용한 틈에 봉학이를 불러서 말을 이렀다.

"너 정의 가는 것이 맘에 싫으냐?"

"황송하온 말씀이오나 정의 가옵는 것이 소원이 아니외다."

"어째서 소원이 아니야?"

"소인은 일평생 사또 막하에 있기가 소원이외다."

"그것은 내가 네게 바라는 바가 아니다. 정의 가서 치적(治積)을 나타내서 나의 천한 보람이 있게 해라."

"녜."

"내가 선비 하나를 너의 책방감으로 골라놓았다."

"황감하오이다."

"너의 가권을 교해서 데려올 터이냐?"

"아니올시다. 혼자 가 있겠소이다."

봉학이는 계향이를 떼어놓고 차마 혼자 갈 수 없을 것 같아서 혼자 가 있겠다고 말할 때 풀기가 없었다. 감사도 봉학이의 속을 짐작하는지 봉학이의 얼굴을 바라보며 적이 웃었다.

감사가 전최고과법(殿最考課法)을 봉학이에게 들려주었다. 공변되고 밝고 청렴하며 부지런하면 이는 선치수령(善治守令)이요, 탐하고 포악하고 게으르고 용렬하면 이는 악치수령(惡治守令)이니 그 고을의 전야(田野)가 개척되고 호구(戶口)가 증가되고 부역(賦役)이 고르고 학교가 일어나고 송사가 간단하냐, 전야가 진황(陳荒)되고 호구가 감손(減損)되고 부역이 번거하고 학교가 폐해지고 송사가 정체(停滯)되느냐, 이로써 선치의 최(最)와 악치의 전(殿)이 서로 다른데 다섯 번 고과에 오상(五上)이요, 열 번 고과에 십상(十上)이면 선치수령으로 뽑히어 관직(官職)에 오르는 법이었다. 이외에도 수령 노릇하는 사람이 반드시 알아야 할 일을 말해 주느라고 말이 길어서 봉학이는 선화당에 오래 있었다(5권: 366-368).

꾀를 내어 기생 적(籍)을 자기 힘으로 없앤 계향이를 데리고 봉학이가 제주로 함께 내려온다. 봉학이는 정의현감 직을 맡고 선정을 펼친다. 여기서 홍명희의 제주에 대한 빼어난 인문지리·사회학적 성찰이 돋보인다. 현재 시점에서도 대단히 뛰어난 고찰로 감탄을 금할 길 없다.

봉학이가 감사 분부를 어기기 어려워서 감사보다 먼저 도임길을 떠나는 데 봉학이 자기는 보교를 타고 책방은 말을 태우고 계향이는 승교바탕을 태웠다. 해남 관두량(館頭梁)에 와서 배를 타고 수로(水路)로 구백칠십 리 제주를 무사히 득달하여 목사(牧使)를 뵈온 뒤에 다시 육로로 일백삼십 리 정의에 와서 도임하였다.
일개 사수(射手) 이봉학이는 천여호 골의 원님이 되고 일개 기생 계향이는 원님의 안으로서[9]님이 되었는데 이봉학이의 직함(職銜 또는 職啣)은 정육품(正六品) 돈용교위(敦勇校尉) 정의현감(旌義縣監) 겸 제주진(濟州鎭) 병마절제도위(兵馬節制都尉)요, 계향이의 호강은 곧 실내마님과 다름이 없었다(5권: 372).

제주의 풍속과 악습에 대한 설명이 이어진다. 이 고찰은 제주 향토사 연구에도 크게 기여 할 수 있을 것으로 여겨진다. 특히, 성주라 불리는 토호와 인록에 대한 설명은 참신하며 같은 시대 일본 류큐(琉球) 역사와 비교해보면 흥미 있는 사실을 상당히 발견할 수 있다고 생각한다.

제주도(濟州島) 남쪽땅 구십여 리 폭원(幅員)에 대정(大靜)이 서쪽에 있고 정의(旌義)가

9　예전에, 지위가 있는 사람이나 양반의 아내를 높여 이르던 말.

동쪽에 있으니 정의읍에서 보면 국내에 이름 높은 한라산이 서로 이십 리요, 신선의 놀이터라는 영주산(瀛洲山)이 북으로 사 마장[10]이며 동으로는 성산포가 이십오리 인데 해수(海獸) 많이 모이는 우도가 가까이 있고 남으로는 바다가 칠 마장인데 호호망망한 남해(南海)가 가이없다. 산에서는 희귀한 약재가 나고 바다에서는 풍부한 해물이 나건마는 백성은 살기가 간구[11]하였다.

토지가 대개 돌서덜밭인데 농구가 변변치 못하여 밭벼·서속 같은 곡식이 소출이 적고 잠수질로 해의·전복 등속을 따고 낚시질로 은구어(銀口魚)·옥두어(玉頭魚) 등속을 잡으나, 그물 같은 좋은 어구 쓸 줄 모르고 사내가 적고 계집이 많은 곳이라 사내는 놀리고 계집이 일하는 것이 풍속인 까닭에 여름살이도 주장 계집의 일이요, 고기잡이도 역시 계집의 일이요, 잠수질은 특별이 계집의 장기로 쳐서 바닷속에 깊이 들어가는 딸이라야 여의기가 손쉬웠다.

계집의 덕으로 먹고사는 백성들이 다른 침해(侵害)만 아니 당하여도 오히려 잘 살 수가 있지만, 관장도 침해하고 관속도 침해하고 더욱이 도지관(都知管)[12] 벼슬을 세습하는 고씨(高氏)·문씨(文氏)의 붙이들의 침해가 자심하여 밭 뺏고 세간 뺏는 건 고사하고 사람을 잡아다가 사내종·계집종 같이 부리되 인록(人祿)[13]이라고 자기네 받을 녹과 같이 여

---

10 전통적인 거리 단위로 대략 5-10리 이내의 거리를 가늠할 때 사용한다. 1마장이 대략 1리로 약 390미터에 해당한다.

11 가난하고 구차하다.

12 다른 말로 성주(星主). 성주는 탐라에서 사용한 군주의 칭호로, 왕자(王子) 및 도내(都內) 등과 함께 사용되었다. 성주·왕자·도내 가운데 성주가 탐라국의 실질적인 국왕으로 추정되며, 왕자는 부왕(副王) 격으로 여겨진다. 도내는 신라 이후에는 나타나지 않아 단절된 것으로 보인다. 실질적인 고려의 지방 행정구역으로 편입된 뒤에도 성주와 왕자는 세습이 지속되어, 제주도 내에서 상당한 정치적 영향력을 유지했다. 조선 태종이 탐라를 제주로 고쳤을 때, 성주와 왕자 칭호를 포기하여 '도지관(都知管)'이라는 토관(土官)직으로 개편되었다.

13 세력 있는 양반들이 백성을 마음대로 부리던 일. 또는 그런 부림을 받던 백성. 백성을 자기들

기었다.

　　고된 신역으로 겨우 식구 입에 풀칠을 하는 신세니 물건 지고 다니는 계집의 얼굴에 풀기 있을 까닭이 없고 모여서서 절구질하는 계집의 노래가 자연 구슬프지 않을 수 없었다. 물건을 머리에 이지 않고 곡식을 방아로 찧지 않는 것 역시 이곳의 풍속이었다. 백성들이 간구하니 읍 모양도 보잘 것 없었다. 사가(私家)에 와가(瓦家)[14] 없는 것은 말할 것 없고 관가까지 초가라 정의현감의 동헌은 전주부내 잘 사는 집의 안마루 폭도 못 되었다. 동헌은 오히려도 번듯하지만 내아(內衙)는 더구나 말 못 되어서 내아라고 부르는 것이 외람스럽게 들일 만하였다(5권: 372-373).

　　봉학이는 선치수령이 되기로 굳게 마음먹었다. 백성을 하늘같이 소중히 여기는 이민위천(以民爲天) 정신으로 무장하고 공적인 일을 먼저 하고 사사로운 일은 뒤로 미루는 선공후사(先公後私)의 자질을 겸비한 봉학이는 타고난 공직자였다. 봉학이는 도민의 후생과 안위를 몸같이 여겨 보살피고 선정을 베풀어 칭송을 한 몸에 받았다.

　　봉학이는 이감사의 부탁대로 선치수령이 되려고 뼈물었다. 봉학이는 무변이라 먼저 무비(武備)에 힘을 썼다. 읍성(邑城)을 수축하고 병기를 수선하고 대수산(大水山)·오소포(五召浦)·서귀포(西歸浦)의 방호소(防護所)와 수전소(水戰所)를 가끔 나가 순시하고 현내(縣內)에 있는 열군데 봉화대에 각각 다섯 패로 번(番)을 서는 봉군(烽軍)들을 각별히 신칙하고, 사흘에 한번 좌우 병방 이하 장교들을 모아서 활을 쏘이되 한 달에 한 번씩은 다른 관속과 읍촌 인민의 활 쏠 줄 아는 자까지 다 불러서 편사[15]를 쏘이었다.

이 받을 녹과 같이 여긴 데서 유래.

14　기와로 지붕을 이어 올린 집.

15　예전에 활 쏘는 사람들이 자기가 속한 사정(射亭)에 따라 편을 나누어 활 쏘는 재주를 겨루던 일.

편사 쏘는 날은 구경 오는 남녀가 수가 없었는데, 그 중에는 제주나 대정땅에서 밥 싸가지고 오는 구경꾼도 적지 않았다. 정의 원님의 활재주가 귀신같다고 소문이 한 입 두 입 건너 널리 퍼진 까닭에 편사보다 정의 원님 활 재주 구경하러 오는 사람이 더 많았다. 무비가 대강 정돈되며부터 봉학이는 치민(治民)에 성심을 다하였다. 뇌물이 관문에 들어오지 못하게 하고 아전이 민간에 작폐하지 못하게 하고 또 토호(土豪)가 발호(跋扈)하지 못하게 하니 살판 만난 백성들은 곧 원님을 신명같이 여기게 되었다. 우매(愚昧)한 백성들이 원님에게 한껏 정성을 피우느라고 각처 본향당(本鄕堂)에서 우리 안전 수명 장수하라고 또는 우리 안전 오래 갈리지 말라고 치성드리는 남녀가 많았다. 그 해 겨울 전라도 각골 수령 포폄(襃貶)[16]에 정의현감은

"삼월지치(三月之治)가 일도지송(一島之誦)이라."

고 상등이 되었다. 석 달 동안 다스린 정사가 온 섬에서 다 기리는 바라고 책방이 포폄 뜻을 새겨서 들려줄 때 봉학이는 선치수령 노릇하기가 어려울 것이 없다고 생각하였다. 이듬해 봄에 대정 현감이 상제 되어 가고 대가 나기 전에 공관(空官)이 되어서 봉학이가 제주목사의 명으로 겸관(兼官)을 보게 되었는데, 정의서 여러 달 두고 하던 정사를 대정서는 일시에 시행하였으나 백성은 따르고 관속과 토호는 거스르지 못하였다.

두어 달 동안 봉학이가 정의서 대정을 왕래하며 겸관을 보는 중에 농시(農時) 백성을 인록 잡지 못하도록 엄령(嚴令)을 내리었었는데, 정의 와서 있는 사이에 대정 성내에 사는 고부윤(高府尹)의 현손 되는 고씨의 집에서 인록을 잡아간 일이 있어서 봉학이가 뒤에 알고 고씨 대신으로 고씨의 집 하인을 잡아다가 징치(懲治)하였더니 고씨의 떨거지는 고사하고 양씨·부씨·문씨네까지 속으로 좋아 아니하였다. 인록을 엄금한 탓으로 봉학이가 이해 여름 포폄에는 중(中)을 맞았다.

"소민수개회혜(小民雖皆懷惠)나 거실간혹유언(巨室間或有言)이라."[17]

---

16 옳고 그름이나 선하고 악함을 판단하여 결정함.

17 일반 백성 모두가 혜택을 누리고 있지만, 유지들 사이에는 할 말이 있을지도 모른다.

고 큰성바지[18]의 뒷말 있단 것이 포폄에 폄(貶)이 되어서 상(上)이 되지 못한 것이었다.

봉학이가 제주 갔을 때 인록을 금할 것인가 아닌가 목사에게 품하여 본즉

"금하긴 금하더라도 보아가며 금하오."

목사의 대답이 분명치 못하였다.

"보아가며 금하시라니 무엇을 보란 말씀입니까?"

"오래된 관습이니 차차로 금하도록 하란 말이오."

"오래된 관습인 까닭에 더욱이 일시에 엄금해야 할 것이 아니오니까."

"예전에 성주(星主)니 왕자(王子)니 하고 제주 주인 노릇하던 버릇이 뿌리가 깊어서 그렇게 쉽사리 금해지지 않소."

"하관에게 죄책을 더하지 않으시면 그런 관습은 근절(根絶)이 되도록 금해 보겠습니다."

"근절 안될 걸 근절시키려다가는 말썽만 자주 날게니 알아 하오."

목사가 굳세게 거들어 주지 않는 것을 보고 봉학이는 토호를 어루만져서 무사히 지내려고 마음을 먹었다. 그 뒤로는 봉학이가 고씨·문씨의 붙이들을 가끔 존문(存問)하고 토호질을 말도록 사의로 말하여 인록 같은 못된 관습이 전같이 심하지 않았다.

당하수령(堂下守令)은 육 년 만에 갈리는 것이 법이나 윤원형이 권세를 잡은 뒤로 법이 해이하여져서 여간 무세한[19] 수령이 아니면 좋지 못한 골에서 육 년을 채우는 사람이 별로 없던 시절이라 봉학이가 정의에 육 년토록 있고 싶지 않아서 이감사께 상서할 때 매양 이 뜻을 비치었다(5권: 375-377).

봉학이가 정의·대정현감을 겸직하다 이감사가 전라도 관찰사에서 한성부우윤(漢城府右尹) 겸 오위도총부부총관(五衛都摠府副摠管)으로 옮겨간 뒤 봉학이도

---

18   큰 성씨. 힘이 있는 가문.

19   세력이나 힘이 없다.

서울로 올라와 이감사를 보필하고 지내기를 간청했다. 봉학이가 오위부장(五衛部將)으로 발령나서 제주를 떠나려하는데 읍민들이 이현감의 전근을 한사코 반대하여 신관이 오기 전까지 계속 근무한다. 이때 돌석이를 청석골로 빼돌린 일을 도운 죄로 제주에 귀양 온 천왕동이를 만나러 꺽정이가 제주 왔다가 이현감을 찾아온다. 봉학이는 꺽정이에게 유복이가 도적질하도록 내버려 둔 것을 책망한다.

> "유복이가 지금 도적질을 하는구려."
>
> "도적두 이만저만한 도적이 아니라 댓가지 도적이라구 유명짜한 도적이라네."
>
> "댓가지 도적이란 건 무슨 별명이오?"
>
> "인명을 상하지 않으려구 댓가지루 만든 표창을 쓰는 까닭에 생긴 별명이여."
>
> "형님에 가까이 있으면서 유복이를 도적놈 노릇하게 내버려 둔단 말이오."
>
> "내버려 두지 않으면 어떻게 하나?"
>
> "어떻게 하나가 무어요? 그 자식을 붙들어다가 농사를 시키든지 장사를 시키든지 하지 못한단 말이오."
>
> "농사나 장사 시키려구 적굴에서 데려 내왔다가 포교 손에 잡혀 보내면 도적질두 못해먹구 죽지 않나."
>
> "내가 서울 가선 어떻게 해서든지 사람을 바루잡아 주어야겠소."
>
> 꺽정이는 대답이 없었다(5권: 387).

봉학이는 전라감사에서 한성부우윤, 요즘으로 말하면 서울부시장으로 자리를 옮긴 이윤경의 도움으로 서울로 전근가게 됐다. 봉학이의 서울살이가 시작된 것이다. 서울에 당도한 봉학이는 가장 먼저 꺽정이를 만나 회포를 푼다. 술이 거나해지면서 둘 사이에 대단히 의미심장한 대화가 오고간다. 이 대화야말로 '신분제의 폐해'라는 『임꺽정』의 일관된 문제의식을 드러내는 아주 중요한 대목이 아닐 수 없다.

둘이 권커니잣커니 먹느라고 술을 네 번이나 더 내왔다. 술기운이 팔구 분 오른 뒤에 꺽정이가 봉학이의 얼굴을 들여다보면서

"자네는 대체 이 세상이 어떻다구 생각하나?"

하고 물었다.

"어떻다니 무슨 말이오?"

"좋은 세상이냐 망한 세상이냐 묻는 말이야."

"글쎄 좋은 세상이라군 할 수 없겠지."

"내가 다른 건 모르네만 이 세상이 망한 세상인 것은 남버덤 잘 아네. 여보게 내 말 듣게. 임금이 영의정 감으루까지 치든 우리 선생님이 중놈 노릇을 하구 진실하기가 짝이 없는 우리 유복이가 도둑눔 노릇을 하는 것이 모두 다 세상을 못 만난 탓이지 무엇인가. 자네는 그렇게 생각 않나?"

하고 꺽정이가 흰자 많은 눈으로 봉학이를 바라보았다.

꺽정이의 입에서 말이 부프게 나올 때 눈동자 위로 흰자가 많이 나오는 것은 아이 적부터 있던 버릇이라 봉학이가 꺽정이를 보고 웃으면서

"형님 눈 괴상하게 뜨는 버릇이 그저 남았구려. 동소문 안에서 같이 지낼 때 내가 곧잘 형님 눈을 흉내내었더니 형님이 나를 가르쳤다구 우리 외할머니가 형님을 야단친 일까지 있지 않소. 형님, 생각나우?"

하고 이야기를 달리 돌리려고 하였다. 그러나 꺽정이는 가볍게

"그랬던가."

한마디로 봉학이 말을 막고 자기의 하고 싶은 말을 계속하였다.

"자네는 나더러 유복이를 도둑눔 노릇하게 내버려 두었다구 책망하지만 양반의 세상에서 성명 없는 상놈들이 기 좀 펴구 살아보려면 도둑눔 노릇밖에 할 게 무엇 있나. 그전에 심좌랑(沈佐郞)이 우리보구 반석평(潘碩枰)이란 사람의 이야기를 많이 했었지. 남의

집 종의 자식으로 재상까지 되었을 젠 여간 좋은 성수를 타구난 사람이 아닐 겔세. 예전부터 오늘날까지 수없는 종의 자식에 잘난 사람이야 반석평이 하나뿐이겠나. 우선 우리 알기에두 홍주(洪州) 서기(徐起) 같은 사람은 효행있구 행검 있구 글두 잘한다네. 그 사람이 나이 우리버덤 두어 살 아래니까 앞으루 어떻게 될는지 모르지만, 제나 내나 그대루 썩었지 별조 있겠나. 그 사람이 양반의 집 종의 자식이 아니구 양반의 자식이었으면 벌써 대사성(大司成)이니 부제학(副提學)이니 들날렸을 것일세. 내 생각을 똑바루 말하면 유복이 같은 도둑눔은 도둑눔이 아니구 양반들이 정작 도둑눔인 줄 아네. 나라의 벼슬두 도둑질하구 백성의 재물두 도둑질하구 그것이 정작 도둑눔이지 무엇인가"(5권: 392-393).

곡절 많은 봉학이의 서울살이

봉학이가 서울와서 처음 맡은 오위부장 직책이 성미에 맞지 않음을 깨닫는 데는 시간이 오래 걸리지 않았다. 맡은바 직분을 다하여 공무를 원칙대로 처리하려다 동티가 나고 만 것이다. 봉학이는 궐문 밖에서 대신 댁 계집하인을 붙들고 희롱했다는 누명을 쓰고 오위부장 자리에서 쫓겨났다가 이윤경의 계책 덕에 군기시(軍器寺) 직장(職長)으로 복직한다.

수문장(守門將)이 따로 없고 사품(四品) 이상(以上) 무변들이 번차례로 돌아가며 궐문과 성문을 수직(守職)하던 때나 사품 이상 무변들이 흔히 자기 마을의 아래 동관들을 대신 시키는 까닭에 이봉학이도 위장들의 대신으로 여러 차례 창덕궁·경복궁 두 대궐문을 수직하였다. 왕대비전하(王大妃殿下) 왕전하(王殿下)가 다 창덕궁에 와서 계신 중에 어느 날 봉학이가 금호문(金虎門)을 수직하게 되었는데, 이날 다 저녁때 기생같이 치장을 차린 하님 하나가 보자(褓子)로 싼 목판을 머리에 이고 문앞에 와서

"영부사댁이오."

말 한마디하고 바로 궐내로 들어가려고 하는 것을 군사가 막지 아니하여 봉학이가 앞으로 나서서

"내 말두 들어보지 않구 어디를 들어가!"

하고 가로막았다.

"영부사댁에서 왔단 말 듣지 못했소?"

"영부사댁에서 왔더래두 수직하는 관원의 허락을 받구 들어가야지."

"그래 나를 못 들어가게 하겠단 말이오?"

"영부사댁 하님이면 권문 출입하는 법을 잘 알겠네그려."

"누가 모른답니까?"

"알거든 어서 선인문(宣仁門)으로 가게."

"왜 선인문으로 가라오?"

"아는 건 무얼 알았나. 이 금호문은 조신(朝臣)이 드나드는 문이구 돈화문(敦化門)은 대간이 드나드는 문이구 자네 따위 드나드는 문은 선인문이야. 어서 그리 가게."

"별소리 다 듣겠소. 우리는 이때까지 이 문으로 드나들었소."

"거짓말 아닌가?"

"누가 당신하고 말하잡디까."

하고 하님이 눈을 똑바로 뜨고 얼굴을 치어다보니 봉학이가 괘씸한 생각이 왈칵 나서

"맨망스러운 년이구나."

하고 꾸짖었다.

"누구더러 년이래?"

"네년더러 년이라구 못한단 말이냐!"

"사람이 살려니까 별꼴을 다 보겠네."

하고 하님이 혼잣말하는 것을 봉학이가

"무엇이 어째! 이년, 다시 한번 말해 봐라!"

하고 호령할 때 마침 궐내에서 재상 하나가 퇴궐하여 나오니 봉학이와 하님이 다같이 한옆으로 비켜서서 재상의 나오는 길을 틔워 놓았다. 재상이 문밖에 나오자 비켜섰던 하님이 앞으로 쫓아 나오며

"아이구 미동 대감마님, 쇤네 좀 보십시오."

하고 소리를 질러서 그 재상이 물끄러미 바라보다가

"네가 영부사댁 정경부인 시녀(侍女) 아니냐?"

하고 하님을 알아보았다.

"대비마마 저녁 수라에 드릴 찬을 가지고 왔는데."

하님의 말이 미처 끝나기 전에 재상이

"수라간 찬보다 좋은 찬이 무엇이니?"

하고 물었다.

"찬은 좋지 않아도 정경부인 마님이 정성으로 바치시는 겝니다."

"얼른 들어가 바치고 가지 왜 여기 섰느냐?"

"문지기 양반이 못 들어가게 한답니다."

"그럴 리가 있느냐."

"그럴 리가 무에요? 선인문으로 가라고 못 들어가게 해요."

재상이 하님의 말을 듣고 빙그레 웃으면서 봉학이를 손짓하여 부르니 봉학이가 가까이 나가서 허리를 굽히었다.

"자네 벼슬이 무엇인가?"

"외소부장 이봉학이올시다."

"외소부장이야? 전에는."

"정의현감으루 있었습니다."

"그래 서울 온 지 얼마나 되었나?"

"인제 두어 달 되었습니다."

"이 금호문은 조신들이 드나드는 문이지만 저 기집하인은 그대로 들여보내게."

재상이 잡이를 불러 타고 간 뒤에 봉학이가 하님을 보고

"들어가게."

하고 말하니 하님이 입속말로 알아듣지 못하게 종알종알하며 들어갔다. 한번 들어간

하님이 다시 나오기 전에 다른 사람이 봉학이대신 문을 수직하러 오며 곧 뒤미처 금부 나장이가 나졸을 데리고 봉학이를 잡으러 왔다. 그 하님이 윤원형의 첩인 정난정(鄭蘭貞)의 신임하는 시녀 옥섬(玉蟾)인 것과 그 재상이 윤원형의 족질(族姪) 윤춘년(尹春年)인 것은 봉학이가 금부에 잡혀온 뒤에 비로소 알았다.

봉학이가 수문(守門)하는 관원으로 궐문 밖에서 대신댁 계집하인을 붙들고 희롱하였다고 신문(訊問)을 받았다. 봉학이가 계집을 희롱한 것이 아니라고 극구 변명하였으나 뒤에 왕대비전 분부가 있는 일이라 금부 당상들이 변명을 잘 들어주지 아니하고 주장(朱杖)질[20]까지 시키었다. 형문[21] 한두 차례 톡톡이 맞은 뒤에 봉학이가 금부에서 놓여났으나 벼슬은 떨어지고 말았다.

벼슬 떨어진 것보다도 허물 뒤집어쓴 것이 억울하여서 봉학이는 이우윤께 하소연하려고 매일 이우윤댁에 가서 살다시피 하건만, 이우윤이 사진[22]하거나 출입하지 않으면 손을 보거나 안에 들어가고 봉학이에게 하소연할 틈을 주지 아니하였다. 이우윤이 미타히 여기는 줄을 짐작한 뒤로 봉학이는 억울한 중에 일층 더 억울하여 얼굴에 풀기까지 없어졌다. 하루 지나고 이틀 지나고 사흘 나흘이 지난 뒤 봉학이가 이우윤댁에 가서 있다가 점심 먹으러 왔을 때, 계향이가 봉학이의 풀기 없는 얼굴을 보고

"오늘 아침에도 구사또를 못 뵈셨구려."

하고 말하니 봉학이는 대답 없이 입맛만 다시었다.

"댁에 안 기십디까?"

"댁에 기시면 손님이 오셨습디까?"

"손님이 안 왔으면 아낙[23]에 들어가 기십디까?"

---

20 주릿대나 무기 따위로 쓰던 붉은 칠을 한 몽둥이로 몹시 때리는 일.

21 형장(刑杖)으로 죄인의 정강이를 때리던 형벌.

22 벼슬아치가 규정된 시간에 근무지로 출근하는 일.

23 부녀자가 거처하는 곳을 점잖게 이르는 말.

계향이가 세 번 묻는 말에 봉학이는 번번이 고개만 가로 흔들었다.

"그럼 왜 말씀을 못하셨소?"

"책 보시어."

"책 보신다고 말씀 못하면 어느 때 말씀하시겠소."

"나를 지금 미타히 생각하시는데 불쑥 들어가서 말씀을 여쭐 수 있나. 불러 물으실 때만 기다리지."

"공연히 비슥거리면[24] 참말 허물이나 있는 줄로 아시지 않겠소. 이 다음엔 불러 물으시기를 기다리지 말고 들어가서 전후사 이만저만 하다고 말씀을 여쭈시오."

"글쎄."

봉학이가 점심 한두 술 떠먹은 뒤에 다시 이우윤댁에 와서 보니 대배한 지 얼마 되지 아니한 이우윤의 계씨[25] 이정승이 와서 형제 같이 담화하는 중이었다. 봉학이가 바로 수청방[26]으로 들어와서 이정승께 문안이나 할까 생각하고 있는 중에 큰사랑에서

"이리 오너라!"

소리가 나서 젊은 청지기가

"녜."

대답하고 가더니 얼마 안 있다 도로 와서

"이정의 나리, 영감께서 오라시오."

하고 말하여 봉학이는

"날 오라시어?"

하고 벌떡 일어섰다.

"영감께서 지금 수청방에 온 사람이 누구냐 물으시기에 나리라구 말씀을 여쭈었지

---

24 어떠한 일에 대하여 탐탁히 여기지 아니하고 자꾸 조금 동떨어져 행동하다.

25 상대방을 높여, 그의 아우를 이르는 말.

26 청지기가 있던 방.

요."

　　청지기의 공치사같이 하는 말을 봉학이는 듣는지 만지 하고 큰 사랑에 와서 이정승께 문안한 뒤 두 손길을 맞잡고 섰다.

　　"벼슬 떨어지고 무슨 맛에 서울 있느냐? 시굴 가서 농사나 짓지."

　　이우윤의 역증난 말을 듣고 봉학이가 허리를 굽신하며

　　"황송하오이다."

　　하고 잠깐 우물우물하다가

　　"소인이 벼슬은 떨어졌사오나 실상 허물은 없소이다. 이것만은 통촉하여 주시기를 바랍니다."

　　하고 말하니

　　"수문하는 관원으로 궐문 앞에서 대신댁 기집하인을 희롱한 것이 허물이 아니면 무엇이 허물일까!"

　　이우윤의 꾸중이 내리었다.

　　"기집하인을 희롱한 것이 아니올시다."

　　"어디 네 발명 좀 들어보자."

　　억울한 사정을 하소연하려고 벼르고 벼른 봉학이가 그날 일을 자초지종 이야기하여 발명하였다.

　　"대신댁 기집하인이 궐내에 바치는 찬품을 가지고 왔는데 어째 얼른 안들였느냐. 그것은 허물이 아닌 줄 아느냐?"

　　"금호문은 조신만 드나드는 문이라구 듣자온 까닭에 얼른 들이지 않았습니다."

　　"조신이 못 드나드는 내전에까지 들어가는 기집하인이 금호문을 드나들지 못할 것이냐. 그만 요량도 없는 사람이 벼슬을 다니겠느냐. 벼슬 떨어진 것이 잘 된 일이다. 시굴 가서 땅이나 파먹구 살아라."

　　대답도 못하고 섰는 봉학이를 이정승이 빙그레 웃으며 바라보더니 슬며시 손을 들어서 나가라고 손짓하여 봉학이는 수청방으로 물러나왔다(5권: 397~402).

이윤경은 봉학이가 억울하게 벼슬 잃은 일을 미리 알고 있었기에 동생인 좌
의정 이준경에게 복직시켜 줄 것을 청할 생각이 있었다. 아무리 형제지간이라
도 대놓고 청탁할 수 없었던 터라 이준경 면전에서 봉학이를 불러다가 오위부
장에서 쫓겨난 사연을 말하게 하고 동생 들으라고 일부러 봉학이에게 심한 말
을 했던 것이다. 그 덕분에 이준경은 봉학이 억울한 사정을 소상히 알 수 있게
되었고 봉학이를 군기시(軍器寺) 직장(直長) 자리에 복직시켰다. 이윤경의 거짓
꾸지람에 속은 줄도 모르고 낙향하려던 봉학이는 복직 후에야 비로소 이윤경의
깊은 뜻을 알 수 있었다.

오위부장 파면의 빌미가 된, 정난정의 시녀 옥섬이의 외삼촌이 마침 직장 상
관인 군기시 부정(副正)으로 있어 봉학이를 따돌리며 직장 내 괴롭힘을 자행하
자 둘 사이에는 자연 불화가 생겨났다. 군기시 직장 자리에 염증을 느낀 봉학
이는 함경감사로 가 있던 이윤경에게 다시 도움을 청하고 결국 임진나루를 관
리하는 임진별장(臨津別將)으로 자리를 옮긴다. 이는 심한 좌천이건만 봉학이는
오히려 다행으로 여겼다.

군기시[27] 관원은 도제조(都提調)·제조(提調)·정(正)·부정(副正)·첨정(僉正)·판관(判官)·주

27　고려·조선시대에 병기·기치·융장(戎仗)·집물 등 군대에서 사용하는 각종 사물의 제조 업무
를 관장하기 위해 설치되었던 관서. 병조의 속아문으로서 고려시대에는 군기감(軍器監)과 군기시가
몇 번 교대로 바뀌어 불렀다. 조선시대에 들어와서 1392년(태조 1)에 군기감이 설치되었다가 1466
년(세조 12)에 군기시로 개칭되었다. 세종 때에는 서북 변경의 개척으로 화기 사용이 빈번해지자 군
기시에서의 화약기술의 확보를 위해 화약장(火藥匠)의 전지전출을 견제했고, 군기시 안에 화기를
전담하는 10여명의 관원을 두기도 하였다. 이들은 양반 자제 중에서 기술이 정교하고 무략(武略)이
뛰어난 자를 뽑은 것으로 일명 겸군기(兼軍器)라 불렀다. 그러나 세조 이후 오랜 기간 전쟁이 없게
되자 군기시의 기능은 차츰 해이해져서 본래의 기능을 제대로 발휘할 수 없었다. 1884년(고종 21)

부(主簿)가 직장 위에 있고, 봉사(奉事)·부봉사(副奉事)·참봉(參奉)이 직장 아래에 있어서 직장은 승상접하(承上接下)[28]의 성가신 일이 많았다. 원수는 외나무다리에서 만난다는 속담과 같이 옥섬이의 외숙 되는 사람이 군기시 부정으로 있어서 생질녀의 금호문 사단으로 봉학이의 이름을 들어아는 까닭에 처음에 벌써 못마땅한 눈치를 보이고 한 열흘 지난 뒤로는 봉학이의 하는 일이 탈 잡을 만하면 한번 눈 덮어두는 법이 없었다.

환로[29]는 염량[30] 빠른 곳이라 부정이 새 직장 미워하는 것을 알며부터 첨정·판관·주부들까지 봉학이를 정답게 대하지 아니하였다. 같은 직장 한 사람이 사람이 좋아서 봉학이의 뒤를 많이 싸주는 까닭에 봉학이가 한번 술대접을 하려고 어느 날 마을에서 나오는 길에 집으로 끌고 왔었다. 봉학이가 동관과 같이 술을 먹어가며 이런 이야기 저런 이야기 하다가 금호문 사단을 이야기 하였더니 동관 직장이

"영부사댁 시녀를 금호문에 못 들어가게 한 것이 동관의 일인 줄은 몰랐소."

하고 말한 다음에

"그때 시녀의 이름이 무엇이랍디까?"

하고 물었다.

"금부에서 나쟁이[31] 이야기를 들으니까 시녀의 이름이 옥섬인데 영부사댁 정경부인께 신임을 받을 뿐 아니라 왕대비 전하께까지 총애를 받는답디다."

"옳지, 알겠소. 동관이 부정에게 미움받는 까닭이 있소그려."

"무슨 까닭이오?"

군기시가 폐지되자 그 직무는 기기국(機器局)으로 옮겨졌다.

28 윗사람을 받들고 아랫사람을 거느려 그 사이를 잘 주선함.

29 벼슬아치 노릇을 하는 길.

30 세력의 성함과 쇠함.

31 나장(羅將)을 낮잡는 뜻으로 이르던 말. 조선 시대에 의금부에 속하여 죄인을 문초할 때에 매질하는 일과 귀양 가는 죄인을 압송하는 일을 맡아보던 하급 관원.

"부정이 옥섬의 외숙이오. 이 말이 부정의 귀에 들어가면 큰일이니까 마을에 가선 입 밖에 내지 마우."

"인제 아니까 금호문 동티가 군기시까지 쫓아왔구려."

하고 봉학이는 어이없는 웃음을 웃었다.

봉학이가 마을에서 설움을 촉촉이 받는 중에 이우윤이 함경감사로 나가게 되어서 봉학이는 더욱이 의지가 없어지는 것 같았다. 이감사가 함경도로 떠나기 전에 봉학이가 한 번 조용한 틈을 타서 마을에서 설움받는 사정을 대강 이야기하고 다시 비장으로 따라가기를 청하니 이감사가

"지각없는 소리 마라. 지금 세상에 벼슬을 다니자면 비위가 좋아야 하니 비위를 참고 지내보아라."

하고 봉학이의 청을 들어주지 아니하였다. 이감사가 떠난 뒤에 불과 한 달이 못 지나서 봉학이가 한번 마을에서 부정에게 톡톡히 망신을 당하고 분난 김에

"시녀 생질녀를 두신 양반 장하시우."

하고 들이대어서 부정이 얼굴빛이 새파랗게 질리기까지 하였다. 봉학이가 직장을 즉시 내버리고 싶었으나 이감사께 상서할 동안 참으려고 마음을 먹고 함흥까지 전인을 사서 상서하였더니 전인 회편에 봉학이에게 오는 답장은 없고 계씨 대감께 갖다 드리라는 서간이 있었다. 봉학이가 그 서간을 갖다 드린 지 이삼 일 후에 봉학이의 벼슬이 갑자기 임진별장(臨津別將)으로 옮기었다. 군기시 직장이 임진별장으로 나가는 것은 심한 좌천(左遷)이건만 봉학이는 도리어 다행히 여겨서 불불이 서울 살림을 거두어 가지고 임진으로 내려갔다(5권: 405-407).

봉학이가 청석골에 합류한 사연

봉학이는 임진별장 직책을 이용하여 양주에서 사람을 죽이고 청석골로 도망치던 꺽정이 일가에게 강을 무사히 건널 수 있도록 배를 내주었다. 일이 발각되자 봉학이는 자수를 결심하고 계향이와 함께 서울로 향한다. 도중에 봉학이를

잡으러 내려오던 포도대장을 만나 포박된 채 압송당한다. 때마침 파주 혜음령
길목을 지키고 있던 천왕동이와 길막봉이의 도움으로 탈출에 성공하여 청석골
로 합류한다.

　　금부에서 전교를 받자온 뒤 금부도사(禁府都事)는 서울서 새벽 떠나 임진으로 이봉학
이는 아침때 임진서 떠나 서울로 올라오는데 이봉학이의 일행은 이봉학이 탄 부담마[32]
와 계향이 탄 승교바탕[33] 외에 하인 하나와 짐꾼 하나뿐이라 실상 초솔하기[34] 짝이 없
건만, 포도부장이 포도군사 삼사 명을 데리고 앞서거니 뒤서거니 같이 오는 까닭에 속모
르는 사람이 보기에는 기구 있는 행차보다 도리어 무시무시하여 길을 잡기 전에 오고가
는 사람들이 미리미리 길을 비키었다. 이봉학이의 일행이 파주읍을 지나서 두마니를 채
못미처 왔을 때 서울서 내려오는 금부도사의 일행과 노상에서 서로 만났다. 그 일행은
도사의 말 뒤에 금부의 나장·나졸 사오 명이 따랐었다. 이봉학이 일행보다 몇 걸음 앞서
던 포도부장이 도사의 말 앞에 가서 수어 인사수작을 마치고
　　"어딜 가십니까?"
　　하고 물으니 도사가 말 위에서
　　"임진 가우."
　　하고 대답하였다.
　　"별장을 잡으러 가십니까?"
　　"그렇소."
　　"별장이 지금 서울 가는 길입니다. 저기 부담마 탄 사람이 별장이구 승교바탕 탄 사람

32　부담롱을 싣고 그 위에 사람이 탈 수 있도록 꾸민 말. 부담롱은 옷·책 따위를 담아서 말에 싣
는 농짝.

33　사람이 들어앉게 된 가마의 밑바탕.

34　거칠고 엉성하여 볼품이 없다.

이 그 소실입니다.”

도사가 부장의 말을 듣고 곧 나장을 돌아보며

“저것이 임진별장이란다. 어서 가서 잡아내려라.”

하고 분부하였다. 이봉학이는 나장·나졸 들이 와서 내려라 마라 하기전에 황망히 말에서 뛰어내렸다. 도사가 이봉학이를 잡아다 말 앞에 꿇리고 자기도 말 위에서 내려와서 전교를 일러 들린 뒤에 곧 격식대로 의관을 벗기고 줄을 지웠다(6권: 154-155).

봉학이는 자발적으로 청석골에 들어갔다기보다 꺽정이와의 개인적 의리를 지키려다 어쩔 수 없이 적당이 된 것이다. 꺽정이에게 배를 내어 준 봉학이는 그 사실이 발각되자 자수를 결심하고 기꺼이 서울로의 압송을 선택했다. 그런데 어떻게 봉학이가 마음을 고쳐먹고 청석골로 들어가게 된 것일까? 이 또한 사적 의리로 설명 할 수 있다.

봉학이는 자신을 구출한 천왕동이에게서 봉학이가 잡혀간다면 꺽정이와 유복이가 함께 잡혀가겠다는 말을 듣는다. 봉학이의 마음을 움직인 게 바로 이 세 사람 사이의 ‘의리’인 것이다. 여기서 우리는 의리란 무엇인가에 대해 생각해 볼 필요가 있다. 사적 의리와 공직자의 윤리 사이에 갈등이 상존하고 있는 것이다. 봉학이가 서울로의 압송을 기꺼이 택하자 꺽정이와 유복이가 죽음을 마다하고 함께 잡혀가겠다고 한 것은 과연 잘한 일일까? 홍명희의 생각은 어땠을까? 살아 있다면 꼭 한번 묻고 싶다.

해 진 지가 오래라 어둔 빛이 짙어져서 네댓 간 밖에 사람이 어렴풋이 보이게 되었다. 숲으로 간 사람들이 떠드는 소리만 들리고 형용은 보이지 아니할 때 뒤에 남은 황천왕동이는 이봉학이와 같이 길가 풀섶에 주저앉아서 전후 곡절을 이야기하였다.

황천왕동이가 이봉학이를 찾아보던 날 서울로 가지 않고 청석골로 돌아가서 봉학이의 신변이 위태한데 봉학이의 고집이 앉아 당하려고 하여 불구에 서울로 잡혀가게 될 것

을 일장 이야기하였더니 임꺽정이가 이야기를 듣고 곧 박유복이더러

"우리 둘이 임진을 나가 보자."

하고 말하여 박유복이도

"그래 봅시다."

하고 대답하는데 옆에 있던 서림이가 나서서

"두 분이 가시면 이별장을 꼭 끌고 오시겠소?"

하고 묻고 잼처

"이별장이 만일 끌려오지 않으면 어떻게 하실 테요?"

하고 물으니 임꺽정이가

"숫제 우리두 같이 잡혀가겠소."

하고 대답하였다.

"아무리 정분들이 여타 자별하시더래두 같이 잡혀가신다는 건 안될 말씀이오."

"봉학이가 내 엉걸[35]루 죽게 되지 않구 제 죄루 죽게 되었더라두 우린 가만히 보구 있을 수가 없소."

"그러니 이별장을 구해낼 도리를 생각합시다."

"무슨 좋은 도리가 있소?"

"찬찬히 생각하면 더 좋은 도리두 있겠지만 지금 언뜻 생각나는 걸루 말씀하면 이별장이 서울루 잡혀갈 때 중로에서 뺏어오는 것두 한 계책이 될 듯하우."

"그렇게 하자면 우리가 미리 중로에 가서 지켜야 하지 않소?"

"언제 잡혀갈지 모르구 여러 사람이 미리 가서 지킬 수도 없으니 황두령이 한번 서울까지 가서 자세한 소식을 알아오시면 좋겠소."

"천왕동이가 갔다오기 전에 잡혀 올라가면 낭패 아니오?"

"황두령 걸음에 내일 하루면 갔다오실 텐데 오늘까지 별장 노릇하구 앉았는 사람이

35　언걸. 다른 사람 때문에 당하는 피해.

설마 하루이틀 동안에 잡혀가게 되겠소.”

황천왕동이가 서림의 말을 듣고 고개를 외치며

“일이 속으루 벌써 잔뜩 곪았으니까 언제 밖으루 터질는지 모르겠소.”

하고 말하여 서울 길목을 미리 와서 지키려고 지킬 자리를 의논들하게 되어서 혜음령 말이 났을 때 길막봉이가 앞으로 나앉으며

“혜음령을 가서 지키려면 혜음령패를 불러 쓰는 것이 제일 편한데 그 패의 괴수 바눌티 정상갑이와 호랭잇골 최판돌이가 나하구 면분이 있으니 내가 내일 황두령하구 먼저 떠나서 황두령은 서울을 다녀오구 나는 정상갑이나 최판돌이를 가서 보구 여러분 오시기 전에 그 패를 모아놓으면 어떻겠소? 황두령이 서울 왕래하는 동안에 만일 이별장이 잡혀올라가게 되면 그건 내가 담당하리다.”

하고 말하니 서림이가 길막봉이의 말을 좋다고 찬동하고 또 임꺽정이와 박유복이에게 서울 소식을 듣고 떠나라고 역권(力勸)[36]하여 이튿날 길막봉이와 황천왕동이만 먼저 떠나게 되었었다. 천왕동이가 막봉이를 따라서 바눌티 정상갑이 집에 와서 하룻밤 자고 밤들도록 술 먹은 탓으로 아침에 늦게 일어나서 서울 가서 금부도사가 이날 새벽에 떠난 소식을 듣고 곧 회정하여 청석골로 가는 길에 이봉학이가 묶여오는 것을 보고, 길막봉이에게 알리려고 급히 바눌티를 와서 보니 정상갑이는 고골 너머 놀미 근처에 퍼져 있는 졸개들을 모으러 가고 최판돌이 부자만 막봉이 옆에 와서 있던 중이라 길막봉이는 먼저 판돌이 부자를 데리고 고개 위로 나가게 하고 황천왕동이는 놀미까지 가서 상갑이 외 십여 명 한 패를 몰고 뒤에 오게 되었던 것이었다.

황천왕동이는 총기 있는 사람이라 말들 한 것까지 다 다시 옮겨가며 이야기 하느라고 숲속에 갔던 사람들이 돌아온 뒤에사 이야기가 비로소 끝이 났다. 천왕동이가 이야기를 마친 뒤에

“인제 우리와 같이 청석골루 갑시다. 오늘 밤에 임진서 또 밤배를 탔으면 좋겠는데 탈

36　강하게 권유함.

수가 있겠소?"

하고 물으니 이봉학이는

"밤배?"

하고 긴 한숨을 쉬고 나서

"그거야 될 수 있겠지."

하고 대답하였다(6권: 165-166).

강을 건넌다는 것

여기서 우리는 강을 건넌다는 것의 의미에 관해 반추해 볼 필요가 있다.『임
꺽정』에는 강을 건너는 대목이 두 차례 나온다. 하나는 꺽정이가 양주에서 살인
을 하고 도주한 뒤 봉학이 힘을 빌려 임진강을 건너는 대목이고 다른 하나는 봉
학이가 꺽정이와의 의리를 지키기 위해 밤배를 타고 강을 건너는 대목이다. 강
을 건넌 후 두 사람 모두 전과는 다른 운명을 맞이한다. 끝없이 유동하는 액체,
그것이 강의 본질이다. 강은 건너거나 건너지 않거나 둘 중 하나만 있을 뿐 중
간은 없다.『임꺽정』에서 강을 건넌다는 것은 생과 사를 가르는 운명적 결단을
상징한다.

동서양에서 강을 건너는 행위는 운명의 갈림길에 서 있음을 의미했다. 그리
스 신화에 나오는 다섯 개의 죽음의 강이 그러하고 천국과 지옥 사이에 흐르는
불의 강이 그러하며 공화국 로마의 권력을 독차지하기 위해 시저가 건넌 루비
콘 강이 또한 그러하다. '님아, 그 강을 건너지 마소' 울부짖는 '공무도하가'는
또 어떤가? 홍명희가 꺽정이와 봉학이의 운명을 결정지은 두 차례의 도강이 갖
는 의미에 대해 성찰하고 글을 썼는지에 관해 나로서는 알 수 없는 일이다. 다
만, 두 사람 모두 강을 건넌 이후 도적 생활을 본격적으로 시작했다는 맥락에서
보자면 '강 건너는 일'이 지닌 의미는 결코 작지않다고 할 수 있다.

실러의 작품인『빌헬름 텔』에서도 주인공 텔이 악천후로 호수를 건너지 않으

려는 뱃사공을 대신해서 노를 직접 잡고 오스트리아 군대에 쫓기는 스위스의 애국자 바움가르텐을 위해 호수를 건너 주는 장면이 등장한다. 이 일을 계기로 사냥꾼이던 텔이 게슬러 총독의 미움을 사고 탄압받기 시작했다는 점에서 『빌 헬름 텔』에서도 강을 건너는 행위는 운명을 바꾸는 일종의 결단을 상징한다고 볼 수 있다. 개인적으로 드는 생각이지만 홍명희가 『임꺽정』을 구상하던 중에 『빌헬름 텔』의 강 건너는 장면을 참조했을 것으로 여겨진다.

텔: 쓸데없는 말만 하고 있으면 아무것도 안 되오. 시간은 급박하고 저 사람은 도와주어야만 하오. 말해보오, 사공. 가겠소?

루오디: 아니요, 나는 못하오!

텔: 정히 못하겠다면! 거룻배를 이리 내놓으시오. 내 비록 힘이 미약하나 해보리다.

쿠오니: 하, 용감한 텔!

베르니: 사냥꾼답구나!

바움가르텐: 당신은 나의 구원자이며 나의 천사요, 텔!

텔: 내가 당신을 총독의 폭력으로부터는 구출해 주겠지만, 폭풍우의 재난에서는 다른 분이 도와야 될 것이오. 하지만 당신이 인간의 손보다는 하나님의 손에 들어가는 게 더 나을 거요!

(나무꾼에게)

이보시오. 혹시 변을 당하며 내 처를 위로해 주시오. 나는 하지 않을 수 없는 일을 했을 뿐이오.

(그는 거룻배로 뛰어든다.)

베르니(암반 위로 올라간다): 벌써 떠나고 있어요. 하나님의 가호가 있기를, 용감한 텔이여! 조각배가 파도를 타고 흔들리는 것을 봐요!

쿠오니(호숫가에서): 물결에 휩쓸려…. 난 더 이상 보이질 않는데. 아니 잠깐, 저기 다시 보이네! 용감한 사나이가 힘차게 물살을 가르고 있구나.

제피: 총독의 기병들이 달려와요.

쿠오니: 저런 저들이다! 위급한 상황에서 내린 구원이었구나.

(란덴베르크 총독의 기병들이 말을 타고 달려온다)(실러, 2009: 44-46).

송악산 사건

『임꺽정』 전체에서 가장 맘에 드는 이야기 하나를 고르라 한다면 주저 없이 '화적(火賊)편'의 '송악산(松嶽山)'을 택할 것이다. 단오굿과 대왕그네 놀이를 배경으로 쓰여 진 '송악산'은 홍명희의 필력이 절정에 오른, 가장 완벽한 이야기 구조를 지닌다. 이 장 하나에 『임꺽정』 전체의 주요 내용과 주제가 함축적으로 담겨져 있다고 할 수 있다.

첫째, 힘만으로는 세상을 다스릴 수 없다는 것이다. 책사 서림이의 계략과 지모가 절체절명의 위기에서 힘을 발휘하는 순간, 적나라한 힘만으로는 세상을 제대로 통치할 수 없을 뿐더러 급변하는 복잡한 정치적 위기상황을 헤쳐 나갈 수 없다는 사실을 이해할 수 있다. 이 점에서 홍명희의 정치적 입장은 마키아벨리의 그것을 닮아있다. 사자의 용기와 여우의 간지는 지도자의 필수 덕목이다.

둘째, 인간의 빼어난 두뇌와 간교한 혀는 이중성을 지닌다. 그것이 우리 편일 때는 엄청난 무기이지만 반대편에 설 경우, 아군을 붕괴시키는 가공할 흉기로 돌변한다. 홍명희는 서림이를 그 예로 제시한다. 서림이는 『실록』에도 등장하는 실존 인물이었다. 서림이는 관병에게 체포된 후 임꺽정의 도적 행적을 모두 실토했고 남치근이 이끄는 토벌대 앞잡이가 되어 임꺽정을 죽음에 이르게 하는 데 결정적 역할을 한다.

'송악산' 이야기에서도 서림이의 이중성이 잘 드러난다. 서림이는 꺽정이가 송악산 굿구경을 가겠냐고 물어보니까 간다, 만다 분명히 답하지 않은 채 "대장께서 가라시면 가겠습니다"라고 말한다. 옆에 있던 곽오주가 서림이의 대답을 듣고서 자기는 서림이가 그렇게 말할 줄 알았다고 조롱한다.

> 이때 사랑에서는 안식구 데리고 구경갈 두령을 작정하게 되었는데, 꺽정이가 누구누구 지정하지 않고 각각 의향을 물어보았다. 처음에 이봉학이를 보고

“자네 갈라나?”

하고 물으니

“가구 싶지 않습니다.”

대답하고 그 다음에 박유복이를 보고

“너는 갈라느냐?”

하고 물으니

“저두 안 가겠습니다.”

대답하고 또 그 다음에 서림이더러

“서종사는 어떻게 하겠소?”

하고 물어서

“대장께서 가라시면 가겠습니다.”

대답하니 곽오주가 무릎을 치면서

“그러면 그렇지.”

하고 말하였다.

“너 그게 무슨 소리냐?”

“서종사는 가겠습니다, 안가겠습니다 그런 싱거운 대답을 안하려니 생각했더니 내 생

각이 꼭 들어맞았지요.”

“누가 너더러 남의 대답할 말 생각하라드냐?”

“누가 생각하래요, 내가 생각했지.”

“주둥이 닥치구 가만 있거라.”

꺽정이가 곽오주를 윽박지른 뒤에 의향 묻던 것을 다시 계속하였다(8권: 14-15).

곽오주는 홍명희가 서림이와는 상극으로 그려낸 캐릭터이다. 오주는 생각하
지 않는다. 오직 행동할 뿐이다. 날 것 자체의 야수와도 같은 인물이기에 생각
만 하는 서림이를 혐오한다. 『임격정』에서 곽오주는 살인귀로 등장하지만 홍명

희는 유복이의 말과 행동을 통해 곽오주에 대한 연민을 드러낸다. 그도 그럴 것이 곽오주는 내일을 생각하지 않고 오늘만 사는 인간이기 때문이다.

오주가 원래부터 살인귀는 아니었다. 오주는 희비극이 동시에 공존하는 인물이다. 병약한데다 제대로 먹지 못한 오주 아내가, 갓 태어난 아기에게 젖을 물린 채로 죽는 일이 발생한다. 오주는 아이엄마가 죽자 젖동냥을 다닌다. 하지만 자기 아이에게 충분히 젖을 먹일 수 없었고 주린 아기가 울며 보채자 바닥에 내동댕이쳐 죽음에 이르게 한다. 이 일 이후 오주는 반(半)실성하여 아이 우는 소리만 들으면 그 집에 찾아들어가 아이를 도리깨로 때려죽이는 살인귀로 돌변한다. 오주의 비극은 묵종을 강요당하며 미치지 않고서야 숨조차 제대로 쉴 수 없었던 식민지 조선 민중의 억눌린 모습과 닮아있다. 그래서 더 유복이가 오주에게 연민을 느끼며 두남뒀을지도 모른다.

셋째, 송악산 이야기는 청석골 일당의 한계를 잘 보여준다. 임꺽정은 타고난 장사로 조선 팔도에 힘으로 당할 자가 없었을 뿐만 아니라 무술에도 능해 칼을 잘 쓰는 빼어난 검객이었다. 어릴 때부터 형제처럼 지낸 봉학이는 활쏘기에 능한 신궁이었고 유복이는 표창 명수였다. 이 세 사람이 청석골 전력의 절반 이상을 차지했다. 특히 꺽정이의 힘과 권위는 절대적이었다. 꺽정이 없는 청석골은 생각조차 할 수 없으며, 꺽정이가 없었다면 청석골 일당은 그렇고 그런 적당 패거리에 불과했을 것이다.

오직 소설적 관점에서 보았을 때 꺽정이가 그다지 활약하지 않은 이야기가 나올 때 스토리가 재밌어진다는 역설이 존재한다. 왜냐하면 꺽정이가 참여한 전투는 꺽정이의 압도적 힘으로 말미암아 싸움 결과가 쉽게 예상되며 싱겁게 끝나버리기 일쑤기 때문이다. 길막봉이를 안성감옥에서 탈옥시킨 일이나 봉산 관아를 습격해 군수를 혼내준 사건, 임꺽정 일당이 대승을 거둔 평산 싸움이 대표적 사례에 해당한다.

송악산 사건에서는 꺽정이가 마지막에 잠깐 등장할 뿐 전체 이야기에는 별다른 영향을 미치지 못한다. 그래서 더 재미있다. 손에 땀을 쥐게 할 정도로 흥미진진하고 박진감 넘친다. 다양한 이야기가 펼쳐지고 여러 사건이 씨줄, 날줄로 엮여져 역동적으로 전개되면서 주연이 아닌 조연들의 힘이 용솟음치며 살아 움직이기 때문이다. 특히, 송도 관병의 포위망이 좁혀오는 일촉즉발의 순간, 대왕대비를 대신해 대왕그네를 타러온 상궁을 인질 삼아 위기를 모면하는 장면이나 천왕동이를 상궁 호위무사 옷으로 갈아입혀 대왕당을 빠져나가는 장면은 대단히 현대적이고 세련돼서 지금 당장 영화로 만들어도 손색이 없다. 이런 점에서도『임껵정』은 인문 콘텐츠와 정치적 상상력이 결합한 우리 민족 전체의 이야기 보물창고라 할 수 있다.

천황동이가 상궁을 호위하는 무예별감으로 변복하여 송도관병의 감시를 뚫고 대왕당을 빠져나가는 장면은 반전(反轉) 영화의 대명사인 '유주얼 서스펙트(The Usual Suspects)'에서 갱단 두목인 카이저 소제가 경찰서를 유유히 빠져나가는 마지막 1분을 떠올리게 한다.『임껵정』이 한 세기 전에 쓰여 진 글임을 감안했을때 홍명희는 어떻게 이런 구상을 소설에 담아낼 생각을 했을까? 런던대학과 연희전문 교수를 역임한 영문학자 정인섭이 홍명희를 셰익스피어와 괴테에 비유한 것은 입에 발린 말이 아니었다. 나는 그 이상이라 본다. 홍명희는 자신에게 가장 큰 영향을 준 작가로 도스토옙스키를 꼽았다. 그래서인지 '송악산 사건'은 도스토옙스키 소설을 연상케 한다. 도스토옙스키 작품을 다 읽어본 입장에서 감히 말하건대 홍명희는 도스토옙스키에 버금가는 대작가이다.

청석골 식구들이 송악산을 찾은 이유

송악산 사건에 대한 설명을 돕기 위해 우리는 먼저 청석골과 송악산의 위치 및 두 곳의 거리에 대해 알아볼 필요가 있다. 홍명희는 청석골과 탑고개가 어떤 곳인지에 대해 다음과 같이 설명한다.

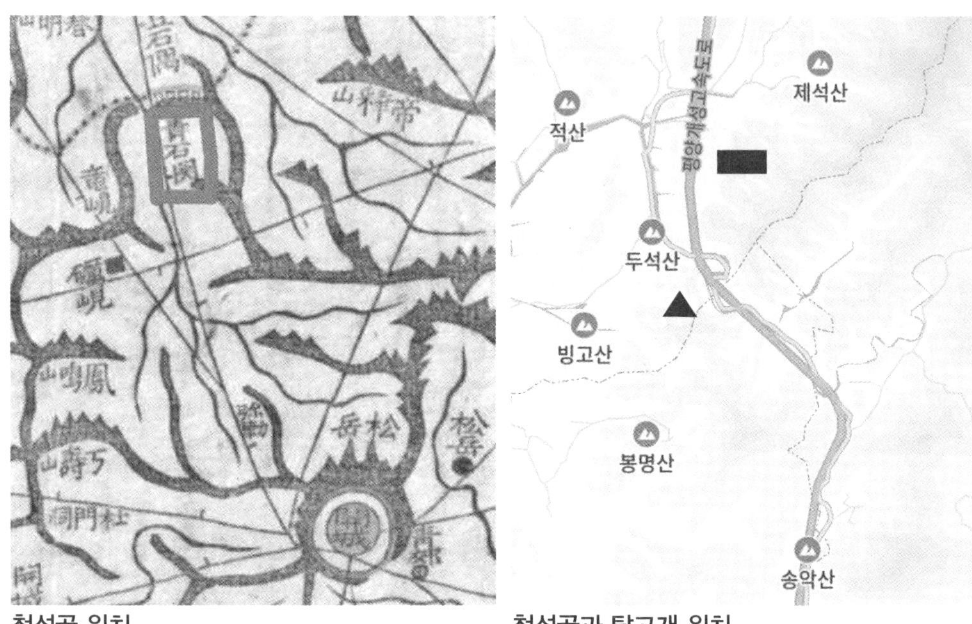

청석골 위치

[출처] 『대동여지도』(한국학중앙연구원)

청석골과 탑고개 위치

[출처] 카카오맵

청석골은 서편 탑고개까지 나가기에 시오 리가 넘는 긴 산골이다. 성거산이 내려와서 천마산이 되고 천마산이 내려와서 송악이 되니 송악은 송도의 진산(鎭山)이요, 송악 한 줄기가 서편으로 달려와서 청석골이 생기었다. 천마산 줄기에서 솟아난 만경대와 부아봉과 나월봉은 삼거리 동북편에 겹겹이 둘러 있고 매봉만은 남으로 떨어져 삼거리 정동편에 와서 있고 탑고개 북쪽에는 두석산이 있고 남쪽에는 봉명산이 있고 서남쪽에는 빙고산이 있다. 처녑[37]같은 산속에 골짜기를 따라 큰길이 놓여 있으니 이 길이 비록 송도 부중에서 이삼십 리밖에 아니 되는 서관대로이나, 도적이 대낮에도 잘 나는 곳이라 왕래하는 행인들이 간을 졸이고 다니었다(4권: 153).

---

37   소나 양 따위의 반추 동물의 겹주름위. 여기서는 청석골이 그만큼 첩첩산중에 위치해 있다는 것을 비유적으로 이르는 말로 쓰임.

　필자는 『대동여지도』에 표시된 청석관(靑石關) 및 카카오맵을 활용하여 청석골과 탑고개, 그리고 송악산 위치를 알아 낼 수 있었다. 위 사진에서 네모로 표시한 부분이 청석골이며 세모로 표시한 데가 바로 탑고개이다.

　청석골과 송악산은 지척이다. 청석골 식구들이 송악산을 찾은 이유는 크게 두 가지다. 하나는 단오굿을 구경하고 싶었기 때문이다. 다른 하나는 영험하기로 소문난 대왕그네를 타기 위함이다. 홍명희는 우리 민족의 민속학에 조예가 깊었다. 민속신앙에 따르면 송악산이 전국 성황 중에 지위가 으뜸이었다. 바로 이것이 송악산 단오굿과 대왕그네 타기에 사람들이 대거 몰릴 수밖에 없었던 가장 큰 이유였다. 왕실에서조차 조정 실력자인 문정왕후의 절대적 신임을 받는 정오품(正五品) 내명부(內命婦) 상궁을 보내 치성굿을 드리며 대왕그네의 영험을 빌리려 했으니, 단오굿과 대왕그네타기는 그야말로 국가적 행사로 격상된 셈이다.

　　송악산은 송도의 진산(鎭山)이요, 국내의 서악(西岳)이니 산신 송악대왕이 영검하기로 유명하였다. 태조 개국 후 2년 도읍을 한양으로 옮기기 전에 팔도 성황(城隍)[38]을 벼슬을 봉하는데 송악산 성황은 진국공(鎭國公)을 봉하고, 화령(和寧: 지금의 함흥)·안변(安邊)·완산(完山: 지금의 전주) 성황은 계국백(啓國伯)을 봉하고, 금성산(錦城山: 羅州)·계룡산(鷄龍山: 公州)·감악(紺岳)·백악(白岳: 漢陽)·삼각산(三角山: 漢陽) 성황과 진주(晋州) 성황은 호국백(護國伯)을 봉하고, 그외의 성황들은 몰밀어 호국지신(護國之神)이란 칭호를 주었다. 이로써 송악산은 성황 중에 지위가 가장 높았다.

　　성황과 산신이 이름은 다르되 나라에서 봉한 진국공과 민간에서 일컫는 송악대왕이 실상 한 귀신이건만, 진국공 위패를 받드는 성황당과 송악대왕 목상을 뫼신 대왕당이 각각 따로 있고 그외에 출처 모를 귀신들을 위하는 국사당(國師堂)·고녀당(姑女堂)·부녀당(府女堂)이 있어서 송악산 위에는 신당이 자그마치 다섯이나 되었다. 다섯 신당에 매달려

38　서낭신이 붙어 있다는 나무.

사는 무당과 박수들은 서울 반연이 많아서 재상가(宰相家)와 궁가(宮家)는 고사하고 대궐 안에까지 셋줄이 닿는 까닭에 유수부(留守府) 관속들이 함부로 침책할 마음을 먹지 못하였다. 대왕대비나 왕대비의 몸을 받은 내인들이 치성이나 기도하러 내려와 있을 때는 유수사또도 꿈쩍을 하지 못하니 그 아래 관속들은 더 말할 것이 없었다.

궁중으로부터 여염간(閭閻間)에까지 송악산을 위하는 것이 성풍하던 시절이라, 다섯 신당의 굿 장고 소리가 사시사철 그치지 아니하는 중에 봄·가을보다 여름·겨울이 심하고 겨울보다 여름이 더 심하고 여름에는 오월굿이 가장 많고 오월에는 단오날 굿이 제일 굉장하였다. 단오날은 다섯 신당에서 함께 모여 큰 굿판을 차릴 뿐 아니라 대왕부인이 그네를 뛴답시고 대왕당의 목상을 들어내다가 그네 뛰는 시늉을 내게 하였다.

대왕부인이란 대체 무엇인가. 어느 때 어떤 무당이 대왕의 신이 내렸다 하고 홀아비로 지내기가 적적하니 부인 하나를 만들어 달라고 말하여 대왕 목상 옆에 계집의 목상을 해 앉히게 되었는데, 이것을 대왕부인이라고 일컬었다. 그네 뛰는 것은 사내·여편네가 다같이 하는 놀음이라, 대왕부인이 그네를 뛴다고 말하지마는 대왕부인의 목상만 그네를 뛰게 할 뿐 아니라 대왕의 목상도 그네를 뛰게 하고 더구나 대왕과 대왕부인의 두 목상을 함께 쌍그네도 뛰게 하였다.

목상이란 나무토막이니 나무토막이 그네를 어찌 뛰랴. 목상을 그네 밑실개 위에 올려 세우고 떨어지지 않도록 잡아매고 무당과 박수가 뒤에서 물을 먹이는 것이니 송악대왕이 영검한 귀신이라면 무당과 박수에게 벌역을 내릴 듯한 설만한[39] 장난이다. 대왕부인과 대왕이 쌍그네 뛰고 난 뒤에 그 그네 위에 한번 올라만 서도 불화한 내외 화합하고, 무자한 사람 생자(生子)하고, 또 다병한 사람 무병장수한다고 무당·박수의 말을 곧이곧대로 믿는 어리석은 남녀들은 그네 맨 동구나무 아래 백차일[40]치듯 모이어서 그네 참례하려고 서로 떠밀다가 다쳐서 병신 되는 사람까지 생길 때가 있었다.

39 　하는 짓이 거만하고 무례한.

40 　햇볕을 가리려고 치는 하얀 빛깔의 포장.

단오날 부중에 편쌈이 있고 씨름판이 있어서 구경꾼이 더러 갈리지마는 대왕당 그네
뛰고 큰굿 구경하고 또 사람 구경하려고 부중에서 쏟아져나오고 촌에서 밥 싸가지고 들
어오고 원처에서 노자 써가며 전위해 와서 송악산이 사람산으로 변하도록 사람이 들끓
었다. 남녀가 뒤섞여서 비비대기치는 판에 난잡한 일이 생기는 건 예 이제가 없겠지만,
그래도 일 년 전이 옛날로 해마다 점점 더 심하여 서로 눈이 맞은 젊은 것들이 으슥한 곳
을 찾아다니는 것도 훨씬 많아지고 삼삼오오 떼를 지어 돌아다니는 왈자패가 처녀와 유
부녀를 우격다짐으로 욕보이는 일도 종종 생기어서 예법을 아는 선비님네는 눈살을 찌
푸리고 말세가 다 된 것을 탄식들 하였다.

이 해에 나이 열 살 된 왕세자(王世子)를 관례[41]시키고 장차 세자빈(世子嬪)을 간택하
게 되었는데, 대왕대비는 귀중한 손주님을 위하여 오월 오일 천중절(天中節)에 송악산에
큰 치성을 드리기로 작정하고 미리부터 분부를 내리었었다. 사월 보름께 내인 두엇이 먼
저 내려와서 송악산 신당들을 봉심하고 사월 그믐께 대왕대비의 신임을 받는 늙은 상궁
이 무수리·각심이·교군꾼 여러 사람을 거느리고 미곡·과품·포목, 여러 바리 봉물을 영거
하고 단골무녀에게 내려와 앉아서 모든 준비를 정성껏 차리었다(8권: 5-8).

꺽정이는 다른 두령과 그 처에겐 굿구경 가도록 허락하면서도 자기 처인 백
손 엄마가 태기가 있다하자 가지 못하게 한다. 듣고 가만히 있을 운총이 아니
다. 백손 엄마 역시 꺽정이에 지지 않고 대어드는데 틀린 말 하나 없다.

꺽정이가 아랫간에 들어와 앉아서 고개만 끄덕끄덕하며 각집 안식구들의 인사를 받은
뒤에 아랫간 한구석에 비켜 섰는 백손 어머니를 보고 말을 내었다.

"자네는 구경 못 가네."

"왜 못 가요?"

---

41   옛날에, 남자가 성년에 이르러 어른이 된다는 뜻으로 상투를 틀고 갓을 쓰게 하던 예식.

백손 어머니는 한바탕 시비를 차리려는 것같이 앉아서 몸을 도사리었다.

"아프다구 밥두 잘 안 먹는다며 구경이 무슨 구경이여?"

"구경은 고만두고 쌈을 하려 나가래도 나갈 테니 염려 마시오?"

"쓸데없는 소리 지껄이지 마라!"

"글쎄, 내 몸은 염려 말아요. 그리고 그런 고마운 염려는 두었다가 서울 기집년들이나 염려해 주시구려."

백손 어머니 말에 강짜가 섞여 나오기 시작하였다. 꺽정이가 대번 불호령으로 윽박지를 듯한데 도리어 껄껄 웃고

"기집년의 소견이란 할 수가 없다."

말하며 보기 좋은 채수염을 쓱쓱 쓰다듬었다.

"소견 넓은 사내 다 보았소."

"허 그거 참."

"나를 정히 못 가게 한다면 도망이라도 해서 갈 테니 그리 아시오."

"어디 도망해 보게."

"어쨌든지 가고야 말 테요."

"못 간다거든 못 갈 줄 알아."

"내가 따라가면 구경터에서 잡년들의 궁둥이를 쫓아다니기가 거북할 테니까 그래 나를 못 가게 하지요. 나도 속을 다 알아요."

"무엇이여? 별 우스운 년의 소리를 다 듣겠네. 자네만 가지 말라는 게 아니야. 나두 안 갈 텔세. 인제 더 할 소리 없지?"

"나는 꼭 한번 가야겠소."

"꼭 갈 일이 무언가 말하게."

"꼭 갈 일이 있소."

"공연히 악지를 부리느라구 자네가 그렇게 내 말을 어기면 다른 사람까지두 다 못 가게 할 텔세."

꺽정이의 말 한마디에 구경을 간다던 여러 여편네가 모두 낙심이 되었다(8권: 12-13).

대왕그네 타다가 벌어진 일

백손 엄마가 굿구경 가는 게 아니라 신병에 효험 있다는 대왕그네 타러 송악산에 가는 거라고 누나인 애기엄마 설득에 꺽정이는 운총이의 굿구경을 허락한다. 청석골패 가운데 사내 넷, 부인 넷에 백손 엄마, 곽능통이 아내 합쳐 여자 여섯, 도합 열 사람 일행이 단오 전날 저녁때 송도로 나왔다. 이들은 송도에서 하루 묵고 다음날 새벽 단오굿이 열리는 송악산 대왕당을 찾았다.

백손 어머니가 대왕당 그네를 뛰려고 오기는 실상 신병 때문이 아니다. 남더러 말하는 데는 신병을 내세웠지만 자기의 속생각은 따로 있었다. 남편이 원체 계집을 좋아하여 딴 계집 보는 일은 자기 알기에도 종종 있었지만 아주 들여앉혀서 데리고 산 일은 한 번도 없었는데 늦게 바람이 일었는지 서울 가서 계집을 들여앉힌 것이 첩도 아니고 안해라고 하고, 하나도 아니고 셋이나 된다고 하니 남에 없이 된시앗[42]을 본 셈이다. 그 뒤로 남편이 자기에게 하는 것도 전 같이 않거니와 자기 역시 남편에게 대한 향념이 전만 바이 못하여져서 어떻게 하면 내외 사이가 전과 같이 탐탁하여질까 살풀이도 하고 싶고 예방도 하고 싶던 차에 대왕당 그네가 보람 있단 말을 듣고 머리악을 쓰고 온 것이다. 일심정념(一心正念)으로 그네를 뛰러 왔으니 보람은 남에게 앗기지 않도록 남들 뛰기 전에 먼저 뛰고 싶었으나, 김억석이의 말을 듣고 본즉 그네를 나중 뛰고도 신통한 보람이 있다는 바엔 구태여 말썽을 내가며 첫번 뛰려고 할 것이 없었다.

"먼저 뛰려고 애쓸 것이 없으니까 말썽을 부리지 마라."

백손 어머니가 동생더러 말을 일렀다. 황천왕동이가 누님의 말은 대답 않고 김억석이더러

"그럼 상궁이 뛴 담에는 아무가 뛰어도 좋은가?"

하고 물으니

"상궁 일행의 뛸 사람이 다 뛴 담에, 인제 그네들 뜁시오 하구 외친다니까 외친 뒤에

42　남편이 얻은 몹시 고약한 첩(妾).

뛰시두룩 합시오.”

하고 김억석이가 대답하였다.

“한 년이 뛰나, 두 놈이 뛰나 남이 먼저 뛰기는 매일반이니까 아무래두 좋지.”

“저는 여러분이 말썽을 내실까 봐 겁이 더럭 났었습니다.”

김억석이는 비로소 안심이 되는 것같이 길게 숨을 내쉬었다. 배돌석이의 안해가 앞으로 나서서

“아버지 너무 지체되어서 지청구나 듣지 않으시겠소?”

하고 말을 하니 김억석이가 한번 웃고

“너두 그네를 뛸 테냐?”

하고 물었다.

“뛰게 되면 뛰지요.”

“참말루 여러분들이 그네 뛰는 법이나 다 아시나?”

김억석이가 딸에게 말하면서 여러 사람의 얼굴을 둘러보았다.

“뛰는 법이 무어예요?”

“이 그네는 남이 뛰는 그넷줄이 몸에 와서 다면 지궐[43]을 입는다구 대기다. 굿당 식구들만 기하지 않는데 그 대신 굿당 식구들은 그네를 뛰어두 보람이 없단다. 그래서 처음에 그네를 차지하려구 우들 달려들다가두 한 사람이 그네에 올라서면 다른 사람은 그넷줄이 몸에 닿지 않을 만큼 피해 서서 그 사람이 다 뛰구 내려오기를 기다리구 오래 뛰면 고만 뛰라구 소리는 질러두 가서 붙잡지는 못한단다. 만일 질감스럽게[44] 오래 그네를 놓지 않으면 굿당 식구가 가서 말한다더라.”

“그네를 서로 뺏지 못한단 말은 우리도 듣고 왔세요.”

“응, 듣구 왔어?”

---

43 팔다리가 싸늘해지는 증상.

44 견디기 매우 지루한 데가 있다.

김억석이는 딸과 말을 다한 뒤에 여러 사람을 보고

"인제 고만 갑니다."

하고 건너편 굿당으로 건너가고 여러 사람들은

"그네를 맨 첫번에 뛰지 않을 바엔 일찍 가서 사람들 틈에 부비대기치느니 도루 자리에 가서 앉았다가 나종 갑시다."

황천왕동이의 발론을 좇아서 다시 멍석자리로 돌아왔다(8권: 35-37).

이어 청석골 여인네들의 대왕그네 타는 장면이 등장한다. 천왕동이가 누나인 백손 엄마를 남보다 먼저 그네 태우려다 가짜 살인소동이 벌어진다. 남이 뛰는 그넷줄에 몸이 닿으면 부정탄다는 말에 청석골 두령들이 힘자랑하다 벌어진 일이다. 홍명희는 대왕그네 타다가 벌어지는 헛소동을 아주 맛깔나게 해학적으로 묘사한다. 500년 전 송악산 대왕그네 타는 모습이 눈앞에 그려지듯 생생하다.

일행이 그네터에 가까이 와서 사람에 막히어 들어가지 못하게 되었을 때, 사내들은 억지로 틈을 뚫고 앞으로 나가서 사람이 많은 층층대 쪽에 힘이 센 길막봉이가 서고 사람이 적은 대왕당 앞마당 쪽에 힘이 약한 서림이가 서고 황천왕동이와 배돌석이가 그 중간에 띄엄띄엄 서고 안식구들은 사람 틈에 끼여서 꼼짝을 못하다가 조금씩 틈을 비집고 들어가서 대왕당 담 모퉁이에 여섯이 함께 뭉쳐섰다. 안식구 중의 백손 어머니는 성미가 겁겁한[45] 사람이라, 상궁 일행의 그네뛰는 사람이 너무 많은데 홧증이 나서 곧 대왕당 담을 상궁으로 보고 주먹질이라도 하고 싶은 미친 생각이 나기까지 하였다.

그네 났다고 외치는 소리가 나자마자, 여러 사람이 와 하고 그네터로 달려드는데 사내 네 사람이 그네를 등지고 팔을 벌리고 서서 들어오는 사람들을 못 들어오게 막았다. 사내 네 사람은 곧 청석골 사람들이니 길막봉이는 힘으로 내밀고 배돌석이는 악지로 막고

---

45   성미가 급하여 참을성이 적다.

서림이는 뒤로 차차 밀리는데 황천왕동이가 의사스럽게[46] 박수의 외치던 것을 본떠서

"먼저 일행들 외에 또 그네 뛰실 행차가 기시니 잠깐만 더 참으시우."

하고 소리를 질렀다. 여러 사람이 다 무춤하였다. 그 동안에 청석골 안식구들은 앞마당 쪽으로 들어왔다. 그중의 백손 어머니가 제일 앞서서 거의 그넷줄 앞에 다 왔을 때, 그악스럽게 아래 비탈로 기어올라오는 여러 여편네 중의 한 사람이 손을 내밀어서 그넷줄을 먼저 잡았다. 김억석이가 청석골 일행 까닭에 일부러 나와서 그네 앞에서 돌다가 이것을 보고 얼른 그넷줄을 채쳐 뺏어 백손 어머니를 주었다. 백손 어머니가 그네 위에 올라서니 그네 아래로 올라오던 여편네들은 굴러떨어지듯 내려가고 그네 뒤로 들어오던 여러 사람은 등겁들 하여 비켜나섰다. 그러나 억지를 쓰고 속임수를 써서 그네를 차지하였으니 다른 사람의 마음이 좋을 까닭이 없었다.

"행차가 무슨 기급할 놈의 행차야."

"대체 그놈들이 웬놈들인가?"

"그래 저놈들을 가만두어!"

"다리뼈들을 퉁겨놨으면 좋겠다."

이런 욕설이 여기저기 나던 끝에 층층대 쪽에서 수건으로 머리를 동인 막된 사내 하나가 사람을 헤치고 앞으로 나오더니 다짜고짜로 발길을 날려서 길막봉이의 등판을 내찼다. 길막봉이가 백손 어머니의 그네 뛰는 것을 바라보고 있다가 무심결에 이것을 당하였으니, 여느 사람 같으면 반드시 앞으로 고꾸라졌을 것인데 막봉이는 아무 일 없는 것같이 예사로 돌아서서 그 사내를 보았다. 그 사내가 주먹을 부르쥐고 달려드는 것을 막봉이가 한손으로 그 주먹 쥔 손목을 붙잡으니 그 사내 입에서 대번 아이구 소리가 나왔다.

"쌈났다!"

다른 사람들 외치는 소리에 막봉이는 창피한 생각이 나서 손목을 놓고 그대로 용서하기는 싫어서 괴춤과 허리끈을 겹쳐서 움켜잡으며 곧 팔이 머리 위로 쭉 뻗치도록 치켜들

---

46 제법 속이 깊고 쓸모 있는 생각을 곧잘 해내는 힘이 있다

고 걷어차려고 놀리는 두 팔을 다른 한손으로 제어하였다. 황천왕동이가 쫓아와서

"그깐 놈을 왜 하늘 구경을 시켜주나, 땅 구경을 시켜주지."

하고 부추겼다.

"땅 구경이라니?"

"꺼꾸루 들면 땅 구경을 하지."

"어디 하늘 구경, 땅 구경 다 시켜줄까."

막봉이가 그 사내를 내려세우며 곧 허리춤을 비틀어 뒤잡고서 꺼꾸로 치켜들고 다른 한손으로 그 두 손을 놀리지 못하게 하였다.

"아이구 죽겠다."

다 죽어가는 소리가 그 사내 입에서 나자, 곧 옆에 구경꾼들 사이에서

"살인이야!"

아우성 소리가 났다.

장난꾼 한두 사람이 거짓말로 아이 났다고 떠들어도 사람들이 이리 몰리고 저리 몰리고 하는 구경터의 일이라, 사람이 죽지도 않았는데 살인났다고 헛소동이 생겨서 여러 사람들이 한참 술렁거리었다. 서림이와 배돌석이가 급히 와서 공연한 소동을 내지 말라고 말들 하고 그네 뛸 차례를 기다리던 막봉이가 자기 안해와 그네를 다 뛰고 내린 백손 어머니까지 쫓아와서 말썽을 부리는 것이 부질없다고 말들 하여, 길막봉이는 그 사내를 내려 앉혀놓고 소위로 말하면 단단히 속일 것이지만 그만하고 용서하니 다시는 그런 버릇을 하지 말라고 바로 점잖게 일러서 놓아주었다. 허위대 큰 장정을 어린아이처럼 다루는 것을 목도한 여러 사람들은 무서운 장사니 천하장사니 하고 떠드는데 그중에

"저게 임꺽정이 아니까?"

"임꺽정이는 수염이 좋다는데."

"수염을 몽탁 잘르고 온 게지."

"구경을 오자구 수염을 잘라?"

이렇게 쑥덕거리는 사람들도 있었다.

헛 살인소동이 났다가 가라앉는 동안에 그네는 처음에 백손 어머니가 실컷 뛰고 그 뒤에 서림이의 안해와 곽능통이의 안해와 배돌석이의 안해가 잇대어서 뛰고 황천왕동이의 안해가 배돌석이의 안해의 뒤를 받아서 뛰는 중인데, 여러 사람들의 눈이 모두 그네판으로 쏠리게 되었다.

"선녀가 하강하지 않았나?"

"그네터가 홀저에 환한 것 같애."

"고 아주먼네 한입에 꿀딱 집어삼켰으면 좋겠다."

"나하구 어우렁그네 좀 뛰지 않나."

사내들 입에서 된 소리 안된 소리 칭찬하는 말이 나오는 것은 말할 것도 없고 같은 여편네끼리도

"저렇게 이쁜 사람 처음 보았어."

"참말 얌전한데."

이와 같은 말로 칭찬들 하였다. 황천왕동이의 안해가 뛰고 난 뒤 끝으로 길막봉이의 안해가 뛰어서 안식구 여섯은 모조리 다 뛰고 사내 넷은 그네를 다른 여편네에게 내주라고 하나도 뛰지 아니하였다(8권: 40-44).

억석이 아들 김천만이가 서림이 장두로 엿 바꿔 먹은 일

대왕그네를 타고나자 시장기가 돈 일행은 점심을 함께 먹는다. 여기서 억석이 아들 김천만이가 서림이 장두 주워다 엿바꿔 먹은 해프닝을 중심으로 홍명희 특유의 해학과 재기 넘치는 문장이 이어진다. 점심을 마친 천왕동이는 어릴 적 백두산에서 야생동물마냥 이산 저산 뛰어놀던 본능이 살아나 험준하기로 이름난 매로바위에 단숨에 올라선다. 이를 지켜보던 백손 엄마는 백두산 허항령에서 홀어머니 모시고 천왕동이 등과 함께 세 식구가 오순도순 살던 옛 시절 추억에 젖는다. 그러던 중 실성한 사람 마냥 돌연 매로바위에 오르겠다고 고집을 피우다 일행의 만류로 그만둔다. 이 대목에서 홍명희는 병해대사가 남긴 유서

와 함께 꺽정이에게 드리운 비극적 최후를 암시한 것으로 여겨진다.

　김억석이의 아들이 오래 오지 않는 것을 말들 할 때 아이놈이 아니꼽게 뒷짐을 지고 아실랑거리며 올라오더니 뒷짐진 채 자리 앞에 와 서서

　"엿들 좀 잡수실랍니까?"

하고 뒷손에 들었던 큰 엿조각을 자리에 내놓았다. 황천왕동이가 자살궂게

　"이걸루 점심 요기하라드냐?"

하고 물으니 김억석이의 아들은 시뜻하면서

　"아버지가 보낸 줄 아시네. 내가 사온 건데."

하고 대답하였다.

　"네가 무얼루 샀어?"

　"공거예요."

　"공거라니 엿장사한테 공히 얻었단 말이야?"

　"아니오."

　"그럼 훔쳤구나."

　"별소리 다하시네. 저기 굿당 앞마당에서 땅에 떨어진 장두[47]하나를 주웠세요. 임자를 찾아줄 수 없구, 나는 가지기 싫구 그래서 엿을 샀지요."

　여러 사람이 저고리 옷고름에 찬 장도가 있나 없나 보는 중에 서림이가 겉옷 위로 바른편 젓가슴께를 만지더니 부지런히 겉옷 자락을 헤치고 보며

　"이애 내 장두가 없어졌다."

라고 말하여 김억석이의 아들은 저더러 훔쳤다는 것처럼 눈이 휘둥그래졌다.

　"너 주운 것이 칼집이 어떻드냐?"

　"새까만 나뭅디다."

47　장도(粧刀). 주머니 속에 넣거나 옷고름에 늘 차고 다니는 칼집이 있는 작은 칼.

"끈은 무엇이드냐?"

"다 해진 명지끈입디다."

"그게 틀림없이 내 것이다. 그 엿장수 어디 있느냐?"

"엿을 다 팔구 빈 목판 가지구 내려갔는걸요."

"내려간 지가 오래지 않거든 엿 가지구 쫓아가서 장두를 물러오너라."

"글쎄, 벌써 갔는데 지금 쫓아가서 될까요?"

김억석이의 아들이 머리 뒤를 긁적긁적하였다. 황천왕동이가 어느 틈에 엿을 떼어서 먹어보고

"그 엿 맛나다."

하고 깔깔 웃었다.

"지금 물르긴 어디 가 물르우. 내가 벌써 호닥했으니 고만 그대루 먹읍시다."

"자, 엿을 이리 내시우. 엿임자는 내니까 내가 노느리다."

서림이가 엿을 갖다가 사람 수대로 몫을 지어 나누는데 김억석이의 아들을 한 몫 주면서

"옛다 이놈아. 이담엔 너의 아버지 장두 훔쳐다가 엿 사먹어라."

하고 우스갯소리 하였다(8권: 46-48).

송악산 살인사건

길막봉이와 황천왕동이, 서림이 등 사내 세 사람은 송악산 행차의 안내자인 김천만이를 따라 술 먹으러 산을 내려가고 백손 엄마와 천왕동이 아내 옥련이 포함 여자 여섯만 남은 사이 송도도사 아들이 이끄는 왈짜패들이 나타나 이들을 폭행하고 옥련을 겁탈하려 한다. 혼자만 산 아래 편싸움 보러 내려간 배돌석이가 이 소식을 듣고 급히 돌아와 돌팔매질로 부인들을 구출한다. 수적 열세로 배돌석이의 목숨이 위태로워지기 일보 직전 황천왕동이, 길막봉이가 때마침 합류하여 왈짜패들을 단숨에 제압한다. 이 과정에서 황천왕동이는 송도도사 아들

이 아내 옥련이를 무참히 폭행한 것도 모자라 겁탈까지 하려 했다는 말에 분격
하여 송도도사 아들을 살해한다.

　황천왕동이의 안해는 여러 왈자가 억지로 자빠뜨리고 사지를 지지누를 때 어진혼이
다 나가서 수족을 마음대로 놀리게 된 뒤에도 한동안 자빠진 채 꼼짝 아니하다가 어떻
게 정신이 돌아서 일어나려고 움직이는 것을, 먼저 기신을 차린 왈자 하나가 발길로 몇
번 차서 못 일어나게 하고 그 뒤에는 여럿이 이놈 와서 걷어차고 저놈 와서 걷어차서 이
리저리 굴리고 그리고 또 위아랫도리를 함부로 짓밟았다. 그자들 하는 짓이 보기 좋은
꽃을 꺾어서 내던지고 그것도 부족하여 짓밟아 망가지르는 것과 같았다. 이런 몹쓸 짓을
돌팔매 맞은 분풀로 한 자도 있었을 것이고, 또 남이 하니 덩달아 한 자도 있었을 것이
나 대개 속에 불 같은 욕심이 있는데 경황 없어 욕심을 풀지 못하고 배짱 없어 욕심을 채
우지 못하여 못 먹는 감 찔러 보는 심사로 한 자들이 많았을 것이다.
　먼저 부중으로 내려가려고 나가던 자가 즉시 도로 뛰어들어오며
　"팔매질하던 놈 저기 잡혔으니 어서들 나오게."
　하고 소리를 쳐서 운신을 못하는 도사의 아들 외에는 모두 다 뛰어나갔다.
　배돌석이가 왈자 두 놈과 싸워 한 놈은 다시 대들지 못하도록 꺼꾸러뜨리고 한놈은
마저 해내려고 힘을 갖은것 다 쓰던 중에, 예닐곱이 전후좌우로 에워싸고 달려드는데 돌
팔매 원수에 눈들이 발갛게 뒤집혀서 작은 환도만한 큰 장도로 찔러 죽이려고 덤비는
놈까지 있었다. 배돌석이는 당차고 다부진 사람이지만 형세가 도망 못하면 죽을 판이라
그중 만만하여 보이는 놈을 발길로 동가슴을 내질러 자빠뜨리고 에워싼 속에서 뛰어나
올 즈음에 어떤 놈이 눈결에 발을 걸고 덜미를 짚어서 자빠뜨린 놈 옆에 와서 엎드러졌
다. 배돌석이가 목숨이 위태하게 되었을 때
　"이놈들!"
　난데없는 큰소리가 들리더니 황천왕동이가 큰 환도를 빼어들고 비호같이 달려와서
닥치는 대로 내리찍었다. 서너 놈은 칼 맞고 꺼꾸러지고 네댓 놈은 칼 무서워 들고뛰었

다. 배돌석이가 일어나는 것을 황천황동이가 와서 거들어 주었다.

"다친 데 없소?"

"나는 괜찮으니 아주머니나 어서 가보게."

"어디 있소?"

"저 안에."

배돌석이가 산모롱이[48] 안을 가리켰다. 황천왕동이가 안해를 와서 보니 참혹한 꼴이 차마 눈으로 볼 수 없었다. 다 죽은 사람인데 이따금 코로 나오는 안간힘 쓰는 소리가 죽지 않고 살아 있는 표이었다.

"나 여기 왔어."

"눈 좀 떠보오."

황천왕동이가 안해의 몸을 만지기도 하고 흔들기도 하다가 나중에는 흐르는 눈물을 씻어가며 들여다보고만 있는 중에, 김억석이 아들이 앞서 들어오고 그 뒤에 서림이와 길막봉이와 배돌석이가 다같이 들어왔다. 서림이가 약낭에서 사향소합원을 꺼내서 황천왕동이를 주며 씹어서 입속에 흘려넣으라고 하고 또 무엇을 한참 생각하다가 한 옷고름에 찬 갓모를 끌러서 김억석이 아들을 주며 갓모로 물을 떠오라고 하여 찬물을 얼굴에 끼얹게 하였다. 얼마 만에 황천왕동이의 안해가 감았던 눈을 떠서 남편을 한참 보더니 웃는 듯 마는 듯 웃고 다시 얼마 만에 손으로 입을 가리켜서 찬물을 한 모금 받아마시고 남편의 손을 더듬어 만지면서 모기소리만한 목소리로

"이게 저승이오?"

묻고 눈에 눈물이 핑 돌았다.

안해가 완구히 정신을 돌린 뒤에 황천왕동이가 비로소 안해 옆을 떠나서 배돌석이를 와보고 다시 새삼스럽게

"겉이구 속이구 다친 데 없소?"

48　산모퉁이의 휘돌아 들어가는 부분.

하고 물으니

"더러 살 터진 데두 있구 멍든 데두 있지만 아무렇지두 않아."

배돌석이가 대답하고 나서 한옆에 죽은 듯이 누워 있는 도사의 아들을 가리키며

"저놈이 아주머니를 겁탈하러 덤비든 놈일세."

하고 말하자, 김억석이 아들이 말끝을 달아서

"저 사람이 송도도사 나리의 아들이랍디다."

하고 말하였다. 황천왕동이가 칼집에 꽂아놓았던 환도를 다시 빼서 손에 들고 도사의 아들 옆에 와서 발끝으로 찍신찍신 건드렸다. 도사의 아들이 감고 있던 눈을 슬며시 뜨고 보더니 힘없이 두 손을 마주 붙여서 비는 뜻을 보이었다.

"봐하니 버릇은 톡톡히 배운 모양인즉 만일 네가 부중 장사치의 자식이라면 그대루 용서해 주겠다. 그렇지만 도사의 자식은 용서할 수 없다. 너같이 못된 놈이 이 다음에 네 아비처럼 도사가 되거나 어디 원이 되거나 하면 백성에게 갖은 못된 짓을 다할 테니 너같은 놈은 진작 없애는 게 좋다."

황천왕동이의 불호령이 끝난 뒤, 그 사람이

"나는 도사 아들 아니오."

하고 말하는데 말소리는 똑똑치 못하나마 알아들을 만하였다. 그 거짓말에 의심이 생긴 황천왕동이가 멀리 섰는 김억석이 아들을 가까이 오라고 불렀다.

"이놈이 분명히 도사의 자식인 줄 너 아느냐?"

"다른 사람이 이 사람을 도사 나리 자제라고 말하구 아주머니더러 수청을 들면 호강이라구까지 말합디다. 이 사람이 아주머니를 끼어안으려구 하다가 보기좋게 뺨을 얻어맞았습니다. 아주머니께 물어보십시오. 내 말이 거짓말인가."

황천왕동이가 다시 그 사람을 내려다보며

"인제두 도사의 자식이 아니라구 할 테냐! 어디 또 말 좀 해봐라!"

하고 꾸짖으니 도사의 아들이 눈을 감고 부들부들 떨기만 하였다. 황천왕동이 손에 든 환도가 한번 번쩍하며 도사의 아들은 머리가 몸에서 떨어졌다(8권: 67-70).

서림의 꾀

아들 살해됐다는 소식이 송도 도사의 귀에 전해진다. 실성 하다시피 한 송도 도사는, 아들의 원수를 갚기 위해 삼십 명 남짓의 관병을 급파해 굿구경 나왔던 청석골 일행 추격에 나선다. 평소라면 청석골 두령 세 사람 힘만으로도 이들을 제압하거나 추격을 따돌릴 수 있었지만 안사람들 모두 왈짜패의 폭행으로 크고 작은 부상을 당한지라 청석골로의 복귀가 지체될 수밖에 없었다.

송도관병의 포위망이 시시각각 좁혀져오는 가운데, 일촉즉발의 긴박한 상황에서 서림이의 묘책이 위력을 발휘한다. 서림이는 청석골에 구원병을 청하러가는 시간을 벌기위해 대왕대비인 문정왕후 몸을 받아 대왕그네를 타러온 상궁 일행을 인질로 잡을 것을 제안한다. 청석골 일행은 상궁 일행이 머물던 대왕당으로 들이닥쳐 상궁에게 자초지종을 밝힌 후 도움을 청한다. 자칫 잘못하면 자기 목숨마저 위태로울 수 있음을 직감한 상궁은, 협조를 가장한 서림이의 협박에 호응하여 밤사이 추격대가 숙소 바깥에 머물 것을 명한다.

하루 밤 시간을 벌게 된 송악산 일행은 축지법을 구사할 정도로 걸음이 빠른 천왕동이를 시켜 상궁 호위무사인 무예별감 옷으로 변복하여 대왕당을 둘러싸고 감시 중이던 추격대의 눈을 따돌리고 꺽정이에게 구원병을 요청한다. 꺽정이는 청석골에 남아있던 두령을 모두 이끌고 단숨에 대왕당으로 달려간다. 대왕당에 도착한 청석골 두령들은 피 한 방울 흘리지 않고 꺽정이 호령 한 마디로 추격대를 제압한 다음 굿구경 나섰던 일행을 무사히 구출해서 청석골로 돌아온다.

황천왕동이가 산 아래로 내려간 지 얼마 아니 되어서 급한 걸음으로 도로 올라왔다. 서림이는 교군꾼[49]을 만나서 도로 오는 줄만 여기고 오는 황천왕동이에게로 몇 걸음 나가면서

---

49 가마 메는 사람.

“어디 옵니까?”

하고 물으니 황천왕동이가 고개를 절레절레 흔들며

“큰일났소.”

하고 대답 안되는 대답을 하였다.

“큰일나다니 군관이 옵니까?”

“언뜻 보기에 한 삼십 명 올라옵디다. 안식구들은 업든지 끌든지 하구 도망합시다.”

배돌석이와 길막봉이가 모두 일어섰다. 서림이가 손을 내저으며

“지금 안식구들을 끌구 업구 도망하다가는 창피만 더 볼 게니까 여기 앉아서 당할 도리를 생각합시다.”

하고 잠깐 동안 양미간을 찌푸리고 고개를 기울이고 있다가

“자, 인제는 칼 물구 뛰엄뛰기니 세 분은 아무 소리 말구 나 하자는 대루 하시우.”

하고 말하는데 세 사람은 모두 잠자코 있었다.

“우리 상궁을 가보구 말 좀 해봅시다.”

서림이의 말끝에

“상궁더러 무슨 청을 하실라우?”

황천왕동이가 물으니

“나중 보면 아실테니 다들 나만 따라오시우.”

서림이가 앞서 휘적휘적하고 대왕당으로 오는데 세 사람도 하릴없이 그 뒤를 따라왔다. 대왕당 문간에 앉았던 상궁의 교군꾼들과 박수들이 우 일어나서 못 들어오게 막는 것을 서림이가 잡아제치면서

“우리가 상궁마마께 뵈일 일이 있어 왔는데 왜 못 들어간단 말이오?”

하고 언성을 높이었다. 들어간다거니 못 들어간다거니 떠들썩할 때 무수리 한 사람이 문간방의 외쪽 지겟문을 열고 내다보며 왜 그렇게 떠드느냐, 마마께서 떠들지 말라신다 말하여 구종별배·박수들이 무춤하는 틈에 네 사람은 모두 대왕당 안으로 들어왔다. 대체 대왕당 집이 어떻게 된 집이냐 하면 위채 삼 간, 아래채 삼간, 도합 여섯 간 집으로,

위채는 대왕과 대왕부인의 목상을 뫼신 이간 전각이 있고 전각 한쪽 머리에 단간 곳간이 있고, 아래채는 문간이 한 간이요, 서편으로 마루방이 반 간이요, 동편으로 방이 간반인데 마루방에는 북향으로 외쪽 지겟문이 있을 뿐이고 방에는 북향으로 쌍바라지가 있는 외에 문간으로 난 외쪽 지겟문과 동쪽으로 난 들창이 있었다. 지금 청석골 안식구 여섯이 모로 세로 누워 있는 곳은 어둠침침한 반간 마루방이요, 상궁이 무수리, 각심이들을 데리고 사처한 곳은 좀 명랑하고 통창한 간반 방이다. 서림이가 지쳐놓은 쌍바라지[50] 앞에 와 서며 세 사람에게 오라고 손짓하여 줄느런히 늘어세우고

"상궁마마께 문안드립니다."

하고 소리치니 먼저 외쪽 지겟문으로 떠들지 말라고 말하던 무수리가 쌍바라지를 열어젖힌 뒤에 다른 무수리에게 다리를 치이고 누웠던 상궁이 무당들의 부축으로 일어앉아서 밖을 내다보며

"너이들이 누구냐?"

하고 물었다.

배돌석이는 한편 다리를 앞으로 내세우고 얼굴을 되돌리고 있고 황천왕동이는 반몸을 비틀고 딴 데를 보고 있고 길막봉이는 어줍은 모양으로 몸을 가지고 두리번거리고 있는데, 서림이 혼자 두손길을 맞잡고 공손히 허리를 굽히었다.

"상궁마마께서 해서대적(海西大賊) 임꺽정이의 명자를 들어 기신지 모르겠습니다만, 저이는 임꺽정이 수하에 있는 두령들이올시다."

서림이의 말 한마디에 방안에 있는 상궁 이하 여편네들은 고사하고 당집 안마당에 들어섰는 교군꾼들까지도 모두 다 놀라는 모양이 현저하였다.

"이번에 임대장의 부인이 두령의 안식구 다섯을 데리구 굿구경을 오는데 저희는 보호하러 따라왔습니다. 보호할 직책을 가진 저희가 한만히 다른 데 놀러간 틈에 잡놈들 십여 명이 떼를 지어 가지고 와서 대장 부인과 안식구들을 때려눕히구 안식구 하나를 붙들

어갔습니다. 일 다 난 뒤에 저희가 비로소 알구 그놈들 뒤를 밟아서 부산동을 쫓아가서 다 죽게 된 안식구를 찾아왔습니다.

그놈들 십여 명이 수 많은 것을 믿구 저희에게 대들다가 몇 놈은 중상하구 한 놈은 죽었는데 말 들으니 죽은 놈이 지금 송도 도사의 아들이랍니다. 도사가 제 아들이 죽어 마땅한 짓 한 건 생각 않구 아들 원수를 갚으려구 송도부 금도군관을 있는 대루 다 풀어 내놓을는지두 모릅니다. 그런 줄을 알면서두 저희는 대장 부인과 다른 안식구들이 꼼짝 운신을 못하는 까닭에 얼른 피신을 못하구 이러구 있습니다.

저희가 올 때 저희 대장 분부내에 대왕대비 치성굿판에서 야료를 내지 않두룩 조심하라구 하셨는데, 지금 사세가 큰 풍파를 내지 않을 수 없게 되었습니다. 저희만이면 대장 분부두 있구 하니 어찌 되든지 순순히 잡혀가기라두 하겠는데, 대장 부인과 다른 안식구들을 군관의 손에 넣을 수가 없습니다. 저희가 죽거나 군관들이 죽거나 끝장나두룩 싸울밖에 없습니다. 저희 네 사람에 저 하나만 오죽지 않지 하나는 고금에 드문 석전군이요, 하나는 비호같은 사람이요, 또 하나는 아까 그네터에서 사람 공기 놀렸다고 떠들던 천하장사니까 적어두 열 곱절 사십 명 사람쯤 죽이기 전에는 문문히 죽지 않을 겝니다. 대왕대비 치성굿이 아직 끝두 나기 전에 대왕당 안에 뭇사람의 피를 흘리는 것은 저희의 본의두 아니요, 더구나 저희 대장의 분부두 아닙니다. 대왕대비 몸받아 오신 상궁마마를 놀라시게 할 일이 황송해서 미리 말씀을 여쭙는 것이올시다.”

서림이의 말이 거침없이 흐르는 물과 같았다. 서림이가 말을 그친 뒤 한참만에 상궁이 외면하고

“쌈을 하더라도 당집 테 밖에 나가서 하면 어떻소?”

하고 말하였다.

“대장 부인 이하 여러 안식구들이 저편 마루방에 와 있는 까닭에 여기를 떠날 수가 없구요, 또 당집을 성(城)삼아서 의지하구 싸우는 것이 저희에게 유리한 까닭에 다른 데루 갈 수가 없습니다.”

“그럼 안식구들은 내가 담당하고 잡혀보내지 않을 테니 항거들 않고 잡혀가겠소.”

"말씀하긴 황송하오나 마마께서 담당하시는 걸 저희가 믿을 수 있습니까. 피차간에 좋을 도리는 꼭 한 가지 있습니다."

"무슨 도리요?"

"마마께서 군관들을 이 당집 안에 들어서지 못하게 하실 수가 있지 않습니까?"

"공사를 내가 어찌 막겠소."

"대왕대비의 몸을 받아오신 마마께서 대왕대비의 치성굿을 하시는 날이니 마마께서 당집에 못 들어온다구 말씀만 하시면 군관은 말할 것두 없구 송도유수라두 문안에 발을 들여놓지 못할 줄 압니다."

"그러면 어떻게 한단 말이오?"

"저희가 오늘 밤 안으루 안식구를 모면하두룩 조처해 놓구 밝는 날 식전에 잡혀가겠습니다. 그러면 치성굿은 무사히 끝나구 마마께서는 목전에 사람들 죽은 걸 보시지 않구 또 저희는 저희 직책을 다하게 될 테니 이리저리 다 좋지 않습니까."

"나는 굿이 끝나면 곧 산 아래로 내려갈 사람이오."

"오늘 밤 삼경[51]까지만 여기 계셔 주시면 저희 조처두 그 안에 다 될 듯합니다. 그러구 굿은 앞으루 걸립과 뒷전이 남았다니까 마마께서 친히 굿자리에 내려가 보시지 않아두 좋겠습지요. 하여튼지 삼경까지는 마마께서 잠시라두 이 방을 떠나시면 안됩니다. 저희가 이 방 밖에서 뫼시구 있겠습니다."

상궁은 한다 못한다 말이 없었다. 대왕당 성관이란 검은학골 늙은 무당이 상궁 옆에 가까이 가서 귓속말을 하듯 소곤소곤 여러 말을 지껄이고 상궁이 무수리 하나를 보고 나직나직 몇 마디 말을 이르더니 그 무수리가 곧 외쪽 지겟문을 열고 교군꾼과 박수들을 내다보며

"마마 말씀이 없이는 누구든지 당집 안에 들어오지 못하게 하라시니 그리들 아우."

하고 말을 일렀다.

---

51 하룻밤을 다섯 등분한 중 셋째, 밤 11시부터 오전 1시까지.

이때 땅거미 지나 어두워서 무당이 상궁 방에 촛불을 켜고 일꾼들이 당집 바깥마당에 큰 횃불을 놓고 또 안마당에 화톳불을 놓았다. 안마당의 화톳불은 문간과 전각 중간에 놓는 것을 서림이가 상궁의 한다 못한다 대답을 기다리는 중에 곁눈으로 보고 일꾼을 불러 말을 일러서 마루방과 문간 어름에 옮겨놓게 하여 상궁방 맞은편 곳간 앞은 불이 멀어서 어스무레하고 문간에서 바로 보이는 전각 안은 불이 미치지 못하여 어둠침침하였다.

무수리가 사내 하인들에게 말하는 상궁의 분부를 서림이는 듣고 고개를 끄덕하며 씽긋 웃고 먼저 곳간 앞으로 가면서 세 사람을 손짓하여 불렀다. 네 사람이 머리들을 맞대다시피 하고 쭈그리고 앉은 뒤에 서림이가 옆에 사람 겨우 들을 만한 입속말로

"황두령, 인제 청석골 나가서 교군을 가지구 오시우."

하고 말하니

"승교바탕을 천만이가 보낼 텐데."

황천왕동이가 말을 반동강 하고 서림이의 얼굴을 들여다보았다.

"천만이게 부탁한 승교바탕은 다 틀렸소. 군관들이 여기 온 뒤에는 보내더래두 소용없구 그리구 군관들 나온 소문을 들으면 천만이 같은 약은 사람이 애초에 보내지두 않을 게요. 여기 승교바탕을 보내주지 않는 대신 청석골루 보발꾼 하나는 띄워 줄 듯하지만 우리가 그걸 믿구 있을 수 있소? 황두령이 얼른 가시우."

"나더러 가서 구원병을 끌구 오란 말씀이구려."

"그렇소. 지금 우리 형편이 대장의 구원밖에 바랄 것이 없소."

"잠깐 마루방에 가보구 곧 가리다."

"군관들 오기 전에 얼른 빠져나가시우."

"산 중턱쯤 올라오는 걸 내가 보구 왔으니까 아직은 여기 못 올 것이오."

황천왕동이가 마루방에 가서 들여다보며 누님과 안해의 아픈 것을 물어보는 중에 문간이 홀저에 떠들썩하여졌다. 황천왕동이가 아무 소리 말고 가만히 있으라구 부탁하고 마루방 지겟문을 고이닫고 전각 앞을 획 지나서 곳간 앞으로 도로 왔다.

"저것들이 이렇게 빨리 올 줄은 몰랐소. 인제 문간이 막혔으니 어떻게 나가면 좋소?"

“의관을 벗어버리구 굿당 일보는 사람인 체하구 나가 보지.”

배돌석이가 말하고

“담을 넘어가우.”

길막봉이가 말하는데 서림이가 손을 가로젓고서

“일보는 사람인 체해선 안 되구 담을 넘어가는 게 좋은데 담 밖을 벌써 둘러쌌는지 누가 아우? 억석이 부자중의 하나가 들어오거든 바깥 형편을 알아보구 합시다. 그러구 당장 염려는 없을 듯하지만 그래두 혹시를 모르니까 우리가 죽게 되면 고깃값이라두 하구 죽을 준비를 차리구 저 쌍바라지 앞에 가서 있다가 군관들이 들어닥치거든 우리는 방 안으루 뛰어들어가서 상궁과 무수리들을 붙잡아서 방패루 씁시다.”

하고 말하였다. 병장기는 네 사람 틈에 환도가 한 자루뿐이나, 배돌석이가 매로바위 밑에 나가 앉았을 때 돌을 집어서 소매 속에 넣은 것이 여남은 게 되어서 설혹 군관들이 몰려들어오더라도 첫번 기세는 능준히 꺽을 수가 있었다. 네 사람이 다같이 의관을 벗어서 곳간 지댓돌 위에 놓아두고 상궁방 앞에들 와서 섰는데, 그 동안에 사내 하인 한 사람과 금도군관 한 사람 사이에는 언왕설래에 시비가 톡톡히 되었었다.

“우리는 그예 들어가야겠는 걸.”

군관의 말은 반말이요,

“들이지 않는다거든 못 들어올 줄 아우.”

하인의 말은 하우였다.

“빨리 비켜나지 않을 테냐!”

군관의 말이 해라로 나오니

“어르면 누구들 어쩔 테야! 우리가 도둑놈인 줄 아나?”

하인의 말도 반말로 나갔다.

“살인한 적당이 분명히 이 안에 있는 줄 아는데 우리를 못 들어가게 하는 것은 적당을 감춰주는 것이니까 도둑놈이 아니라두 도둑놈의 와주[52]루 볼 수 있다.”

상궁은 당집 안에 군관을 못 들어오게 하는 것을 하인들에게 맡겨두고 자기가 아는 체 아니하려는 것같이 방안에 가만히 앉아서 문간의 시비를 듣기만 하더니 도둑놈의 와주란 말이 마음에 찔리든지 별안간 외쪽 지겟문을 열어젖히고 문간을 내다보며

“대체 무엇들이 여기 와서 그렇게 떠드느냐!”

하고 큰소리를 내었다. 문간 앞에 섰는 군관 세 사람이 상궁의 첩지 쓴 머리를 바라보고 허리들을 굽실한 뒤에 세 사람 중의 한 사람이

“저희는 송도부 금도군관들이올시다. 오늘 부산동서 살인한 적당이 이 당집에 와서 숨어 있는 줄을 알고 잡으러 왔는데 상궁 마나님의 분부라구 못 들어가게 막으오니 적당은 들이구 저희 군관은 들이지 말라구 분부하셨을 리가 만무할 줄루 생각하와 그럴 법이 없다구 나무라느라구 좀 떠들게 되었나 봅니다.”

하고 언죽번죽 말하였다.

“법을 잘 아는 사람이라 나더러 도둑놈의 와주라고 말했나?”

“천만의 말씀이지 상궁 마나님께 그런 무엄한 말을 할 리가 있소리까?”

“내 사람더러 도둑놈의 와주라니 그게 곧 나더러 하는 말이지 무어냐! 도둑놈의 와주, 육십 평생에 더 들어볼 소리가 없다. 괘씸한지고.”

“저희가 생각이 부족한 탓으루 상궁 마나님께 촉노될 줄은 미처 생각지 못하구 말을 지망지망히 했소이다. 용서합시오.”

“송도유수 같은 재상의 눈에는 내가 하치않게 보이겠지만 나도 정오품(正五品) 내명부(內命婦)[53]야. 더구나 이번에 나는 대왕대비 마마의 몸을 이어온 사람이야. 내가 사처한 데서 죄인을 잡아가려면 유수가 내게 전갈 한마디쯤은 있어야 옳지, 중대한 죄인이 지금

---

52 도둑이나 노름꾼 따위 소굴의 우두머리, 또는 그들의 뒤를 봐주는 사람.

53 조선시대 궁중에서 봉직하던 빈(嬪)·귀인(貴人)·소의(昭儀)·숙의(淑儀)·상궁(尙宮) 등 여관(女官)의 총칭.

이 당집 안에 잠복해 있더라도 내가 대왕대비 마마의 치성굿을 다마치고 산 아래로 나려가기 전까지는 당집 안에서 야료를 내게 할 수 없으니까 그리들 알고 그대네 유수사또께 가서 내 말씀으로 말하라고."

상궁이 할 말 다하고 지겟문을 닫은 뒤에 쌍바라지 앞에 섰던 네 사람은 곳간 앞으로 다시 왔다. 황천왕동이가 혹시 빠져나갈 틈이 있을까 하고 침침한 전각 안에 들어가서 문간 밖을 내다보았다. 군관 세 사람이 한데 붙어서서 숙덕공론을 하는 모양이더니 군관 한 사람은 먼저 다른 데로 가고 군관 두 사람은 나중에 군사와 한량 수십 명을 세 패에 나누어서 군사 한 패는 앞에 남기고 군사 한 패와 한량 한 패는 좌우 옆으로 갈라 보내었다. 어림에 군관 한 사람은 유수께 사연을 고하러 간 성싶고 군사 한패와 한량 한 패는 당집 담 밖을 지키러 보내는 것 같았다. 그 뒤에 문 앞에는 군관 두 사람이 댓돌 위에 쭈그리고 앉아 있고 군사 칠팔 명이 댓돌 아래 둔취하여 서 있었다. 상궁방에서 저녁밥을 재촉하라고 무당 하나를 밖으로 내보내더니 곧 외상·겸상·두루거리상을 일꾼들이 들고 들어오는데, 김억석이가 일꾼 틈에 끼여 들어왔다가 곳간 앞에 앉았는 네 사람에게로 쫓아와서

"여러분 저녁 진지는 어떻게 하면 좋습니까? 군관들이 당집 안에 드릴 상 수효를 묻는데 까부새 박수 하나가 방정맞게 방에 외상 하나, 겸상 셋, 문간에 두루거리 상 하나, 모두 다섯이라구 대답해 놔서 인제 상을 더 들여올 수가 없게 되었으니 어떻게 하면 좋습니까?"

하고 말하는데 황천황동이가

"저녁 한 끼 굶어서 죽겠나. 그건 염려 말구 이따가 상 내갈 때 나 하나 일꾼 틈에 묻어 나가두룩 해주게."

하고 부탁하니 김억석이는 고개를 가로 흔들었다.

"사람 수효가 맞지 않아서 탈이거든 일꾼 하나를 이 안에 남겨두구 내가 그 일꾼 대신 상을 들고 나가면 되지 않겠나."

"여기 들어오는 사람을 수효만 셀 뿐 아니라 일일이 얼굴을 살펴보구 나서 들여보내

는걸요."

김억석이 말끝에 서림이가

"담 밖을 다 둘러쌌겠지?"

하고 물으니 김억석이는 고개를 끄덕이었다.

"무예별감은 어디 갔나?"

"그건 왜 물으십니까?"

"눈에 보이지 않으니 말이야."

"고녀당 젊은 무당에게 반해서 굿자리에서 고녀당으루 갔답디다."

"그러면 자네가 가서 상궁마마께서 얼른 오라신다구 오주전갈[54]을 좀 해주게."

"그래서 어떻게 하실랍니까?"

"우리가 무예별감을 보구 사정을 좀 할 일이 있네."

"말썽만 더 되지 않을까요?"

"지금 말썽 더 될 것이 무어 있나."

"그렇습지요. 가겠습니다."

김억석이가 나간 뒤에 서림이가 다른 세 사람과 소곤소곤 이야기하고 웃옷 안고름에 찼던 긴 노랑수건을 끌러다가 황천왕동이를 주었다. 한 동안이 지난 뒤에 무예별감이 들어와서 쌍바라지 앞으로 가는 것을 서림이가 가로막고 허리를 굽실하며

"저희가 말씀 좀 여쭙겠습니다."

하고 말하여 무예별감이 잠깐 어리둥절할 즈음에 뒤에서 황천왕동이가 노랑수건을 휙 둘러서 입을 막아 동이고 또 뒤에서 길막봉이가 두 손으로 몸을 바짝 끼어안았다. 네 사람이 무예별감을 쥐잡듯 잡아가지고 전각 안으로 들어갔다. 얼마 만에 무예별감이 문간으로 나가는데 금도군관이 앉았다 일어나서

"어디를 가시우?"

54　어주전갈. 어중되게 말을 꾸며서 하는 전갈.

하고 물으니

"유수사또 좀 뵈러 가우."

하고 일변 말을 대답하며 일변 걸음을 걸어서 순식간에 층층대 아래로 내려갔다.

무예별감이 군복자락에서 바람이 나도록 빨리 걸어 산 아래로 내려간 뒤 금도군관들은 미심스러운 생각이 나든지

"걸음걸이가 아까 저기서 올 때 틀짓던 것과는 아주 딴판 달레."

"걸음걸이뿐 아니라 사람까지 딴사람 같아 보이네."

"딴사람이라니 말이지 나올 때 고개 푹 숙인 게라든지 말할 때 외면하던 게라든지 다시 생각해 보니 모두가 좀 수상해."

"쟤들 하나 딸려보낼 걸 우리가 잘못했나 봐."

이런 말들까지 하다가

"대체 무슨 일루 그렇게 급히 갔을까?"

"상궁의 전갈을 맡아가지구 간 게지."

"우리가 일껀 인사성루 일어서기까지 하는데 말대답두 변변히 안 하구 도망하는 놈 같이 내빼니 사람 대접을 그 따위루 하는 법두 있나."

"서울놈이 본래 반지빠른데[55] 게다가 대궐 안 물을 먹으니 우리가 눈에 보이겠나."

다시 이렇게들 말하는 것이 딴사람으로는 생각지 않는 모양이었다. 안마당의 화톳불은 마루방에 비치는 것을 박수들이 좋게 여기지 않는지 관솔이 잘 안 타는 것을 보고도 내버려 두어서 거의 다 꺼지고, 바깥마당의 큰 횃불은 군사들이 홰 끝을 타는 대로 두들겨 떨어서 불길이 활활 잘 탔다. 문간에서 밥 먹는 사람들이 다니는 길을 틔워놓느라고 각각 밥그릇을 들고 이리저리 나앉고 또 밝은 데를 향하느라고 거지반 전각을 등 뒤에 두고 돌아앉아서 모두 먹기에 골몰하였던 까닭에 무예별감이 전각 안으로 붙들려 들어가는 것을 본 사람은 별로 없었겠지만, 문간으로 나가는 무예별감의 얼굴을 본 사람은

55　말이나 행동 따위가 어수룩한 맛이 없이 얄미울 정도로 민첩하고 약삭빠르다.

더러 있을 것인데 적당의 일에 섣불리 말밥에 오르면 화를 받을까 두려워하는 까닭인지 들어온 무예별감과 나간 무예별감이 딴사람이니 아니니 말하는 사람은 하나도 없었다(8권: 77-88).

이후에 전개된 상황에 대해서는 독자들 상상에 맡긴다. 궁금한 독자제현은 『임꺽정』 제8권 '송악산 장'을 직접 읽어보기를 권한다.

제7부　흩어지면 백성 모여 있으면 도적

황해도에 도적이 들끓은 이유

역사적으로 임꺽정의 난은 명종(明宗)14년(1559) 3월부터 시작해서 임꺽정이 관군에 체포되어 처단된 명종17년(1562) 1월까지 황해도를 중심으로 3년 이상 지속된 조선전기의 가장 대표적이고 집약적인 민중 저항이었다. 이 난은 조선전기의 산발적 민중저항 가운데 가장 규모가 컸고 장기간 지속됐다. 현대 정치용어로 표현한다면, 백정 등 하층계급의 국가권력에 대한 집요한 게릴라 투쟁이었다고 할 수 있다. 이러한 이유에서, 같은 기간 『실록』의 기사 역시 다른 민중저항에 비해 임꺽정의 난에 관해서 비교적 상세히 기술하고 있는 편이다. 홍명희는 유독 황해도에 도적이 들끓었던 이유에 대해 다음과 같이 적고 있다.

> 이때 조선팔도에 도적이 없는 곳이 없으되 그중에 황해도가 우심하였다. 황해도 일경은 변동도적의 소굴이었다. 황해도 민심(民心)이 타도보다 사나우냐 하면 그런 것도 아니고, 황해도 양반이 타도보다 드세냐 하면 그런 것도 아니고, 또 황해도 관원의 탐학(貪虐)과 아전의 작폐(作弊)가 타도보다 더 심하냐 하면 그런 것도 아니건만 황해도 백성은 양순한 사람까지 도적으로 변하였다. 양순한 백성이 강포(强暴)한 도적으로 변하도록 지방의 폐막(弊瘼)[1]이 가지가지 많은데 그중의 가장 큰 폐막은 두 가지였다. 한 가지는 각색공물(各色貢物)이니 나라에 진상하는 물품이 너무 많아서 민력(民力)으로 감당할 수가 없고, 또 한 가지는 서도부방(西道赴防)[2]이니 평안도 변경(邊境)에 수자리[3] 살러 가는 것이 괴로워서 민정(民情)이 소연(騷然)[4]하였다.

---

1   고치기 어려운 폐단.

2   조선 때, 다른 도(道)의 군대가 서북 변경을 방어하기 위해 파견 근무를 하던 일.

3   국경을 지키던 일. 또는 그 병사.

4   떠들썩하고 야단스럽다.

황해도의 지광(地廣)[5]이나 토품(土品)이나 인구나 물산이 다 하삼도(下三道: 三南)에 대면 어림없이 못한데 진상물품은 종목(種目)과 수량(數量)이 하삼도보다 훨씬 더 많고 또 까다로웠다. 가령 노루 진상으로 말하더라도 그저 노루면 다 쓰는 것이 아니고 사냥꾼의 말로 '수건부치'니 '대장' 이니 하는 큰 노루라야 쓰는 까닭에 진상에 쓸 것을 몇마리 고르느라면 백여마리씩 잡을 때도 없지 아니하였다. 그래도 노루는 흔하니 소산(所産)이라고도 하겠지만 사슴으로 말하면 국초(國初)에는 흔하였는지 모르나 당시는 거의 절종(絶種)이 되어서 소산도 아닌데 진상 종목에 들어 있었다.

녹용(鹿茸) 같은 약재(藥材)와 녹포(鹿脯) 같은 별미(別味)는 진상할 만한 물품이나 되지만, 녹미(사슴 꼬리)·녹설(사슴 혓바닥) 같은 약재도 아니요 별미도 못 되는 물품을 진상을 시키는 건 당초에 까닭 모를 일이었다. 소산이 아니라 할 수 없이 서울 가서 사서 바치는데 전의 진상품이 밖에 나온 것을 되사서 바치니 우습기 짝없는 일이건만, 진상품이 사옹원(司饔院)[6]에 들어갔다가 나왔다 또 들어가는 사이에 황해도 백성의 고혈(膏血)이 마르니 웃기는커녕 통곡해야 좋을 일이었다.

일기 더운 때 생물(生物)을 진상하자면 서울 오는 동안에 빛이 변하고 맛이 가서 퇴짜를 안 맞을 수 없고 퇴짜를 안 맞자면 진상 받은 관원으로부터 하인에게까지 인정[7]을 안 쓸 수 없었다. 이 까닭에 진상은 꼬치로 꿰고 인정은 바리[8]로 실린다는 속담까지 생기었었다. 진상에 인정에 백성의 고혈이 말라드는 것을 눈으로 보고 귀로 들으며 작청(作廳)에서 관가에서 또는 감영에서 고혈을 빨아갈 수 있는 대로 빨아가니 백성은 중병 든 것같이 피골만 남을 수밖에 없었다.

황해도의 군역(軍役)은 서울 상번(上番) 외에 평안도 변경방비(邊境防備)가 더 있어서 갑

5　땅의 넓이.

6　조선 때, 어선(御膳) 및 대궐의 음식에 관한 일을 맡아보던 관아.

7　지난날, 벼슬아치들에게 몰래 주던 선물이나 뇌물.

8　마소의 등에 잔뜩 실은 짐

사(甲士)[9]·기병(騎兵) 2천 명이 10월 초일일부터 이듬해 2월 회일[10]까지 의주·이산·강계 같은 변경 요해지(要害地)[11]에 가서 수자리를 살고 그 이듬해에는 다른 2천 명이 역시 번 갈아서 수자리 사는데 도합 4천 명의 절반 2천 명씩 서로 돌려가며 일 년은 수자리 살고 일 년은 쉬었다. 수자리 살러 가는 곳이 멀고 가깝고 낫고 못한 것이 있으므로 군무(軍務) 맡은 이속(吏屬)[12]이 이것을 가지고 농간하여 인정받으면 가깝고 좋은 곳을 택하여 보내 주고 인정을 못 받으면 멀고 좋지 못한 곳으로 몰아 보내니 인정 줄 것이 있고는 좀하여 안 줄 사람이 없고 수자리 살 곳에 가서는 서도 사람(평안도 사람)들이 황군(黃軍)[13]이라 일컫는 것을 으례 먹을 감으로 여겨서 등골가지 빼어먹는 까닭에 수자리를 한번 살면 몸 에 남는 것이 없고 두번 살면 집에 남는 것이 없고 세 번 살면 목숨까지 부지하기가 어려 웠다. 만일 목숨을 보전하려고 도망을 하면 침책(侵責)[14]이 일가에 미치고 이웃에 미쳐서 일가 사람과 이웃 사람까지 못살게 되었다.

　을묘년 난리 뒤에 나라에서 서도부방을 영폐(永廢)[15]하기로 결정하여 황해도 백성은 살 수 하나 난 줄 알았는데 불과 사 년 만에 평안도 감사·병사[16]의 장계로 말미암아 다 시 복구하게 되어 고역(苦役)을 새삼스럽게 치르게 되니 민정이 소연하지 않을 수 없었 다. 황해도 백성들 생각에는 이래 죽으나 저래 죽으나 죽기는 일반이니 꺼리고 사리고 할 것이 없다고 칼 물고 뛰엄뛰기로 도적들이 되었다. 명화적패가 밤에 불켜 가지고 촌

9　조선 때, 각 고을에서 뽑혀 서울의 수비를 맡던 의흥위(義興衛)의 군사.

10　그믐날.

11　지세가 적에게 불리하고 자기편에는 유리한 지점. 요충지. 요해지(要害地).

12　아전의 무리.

13　황해도에서 뽑던 군병.

14　간접적으로 관계되는 사람에게 책임을 추궁함.

15　영구히 없앰.

16　병마절도사의 준말. 조선 때, 각 지방에 두어 병마를 지휘하던 종이품의 무관.

에 들어오는 건 예삿일이고 대낮에 읍에 들어와서 옥문(獄門)을 깨뜨리고 관문(官門)을
에워싸고 관예(官隸)를 죽이고 관물을 뺏어가는 일까지 혹간 있었다. 황해도 24관 관하
(管下)에 이런 명화적패가 여기저기 있었지만 그중에 청석골패가 가장 기세가 무섭고 이
름이 높았다"(7권: 5-9).

　　홍명희가 황해도 일대에 도적이 들끓은 이유로 제시한 황해도 정정(政情) 불
안과 흉흉한 민심은 『실록』에 나와 있는 기사를 근거로 하여 쓴 것이다. 『실록』
에도 드디어 임꺽정이라는 이름 석자가 본격 등장한다. 윤원형 외 삼정승이 모
두 참석한 조정 회의에서 임꺽정 일당의 기승을 국가 기강을 흔드는 중차대한
문제로 논의하기 시작한다.

　　상이 조강에 나아갔다. 영의정 상진, 좌의정 안현, 우의정 이준경, 영중추부사 윤원형
이 함께 의론하여 아뢰었다.
　　"개성부 도사를 무신으로 뽑아보내라는 상교가 지당하나, 무신을 뽑아보내더라도 별
다른 조치 없이 범상하게 해나간다면 오히려 이익 됨이 없을 것입니다. 삼가 듣건대, 요
사이 많은 강적들이 본부의 성 밑으로 몰려들어 주민을 살해하는 일이 매우 많은데도 사
람들은 보복이 두려워 감히 고발하지 못하고, 관리들은 보고 듣는 바가 있어도 매복을
해 체포할 계획을 세우지 못한다고 합니다. 지난날 임꺽정(林巨叱正)을 추적할 적에 패두
(牌頭)의 말을 듣지 않고 군사 20여 명만을 주어 고단하고 서툴게 움직이다가 마침내 패
두가 살해당하게 되었는가 하면(패두 이억근은 일찍이 도적 수십 명을 잡은 적이 있었다. 이때 본
부가 신계(新溪)의 첩정으로 인해 군사를 동원해 적을 포위하였는데, 이억근이 군사를 거느리고 가서
새벽에 적소굴로 들어갔다가 임꺽정 일당에게 일곱 대의 화살을 맞고 살해됐다-『명종실록』의 원주),
제때에 적을 끝까지 추격하지 않음으로써 마침내 적들이 멋대로 날뛰게 하였으니 매우
놀라운 일입니다.
　　그러므로 지금 무신을 보내 체포할 방법을 강구해서, 혹은 군사를 거느리고 추격하기

도 하고 혹은 문견을 근거로 추적하기도 하여 반드시 체포할 것을 기약하게 해야 합니다. 만일 태만하여 잡지 못하거나 겁이 나서 추적하지 못한다면 군법으로 죄를 논하겠다는 것을 각별히 일러서 내려 보내고, 유수(留守)에게도 이러한 뜻으로 하유하는 것이 어떻겠습니까? 도사의 직무는, 평시에는 본부를 다스리는 것이 그 소임이나 병무 또한 그의 소관이므로, 이같은 도적이 변이 있을 적에는 군법으로 처리해야만 합니다. '대전(大典)'에 경내의 도적을 잡지 못하면 수령 또한 죄가 있다고 하였기에 감히 아룁니다."

이 기사를 작성한 사관은 황해도에 도적이 성행한 원인을 수령의 가렴주구[17] 탓으로 돌리며 수령의 가렴주구는 재상이 청렴하지 못한 탓이라 한탄한다. 사관은 오늘날 재상들의 탐오한 풍습이 한이 없기 때문에 수령들은 백성의 고혈을 짜내어 권요[18]를 섬겨야 하므로 돼지와 닭을 마구 잡는 등 못하는 짓이 없다고 말한다. 그런데도 곤궁한 백성들은 하소연할 곳이 없으니, 도적이 되지 못하면 살아갈 길이 없는 형편이다. "그러므로 너도나도 스스로 죽음의 구덩이에 몸을 던져 요행과 겁탈을 일삼으니, 이 어찌 백성의 본성이겠는가. 진실로 조정이 맑고 밝아서 재물만을 좋아하는 마음이 없고, 수령을 모두 한나라의 공수와 황패와 같은 사람을 가려 차임한다면, 칼을 잡은 도적이 송아지를 사서 농촌으로 돌아갈 것이니, 어찌 이토록 기탄없이 살생을 하겠는가. 그렇게 하지 않고, 군사를 거느리고 추적하여 체포하려고만 한다면 아마 체포하는 대로 뒤따라 일어나 끝내 모두 체포하지 못할 지경에 이르게 될 것이다"(『명종실록』 권25: 20책 508면).

황해도에는 운달산, 광복산 등 멸악산맥 줄기 따라 도적들이 대거 몰려 있었다. 임꺽정이의 책사 서림이는 다음과 같이 말한다.

17　세금을 가혹하게 거두어들이고, 무리하게 재물을 빼앗음.

18　권력이 있는 중요한 자리. 또는 그 자리에 있는 사람.

황해도 땅에 있는 패만 치드래두 평산에 운달산패와 멸악산패가 있구 서흥에 소약고
개패와 노파고개패가 있구 신계 토산에 학봉산패가 있구 풍천 송화에 대약산패가 있구
황주 서흥에 성현령패가 있구 재령에 넓은여울패, 수안에 검은돌패, 신천에 운산패, 곡
산에 은금동큰고개패, 이외에두 각처에 여러 패가 있지 않습니까. 한패가 적으면 삼사
명, 많으면 수십 명씩 될 터이니 이런 패를 우리 휘하에 넣은 뒤에 각처에서 일시에 일어
나두룩 기일을 정해 주구 그 기일에 우리는 해주 가서 감영을 뺏구 들어앉으면 황해도가
우리 것이 될 것 아닙니까?(7권: 17).

호텔링 법칙

황해도 일대에 도적이 들끓었던 이유에 대해 현대 경제이론 가운데 하나인
'호텔링 법칙(Hotelling's law)'으로 어느 정도는 설명이 가능하다. '호텔링 법칙'
이란 사업 등에 있어서 최적 입지 조건을 설명하는 공간경쟁 모델로 같은 업종
에 종사하는 상점이 어째서 분산하지 않고 경쟁을 무릅쓰고라도 주변에 위치하
여 분포하는가를 설명하는 합리적 선택 모델이다. 쉽게 말하면 황해도 일대에
산도적이 많았던 이유는 성수나 홍대역 근처에 카페가 밀집해 있고 동대문 운
동장 근처에 스포츠 용품점이 모여 있고 춘천 명동 골목에 닭갈비 가게가 즐비
한 이유와 흡사하다고 할 수 있다.

황해도 관내에 도적이 밀집했던 주요 이유 가운데 하나는 연백평야의 존재
를 빼놓을 수 없다. 연백평야는 호남, 만경 등 우리나라 3대 평야 가운데 단일
곡창지대로는 가장 큰 크기를 자랑한다. 쌀은 대대로 우리 민족의 주식이다. 아
무리 넓은 곡창지대를 가졌다 하더라도 양민일 때는 빼앗기기만 했지만 도적이
되면 빼앗을 수 있다. 따라서 연백평야를 배후로 둔 황해도에 도적이 떼로 몰리
는 건 시간문제의 일로 생존을 위한 나름의 합리적 선택이었다고 할 수 있다.

또 다른 주요 이유는 황해도가 평양에서 서울로 보내진 봉물·진상·상납·뇌
물이 지나던 길목이었기 때문이다. 아무리 좋은 일이라도 자기 마음이 내키지

않으면 억지로 시킬 수 없다는 뜻을 지닌 '평안감사도 저 싫으면 그만이다'라는 속담이 지금도 회자되고 있듯이 평안감사는 당시 최고의 노른자위 지방관으로 꼽혔다.

왜 하필 '평안감사'였을까. 안동김씨 세도정치의 길을 닦은 김조순은 "평안도는 넓은 지역으로 부유함과 화려함이 나라에서 으뜸이며 예로부터 재상 중에서 내직을 마다하고 외직을 머무르고자 한 사람은 항상 이곳을 거처 갔다"고 말했다. 당대 최고 권력자조차 조선 최고의 '꿀보직'으로 평가한 평안감사의 매력은 부유함과 화려함에서 비롯한다.

평안도는 경제적 위상이 높았다. 상업, 금융업 등의 발달로 8도 중 가장 번영했다. 나라의 가장 큰 손님이던 중국 사신을 접대하기 위한 향연이 많았고, 외세의 침략을 막기 위한 군사요충지로서의 성격 때문에 세금을 중앙에 보내지 않고 독자적으로 운영할 수 있는 권한도 가졌다(박범, 2021). 따라서 평안감사 권한 아래 있는 돈의 규모가 다른 지방 감사의 그것을 압도하는 건 당연했다. 정약용은 『경세유표』에서 "평안감사의 한 해 수입이 24만 냥인데 그 절반은 공적인 용도로 쓰였고 절반은 평안감사 개인 몫으로 쓰였다"(정약용, 1997: 657)고 적었다. 평안감사 연봉인 12만 냥은 19세기 초반 상납미 3만석을 구매할 수 있는 거금이었다. 조선시대 쌀 한 석은 약 90kg의 무게에 해당했다. 그것을 요즘 쌀값과 단순 비교해보면 평안감사 연봉은 현재의 화폐 가치로 약 64-65억원에 달하는 고액이었다(강구열, 2020).

평안도가 가지고 있던 높은 경제적 위상에서 비롯한 화려함과 부유함에 더해 벼슬아치라는 행위자 입장에서 평안감사가 인기 있었던 이유는 외직 수령 가운데 평안감사를 거쳐야 중앙 정계로 직행할 수 있었기 때문이다. 아무개가 평안감사로 부임한다면 다음 임지는 서울이란 사실을 알 만한 사람은 다 알았다. 여기서 드는 한 가지 합리적 의심은 그렇다면 어째서 평안감사가 중앙정계로 진출할 수 있는 요직으로 간주 됐는가 하는 점이다.

그 비밀을 푸는 열쇠는 평안감사로 부임하려는 노력만큼이나, 아니 그것과 비교조차 할 수 없을 만큼, 평안감사로 부임하는 그 순간부터 중앙 정계로 진출하기 위해 번질나게 청촉질을 해댔기 때문이다. 그러려면 다른 지방관들은 꿈도 못 꿀 정도로 공물과 진상, 상납과 뇌물을 조정 권력자에게 바쳐야 했다. 평안감사가 서울로 올려보낸 진상품목의 화려함은 상상을 초월했다. 진상물의 사치함과 화려함이 도를 더할수록 일반 백성들의 삶은 그만큼 피폐해져 갈 수밖에 없었다.

홍명희는 신분제의 폐단이 얼마나 뿌리 깊은지에 대해 잘 알았다. 그 자신이 권문세가의 자제로 양반들이 누리던 권력이 어느 정도인가를 어릴 적부터 체감했다. 그런 만큼 평안감사가 서울로 보내는 공물이나 진상품에 대해 『임꺽정』에서 실감나게 그려낼 수 있었다. 평안감사가 얼마나 부귀하고 영화로운 직책이었는가는 평안감사가 서울 권력층에 보낸 진상목록을 통해서도 잘 드러난다.

『임꺽정』에는 청석골패가 평안감사 봉물 터는 유명한 대목이 나온다. 실제 역사에서도 그렇고 소설 안에서도 이 모든 사건의 발단은 서림(徐霖)이라는 인물에게서 비롯했다. 서림이는 평안감사 김명윤의 절대적 신임과 총애 덕에 평안감영의 사무를 총괄하는 수지국(收支局) 책임자인 지방관 종7품 장사(掌事)로 재직했다.

> 이후로 김명윤은 서림을 더욱이 신임하여 진상할 물건 구하는 일을 맡기었더니 서림이 영롱한 수단으로 각 골 토산(土産)과 중국 물품을 구하여 들이되 감사의 체면을 다치지 않게 하였다. 김명윤은 서림이를 사자 어금니같이 여기게 되어서 반 년 동안에 서림이를 섭사에서 급사(給事)로, 급사에서 장사(掌事)로 올려서 수지국 일을 주관하게 하니 이런 발탁(拔擢)은 전에 없는 일이었다(6권: 11).

서림이가 꾸린 평안감사 진상품 목록을 살펴보자면 그 화려함과 사치함에 입이 다물어지지 않을 정도다.

김명윤이 평안감사로 오며부터 구하여 들인 모든 물건을 섣달에 세찬들 보낼 때 진상하도록 하려고 미리 봉물을 짐 꾸미며 물목을 발기 적게 하였다. 토산물품(土産物品)은 관하 사십이관(管下四十二官)에서 거두어 바친 산삼(山蔘)·사향(麝香)·안식향(安息香)과 초피(貂皮)[19]·수달피(水獺皮)·청서피(靑鼠皮)[20]와 백옥(白玉)·오옥(烏玉)·담청옥(淡靑玉)·수포석(水泡石)·마노(瑪瑙) 등속이요, 중국물품은 주단(綢緞)으로 홍공단(紅貢緞)·백공단(白貢緞)과 운문단(雲紋緞)·운문사(雲紋紗)와 궁초(宮綃)·공릉(貢綾) 등속이 있고, 문방제구(文房諸具)로 단계(端溪) 벼루와 호주(湖州) 붓과 휘주(徽州) 먹도 있거니와 옥필통(玉筆筒)과 금향로(金香爐)도 있으며, 유명한 사람의 서화(書畫)도 있고 옥잔(玉盞)과 옥저(玉箸)와 옥장도와 자마노지환(紫瑪瑙指環)은 오히려 신기할 것도 없고, 옥다리미와 비취(翡翠) 대접과 자가 넘는 산호(珊瑚) 가지와 돌에 섞인 덩이 주사(朱砂)가 모두 진귀하고 굵기가 콩알만한 둥근 진주(眞珠)와 밤에 광채 나는 흰구슬은 희한한 보물이었다(6권: 15-16).

봉물은 진상에다가 윤원형 등 권문세가에 보낼 세찬을 더했다. 그러다 보니 봉물짐은 말 다섯 필에 나눠 실어야 할 정도로 상당한 분량이었다.

섣달 초생에 평안 감영 예방비장은 서울 보낼 세찬을 분별하느라고 여러 날 동안 분주하였다. 세찬 보내는 곳이 많아서 촛궤와 꿀항아리만 서너 짐이 되고 이외에 또 초피·수달피·청서피 같은 피물(皮物)이며, 민어·광어·상어 같은 어물이며, 인삼·복령(茯苓)·오미자 같은 약재(藥材)며, 면주(綿紬)·면포(綿布)·실·칠(漆)·지치[紫草]·부레[魚鰾]같은 각색 물종이 적지 않아서 세찬이 모두 대여섯 짐이 되는데, 여기다가 상감과 중전께 진상하는 물건과 세도집에 선사하는 물건을 함께 올려보내자면 봉물짐이 굉장하였다. 세찬을 다 봉해 놓은 뒤에 예방비장이 감사께 들어가서 세찬 봉물 끝마친 사연을 아뢰니 감사가 고

---

19   담비 가죽,

20   청색으로 물들인 족제비 털.

개를 끄덕이고

"인제 일간 곧 올려보내도록 해보세."

하고 말하였다.

"진상 봉물두 함께 올려보내시렵니까?"

"그럼 함께 보내려구 두지 않았나."

"소인의 생각에는 따루 올려보내시면 좋을 것 같소이다."

"어째서 따로 보내는 것이 좋을까."

"함께 보내시면 봉물짐이 너무 굉장할 듯합니다."

"굉장하니 어떻단 말인가?"

"남의 이목에 어떨까 생각합니다."

"남의 이목에 어떻단 말이야."

감사의 언사가 불쾌스럽게 나오니 예방비장은 허둥지둥하며

"아니올시다."

하고 말하였다.

"무에 아니란 말이야. 사람이 말을 좀 똑똑히 하게."

"중로에 적변 같은 것이 염려스러워서 말씀이올시다."

"따루따루 보내면 적변이 염려스럽지 않은가?"

감사의 반문(反問)하는 말에 예방비장은 대답을 못하고 한참 동안 손만 비비고 섰다가

"봉물짐이 굉장하오면 더 염려스러울 듯하외다."

하고 부드러운 목소리로 말하였다(6권: 41-42).

　　서림이는 머리가 비상하고 영특하기 이를 데 없는 사람이다. 하지만 공사(公私)가 분명치 않았던 관계로 수지국에 들어오는 재물에 몰래 손대기 시작했다. 평안감사가 서울로 보내는 진상품 일부를 빼내 도화라는 애첩에게 선물 준 사실이 발각되자 그 길로 도망자 신세가 되었다. 도망하던 중 청석골패에게 붙잡

히자 머리 좋은 서림이는 평안감사 봉물 털 일을 제안한다.

서림이가 사랑에 들어와서 오가에게 절인사하고 무릎을 꿇고 앉으니 오가가 편히 앉
으라고 말하고 나서 바로

"노형 뒤에 큰 재물이 있다니 그 재물이 지금 어디 있소?"

하고 물었다.

"차차 말씀하오리다."

"차차 말한다구 사람이 갑갑증이 나게 하지 말구 얼른 이야기 좀 하우."

"그 재물이 지금은 평안 감영에 있습니다. 그러나 섣달 보름 안에 서울루 올라옵니다."

"그 재물이 평안 감영 상납이오?"

"아니올시다. 평안감사가 위에 진상하는 재물입니다."

"감사가 위에 바치는 재물이 상납이 아니면 무어요?"

"상납 외에 따루 진상하는 재물입니다."

"따루 진상하는 것이면 토지 소산 아니겠소. 소산에 무슨 귀중한 물건이 있기에 열 몫
에 나눠두 장자[21] 열이 난다구 말했소."

"장자 열이 난다구 말한 것두 줄여 말한 폭입니다."

서림이가 평안 감영에서 진상 올 물건을 이야기하는데, 정신 좋게 물건 가지를 자세히
말하니 방안 사람들이 다 눈을 둥그렇게 뜨고 서림이의 이야기를 들었다(6권: 35-36).

야광주(夜光珠)에 얽힌 사연

청석골 일당은 서림이의 계략에 힘입어 평안감사 봉물을 쥐도 새도 모르게
빼앗았다. 빼앗은 봉물을 지분대로 나누고 일부는 양주 사는 꺽정이에게 보내
기로 의견을 모았다. 홍명희는 평안감사 진상품 가운데 값어치 면에서도 최고

---

21 큰 부자를 달리 이르는 말. 백만장자, 억만장자.

일 뿐더러 비할 데 없이 화려하고 귀하기로 소문난, 보석 중의 보석 야광주를
지속해서 등장시키고 있다.

> 서림이 저녁 밥상을 받은 뒤에 도화가 상머리에 앉아서 말을 물었다.
>
> "진상 갈 물건에 희한한 것이 많답지요."
>
> "많구말구."
>
> "그중 제일 보배가 무엇입니까?"
>
> "야광주가 제일 되겠지."
>
> "야광주란 것이 무엇입니까?"
>
> "야광주란 것이 밤에 광채 나는 구슬일세."
>
> "어둔 데서도 광채가 납니까?"
>
> "촛불이나 등불 밑에서 광채가 찬란하게 난단 말이야."
>
> "구경이나 한번 했으면 좋겠네. 그 구슬이 몇 개나 됩니까?"
>
> "단 한 개지. 그런 보배가 어디 그렇게 많은가"(6권: 16-17).

야광주는 청석골 식구들이 평양감사 봉물을 털어 나누어갖는 장면에서도 최
고의 보물로 등장한다. 오주나 유복이 입장에서 야광주는 헤아리기 어려울 정
도의 가치를 지닌 보물이었기에 자신들에게는 오히려 별 소용이 없었다. 그들
에게 가장 높은 가격 단위인 상목 몇 동으로도 따질 수 없는 현기증 날 정도의
값비싼 가치를 지닌 보물이 바로 야광주이다.

> 곽오주 말끝에 서림이가 웃으면서
>
> "그 준주[22]가 은(銀) 오십 냥이나 주구 산 것이라오. 그것을 주머니끈에 채우기엔 아

---

22 알이 굵은 진주.

깝지요."

하고 말하여 곽오주는 한번 흘끗 서림이를 보고 나서

"미친 놈들이다. 나더러 사라면 상목 한끗두 안주겠다."

하고 혼잣말로 지껄였다.

"준주는 외려두 여차지요. 야광주는 의주부윤이 대국서 사오는데 이백 냥인지 삼백 냥인지 주었답디다."

서림이 말한 뒤에 박유복이가 흰구슬을 집어다가 만작만작해 보며

"지금 이것을 판다면 상목 몇십 동[23]이나 받을 수 있겠소?"

하고 물어서 서림이가

"작자만 있으면 몇십 동만 받겠소."

하고 대답하였다(6권: 76-77).

야광주는 야명주(夜明珠)로도 불렸다. 야명주는 중국 무협소설이나 고전소설에 전해지는 밤이 되면 저절로 빛을 내는 구슬로 중국 황실에서 귀하게 여기는 보물이었다. 실제 역사 기록에서도 황실의 보물로 야명주가 종종 등장하지만, 1928년 국민당의 2차 북벌 중 '도굴장군'으로 불리던 군벌 쑨뎬잉(孫殿英)이 군자금 마련을 위해 막대한 부장품을 노리고 서태후가 매장된 정동릉(定東陵)을 도굴할 때, 죽은 서태후가 입에 머물고 있던 야명주를 꺼내기 위해 시신에 칼질을 한 엽기적 사건으로 유명세를 탔다.

---

23 물건을 묶어 세는 단위. 한 동은 먹 열 정, 붓 열 자루, 생강 열 접, 피륙 50필, 백지 100권, 곶감 100접, 볏짚 100단, 조기 1,000마리, 청어 2,000마리를 이른다. 상목 한 동이 50필이고 한 필이 길이 22m 폭 30cm 해당 하니 상목 한 동은 길이만 100m가 넘는 엄청난 양이다. 서림의 말대로 야광주 하나 가격이 수십 동을 넘는다고 한다면 청석골 식구들에게는 이 수치가 가늠하기 어려울 정도의 천문학적 가치로 여겨졌을 것이다.

도굴 당시 서태후가 묻힌 정동릉에서는 18할의 진주가 박힌 팔찌, 옥 여의, 산호 염주, 금불, 옥불, 황금 상감 주전자, 옥잔, 벽옥 노리개, 황금 팔찌 등 진귀한 보물들이 한꺼번에 쏟아져 나왔다. 그 중에 압권은 단연 서태후 입에서 뿜어져 나온 강력한 쪽빛으로 그 빛이 워낙 영롱하여 지하릉 전체를 비추고 30걸음 바깥까지 환하게 했다는 야명주였다. 야명주를 발견한 쑨뎬잉은 서태후의 입에서 야명주를 꺼내라고 부관에게 명령했다. 부관이 서태후 입 속에 손가락을 집어넣자 야명주는 식도로 넘어갔다. 부관은 다급한 마음에 자신이 차고 있던 칼을 서태후의 입 안에 쑤셔넣고 목구멍까지 찢어서 야명주를 끄집어냈다.

야명주를 꺼내기 위해 서태후 시신을 훼손한 사건은 언론 보도를 통해 전 세계에 알려졌다. 박람강기(博覽强記)의 홍명희가 이를 모를 리 없었다. 서태후 무덤 도굴 사건이 1928년에 발생했고 『임꺽정』의 '서림편'이 1934년 초에 연재됐으니, 홍명희가 평안감사 진상품목에 야명주를 끼어 넣은 것은 다분히 의도적이었다고 할 수 밖에 없다. 서림이가 야광주를 언급한 대목은 서태후 시신 훼손 사건을 보도를 통해 접한 적 있는 조선의 독자들에게도 호기심에 더해 상당한 재미를 이끌어냈을 것임에 틀림없다. 최근의 과학적 조사에 따르면 야광주가 자체 발광하는 것은 우라늄, 라듐 등 방사능 물질이 일부 포함되어 있기 때문이라는 설이 유력하다.

평안감사 봉물 털 때까지만 해도 꺽정이와 천왕동이, 봉학이는 청석골에 입당하지 않았다. 평안감사 봉물이 양주 살던 꺽정이에게 전달되고, 결국 이 일이 동티가 나 꺽정이 일가는 청석골로 향할 수밖에 없게 된다. 임진별장(臨津別將)으로 일하고 있던 봉학이에게도 봉물 일부가 전달됐지만 봉학이는 이를 받지 않고 청석골로 돌려보냈다.

임꺽정의 최후를 점친 병해대사 유서

『임꺽정』'의형제편'에는 꺽정이의 평생 스승인 병해대사 유언이 담긴 7언 절구 한시(漢詩)가 등장한다. 홍명희는 이 한시를 통해 꺽정이의 운명을 암시했다. 홍명희는 여덟 살 때, 돌아가신 어머니를 그리워하며 '파리는 해마다 생겨나는데 우리어머니는 왜 안 돌아오시나'라는 뜻의, '창승연년생 오모하불귀(蒼蠅年年生 吾母何不歸)'라는 5언 절구 한시를 지을 정도로 문학적 재능이 뛰어났다. 병해대사가 유언으로 남긴 7언 절구 한시는 당나라 때의 시성 두보(杜甫)의 세병마(洗兵馬), 백제성최고루(白帝城最高樓), 추흥(秋興) 등 세편 시에서 발췌하여 홍명희가 엮은 것이다. 원문은 아래와 같다.

三年笛裏關山月(삼년적리관산월)

삼년 동안 강적(羌笛) 피리소리로 고향 그리는 관산월 노래를 듣다가

萬國兵前草木風(만국병전초목풍)

만국(萬國) 병사들 앞에 초목들 바람에 날리네.

扶桑西枝封斷石 (부상서지봉단석)

부상(扶桑)나무 서쪽 가지 깎아지런 석벽(石壁) 가리운 곳에

天子旌旗在眼中 (천자정기재안중)

천자의 깃발이 눈앞에 보이는 듯하다

홍명희는 둘째 절인 '만국병전초목풍(萬國兵前草木風)'에서 만국(滿國)을 구월(九月)로, 곧 '9월 들어서 병사들 앞에 초목들 바람에 날리네'의 뜻을 가진 九月兵前草木風(구월병전초목풍)으로 바꾼 채 나머지는 그대로 인용했다. 병해대사가 유서로 남긴 7언 절구 한시는『임꺽정』안에서도 그 정확한 의미가 무엇인지 밝혀지지 않았다. 꺽정이는 봉학이, 유복이 등과 함께 병해대사 사십구재를 지낸

뒤 칠장사 중에게서 병해대사 유서를 전달받는다. 이를 한문 좀 안다는 서림이
에게 보여 주지만 별 뾰족한 답을 듣지 못한다.

꺽정이가 능통이에게 무명 변통할 것을 부탁한 뒤에 주머니 속에 든 유서 쪽지를 꺼
내서 서림이를 주며

"이것이 우리 선생님의 유서요. 무슨 말인가 좀 보우."

하고 말하여 서림이가 쪽지를 받아서 펴보니

三年笛裏關山月. 九月兵前草木風. 扶桑西枝封斷石. 天子旌旗在眼中.

칠언절구(七言絶句) 한 수가 쓰이어 있었다. 서림이가 한문 문리는 난 사람이나 두보(杜
甫)의 시를 많이 보지 못한 까닭에 이 글이 대개 두시(杜詩)를 모은 것인데 글자 몇 자 변
통하였을 뿐인 것을 알지 못하고

"유서가 아니라 시를 지어 주신 게로구먼요."

하고 말하였다.

"시라니 귀글[24] 말이오?"

"녜, 귀글이 한수요."

"귀글 뜻이 무어요?"

"삼년 저소리[25] 속에 관산달이요, 구월 병장기 앞에 초목바람일러라."

"관산의 달이 무슨 달이오?"

"관산달이란 게 변방달이란 말이겠지요."

"또 그 아래는 무어요?"

"부상 서편 가지가 단석을 봉하니 천자의 기가 안중에 있더라."

"부상은 무어구 단석은 무어요?"

---

24 한문의 시부 따위에서, 두 마디가 한 덩이씩 짝이 되게 지은 글

25 피리소리.

"부상이란 큰 뽕나무요, 단석은 나두 모르겠는걸요."

"대체 그 글뜻이 무어요?"

"나두 그 밖엔 모르는걸요."

"고만두구 이리 내우"(6권: 249-250).

　　껵정이는 이후 청석골에 잡혀온 단천령에게 유서를 보이며 뜻을 물었지만 단천령 역시 서림이처럼 헷갈리기는 매 한가지이다.

　　껵정이가 껄껄 웃은 다음에

"우리 선생님이 돌아가실 때 내게 하신 유서가 있는데 그 유서가 무슨 뜻인지 아는 사람이 없으니 한번 보실라우?"

하고 물었다.

"무슨 뜻인지 모르더라두 한번 보기나 합시다."

　　껵정이가 머리맡에 놓은 조그만 손궤짝을 열고 그중에서 쪽종이 착착 접은 것을 꺼내서 단천령을 주었다. 그 종이는

"삼년적리관산월(三年笛裏關山月) 구월병전초목풍(九月兵前草木風) 부상서지봉단석(扶桑西枝封斷石) 천자정기재안중(天子旌旗在眼中)"이란 절구 한 수 적힌 것이었다. 단천령이 한참 들여다보다가 그 종이를 접은 금대로 도로 접어서 껵정이 앞으로 밀어놓았다.

"그 뜻을 아시겠소?"

　　껵정이가 묻는데 단천령은 대답 없이 고개를 가로 흔들었다.

"글하는 이들이 모두 모른다니 무슨 글이 뜻이 그렇게 어렵단 말이오."

"글 뜻은 별루 모를 것이 없지만 유서루는 뜻을 땅띄임두 못하겠소."

"대체 글뜻은 무어요? 아는 대로 말씀 좀 하시우."

"그게 당나라 두보(杜甫)의 글을 모은 것이오. 첫구 안짝은 삼년동안 이별했단 뜻이구, 바깥짝은 만국(萬國)에 난리 난단 뜻인데 원래는 만국인 것을 구월이라구 고쳤구려.

그러구 낙구 안짝은 동쪽에서 서쪽으루 간단 뜻이겠구, 바깥짝은 천자의 깃발이 눈에

보인단 뜻이오”(9권: 87-88).

꺽정이의 최후를 점친 병해대사 유서는 무슨 암호풀이 같아서『임꺽정』을 읽
은 독자들은 물론, 홍명희와『임꺽정』을 전문적으로 연구한 학자들 역시 그 뜻
을 제대로 해독한 적이 없다. 병해대사 유서에는 ‘화적편’ 이후 홍명희의『임꺽
정』에 대한 집필 구상이 드러나 있다. 이 집필구성과 관련지어 살펴보면 유서의
의미를 해독할 수 있다. 또한 서림이의 띄엄띄엄 식 해석과 단천령의 어설픈 답
안에 병해대사 유서를 해석할 수 있는 실마리가 담겨있다.

먼저 홍명희가 직접 밝힌『임꺽정』후반부의 집필계획에 대해 살펴보기로 하
자. 1934년 9월 4일 〈조선일보〉에 ‘의형제편’ 연재가 끝이 났으며, 9월 15일부
터『임꺽정』3차 연재가 시작되었다. ‘화적 임꺽정’이라는 제목으로『임꺽정』
‘화적편’의 서두인 ‘청석골 장’ 부분이 연재된 것이다. ‘화적편’ 연재에 앞서 〈조
선일보〉에는 연재 예고와 함께 작가의 변이 실렸다.

임꺽정을 쓰기 시작한 뒤 5, 6년에 이제사 비로소 ‘화적 임꺽정’을 쓰게 되었습니다.
‘화적 임꺽정’이 사람 임꺽정의 본전(本傳)이요, 소설『임꺽정』의 주제목입니다. 임꺽정
이가 청석동(靑石洞)서 자모산성(慈母山城)으로 옮기고 또 구월산성(九月山城)으로 옮기었
다가 구월산성에서 망한 것이 사실(事實)이므로 ‘화적 임꺽정’을 ‘청석편’ ‘자모편’ ‘구월
편’ 세 편에 나누어 쓰겠습니다(홍명희, 1934: 40).

이를 토대로 우리는 임꺽정의 최후를 점친 병해대사의 유서 일부를 해석할
수 있다. 봉산군수로 도임하던 윤지숙 암살계획을 세우고 임진나루에서 그를
죽음 일보 직전까지 몰아갈 정도로 황해도 일대에서 임꺽정 일당의 기세는 날
로 높아져갔다. 게다가 임꺽정 일당이 평산군 남면 어수동 일대에 집결해 있다

는 첩보를 접하고 선전관 정수익을 서울서 파견하여 봉산군수 이흠례 등과 함께 관군 500여명을 동원, 임꺽정 일당과 접전을 벌이지만 선봉장 연천령이 전사하고 상당수 관병이 살상하는 등 대패를 면치 못했다. 위기감을 느낀 조선조정은 임꺽정을 '반역의 극적(劇賊)'으로, 그리고 청석골 일당을 나라의 근간을 위협하는 '하나의 적국(敵國)'으로 규정하고 국가 차원의 본격적 토벌에 나선다.

임꺽정 일당을 잡아들이기 위해 조정에서 황해도 토포사(討捕使)로 남치근을 임명한 게 1561년(명종 16년) 음력 9월의 일이니 병해대사 유서의 두 번째 구절인 구월병전초목풍(九月兵前草木風), 즉 '9월에서야 병사들 앞에 초목들 바람에 날리네'의 뜻을 이해할 수 있다. 임꺽정 일당을 잡아들이기 위한 토포사가 조정에서 났다는 소식을 접하고 임꺽정 일당은 정들었던 청석골을 버리고 자모산성으로 숨어든다. 여기부터가 홍명희가 계획한 '자모편'의 시작이다. 이후 이 계획대로 잘 진행됐더라면 '화적 임꺽정'의 '청석편'에 이어 아마도 두서너 권 분량의 '자모편'과 '구월편'을 완성해서 『임꺽정』의 대미를 장식했을 것이다. 불행하게도 『임꺽정』은 1940년, '자모편' 초반에서 중단된 채 미완성 대작으로 남게 됐다.

임꺽정 일당이 토포사를 피해 옮겨간 자모산성은 청석골에서 그리 멀지 않은 북쪽에 위치해 있었다. 근처 태백산성에 비해서 규모는 작아도 피신해 살기에는 안성맞춤인 최적의 장소였다. 홍명희는 자모산성이 어떤 곳인지에 대해 눈앞에 그리듯 생생히 묘사한다.

자모산성의 소재지(所在地)는 평산읍에서 남으로 칠십 리요, 성벽(城壁)은 석축(石築)인데 주회[26]가 이천사백팔십 척이요, 고가 십오척이요, 성내(城內)의 우물은 단 하나뿐이나, 다른 곳 열 우물이 부럽지 않도록 수량(水量)이 많았다. 평산 경내 산성이 자모산성

---

26   주변둘레의 길이.

외에 태백산성(太白山城)과 성황산성(城皇山城)과 철봉산성(鐵峯山城)이 있어 모두 합하여
넷인데 그중에 태백산성이 제일 컸다. 태백산성은 황주 정방산성(正方山城), 해주 수양산
성(首陽山城), 은율 구월산성(九月山城), 서흥 대현산성(大峴山城), 재령 장수산성(長壽山城)
다섯 산성과 아울러서 황해도내 육대산성(六大山城)으로 칠 것이라 성이 넓고 높을뿐더러
곡성(曲城)·옹성(甕城)까지 구비하여 성의 규모(規模)가 자모산성으론 견줄 수가 없었다.
그러나 정방산성과 같은 요해처(要害處)에 있는 산성이 아니므로 구경 피난곳밖에 더 될
것이 없는데, 피난곳으로 말하면 읍에서 멀리 떨어지고 큰길에서 깊이 들어앉은 자모산
성이 성황산성이나 철봉산성보다 나은 것은 고사하고 태백산성보다도 나으면 낫지 못하
지 않았다. 그러므로 자모산성을 평산 경내의 제일 좋은 피난곳이라고 말할 수가 있었다
(9권: 297-298).

'화적 임꺽정'의 '자모산성편'이 병해대사 유서의 두 번째 구절에 해당한다면
세 번째, 네 번째 구절은 임꺽정의 비극적 최후가 담긴 '구월산성편'에 해당한
다. 세 번째 구절은 '부상(扶桑)나무 서쪽 가지'란 뜻을 가진 '부상서지(扶桑西枝)'
로 시작한다. 단천령은 이 구절을 '동쪽에서 서쪽으로 간다'는 뜻으로 이해했으
니, 정확한 해석이다.

부상(扶桑)은 중국 전설에서, 해가 뜨는 동쪽 바닷속에 있다고 하는 상상의
나무 또는 그 나무가 있는 장소를 의미한다. 중국의 신화『산해경』'해외동경편'
에서는 부상(扶桑)을 해가 가장 먼저 뜨는 곳 또는 그곳에 있는 뽕나무로 일컬
었으니, 한마디로 이 세상 동쪽 끝의 대명사가 바로 '부상'이다. 그러니 부상나
무 서쪽 가지는 단천령 말대로 '동쪽에서 서쪽으로 간다'는 의미를 지니며, 실
제 역사에서도 꺽정이 일당은 자모산성에서 황해도 서쪽 끝에 있는 '구월산성'
으로 피신처를 옮겼다. '부상서지봉단석(扶桑西枝封斷石)'에서 '봉단석(封斷石)'은
'깎아지런 석벽(石壁) 가리운 곳' 또는 '절벽이 엉켜진 곳'으로 해석할 수 있다.
이는 바로 구월산성을 나타낸다.

구월산성은 황해남도 은율군 남부면에 소재한 구월산의 유리한 지형을 활용하여 고구려 때 축성한 산성이다. 해발 954m의 구월산 주봉인 사황봉(四皇峰)을 중심으로 좌우 능선과 이에 잇닿은 봉우리들을 연결하여 계곡 일대를 돌아가며 벽을 쌓는 포곡식 축석 공법으로 만들어졌다. 구월산성 성벽은 기초를 다지고 그 위에 앞면이 장방형인 4각추모양으로 다듬은 성돌을 계단식으로 몇 개 쌓아 올리다가 그 윗부분부터는 수직으로 쌓아 올렸기 때문에 밖에서 보면 마치 절벽과 같은 모양으로 평양성의 을밀대를 떠올리면 된다.

'부상서지봉단석'이 자모산성에서 서쪽 끝의 깎아지른 절벽과 같은 천혜의 요새인 구월산성으로 피신처를 옮긴다는 뜻으로 해석된다면 그 다음 구절인 '천자의 깃발이 눈앞에 보이는 듯하다'는 뜻을 지닌 '천자정기재안중(天子旌旗在眼中)'은 꺽정이와 형제들이 관군에게 패배하여 죽음을 맞이한다는 뜻으로 해석할 수 있다.

네 개의 절구 가운데 나중 세 구절을 해석한 다음 첫 구절인 삼년적리관산월(三年笛裏關山月)의 뜻을 이해할 수 있다. '삼년적리관산월(三年笛裏關山月)'은 문자 그대로 풀이한다면 '삼년 동안 고향을 그리는 관산월 곡조의 피리소리를 들었다'로 해석할 수 있다. 여기서 피리를 나타내는 적(笛)은 강적(羌笛), 곧 강족(羌族)의 피리로 길이가 2척(尺)[27]4촌(寸)[28]이며 구멍이 세 개 또는 네 개 뚫려 있다. 관산월(關山月)은 한(漢)나라 악부(樂府)의 곡명(曲名)으로, 변방을 지키는 병사들이 오랫동안 고향에 돌아가지 못해 상심(傷心)하는 내용을 주로 담고 있다. 이 구절에 대한 해석은 단천령보다 서림이가 한 게 올바르다. 여기서 눈여겨 볼 것은 그렇다면 어째서 서얼출신이긴 하나 종실 자손의 양반으로 배울만큼 배운 단천령이 '삼년적리관산월'이라는 문구를 제대로 해석하지 못했을까

---

27 길이의 단위로 1척은 한 치의 열 배로 약 30.3cm에 해당한다.

28 길이의 단위로 1촌은 한 자의 10분의 1인 약 3.03cm에 해당한다.

하는 점이다. 그것은 무엇보다 단천령 본인이 그 구절에 나오는 피리소리의 당사자였기 때문이다.

'삼년적리관산월'을 풀어 해석하면 홍명희가 말한 '화적 임꺽정'의 '청석편'이 거기에 해당한다. 다시 말해서, '삼년적리관산월'은 청석골에서 3년간 살고 지내던 꺽정이 일당이 그들에게 잡혀온 단천령 피리소리를 들으며 관산월, 곧 떠나온 고향을 몹시 그리워한다는 뜻으로 해석할 수 있다. 따라서 피리를 부는 당사자인 단천령이나 이를 듣는 꺽정이 역시 스승인 병해대사가 남긴 유서의 첫 구절이 그런 뜻을 담고 있는지에 대해 꺽정이가 단천령에게 유서의 의미를 물은 시점에는 제대로 해석할 수 없는 게 당연한 노릇이었다. 그도 그럴 것이 병해대사는 열반에 들기 전 이미, 꺽정이가 도적이 된 사실을 알고 있었다.

　　젊은 중은 나이 어린 사미[29] 때부터 대사의 상좌로 대사를 뫼시고 지낸 사람이라 대사 생전에 한두 번씩 왔다간 봉학이와 유복이와도 면분이 있거니와, 자주 오고 또 와서 한참씩 오래 묵은 꺽정이와는 특별히 교분이 있었다. 젊은 중이 세 사람과 정답게 수작하는 중에 꺽정이를 보고

　　"그 동안 양주를 떠나셨지요?"

　　하고 물으니 꺽정이가

　　"그건 어떻게 알았소?"

　　하고 되물었다.

　　"아무리 절간 구석에서 세상 소문을 모르구 지내기로니 온세상이 다 아는 소문이야 설마 못 듣겠소."

　　"내 집 이사한 것이 무에 그리 굉장해서 온세상이 다 알두룩 소문이 났단 말이오."

29　십계(十戒)를 받고 구족계(具足戒)를 받기 위하여 수행하고 있는 어린 남자 승려.

"여보 고만두시우. 기일[30] 사람이 다 따루 있지 나를 기일 까닭이 무어 있소. 봉물 뺏구 옥 깨구 큰 야단낸 것을 이야기 안하셔두 다들어서 아우."

"선생님 생전에 내 일에 대해서 혹 무슨 말씀을 하십디까?"

"이삼 삭전에 허담 스님이 속리[31]서 나오실 때 소문을 듣구 오셨는데 허담 스님이 우리 스님을 뵈입구 밑두끝두없이 아무개가 도적놈이 됐답니다 하구 말씀하니까, 우리 스님은 미리 아시구 기셔서 놀래시지두 않구 저 갈 길루 갔네 하구 말씀하십디다"(6권: 240-241).

결론적으로 병해대사 유서는 꺽정이가 청석골에 들어가 적당이 되는 것에서 시작하여 청석골서 3년을 지내고 관군에 쫓겨 자모산성과 구월산성을 전전하다가 급기야 비극적 최후를 맞는 사태를 예견한 것으로 정리할 수 있다. 꺽정이와 그 형제들은 구월산성서 관군과 대치하다 죽음을 맞이하기 직전에야 병해대사가 남긴 7언절구 유서의 뜻을 비로소 알았을 것이다. 이는 홍명희가 『임꺽정』을 만일 완성했다면 그것의 대미를 장식하는 '구월편'에서 병해대사 유서를 한 차례 더 등장시켰을 것임을 짐작케 한다.

이 추론이 잘못된 것이 아님을 보여주는 대목이 바로 단천령이 청석골에서 피리부는 장면이다. 단천령이 청석골에 잡혀들어가 피리 불었던 일은 완전히 허구는 아니었던 것으로 여겨진다. 그렇다고 그 사실성을 완전히 단정지을 수는 없겠으나 『기재잡기』를 포함하여 다수 야사(野史)는 단천령이 피리를 하도 잘 불어 임꺽정을 포함한 청석골 일당 모두가 눈물을 흘렸다는 일화를 전하고 있다. 단천령의 피리부는 대목을 읽다보면 병해대사 유서의 마지막 퍼즐이라 할 수 있는 '삼년적리관산월(三年笛裏關山月)'의 뜻을 온전히 이해할 수 있다. 물

---

30 어떤 일을 숨기고 바른대로 말하지 않다.

31 속리산.

론 이 모든 구상이 홍명희 머리 안에서 나온 것임에 틀림없지만 말이다.

피리가 차차로 조화를 부리는 듯 우수수 지나가는 바람 소리, 딸딸딸 구르는 낙엽 소리, 사람들의 지껄지껄하는 소리, 모든 소리를 다 없이 하여 여러 사람 귀에 들리는 것이 피리 소리밖에 없었다. 꺽정이 이하 여러 두령이 서로 돌아보고 고개를 끄덕이었다.

조그만 피리에서 어찌하면 그런 웅장한 곡조가 나오며 우스운 피리 소리에 어찌하면 그런 꽝장한 기세가 나타날까. 그 곡조는 그 기세를 좀 흔감[32]스럽게 형용하면 큰바람이 바닷물을 뒤집는 듯하고, 바윗덩이가 높은 산에서 내리구르는 듯하고, 호걸남자(豪傑男子)가 큰칼 비껴 들고 말을 놓아 천만진중에서 횡행하는 듯하였다. 형용은 고만두고 말할지라도 대장부의 씩씩한 기운을 돋워 줄 만하였다. 꺽정이 이하 여러 두령들이 어느 틈에 단천령 뒤에 와서 둘러앉았는데 꺽정이는 채수염을 쓱쓱 쓰다듬고 두령들은 혹 팔도 뽐내고 혹 어깨도 으쓱으쓱하였다.

단천령이 우조를 다 불고 뒤를 돌아보다가 여러 사람 거동을 보고 적이 웃으면서 피리를 다시 불었다. 곡조가 달랐다. 이번 곡조는 처량하였다. 장고 치던 기생이 계면조(界面調)를 모를 리 없건만 장고채를 꽂아놓고 가만히 앉았으므로 소홍이가 장고를 끌어다가 끼고 앉아서 피리를 따라 장단을 쳤다.

춘몽(春夢) 같은 세상이요, 초로(草露) 같은 인생인데 시름도 첩첩하고 설움도 첩첩하다. 첩첩한 시름과 설움을 피리로 풀어내는 듯 피리 소리가 원망하는 것도 같고 한탄하는 것도 같고 하소연하는 것도 같으나, 어떤 마디는 천연 울음을 우는 것과 같았다. 그칠 듯 자지러지는 소리는 목에 메어 울음이 나오지 않는 것 같고 호들갑스러운 된소리는 울음이 복받쳐 터지는 것 같았다. 사람의 울음은 아니나 울음소리 같은 것은 필시 귀신의 울음일 것이다. 오가는 죽은 마누라의 혼이 와서 울고불고 하는 듯 생각하고 닭의똥같은 눈물이 뚝뚝 떨어졌다. 다른 두령들도 각기 구슬프고 한심한 생각이 나서 혹은 눈을

---

32 기쁘게 여겨 감동함.

끔벅거리고 혹은 한숨을 지었다. 바깥마당에서는 누가 우는지 흑흑 느끼는 소리까지 났다. 꺽정이가 마음이 공연히 비창(悲愴)하여지는 것을 억지로 참는 중에 이 광경을 보고 급히 손을 내저으며

"피리를 고만 끄치우."

하고 소리를 질렀다. 단천령이 못 들은 체하고 피리를 그치지 아니하여 꺽정이가 벌떡 일어나서 단천령의 팔죽지를 잡아 일으켜 세웠다. 단천령은 팔죽지가 떨어지는 것 같아서 아이쿠 소리를 부지중에 질렀다. 꺽정이가 잡은 팔죽지를 놓고

"우리 자리루 가서 술이나 더 먹읍시다."

하고 말하였다(9권: 102-103).

홍명희는 병해대사 유서 형식을 빌어 7언 절구 한시 네 구절에 『임꺽정』의 하이라이트라 할 수 있는 '화적 임꺽정'의 전체 구성을 압축해서 풀어냈다. 그렇게 하기 위해 홍명희는 『실록』 등 기왕의 역사책에 드러난 대적 임꺽정의 행적과 비극적 최후를 중심으로 병해대사 유서를 계획했고 이를 극적으로 표현하기 위해 두보가 지은 세 편 한시에서 그에 걸 맞는 구절을 찾아낸 것이다. 따라서 『임꺽정』 '의형제편'에 등장하는 병해대사 유서는 화적(火賊)으로서 삶을 살아가는 꺽정이의 향후 행적을 예시하는 일종의 설계도와 같다고 할 수 있다.

이런 의도가 아니었다면 단천령이 청석골에 잡혀와 피리부는 대목을 그렇게 길게 그려낼 필요가 없었을 것이다. 나아가 '부상서지봉단석'이라는 구절에서 알 수 있듯이 자모산성이나 구월산성의 위치 및 주요 특징에 관해서도 자세히 설명할 필요도 없었을 것이다. 거꾸로 말하면 홍명희가 『임꺽정』을 쓰기 위해 얼마나 많은 공부를 했겠으며, 이 모든 내용을 일만 삼천매가 넘는 원고지에다 씨줄과 날줄처럼 엮어서 한갓 도적에 불과했던 임꺽정이를 소설 『임꺽정』이라는 웅작에 담아내기 위해 얼마나 불면의 밤을 지새웠을까 하는 것이다. 이것이 바로 홍명희의 『임꺽정』을 재미로 읽되 그것에 담겨진 방대한 지식과 지혜

를 익히며 읽는다면 그 재미가 한층 더할 것임을 장담하는 이유이다.

참으로 안타까운 노릇이지만 『임꺽정』은 '자모편'(사계절 출판사 기준으로 제10권에 해당) 초반부에서 멈춰 섰다. 요컨대, 『임꺽정』은 '자모편' 후반부와 '구월편'을 기약한 채 중도에 그친 미완성 저작이다. 『임꺽정』이 서울의 지가(紙價)를 들썩이게 한 워낙 유명한 소설이었기 때문에 『임꺽정』의 완성 여부는 해방 직후에 언론과 학계는 물론, 정치권을 포함한 많은 사람들의 관심사였다. 홍명희는 1947년 9월, 〈새한민보〉 사장 설의식과의 대담에서 『임꺽정』의 완성 여부에 대하여 자신의 입장을 명확히 밝혔다.

홍명희는 설의식이 "지금쯤 임꺽정이가 나왔으면 좋겠는데, 그래 임꺽정이는 아주 쑥 들어가고 말았소?"라며 『임꺽정』의 집필 재개를 은근히 권유하자, "사실 말이지 60평생에 내 남긴 업적이라곤 『임꺽정』 밖에 아무 것도 없는 사실이긴 헌데……"라고 아쉬움을 토로한다. 중국의 『삼국지』와 같이 한국을 대표하는 역사소설이 있어야 한다면서 『임꺽정』의 완성을 거듭 권유하는 설의식에 대해 홍명희는 "『삼국지』 없어 낭패될 거 없지"(홍명희, 1947b: 209)라고 잘라 말한다. 그의 이러한 발언은 통일된 독립국가 수립이라는 당면한 민족과업에 비했을 때 그같은 역사소설을 완성하는 것은 그다지 시급하지 않다는 뜻으로 해석할 수 있다.

남북분단이 현실로 되어가는 엄중한 조건에서 홍명희는 13년간 연재해온 『임꺽정』의 집필을 접고 민주통일당을 창당해 통일정부 수립에 매진했다. 일제시기에는 식민지 극복을 통한 독립국가 건설이 절박한 과제였던 만큼 『임꺽정』을 통해 조선 민족의 정체성과 저항의식을 고취하는 게 주요 목표였다면 해방 이후에는 남북 민중이 주도하여 분단을 막고 통일정부를 수립하는 게 홍명희에게는 더욱 절실한 문제였다.

홍명희는 해방과 분단이라는 절박한 시대 상황 때문에 『임꺽정』을 절필할 수밖에 없었다. 하지만, 남한만의 단정 수립 반대를 위한 정치활동은 또 다른 의미에서 『임꺽정』을 계속 집필한 것이나 다름없다. 『임꺽정』의 집필과 절필은 결코 대립하는 게 아니다. 변화된 시대적 조건에서 홍명희가 우리 민족이 나아가야 할 길을 제시해보려 했던 것으로 여겨진다.

심모원려(深謀遠慮)의 애국주의

역사와 민족을 대하는 홍명희의 이러한 태도를 '심모원려'라는 한자성어만큼 잘 나타내주는 말도 없을 것이다. '심모원려'란 "깊이 꾀하고 멀리 생각한다"는 뜻으로, 어떠한 문제에 대해 일시적 해결을 도모하기보다 장기적인 목표를 실현하기 위해 치밀하게 계획을 세우는 것을 이른다. 병해대사가 남긴 유서는 자신이 가장 아끼고 사랑했던 제자인 꺽정이에게 비극적 최후를 미리 알려줌으로써 후일을 도모할 것을 전하려 했던 것으로 여겨진다.

병해대사 유서를 통해 전하려 했던 '심모원려'의 정신은 홍명희가 훗날 '임꺽정 외전'으로 꺽정이 아들인 백손 이야기를 쓰려했다는 데서도 잘 드러난다. 심모원려의 마음은 『임꺽정』의 또 다른 주제인 애국주의와 상통한다. 홍명희가 임꺽정의 아들인 백손(白孫) 이야기를 중심으로 '임꺽정 외전(外傳)'을 쓰려 했던 것도 애국주의를 좀 더 구체적으로 부각하기 위함이었다고 판단된다.

홍명희는 '임꺽정의 본전(本傳) 화적 임꺽정'에서 "화적 임꺽정이 끝난 뒤에도 임꺽정의 아들 백손(白孫)의 유락(流落)[33]된 것을 짤름하게 써서 붙이려고 생각하므로 한참 장차게 쓰게 될 것입니다"(홍명희, 1934: 40)라고 하여 백손이의 후일담을 중심으로 『임꺽정』의 대미를 장식할 것을 예고한 바 있다. 역사적 사실에 기반 해 있지 않은 허구임에도 사실성을 높이기 위해 소설에서는 꺽정이가 토벌군의 공격으로 죽기 얼마 전에 김식 집안의 청지기 노릇을 했던 중인 출신의 박연중이와 사돈을 맺음으로써 아들 백손이를 신분세탁 해주는 장면이 등

33　고향을 떠나 다른 고장에서 사는 일.

장한다. 바로 이 대목이 『임꺽정』 '본전(本傳)'과 '외전(外傳)'의 연결고리라 할
수 있다.

> 도적놈의 힘으로 악착한 세상을 뒤집어엎을 수만 있다면 꺽정이는 벌써 도적놈이 되
> 었을 사람이다. 도적놈을 그르게 알거나 미워하거나 하지는 아니하되 자기가 늦깎이로
> 도적놈이 되는 것도 마음에 신신하지 않거니와 외아들 백손이를 도적놈 만드는 것이 더
> 욱 마음에 싫었다(6권: 124).

그래서 꺽정이는 용하다고 소문난 관상쟁이를 데려다가 자기 아들의 미래를
점치게 한다. 관상쟁이는 꺽정이 관상을 먼저 보고는 이렇게 말한다.

> "저렇게 극히 귀하구 극히 천한 상은 나는 처음 보우."
> 하고 상쟁이는 꺽정이의 얼굴을 다시 보고 보고 하였다.
> "귀하면 귀하구 천하면 천하지 어떻게 귀하구두 천하단 말이오."
> "상이 그렇단 말이지 낸들 아우."
> "수는 어떠하우?"
> 서림이 묻는 말을 상쟁이는 대답 않고
> "성명은 천하 후세에 전하시겠구 또 귀자를 두시겠소."
> 하고 말하니 꺽정이가 빙그레 웃으면서
> "백손이 놈이 장래에 귀인이 될 모양인가?"
> 하고 옆에 앉은 이봉학이를 돌아보았다(6권: 205).

황천왕동이가 조카인 백손이를 데려다 관상쟁이에게 보이며 "이 아이 상이
어떻소? 좋소?" 하고 물으니 관상쟁이는 고개를 한편으로 갸우뚱하고 백손이의
얼굴을 쳐다보고 나서 이렇게 말한다.

"좋다뿐이오? 장래 병수삿감이오."

하고 천왕동이 말에 대답한 뒤 꺽정이를 바라보고

"자제를 잘 두셨소."

하고 치하하였다.

"내 자식인 줄 어찌 아셨소?"

"골격과 모습이 방사한데 보다 모르리까."

"그래 귀자라구 하던 것이 한껏 병수삿 감이란 말이오?"

"평지돌출루 병수사할 인물이 좋은 가문에 태어났으면 장상(將相)감이지요"(6권: 206).

여기에는 중요한 복선(伏線)이 깔려있다. 병수사 감이라는 관상쟁이 예언과 백정 신분의 탈피를 의미하는 꺽정이 아들 백손과 박연중이 딸의 결혼은 백손이가 전쟁터에 나가 전과를 올리는 장수가 실제로 될 수 있는 개연성을 한층 높여준다. 여기에는 애국주의라는 모티프로 꺽정이와 아들 백손이의 행적을 연결시켜주고 하는 홍명희의 숨은 의도가 내재해 있다. 그것의 역사적 계기가 바로 조선 역사상 가장 큰 전란인 임진왜란이라 할 수 있다.

신분제라는 악습에 기인한 공적 충성대상으로서 국가의 정당성 상실은 일반 백성들로 하여금 기존 질서에 저항하는 적당(敵黨)이 되게끔 만들었다. 반면, 임진왜란과 같은 외적의 침입, 곧 비상한 정치국면은 사회공동체 그 자체가 존폐의 기로에 있음으로 해서 공적 충성, 곧 애국심을 발휘할 수 있는 기회가 마련된다고 할 수 있다. 이 두 가지를 일치시키는 일이야 말로 공화국가 수립의 출발점이다.

임진왜란 당시, 선조가 파천(播遷)을 단행하자 경복궁이 왜군이 아닌 서울 백성들에 의해 불살라졌던 점은 시사해주는 바가 크다. 이러한 역사적 사실이 현존 체제에 대한 분노와 적개심을 표현한 것이었다면, 의병을 일으켜 국난 극복의 선두에 민중들이 선 것은 공적 충성심, 곧 애국주의의 복원을 드러낸 것이

다. 이러한 추론을 통해, 우리는 홍명희가 말년에 자녀들을 모아 놓고 어떠한
이유에서 다음과 같은 얘기를 전했는지 잘 이해할 수 있다.

나는 『임꺽정』을 쓴 작가도 아니고 학자도 아니다. 홍범식의 아들, 애국자다. 일생동
안 그 애국자라는 명예를 잃을까봐 그 명예에 티끌조차 묻을 세라 마음을 쓰며 살아왔
다(홍기삼, 1996: 167).

홍명희 인생에 가장 커다란 영향을 미친 사건 하나를 꼽으라면 그것은 단연
금산(錦山)군수를 지내던 부친 홍범식(洪範植)의 순국(殉國)이었다. 홍범식을 자
결이라는 극단적 형태로 몰아넣은 일은 1910년의 한일합병이었다. 홍범식은
조선이 일제 식민지로 전락할 것이라는 소식을 미리 알고서, "아아, 내가 이미
사방 백 리의 땅을 지키는 몸이면서도 힘이 없어 나라가 망하는 것을 구하지 못
하니 속히 죽는 것만 같지 못하다"(강영주, 2005: 95) 탄식하며 순국을 결심한 후
남몰래 유서를 마련해 두었다. 그러다가 경술국치 조약이 맺어진 1910년 8월
20일 저녁, 집무실 근처 객사에서 목을 매어 자결했다. 객사 벽에는 "나라가 파
멸하고 임금이 없어지니 죽지 않고 무엇하리(國破君亡 不死何爲)"라는 여덟 자 유
언이 적혀 있었다.

조선 병탄(倂呑) 이후, 40세를 일기로 가장 먼저 순국한 홍범식의 최후가 나
라 안에 알려지자, 커다란 파문을 일으키면서 정부 고관으로부터 유생, 환관,
평민 등에 이르기까지 잇달아 순국하는 이가 수십 명에 달했다. 해방 후인 1949
년 지방 유림들의 발의로 금산군 내에 '군수 홍공(洪公) 범식 순절비'가 세워졌
다. 1962년 대한민국 건국공로훈장이 추서됐으며, 1998년에는 그의 고향인 괴
산군에 '의사(義士) 홍공 범식 추모비'가 세워졌다.

홍범식은 장남 홍명희에게 별도의 유서를 남겼다. 유서 내용은 훗날 그가 식
민지 시대를 어떻게 살아가야 할 것인지 방향을 제시한 등대가 되었고, 모든 정

치적 판단의 기준이 되었으며, 삶의 기본 원칙이 되었다. 무엇보다, 홍명희의
가슴에 '애국자'라는 말을 아로 새기게 한 결정적 계기로 작용하였다.

> 기울어진 국운을 바로 잡기엔 내 힘이 무력하기 그지없고 망국노의 수치와 설움을 감
> 추려니 비분을 금할 수 없어 스스로 순국의 길을 택하지 않을 수 없구나. 피치 못해 가는
> 길이니 내 아들아, 너희들은 어떻게 하나 조선 사람으로서의 의무와 도리를 다하여 잃어
> 진 나라를 기어이 찾아야 한다. 죽을지언정 친일을 하지 말고 먼 훗날에라도 나를 욕되
> 게 하지 말아라(홍기삼, 1996: 167)

병해대사는 홍명희의 또 다른 자아다. 병해대사가 꺽정이에게 남긴 유서는
곧 홍명희가 우리 민족에게 전하고자 했던 '심모원려'의 메시지이기도 하다. 눈
앞에 보이는 당장의 이익에 매달리기 보다는 높은 안목으로 장기적인 계획을
수립하여 민족의 앞날을 개척해 나갈 것을 촉구한다는 면에서 『임꺽정』은 단순
한 문학작품을 넘어 분단극복을 위해 남북 모두가 읽고서 배움을 얻어야 하는
민족통합의 교과서다.

홍명희의 『임꺽정』에 나타난 애국자의 이미지를 단재(丹齋) 신채호(申采浩)의 그것과 비교하여 최정운 교수는 흥미로운 분석을 제시했다. "임꺽정은 정치적 저항의 충동과 더불어 욕망의 본능을 한 몸에 동시에 갖고 이 두 부분이 교대로 발현되는 전형적인 근대서구의 부르주아의 한 종류로서의 파우스트의 조선판이었다. 이로써 단재의 저항의 주체로서의 민중은 벽초에 의해 새로운 종류의 저항인, 투사로 변형되었다. 단재의 애국자는 낮에도 애국, 잘 때도 애국, 밥 먹을 때도 애국, 걸어갈 때도 애국 등 애국만 하는 초인적 인내심의 영웅이었다면 벽초의 임꺽정은 낮에는 적과 싸우고 밤에는 기생들과 친구들과 술 마시며 욕망을 발휘하며 다양한 삶을 즐기며 싸우는 새로운 투사였다. 그런 의미에서 민중으로서의 임꺽정은 단재의 애국자보다 훨씬 더 오래 싫증내지 않고 지치고 않고 싸워나가는, 결코 만족할 줄 모르는 파우스트적 전사였다"(최정운, 2005: 10). 그런데 현실에서 홍명희는 평생지기인 신채호를 진정한 애국자의 사표(師表)로 삼았다. 신채호가 1936년 2월 뤼순 감옥에서 절명했다는 소식을 늦게 접하고 홍명희는 식음을 전폐하며 슬픔을 억누르지 못한 채 '곡(哭) 단재'라는 애절한 추도사를 영전에 바쳤다. "단재(丹齋)가 죽다니, 죽고 사는 것이 어떠한 큰일인데 기별도 미리 안 하고 슬그머니 죽는 법이 있는가. 죽지 못한다. 죽지 못한다. 나만 사람이라도 단재가 지기(知己)로 허(許)하고 사랑하는 터이니 죽지 못한다 말리면 죽을 리 만무하다. 그런데 죽다니 무슨 소린고. 세상 사람들이 다 죽었다고 떠들더라도 나는 죽지 않았거니 믿고 싶다(……)살아서 귀신이 되는 사람이 허다한데 단재는 살아도 사람이고 죽어서도 사람이다. 이러한 사람이 한 줌 재가 되다니, 신체는 재가 되더라도 심복(心腹)이야 철석(鐵石)과 같거든 재가 될 리 있을까. 그 기개(氣槪) 그 학식(學識)을 무슨 불이 태워서 재가 될까. 모두가 거짓말 같고 정말 같지 아니하다. 단재더러 말 한마디 물어보았으면 내 속이 시원하겠다. 간 곳이 멀지 않거든 나의 부르는 소리를 들으라, 단재! 단재!"(홍명희, 1928a: 51-52).

평산 싸움

『임꺽정』의 최대 하이라이트는 역시 관군 500명과 7명의 청석골 두령이 접전을 벌인 평산 싸움이다. 평산 싸움이 관심을 끄는 이유는 실제 일어난 일이기 때문이다. 평산 싸움은 임꺽정 일당에게 관군을 대적하여 물리칠 수 있다는 자신감을 주었지만 딜레마도 함께 안겨주었다. 청석골 소굴이 발각되어 중앙 조정의 집중적인 토벌 대상이 된 것이다. 임꺽정과 형제들은 평산 싸움에서 대승을 거뒀다. 하지만 토포사 남치근의 집요한 추격으로 청석골에서 자모산성으로, 자모산성에서 구월산성으로 쫓겨 다니는 신세로 전락한다. 그런 점에서 평산 싸움은 꺽정이의 운명을 결정한 분수령이었다.

평산 싸움에 대해서는 『실록』에도 비교적 자세히 나와 있는 편이다. 조정은 청석골 일당을 더 이상 내버려둬서는 안되겠다는 판단 하에 선전관(宣傳官) 정수익과 연천령을 부장으로 삼아 봉산군수 이흠례, 평산부사 장효범, 금천역 찰방 강려와 합세하여 임꺽정 일당을 일망타진할 계획을 세운다. 이 모든 일은 서울에 들어왔다가 관군에 잡힌 꺽정이 책사 서림이 입에서 시작됐다.

> 서림이가 또 말하기를 '오는 26일 평산 남면 마산리에 사는 같은 무리인 대장장이 이춘동의 집에 모여서 새 봉산군수 이흠례를 죽이기로 의논하였다. 이는 대체로 흠례가 신계군수로 있었을 때 우리 무리를 많이 잡아들였는데 지금 본직에 올랐으니, 먼저 이 사람을 해치면 위엄을 세울 수 있을 뿐만 아니라 우리도 후환이 없을 것이기 때문이다'하였습니다. 이런 말을 다 믿을 수는 없지만 그 정상을 살펴보면 지극히 흉악하고 참혹합니다. 부장 1인, 군관 1인이 말을 타고 기일에 맞춰 속히 달려가서 봉산군수 이흠례, 금교찰방 강려와 함께 몰래 잡게 하는 것이 어떻겠습니까?"
>
> 하니, 전교하기를,
>
> "아뢴 대로 하고, 선전관 정수익에게도 아울러 말을 주어 급히 보내라"

하였다(『명종실록』 권26: 20책 572면).

꺽정이를 잡으러 군대가 출동하다

이후 전개될 모든 일은 『실록』에 기록된 역사였다. 홍명희는 왕의 명령을 받들어 임꺽정 일당을 토벌하러 나서는 군대의 출동 모습을 사실적 필체로 실감나게 그려낸다. 고작 도적 일곱 명 잡자고 500명 넘는 정병이 평산 마산리로 몰려가는 상황 자체가 애당초 말이 되지 않는 일이었다. 청석골 일당은 황해도 일대에 출몰하던 일개 도적 패가 하나가 아니라 공권력 전체가 대응해도 힘에 부칠 정도로 세력이 훌쩍 커졌다. 바야흐로 '임꺽정의 난(亂)'이 시작된 것이다.

이튿날 아침에 좌변 포도대장 김순고가 예궐하여 도적 잡는 일로 탑전정탈(榻前定奪)[34]을 받자올 일이 있다고 폐현(陛見)[35]을 청하였더니, 상후(上候)[36]가 마침 미감(微感)[37]으로 미령[38]하여 승전색(承傳色)[39]이 포장의 말을 물어들이란 어명(御命)을 받들고 정원(政院)으로 나왔다. 내시라도 어명을 받은 사람이라 김순고가 승전색에게 절을 한 뒤

"해서대적 임꺽정이의 도당 서림이란 자가 엄개라고 변성명하고 숭례문 밖에 와서 있는 것을 탐지하옵고 체포하여다가 죄상을 대개 추문(推問)하온즉, 지난 구월 초오일에는 장수원에서 모여서 전옥서(典獄署)를 타파하려고 이러이러하게 획책하였다고 말하옵고 오는 이십육일에는 평산 남면 마산리에 모여서 신임 봉산군수 이흠례를 살해하려고 준비할 터인데 대개 이러이러한 까닭이라고 말하오니, 그 말을 다 준신할 수는 없사오

---

34 신하가 아뢴 의견에 대해 임금이 즉석에서 결정함.

35 황제나 왕을 만나 뵘.

36 임금의 평안한 소식. 또는 임금 신체의 안위.

37 가벼운 감기기운.

38 임금의 몸이 병으로 편하지 못하다.

39 조선 때, 내시부(內侍府)의 한 벼슬로 임금의 뜻을 전달함

나 부장 하나, 군관 하나를 속히 역마 주어 보내서 봉산군수 이흠례와 금교찰방 강려로 더불어 상의하여 비밀히 근포하도록 함이 어떠하올지. 또 이번에 만일 꺽정이를 잡지 못하고 놓치면 서림이가 내년 안으로 잡아 바치겠다고 하오나 반복하는 자의 말을 신청(信聽)[40]할 것이 못 되오니 서림이를 어찌 처치하올지.”

이런 사의로 위에 아뢰어 달라고 말하였다. 그 승전색이 합문 안으로 들어갔다가 한동안 지난 뒤 다시 나오는데, 서림이는 아직 그대로 두고 보고 그외는 아뢴 사의대로 하란 전교가 포장에게 내리고, 또 뒤미처 다른 승전색이 나오는데 선전관[41] 정수익(鄭受益)이에게 부장 두엇을 데리고 가라고 하되 말들을 주어서 급히 가게 하라시는 전교가 정원에 내리었다.

이때 오위부장(五衛部將)들 중의 충좌전위(忠佐前衛)[42]에 매인 연천령(延千齡)은 용맹이 무쌍하고 호분우위(虎賁右衛)[43]에 매인 이의식(李義植)은 무예가 출중하여 부장청(部將廳)에서 이름들이 높았던 까닭으로 이 두 사람이 뽑히어서 정수익과 같이 가게 되었다.

선전관 정수익이 전교(傳敎)와 표신(標信)과 마패(馬牌)를 받자온 후 궐내에서 물러나오며 즉시 부장 연천령·이의식 두 사람을 데리고 황해도 길을 떠나는데, 동짓달 추운 밤에 밤새도록 갈 길이라 휘항[44]에 털토수[45]에 술병까지 어한제구(禦寒諸具)[46]를 단단히들 차

40　믿고 곧이들음.

41　조선 시대에, 선전관청에 속한 무관 벼슬. 선전관청은 조선 시대에, 병조에 속하여 형명(形名)·계라·시위(侍衛)·전령(傳令)·부신(符信)의 출납 따위를 맡아보던 관아. 왕이 내린 전교를 현지에 내려가 하달하는 일을 주로 맡음.

42　조선 시대, 오위(五衛) 중의 전위(前衛). 충의위(忠義衛), 충찬위(忠贊衛), 파적위(破敵衛)가 이에 속하며, 오부로 나뉘어 서울 남부와 전라도에 배치되었다.

43　조선 문종 원년(1451)에 둔 중앙 군사 조직. 임진왜란 후에 오위병제가 무너지면서 명목만 남아 있다가 고종 19년(1882)에 없앴다.

44　조선 시대, 남자들이 추위를 막기 위하여 쓰던 모자의 하나

45　안에 털을 대고 만든 추위를 막기 위해 팔뚝에 끼는 방한제구. 털토시.

46　추위를 막을 수 있는 여러 가지 도구나 기구

리었다. 청석골 도둑놈들이 평산 마산리에 가서 모인다는 것이 스무엿샛날이라니 앞으로 이틀 동안에 봉산읍 사백이십 리 길을 가서 기병하여 가지고 다시 마산리까지 소불하[47] 수백 리 될 길을 가야 할 터인데, 거기다가 금교서 찰방을 보고 가자면 지체가 될 것이고 또 봉산 가서 기병(起兵)하자면 동안[48]이 걸릴 것인즉 날짜가 촉박 여부 없어서 밤길을 가도 빨리 가야 할 판이었다.

선전관 일행이 떠나는 날 반나절 해로 파주까지 달려와서 저녁밥들을 먹고 파주서부터 밤길을 시작하였다. 참마다 홰를 갈려 들리고 역마다 말을 갈아타고 홰꾼과 견마잡이 역졸들이 줄달음질을 치도록 달리었다. 홰꾼과 역졸들은 옷이 박착(薄着)이라도 땀을 뻘뻘 흘리는데 거해부대[49] 같은 말탄 양반들은 추워서 덜덜 떨었다. 역에 올 때마다 번번이 술로 어한들 하고, 그리하고도 간간이 길가집을 깨워 일으키고 방에 들어앉아서 몸들을 녹이었다. 이튿날 아침 해 돋을 때 금교역말을 당도하였다. 정수익이 우선 객주를 잡고 들어앉아서 전교 받들고 온 사연을 찰방 강려에게 통기하였더니, 얼마 동안 지나서 관사로 들어오라고 마중 하인들이 나왔다.

정수익이 부장들과 같이 마중나온 하인들을 따라서 찰방 관사에 들어와 보니 마당에 향상을 차려놓고 향상 앞에 강려가 모대(帽帶)[50]하고 서 있었다. 정수익이 향상 옆에 와서 선 뒤, 강려는 분향(焚香)하고 북향 재배(北向再拜)하고 꿇어앉아서 정수익이 내주는 전교를 공손히 받아서 받들어 읽었다. 그 전교는 다른 것이 아니라 선전관 정수익은 부장 연천령·이의식을 데리고 황해도에 가서 봉산군수 이흠례와 금교찰방 강려와 상의하여 평산 남면 마산리에 모인다는 도적들을 잡으라는 것이었다. 강려가 전교를 정수익에게 도로 주고 일어나서

---

47   적어도. 적게 잡아도. 하불하(下不下).

48   어느 때로부터 다른 한때까지의 시간적 간격으로 일정한 시간을 뜻함.

49   솜이 들어있는 거대한 자루.

50   조선시대, 정복(正服)을 입을 때 쓰던 사모(紗帽)와 각띠.

"인제 방으루들 들어가십시다."

하고 어명(御命)을 몸에 받은 정수익을 향하여 팔을 치어들고 먼저 올라가기를 청하였다. 방에 들어와서도 정수익이를 상좌에 앉히고 좌정들 한 뒤, 초면 인사들을 마치고 강려는 바로 밖에 나가 편복을 갈아입고 다시 들어와 앉아서 정수익을 보고

"그 치운 밤에 밤길들을 어떻게 오셨단 말씀이오? 장사들이시우."

하고 위로 말을 하였다.

"오늘 봉산을 가자면 또 밤길을 해야 하지 않겠소? 여기서 봉산이 몇 리요?"

"이백십 리요."

"그럼 얼른 객주에 나가서 아침 시켜 먹구 떠나야겠소."

"아침은 시켰으니 염려 마시구 일이나 의논하십시다. 내 생각엔 도둑놈들이 내일 마산리서 모인다면 당일에 흩어질 리는 없으니까 모레 마산리를 들이칠 작정하구 준비하는 게 좋을 것 같소."

"어떻게 준비한단 말이오?"

"나는 수하에 군사가 없는 사람이라 평산 가서 부사하구 의논해서 기병해 가지구 평산 북면 어수동(御水洞)으루 나갈 테니 여러분은 봉산 가셔서 군수하구 같이 군사를 조발해 가지구 모레 새벽까지 어수동 와서 합세하두룩 해보시우."

"어수동서 마산리가 가깝소?"

"봉산서 평산읍에까지 왔다가 다시 마산리를 나가자면 길을 곱걷게 되우."

"그럼, 내일 어수동서 만나두룩 해보는 게 좋지 않소."

"군사 조발하는 데 동안이 얼마나 걸릴 줄 알구 그러시우. 그나 그 뿐이오? 여러분이 연일 삐친[51] 끝에 접전을 어떻게 하실 테요. 오늘이구 내일이구 하룻밤은 실컷 주무셔야 하우."

"아무리나. 그럼 모레루 정일하구 준비합시다."

---

51 일 따위에 시달리어 나른하고 몹시 피곤하게 되다.

정수익이 강려와 의논을 작정한 뒤, 금교서 아침밥을 먹고 부장 두 사람과 같이 봉산
으로 떠나왔다.

봉산 이백십 리를 곧 해지기 전에 갈 것같이 말들을 빨리 몰리었다. 우봉(牛峰) 땅 들
어와서 흥의(興義) 역마 갈아타고 평산땅 잡아들며 김암(金岩) 역마 갈아타고 평산읍내
언뜻 지나 보산(寶山) 역말 들어오니 해는 한낮이 이미 지났고 금교서 온 이수(里數)는 팔
십 리밖에 안되었다. 얌전하게 춥던 날씨가 보산서 중화할 때부터 갑자기 변하여 풍세
가 사나왔다. 사나운 바람을 안고 가게 되어서 말 모는 역졸들은 말할 것도 없고 말탄
양반들도 숨이 턱턱 막히었다. 총수령(葱秀嶺)을 넘어와서 안성(安城) 역마를 갈아타고 서
흥읍내를 들어올 때는 벌써 길이 잘 보이지 않도록 어둔 빛이 짙었다. 동짓달 짧은 해에
일백사십 리를 온 것도 무던히 많이 왔건만, 앞으로 남은 칠십 리를 밤길로 마저 가야 할
일이 태산 같아서 선전관과 부장들은 더 빨리 오지 못한 것을 못내 괴탄하였다.

바람이 조금 자는 듯하다가 다시 일기 시작하여 밤에는 풍세가 저녁때보다도 더 사나
워졌다. 바람이 불거나 눈이 오거나 불구하고 한 시각이라도 바삐 가야 할 길이라 정수
익이 저녁밥을 재촉하여 먹고 또 밤길을 나섰다. 홰가 바람에 부지할 것 같지 않으나 수
가 많으면 혹시 나을까 하고 말 한 마리 앞에 홰 세 자루씩, 도합 홰꾼 아홉을 데리고 나
섰는데, 불과 몇 마정 안에 홰 아홉이 다 꺼져서 홰꾼들을 대도 세우지 않고 그대로 돌
려보냈다. 서관대로[52] 길이 좋아서 희미한 별빛으로 갈 수는 있지마는, 말을 채쳐 몰지
못하고 예사로 걸리었다. 서흥 용천(龍泉) 역말과 봉산 검수(劍水) 역말서 역마를 두 번 갈
아타고 닭 운 뒤에 봉산읍내를 들어왔다.

정수익이 역졸들 시켜 삼문을 두들겨서 자는 군수를 깨워 가지고 전교를 받게 한 뒤,
이십칠일 미명(未明)[53]에 평산 군사와 어수동에서 합세하기로 약속 정하고 온 것을 말하

---

52 예전에, 서울에서 의주까지 가는 큰길을 이르던 말

53 날이 채 밝지 않음. 또는 그런 때.

고 밤중에 좀 야경스러우나[54] 곧 기병할 준비를 차려서 평명(平明)[55]에 행진(行陣)하도록
하라고 독촉하니, 군수의 말이 기병할 것은 염려 말고 밤길에 삐친 끝에 잠들이나 한숨
자라고 하고 관가 안의 방 하나를 치워 주어서 정수익은 부장 두 사람과 같이 두둑한 요
깔고 푹신한 이불 덮고 동여가도 모르도록 잠 한숨 곤하게 자고 해가 뜬 뒤에 일어들 났다.

봉산이 꺽정이패의 자주 출입하는 길목인 까닭에 봉산군수 이흠례는 적환 방비(賊患
防備)를 급선무(急先務)로 알아서 도임한 후 그 동안 한 일이 무기 수보(武器修補)와 군총
조련(軍總調練)이라 기병하기 힘들 것이 없었다. 이백여 명 군사를 불각시로 취군하여 무
기를 일제히 나누어 주어서 삼문 밖에 결진(結陣)을 시켜놓고 이백여 명의 이틀 먹을 군
량(軍糧)으로 쌀 두 섬과 조 석 섬을 먼저 실려 보내는데, 군량지기에게 중화참과 숙소참
을 일러주어서 앞서가며 미리 준비하여 놓게 하였다. 선전관이 이것을 알고 부장들과 서
로 돌아보며 군수의 처사가 엽렵한 것을 칭찬하고 곧 군수와 같이 행군(行軍)을 하는데,
연천령과 이의식은 소부대를 거느리고 선진(先陣)이 되어 앞서 떠나고 이흠례와 정수익
은 대부대를 통솔하고 후진(後陣)으로 뒤에 떠났다. 용천역말 와서 중화하고 안성역말
와서 숙소하는데 안성 사람은 군사들에게 방을 뺏기고 하룻밤을 한둔[56]들 하다시피 하
였다. 첫닭울이에 떠날 작정으로 한밤중부터 밥을 짓게 하여 군사들을 밤참 쇰직한 조
반을 먹인 뒤에 선진·후진이 일시에 다 떠났다.

전날 종일 흐리던 날이 밤중은 하여 눈이 오기 시작하였는데 산과 들이 허옇게 보이도
록 쌓이고도 아직 그치지 아니하였다. 눈을 맞으며 행군하여 동이 트기 시작할 때 어수
동을 대어오니 밥짓는 연기, 화톳불 연기가 인가가 잘 보이지 않도록 자욱하였다. 평산
부사 장효범이 금교찰방 강려와 같이 삼백 명 군사를 거느리고 먼저 나와 있었다. 봉산

---

54 밤중에 떠들썩하다.

55 해가 뜨는 시각.

56 한데에서 밤을 지샘. 노숙(露宿).

군이 안성서 경야(經夜)[57]할 때 당보수(塘報手)[58] 서너 명을 밤 도와 먼저 보내서 봉산서 오는 군총 수효를 알린 까닭에 오백여 명 먹일 밥을 지어놓아서 요기하고 온 봉산군들도 시레기 토장국을 부어주는 밥 한 바가지씩 제각기 다 받아먹었다.

눈이 어느 결에 그치고 아침 해가 구름에 싸여서 올라왔다. 사람들 부르는 소리, 꾸짖는 소리, 떠드는 소리 야단스럽게 나고 취군하는 징소리, 나발 소리 요란히 난 뒤 삼엄(三嚴)[59]이 끝이 나서 오백여 명 군사가 선봉대(先鋒隊)·중군(中軍)·후군(後軍) 세 때로 차례차례 떠나 남면길로 내려가는데, 기치(旗幟)는 정제(整齊)하고 창검(槍劍)은 삼엄(森嚴)하였다(9권: 216-221).

죽다 살아난 봉산군수 이흠례

평산 싸움 결과는 관군 입장에서 도저히 받아들이기 어려울 정도로 처참했다. 왕명을 받고 500여명을 징집해 출전한 부장(副將) 연천령이 평산 싸움에서 도적 하나 잡지 못하고 전사함으로써 조정의 위신은 떨어질 대로 떨어지고 만다. 홍명희는 『실록』에 나타난 평산 싸움 기록을 바탕으로 관군과 임꺽정 일당의 전투 장면을 활극 영화의 한 장면 마냥 실감나고 박진감 있게 그려낸다.

청석골 두령 가운데 하나인 대장장이 이춘동이의 엄마 환갑을 축하하기 위해 꺽정이를 비롯한 청석골 두령들이 평산 마산리로 출동하면서 이야기가 본격적으로 시작된다. 꺽정이 일당은 청석골 두령들을 잡아 죽인 전(前) 신계군수 이흠례가 봉산군수로 부임한다는 소식을 듣고 그를 없애기 위한 작전 수립에 열중하고 있었다. 적정(敵情)을 살피러 봉산을 다녀온 천왕동이에게서 이흠례가 봉산에 이미 도임했을 뿐만 아니라 조정에서 보낸 토벌대와 합세하여 자신들을

---

57 밤을 지샘.

58 척후·정찰 임무를 맡아보던 군사.

59 임금이나 군 지휘관이 거동할 때 알리는 세 번의 북소리.

죽이러 오고 있다는 첩보를 접한다.

> "절을 공손히 하지 못하고 그게 무어냐?"
>
> 하고 꺽정이가 나무라니
>
> "이야기할 일이 급한데 언제 인사 범절을 늘어지게 차리구 있겠소."
>
> 하고 황천왕동이는 말대답하였다.
>
> "이야기할 일이 무에 그리 급하냐? 이흠례가 벌써 떠났다느냐?"
>
> "이흠례가 오늘 이리 옵니다."
>
> "무어야?"
>
> 하고 소리치는 꺽정이뿐 아니라 좌중 여러 사람이 다같이 놀랐다(9권: 254).

삭풍한설 동짓달에 출동한 군대에게 날씨가 가장 큰 적임은 두 말할 필요조차 없다. 조선의 겨울은 기온은 그리 낮지 않은데 뼈가 시릴 정도로 바람이 차다. 하물며 황해도 멸악산맥 자락의 산중 추위야 오죽했을까? 꺽정이 일당은 산으로 올라오는 토벌부대를 위에서 바라보며 싸울 수 있었기에 지형·지물을 적절히 활용할 수 있었다. 절구통을 내던지고 잿독에 남아 있는 매운재를 쏟아 관군들의 눈을 못 뜨게 하는 등 싸움방법은 원시적이었지만 대단히 효과적이었다.

> 길막봉이가 목청 가지껏 호통을 지르며 잿독을 내려치고 또 황천왕동이와 이춘동이가 맞들고 내려온 장항아리를 받아서 내려쳤다. 잿독이 깨지는데 벼락치는 소리가 나고 장항아리가 깨지며 관군에게 장물 벼락을 들씌웠다. 관군이 도망질을 치기 시작하였다. 관군의 쏟아져 내려가는 형세가 물꼬에 마치 물을 터놓은 것 같아서 우두머리 군관들도 제지할 힘이 없었다(9권: 275).

이 장면의 최대 하이라이트는 봉산군수 이흠례가 봉학이 화살에 간발의 차이로 목숨을 부지한 일이다.

꺽정이는 배돌석이·황천왕동이를 데리고 동쪽 관군을 막고 이봉학이는 길막봉이·김산이·이춘동이를 데리고 서쪽 관군을 막기로 작정한 뒤 각각 관군이 턱밑에 오기를 기다리는데, 날아오는 화살을 피하려고 나무들을 의지하고 서 있었다. 이봉학이가 아래를 굽어보고 있는 중에 별안간 귓가에서 딱 소리가 나며 화살 하나가 옆에 나무 밑동에 와서 박혔다. 이봉학이가 괘씸스러운 생각이 나서 한 옆에 놓아두었던 활을 가서 집어들고 전통에서 살을 꺼내려다가 말고 나무에 박힌 살을 와서 흔들어 보았다. 궁력이 약한 사람의 살이든지 깊이 박히지 아니하여 몇 번 이리저리 흔들어서 뽑아 가지고 촉을 조져서 시위에 먹여 들었다. 관군의 활잡이 선 곳을 바라보니 활잡이들 뒤에 말탄 사람 하나가 우뚝하여 겨냥대기 좋았다.

이봉학이가 활을 쏘았다. 그러나 깍지손을 떼며 곧 아차 소리가 입에서 나왔다. 겨냥댄 말탄 사람의 몸이 깍지손 떼는 순간에 움직이었던 것이다. 봉산군수 이흠례는 목숨이 경각에 달린 줄도 모르고 군사들더러 나무 앞에 나서는 놈을 쏘라고 말을 이르려고 몸을 앞으로 굽히자마자, 상투 밑이 뜨끔하여 손이 절로 올라가서 만져 보니 화살이 와서 꽂히었었다. 등겁하여 말께서 뛰어내려서 군사 뒤에 숨었다. 벙거지의 모자 앞을 뚫고 상투 밑을 꿰고 모자 뒤까지 나간 살이 천하 명궁이 미간을 겨냥댄 살인 줄 알았더면, 두고 두고 등골에 찬땀을 흘렸을 것이다. 이봉학이 손에 화살이 한 대만 더 있었더라도 이흠례는 마산리 귀신이 되고 말았을 것인데, 첫 대는 공교하게 빗맞고 둘째 대는 손에 가지지 않아서 이흠례가 비명(非命)의 죽음을 면하였다. 이것은 천명이랄밖에 없다(9권: 272-273).

오위부장 연천령과 꺽정이의 결투

압도적인 수적 우위에도 불구하고 청석골 두령 하나 잡아들이지 못하자 오위부장 연천령은 분을 삭이지 못한다. 연천령은 군대 안에서도 용맹하고 칼 잘쓰기로 소문난 인물로 조정이 특별히 발탁해 파견한 무장이었다. 그래서 봉산군수 이흠례나 선전관 정수익, 평산 부사 장효범에 비해 직급은 낮았지만 도적 잡는 일에서는 자신의 뜻을 세울 수 있었다. 도적 일곱 때려잡는 데 많은 군사가 몰려다니는 게 유리할 일이 없다고 판단한 연천령은 이십 명의 정예 병력만 데리고 임꺽정 일당의 추격에 나선다. 금교역 찰방 강려가 내준 준마를 타고 내달린 연천령은 드디어 청석골 일곱 두령과 산골짜기에서 마주한다.

돌석이의 돌팔매와 봉학이가 쏜 화살에 연천령과 함께 온 병사들이 죽어나가고 꺽정이도 토벌군이 쏜 화살에 팔을 다친다. 꺽정이는 부상당한 팔을 동여매지 않은 채 연천령과 일대일로 대결하기 위해 나선다. 싸움 중에 배돌석이가 돌팔매를 쳐 연천령이 말에서 떨어지자 꺽정이는 돌석이를 나무라며 나동그라진 연천령이 칼을 다시 집어 들어 정정당당히 싸울 수 있게 배려한다. 비겁한 건 도저히 못 참는 꺽정이 성격의 단면을 읽을 수 있다. 연천령은 꺽정이 칼에 생을 마감하고 꺽정이는 연천령이 타던 공골말을 전리품으로 챙긴다. 관군 500명과 청석골 일곱 두령의 평산 어수동 싸움은 관군의 참패로 끝이 났다.

동쪽·서쪽 관군들이 활잡이들 섰는 곳까지 몰려내려갔을 때, 동쪽에서는 선전관 정수익이 군사를 다시 정돈시켜서 데리고 올라 오는데 활잡이들을 창잡이·칼잡이보다 앞세우고, 서쪽에서는 봉산군수 이흠례가 군사를 친히 통솔하고 올라오는데 창잡이·칼잡이 새새에 활잡이들을 섞어 세웠었다. 그러나 양쪽에서 다같이 화살 한 개 쓰지 않고 산 위에를 올라왔다.

정수익과 이흠례가 군사를 다시 합하여 가지고 도망한 도적들을 뒤쫓았다. 새눈 위에 박힌 발자국을 밟아서 조그만 골짜기 두덩진 곳에 와서 본즉 여러 놈이 앉았다 간 형적은 완연하나 어디로들 나갔는지 나간 발자국이 없었다. 북쪽 산으로 올라가는 것을 보았다고 말하는 군사도 있으나 발자국으로 보면 북쪽 산에서 내려왔지 올라간 것이 아니었다. 정수익과 이흠례가 다같이 까닭을 몰라서 묻는 눈치로 서로 바라보다가 정수익이 먼저

"그놈들이 이곳에 와서 승천입지(昇天入地)[60]를 했기 전에야 어디루든지 나갔을 텐데 두 군데 발자국이 다 들어온 게니 이거 괴상하지 않소."

하고 말을 내었다.

"들어오는데 두 군데루 들어왔을 리야 있소. 한 군데루는 나갔겠지."

"옳지, 이놈들이 신발을 거꾸루 신은 게요. 발자국으루 우리를 속이려구."

"그러면 우리가 여기까지 온 것두 발자국에 속아 왔는지 모르겠소."

"아까 올라가는 걸 봤다는 아이들두 있으니까 여기서 신발을 거꾸루 신구 저 산으루 올라간 게 분명하우."

"십의 팔구 그런 듯하나 혹 우리가 오는 중간에 다른 데루 빠져 나간 발자국이 있는 걸 살펴보지 못하구 왔는지두 모르니 군사를 다시 나눠서 두 패루 종적을 찾아보는 게 어떻소?"

"내 생각엔 그럴 것 없을 것 같소. 우리 함께 발자국을 밟아서 저 산으루 올라가 봅시다."

"아무리나 합시다."

이수익과 이흠례가 군사들을 데리고 상봉 밑을 지나서 동쪽으로 나오는데 말을 타도 고생이지만 그나마 못 탈 데가 많아서 걷느라고 죽을 고생들을 하였다.

안계(眼界)가 제법 넓어지는 한 장등에를 올라왔을 때, 평산 군사가 북쪽에서 마산리로 나가는 것이 바라보이어서 정수익이 이흠례와 의논하고 마산리 동네와 서쪽 산골길을 막아 달라고 전갈하여 군관 두엇을 쫓아보냈더니 연천령이 필마단기(匹馬單騎)로 달려와서 정수익과 이흠례를 보고 마상에서 한번 허리를 굽힌 뒤

"도둑놈을 몇 놈이나 놓쳤소?"

하고 물어서

"아직은 한 놈두 못 잡았네."

하고 정수익이 대답하였다.

"어떻게 하다가 일곱 놈을 다 놓쳤단 말이오?"

"이야기하자면 장황하니 나중 듣게."

"이부장은 어디 있소?"

"이마를 몹시 깨서 지지라구 동네루 내려보냈네."

"어째 이마를 깼소, 낙마했소?"

"도둑놈의 돌팔매를 맞았다네."

"저런 변이 있나."

"여기서 보기에 평산군이 얼마 안돼 보이니 웬일인가?"

"나하구 강찰방하구 둘이 백 명을 얻어가지구 오는 길이오."

"본쉬(本倅)⁶¹는 어디 다른 길루 오나?"

"산에서 내려오는 길목을 지킨다구 뒤에 남아 있소."

"그럼 자네하구 강찰방하구 둘이 동네 앞과 서쪽 산골길을 노놔서 지키두룩 하게."

"강찰방더러 동네앞을 지키라구 하구 나는 서쪽 산골길을 가서 지키겠소."

"그건 자네 생각대루 하게."

"그럼 군사 여남은 명만 나를 주시우."

"자네가 여남은만 데리구 갈 작정인가?"

"여남은이면 넉넉하우."

정수익이 이흠례에게 말하고 사수(射手)·살수(殺手) 섞어 이십명을 뽑아서 연천령을 주었다.

연천령이 강려에게 와서 마산리 동네와 서쪽 산골길을 나눠 지키는데 자기가 서쪽 산골길을 맡겠다고 말한 뒤

"도둑놈들이 지금 서쪽으루 도망한 모양이니까 내가 빨리 가야 할 텐데 내 말이 굽이

61　해당 고을 수령을 높여서 이르는 말. 여기서는 접전지 마산리가 소재한 평산부사 장효범을 지칭한다. '사계절출판사' 2008년 개정판 『임꺽정』에는 '본수'로 되어있는데 '본쉬'가 적합한 표현이다.

상해서 걸음을 잘 못하우. 강찰방 말을 좀 바꿔 탑시다.”

하고 청하였다. 강려의 말은 공골말[62]인데 금교역말 역마 중의 제일 좋은 말이었다. 강려가 말을 잠시라도 내놓기가 싫든지 허락을 선선히 하지는 아니하나, 마침내 바꿔 주어서 연천령은 강려의 공골말을 타고 봉산 군사 이십 명을 몰고 마산리 뒷산에서 자모산성 있는 큰산으로 건너가는 산골길을 지키려고 풍우같이 달려왔다.

연천령이 마산리 동네로 내려와서 오 리 넘는 길을 돌아오는 동안에 꺽정이패는 상봉에서 서남간으로 과즉[63]이 마장 가량밖에 안되는 서쪽 산 끝에를 겨우 나 왔었다. 평지 길을 오는 것이 길없는 산속으로 나오는 것과 다를뿐더러 연천령이 닫는 말을 채질하여 군사들이 줄달음을 쳐도 뒤를 잘 따르지 못하도록 빨리 달려왔던 것이다.

꺽정이패가 산 끝에서 산 아랫길까지 절반 넘어 내려왔을 때, 연천령이 멀리서 바라보고 뒤에 떨어진 군사들을 기다리지 않고 단기(單騎)로 쫓아와서 말을 길에 세우고 칼을 머리 위로 비껴들고 나무 사이에 우뚝우뚝 섰는 꺽정이패를 치어다보며

“이놈들, 어서 내려오너라!”

하고 호통을 질렀다. 연천령은 이봉학이가 군기시(軍器寺)의 직장(直長)을 다닐 때 부봉사(副奉事)로 있던 사람이라 이봉학이가 옛날 조라동관[64]을 알아보고 그전 동관의 의로 양편이 다 무사하기를 바라서 다른 사람보다 한 걸음 아래로 내려서며

“연봉사 편안하우?”

하고 인사하니 연천령이 이윽히 치어다보다가

“이놈, 네가 이봉학이 아니냐? 너는 조정의 벼슬 다니던 놈이 무슨 뜻으로 조정을 배반하구 도둑놈이 됐느냐? 꺽정이 같은 백정놈의 자식보다 네가 더 죽일 놈이다. 너부터 빨리 내려와서 내칼을 받아라!”

---

62   털빛이 누런 말.

63   기껏해야.

64   한 관아에서 숙직하며 일했던 같은 등급의 관리나 벼슬아치.

하고 호령을 퉁퉁히 하였다. 이봉학이는 부끄럽고 분하여 말을 더 못하고 고개를 옆으로 돌리는데, 꺽정이가 이봉학이 앞에 내려와서 연천령을 굽어보며

"그까진 녹슨 칼을 누구더러 받아라 마라, 되지 못한 눔 같으니! 그 칼 가지구 네 집에서 가서 개껍질이나 벗겨라!"

하고 조소 반, 욕설 반 꾸짖었다.

"쥐새끼 같은 도둑놈들! 한꺼번에 다 내려오너라. 내가 너이놈 일곱을 한칼에 무찔르지 못하면 성이 연가가 아니다."

"주제넘은 눔 큰소리 마라!"

배돌석이가 뒤에서

"대장 형님, 그깐놈하구 아귀다툼하지 마시우. 그 따위 주둥이 다시 못 놀리두룩 내가 버릇을 가르치리다."

하고 말하는 것을 꺽정이가 돌아보며

"너이들은 가만 있거라."

하고 제지한 뒤 곧 허리에 질렀던 장광도(長光刀)를 빼들고 아래로 내려오다가 나무 없는데 와서 홀정에[65] 걸음을 멈추었다. 난데없는 화살 한 개가 왼편 전대팔에 와서 꽂혔던 것이다. 위에 섰던 여섯 사람이 꺽정이 살 맞은 것을 보고 쫓아들 내려오는데, 이봉학이와 배돌석이가 먼저 쫓아와서 하나는 꽂힌 살을 뽑아주고 하나는 맞은 자리를 눌러주었다.

연천령을 따라온 군사들이 쌈하러 오지 않고 구경하러 온 것같이 멀찍이 뭉쳐서 연부장이 가까이 오라고 부르지 않는 것만 다행한 양으로 여기고들 있는 중에, 활잡이 하나가 동무 군사들더러

"여기 섰지 말구 저리들 가서 도둑놈을 잡아보세."

하고 말을 내었다가

"꺽정이더러 자네를 잡아가라게?"

---

65 갑자기. 돌연.

"자네가 전장 귀신이 되구 싶어서 몸이 다나?"

"저리 가구 싶거든 자네 혼자 가게."

동무 군사들에게 핀잔을 받았다. 그 활잡이는 키가 작아서 봉산 읍내 사정(射亭)에서 땅딸보란 별명을 듣는 한량인데 호초[66]가 작아도 맵다는 격으로 사람도 다기지고 활도 당차게 쏘았었다.

핀잔 주던 동무 군사들이

"뒤루 둘째 선 놈이 황갈세."

"그놈이 우리 골 이쁜 색시를 뺏어갔지."

"쇠전거리 백이방이 사위를 너무 유난스럽게 고르다가 뱀 봤느니."

"너무 유난떠는 걸 부엉바위 용왕님이 밉살스럽게 여겨서 도둑놈 사위를 지시한 거야."

"호장을 얻어 하려구 애쓰는 모양이지만 사위 연좌로 안될 겔세."

"백이방더러 사위말을 하면 나는 딸두 없구 사위두 없는 사람이라구 펄쩍 뛴다네."

"지금 연부장 나리하구 맞소리 지르는 놈이 누군지 자네들 아나? 저게 꺽정일세."

"지금 황해도 이십사관 관하 백성들더러 황해감사가 무서우냐, 꺽정이가 무서우냐 물어보면 열의 아홉은 꺽정이가 무섭달걸."

"논두럭 정기라두 정기를 타구난 놈이야."

하고 씨둑꺽둑 지껄일 때, 땅딸보란 한량은 입술을 잔뜩 악물고 있다가 꺽정이가 나무 없는 데로 내려오는 것을 바라보고 얼른 여러 군사들 앞에 나와 서서 먼장으로 한 대 쏜 것이 꺽정이 팔에 맞았었다. 꺽정이가 화살 온 곳을 바라보다가

"저기 조눔이 쏘았구나. 또 쏜다. 살 조심들 해라."

하고 소리치니 이봉학이가 웃으며

"소경살이 번번이 맞겠소. 한 대 앙갚음은 내가 하리다."

하고 말하며 곧 활을 앞으로 내들었다. 땅딸보란 한량이 활을 두번째 쏘고 살이 넘고 처지는 것을 바라보느라고 고개를 젖혀들고 있는 동안에 이봉학이의 화살이 산 멱통에서 뒷덜미까지 꿰뚫어서 섰던 자리에 고꾸라졌다.

연천령은 적괴로 짐작이 드는 영특하게 생긴 도적이 칼 가지고 싸우러 내려오는 것을 보고 말을 뒤로 좀 물려세우고 기다리던 중에 적괴가 살을 맞아서 뒤에 섰던 여러 도적이 모두 쫓아내려와서 옹위하고 섰는데, 그 선 자리가 길에서 대여섯 간밖에 더 안 되었다. 산 밑으로 두어 간 동안이 좀 가파르나 가파른 데만 지나 올라가면 비스듬한 비탈이라 연천령이 도적들을 쫓아올라가려고 양쪽 등자로 다래 위를 치며 고삐를 채쳐서 말을 산위로 치달렸다. 가파른 데를 다 올라오자, 돌 한 개가 미간에 들어와 맞는데 눈의 불이 번쩍 났다. 고삐 잡은 손등으로 미간을 누르며 앞으로 엎드릴 때 고삐가 절로 잡아당겨진 것을 말이 서란 뜻으로 잘못 알았던지 혹 앞으로 더 나가는데 위험한 낌새를 미리 알아챘던지 빨리 오던 걸음을 급히 그치려다가 뒤로 미끄러지고 안 미끄러지려고 애쓰다가 더욱 미끄러져서 마침내 말은 궁둥방아 찧고 쓰러지고 사람은 재주 넘고 나가동그라졌다.

꺽정이가 돌팔매 친 배돌석이를 가만 있으라는데 가만히 못 있다고 나무라고 다친 팔을 동여매지도 않고 그대로 길로 뛰어내려왔다. 연천령이 나동그라질 때 내던진 환도를 미처 다시 집기 전이라 항거도 변변히 하지 못할 터인데, 꺽정이는 바로 해치러 들지 아니하고

"어서 칼 집어 가지구 대들어라! 네가 칼을 얼마나 잘 쓰기에 그렇게 큰소리하나 어디 좀 보자."

하고 불호령을 내놓았다. 연천령이 환도를 집으며 곧 머리 위에 치켜들고 대드니 꺽정이는 가까이 대들지 못하게 막는 것같이 칼을 앞으로 내들었다. 꺽정이의 장광도는 비수 쉼직하게 작고 연천령의 환도는 장광도보다 곱절 넘어 커서 서로 어울리기만 하면 꺽정이가 훨씬 불리할 것 같았다. 한참 동안 둘이 서로 노려보고만 있던 끝에 연천령이 별안간 큰소리를 지르고 한 발을 앞으로 내디디며 머리 위의 환도를 정면으로 내리쳤다.

껑정이는 미리 짐작하고 기다린 것같이 슬쩍 몸을 바른 쪽으로 틀고 몸을 트는 결로 곧 연천령의 왼쪽 허리를 가로 후려칠 듯이 하여 연천령이 환도를 끌어들일 새도 없이 그대로 껑정이의 칼 든 팔을 치치려는 순간에 껑정이의 칼이 가로 허리를 치지 않고 위로 어깨에 떨어졌다. 날카롭기 짝이 없는 장광도가 연천령의 왼쪽 어깨서 바른쪽 젖가슴까지 엇비슥하게 내려먹었다. 연천령이 몸이 피투성이 된 뒤에도 악 소리를 지르며 환도를 몇번 휘두르다가 땅바닥에 쓰러지는데 마치 밑동 썩은 나무 넘어지듯 하였다(9권: 278-285).

당쟁과 소용돌이의 한국정치

조선사회는 연산주 시대 들어 이미 망조에 접어들었다고 할 수 있다. 사실 조선왕조는 이때 붕괴했어야 마땅했다. 시대착오적인 신분제를 굳건히 유지한 채 양반 계급은 벼슬 다툼이 그 핵심인 당쟁에 몰두했다. 홍명희는 "벼슬자리는 한이 있고 벼슬하려는 사람은 수가 없으면 개중에 알력이 아니 생길 수 없다. 이것은 선조 이전부터 필지(必至)의 형세로 내려오다가 선조 때 당론(黨論)으로 터진 것"이라고 말했다. 당론을 일시 감정문제로 발생한 것 같이 보는 시각은 사물의 본질을 제대로 보지 못하는 피상적 견해라고 비판하면서 "벼슬을 내는 벼슬자리 전관(銓官)[67]이란 것이 당쟁의 주요 목표가 된 것을 보면 그 근저가 정권 쟁탈에 있는 것은 엄폐(掩蔽) 못할 사실"(홍명희, 1936: 117-118)이라고 역설했다.

홍명희는 양반정치의 부산물인 당쟁의 원인에 대해 "그들이 표면상 떠드는 모든 대의명분을 떠나 실상 이·병(吏兵) 양전(兩銓)[68]의 쟁탈에다가 주요한 목

---

[67] 조선 시대, 문무관(文武官)의 인재를 뽑는 일을 맡아보던 이조(吏曹)와 병조(兵曹)의 관원을 이르던 말.

[68] 조선 시대에, 이조와 병조를 통틀어 이르던 말. 이조에서는 문관, 병조에서는 무관을 전형한 데서 유래한다.

표를 두었었다"(홍명희, 1938: 131)고 분석했다. 한마디로, 제한된 관직 수에 비해 양반 인구의 증가가 당쟁의 핵심 원인이란 것이다. 당쟁에 대한 홍명희의 정치사회사적 시각은, 한 대담에서『조선유학사』의 저자 현상윤이 당쟁의 근본원인을 군자와 소인을 준별하는 유학사상의 특징에서 찾고 있는 데 반하여 "글쎄, 하여간 당쟁의 핵심은 벼슬자리 적고 양반이 다수한 것이 핵심이야. 내 그 확증으로는 북헌(北軒, 金春澤)[69]이란 이가 그 다 당쟁의 효장(驍將)[70]인데 그가 그랬어. 당쟁은 그저 이·병판(吏兵判) 양전 쟁탈이 핵심이라고" 언급한 발언에서도 잘 확인 할 수 있다(홍명희, 1941: 185).

봉건조선에서는 왕도 양반도 양민도 백정도 그 누구도 국가의 주인이라 자신할 수 없었다. 모든 정치·사회발전의 매개체가 흔적도 없이 권력투쟁의 소용돌이 속으로 빨려 들어갔기 때문이다. 조선은 소수양반계급이 지배하는 과두체제였다. 이는 민(閔)씨 일족이 나라를 말아먹은 구한말까지 줄곧 이어졌다. 고려시대만 하더라도 불교계가 나름 자율적 집단으로 왕권이나 호족세력을 견제했다. 그런 면에서 조선은 고려에 비해 퇴행적이었다고 할 수 있다. 게다가 조선의 공권력과 당쟁은 너무도 폭력적이었다. 당쟁이 조선 붕괴의 핵심원인일지는 모르겠으나 청산해야 할 악습이었음에 틀림없다.

---

69 북헌 김춘택은 조선의 문신으로 사계 김장생의 직계 후손이다. 숙종의 첫 번째 장인인 김만기의 손자이자 김만기의 장녀인 인경왕후의 조카다.『구운몽』『사씨남정기』를 지은 서포 김만중이 그의 작은 할아버지다. 서인·노론의 중심가문에 속했음으로 언제나 당쟁의 중심에 있었다. 1689년의 '기사환국' 이후 남인이 정권을 담당하였을 때에는 여러 차례 투옥·유배됐다. 희빈 장씨의 오빠인 장희재를 몰락시키기 위해 갖은 방법을 다 동원했다. 1694년 재물로 궁중과 내통하여 폐비 민씨를 복위하게 하고, 정국을 뒤엎으려 한 혐의로 체포되어 심문받았으나, 갑술환국으로 남인이 축출되면서 풀려났다. 그 뒤 노론에 의해 갑술환국의 공로자로 칭송받았으나, 남구만 등 소론으로부터는 음모를 이용한 파행적 정치활동을 행했다고 공격받았다.

70 사납고 날랜 장수. 여기서는 당쟁에 잔뼈가 굵은 노련한 싸움꾼을 의미한다.

당쟁은 조선 초기부터 조짐을 보이다 선조 들어 본격화했다. 선조 그 자신이 독특하게 기괴한 임금이었다. 김훈은 소설 『칼의 노래』에서 "중국의 산수화를 들여다보고 있던 임금은, 갑자기 생각났다는 듯이 옥에 갇힌 자들을 끌어내어 죽였다. 팔십 먹은 노파를 곤장으로 쳐 죽였고, 여덟 살 난 남자아이와 다섯 살 난 여자아이를 무릎으로 으깨서 죽였다. 목격한 사실을 자백하라는 위관의 심문을 아이는 알아듣지 못했다. 때리고 꺾고 비틀고 지지면서 형리들은 울었고, 울던 형리들이 다시 형틀에 묶였다"고 썼다. 당쟁의 정점에는 송강(松江) 정철이 있었다.

> 우의정 정철이 그 피의 국면을 주도했다. 정철은 내가 이해할 수 있는 인물이 아니었다. 그는 민첩하고도 부지런했다. 그는 농사를 짓는 농부처럼 근면히 살육했다. 살육의 틈틈이, 그는 도가풍의 은일과 고독을 수다스럽게 고백하는 글을 짓기를 좋아했다. 그의 글은 허무했고 요염했다(김훈, 2012: 42).

그레고리 헨더슨이 명명한 '소용돌이의 한국정치(politics of the vortex)' 또한 이와 크게 다르지 않다. 여기서 말하는 소용돌이는 흔히 우리가 아는 "물이 아래로 빨려 들어가는" 형태가 아니다. 그 반대다. "원자화된 개체들이 권력의 정상을 향해 상승기류를 타고 돌진하는 형태"로서의 소용돌이, 곧 일종의 회오리 현상이다. 헨더슨은 한국인들은 권력과 관직이 사회계급을 결정하는 것으로 보고 너도나도 '국가의 한자리'를 향해 나아가고자 하는 욕구가 유난히 강하다고 설명했다. 이 현상은 한국인들에게 정치권력을 최고의 지상가치로 삼도록 했고 이게 한국정치의 기본 패턴으로 굳어졌다는 게 헨더슨이 내린 결론이다(Henderson, 1968: 46).

에필로그

벽초 홍명희와 마크 트웨인

일제 강점기부터 지금까지 가장 유명한 아호(雅號) 하나를 꼽으라 한다면 그
것은 단연 백범일 것이다. 백범(白凡)은 잘 알려진 대로 김구 선생의 아호다. 백
범은 하층민이었던 백정(白丁)과 평민인 범부(凡夫)를 합쳐 만든 것이다. 풀이하
면 민주공화정의 주권자인 보통사람들, 곧 인민이라 할 수 있다. 우리는 백범이
라는 아호만으로도 한없이 낮은 곳에 임하려 했던 김구 선생의 정치적 지향을
읽을 수 있다.

백범만큼이나 아니 일제 때는 그보다 더 유명한 아호가 있었다. 그것은 다름
아닌 홍명희의 아호 벽초(碧初)였다. 홍명희의 호가 벽초인 것은 잘 알려진 사실
이나 벽초가 무엇을 뜻하는 지에 대해서는 그다지 알려져 있지 않다. 벽초를 새
세상이 열리는 태초의 시작, 곧 개벽쯤으로 이해할 수 있다. 그런데 벽초의 벽
(碧)과 개벽의 벽(闢)은 전혀 다른 한자이다. 벽초의 벽은 서양인을 뜻하는 벽안
(碧眼)이나 상전벽해(桑田碧海) 할 때 그 '벽'자로 푸른 색, 보다 정확히 바다빛깔
인 청록색을 나타낸다.

여기서 궁금한 점은 홍명희는 왜 청록의 벽과 처음을 뜻하는 초를 합쳐 만든
'벽초'라는 호를 사용했을까 하는 것이다. 홍명희는 어학천재로 조선에서 둘째
가라면 서러울 정도로 한학(漢學)에 정통했다. 그런 그가 하고 많은 한자들 가
운데 벽초를 자신의 호로 삼은 데는 놀라운 사연이 있다. '벽초'란 '최초의 청록
인'(Verdulo Unua), 곧 '조선에서 처음으로 에스페란토어를 배운 사람이란 뜻을
지닌다. 청록(blue green)은 에스페란토를 상징하는 색이다. 그래서 전 세계 에
스페란토 단체들은 청록 바탕에다 왼쪽 귀퉁이에 청록별이 그려진 깃발을 사용
했다. 여기서 청록은 평화를, 별은 희망을 나타낸다.

벽초는 1910년 중국 상해에서 에스페란토를 배웠다. 흔히 김소월의 스승인
안서(岸曙) 김억이 1916년 조선 최초로 에스페란토를 배운 것으로 알려져 있으

나 사실은 홍명희가 그보다 먼저 에스페란토를 익힌 선배로서 1923년에 발간된 김억의 『에스페란토 독습』에 에스페란토로 서문을 썼다. 여기서 중요한 사실은 에스페란토가 반항과 혁명의 언어, 아나키스트의 언어로 인식됐다는 점이다.

그래서일까? 에스페란토에 대해 가장 극렬한 비난을 퍼붓고 탄압에 나선 사람은 바로 히틀러였다. 히틀러는 집권하기 전부터 에스페란토가 유태인과 공산주의자의 언어라고 낙인찍었다. 1933년 히틀러가 집권한 이후 독일과 독일 점령지에서 에스페란토 사용을 금지했고 에스페란토를 사용하는 사람들은 체포되거나 처형됐다. 폴란드를 침공한 독일군은 에스페란토의 창시자인 자멘호프 가족을 총살하거나 유대인 수용소로 보내 죽게 만들었다. 파시스트 정권이 장기 집권한 포르투갈과 스페인에서도 에스페란토는 탄압받았다.

일제 역시 예외가 아니었다. 일제는 일본인이 에스페란토를 배우는 건 문제 삼지 않았지만, 조선인이 에스페란토를 배우는 것은 '위험한 사상'에 빠져드는 첫걸음으로 보았다. 조선인이 에스페란토를 배우는 것은 일본어를 배척하기 위함이며 따라서 식민 지배에 대한 거부로 간주했다. 일제는 에스페란토를 '불온한 언어'로 낙인찍어 만주사변(1931년) 이후에는 에스페란토 관련 활동을 일절 금지했다.

중일전쟁(1937년) 이듬해인 1938년, 일제는 학교에서 조선어 교육을 전면 금지하고 1942년에는 조선어학회의 핵심 인사들을 체포하는 한편, 길거리에서 조선어를 사용하는 사람조차 처벌했다. 이때를 즈음하여 『임꺽정』의 신문연재가 일제에 의해 중단됐다는 사실은 단순한 우연이 아니다. 식민지 조선에서 에스페란토와 조선어의 운명은 정확히 일치했다. 홍명희는 평생을 국권회복과 민족독립에 몸 바쳐온 애국지사였다. 그런 그가 '조선 최초의 에스페란티토'를 의미하는 벽초를 아호로 사용했다는 사실 자체로 '반역의 대명사'인 『임꺽정』을 쓸 수밖에 없는 운명은 아니었을까.

벽초 만큼이나 사연 있는 아호가 서양에도 있다. 그것은 바로 『허클베리 핀의 모험』을 쓴 미국 작가 마크 트웨인(Mark Twain, 1835-1910)이다. 마크 트웨인의 본명은 새뮤얼 클레먼스로 마크 트웨인은 그의 필명이다. 새뮤얼 클레먼스가 마크 트웨인으로 불린 데는 벽초 만큼이나 흥미있는 사연을 간직하고 있다. 마크 트웨인이란 필명은 젊은 시절 미시시피 강을 오르내리던 증기선의 수로안내인으로 일하며 수심을 재던 단위에서 유래했다.

마크 트웨인이 수로안내인으로 일할 당시, 미시시피 강의 수심은 180cm가 조금 넘는 패덤(fathom)으로 측정했다. 이때, 수심이 2패덤이 나올 경우 '투(two)'라고 하지 않고 '트웨인(twain)'으로 나타냈다. 그래서 물 깊이가 2패덤이 나오면 "바이 더 마크 트웨인(By the mark twain)"이라고 외쳤다. 미시시피 강을 지나는 배가 안전하게 항해할 수 있는 2패덤(약 3.66m)은 우리말로 '수심 두 길' 쯤으로 나타낼 수 있다. 미시시피 강에서 항해사들이 배를 몰 때 수로안내인이 수심이 안전하다고 큰 소리로 외치는 "수심 두 길"이 바로 '마크 트웨인'이다.

마크 트웨인이란 이름은 뱃길 안내인의 시조새격인 이사야 셀레즈 선장이 미시시피 강의 수위나 상태에 대한 글을 틈틈이 써서 지역 신문에 기고하며 기사 말미에 '수심 두 길'이라고 서명한 데서 유래했다. 셀레즈 선장의 기사를 보고 장난기가 발동한 당시 수로 안내 견습생이던 새뮤얼 클레먼스가 셀레즈 선장의 기사 하나를 희화화(戲畫化)해서 신문에 게재했다. 모욕감을 느낀 셀레즈 선장은 죽을 때까지 글을 신문에 싣지 않았고, 당연하게도 '마크 트웨인'이라는 서명 역시 등장하지 않았다. 셀레즈 선장이 사망할 즈음 신출내기 신문기자로 필명을 찾던 클레먼스는 뱃길 안내인의 선조가 내버린 마크 트웨인이라는 서명을 자신의 필명으로 삼아 셀레즈 선장의 수중에 있었던 상태로 남아 있도록 최선을 다했다. "그 이름으로 세상에 나타나는 것은 무엇이든 간에 영원한 진실이라는 표시로서, 상징이자 보증으로서 말이다(마크 트웨인, 1998b: 179).

벽초와 마크 트웨인은 필명에서만 흥미로운 점을 발견할 수 있는 게 아니다. 두 사람은 조선정조와 미국정조를 대표하는 소설을 남겼다는 점에서도 공통점이 있다. 두 사람은 각각 엄격한 신분질서에 기반한 봉건 조선과 노예제에 기반한 미국 사회를 날카롭게 비판했다. 마크 트웨인은 대표작인『허클베리 핀의 모험』에서 남북전쟁 전후의 미국사회가 지닌 모순을 특유의 유머와 재치, 풍자로 풀어내면서 백인들의 뿌리깊은 인종차별과 위선, 허위의식을 강하게 비판했다. 자신이 살던 사회에 비판적이었던 벽초와 마크 트웨인은 그럼에도 불구하고 그 누구보다 자기가 나고 자란 조국산천과 동포를 사랑했기에 두 사람 모두 자국의 정조를 가장 잘 표현한 대표적 작가로 여전히 존경받고 있는 것이다.

벽초와 마크 트웨인은 자국 지리와 역사에 정통했다.『임꺽정』이 길 위의 이야기라면『허클베리 핀의 모험』은 강을 따라 펼쳐지는 이야기다.『임꺽정』의 삽화를 그린 구본웅 화백은 "'내가 선생의『임꺽정』에 삽화를 그리게 되었습니다'고 선생의 서재를 찾으니 선생께서 서재에 붙여놓으신 지도를 지적하시며 임꺽정의 걷던 길을 일일이 설명하시고 또한 그 시대의 모든 생활 형식이며 인심 여하를 골고루 일러주시는 나머지 선생 자신이 임꺽정에 혹하여지신 듯하옵더이다"(구본웅, 1937: 259)고 당시 기억을 떠올렸다.

마크 트웨인 또한 마찬가지였다. 마크 트웨인은 미시시피 강이야 말로 미국 사회를 창조하고 거듭나게 할 문명의 젖줄이라는 사실을 믿어 의심치 않았다. 마크 트웨인에게 그 강은 "위대한 미시시피 강, 폭 1마일에 걸쳐 거대하게 소용돌이치고 태양에 반짝이면서 장엄하고 당당하게 흘러가는 미시시피 강"이었다. 그는 미시시피 강을 누구보다 잘 알았다. 마크 트웨인이라는 필명과『허클베리 핀의 모험』이라는 대작을 낳은 것도 바로 미시시피 강이었다.

미시시피 강에서 수로안내인의 일을 배운 것은 아직 새뮤얼 클레먼스라는 본명으로 불리던 10대 무렵의 일이었다. 마크 트웨인은 이때의 일과 경험, 무엇보다 강에 대한 기억을 훗날 미시시피 강을 주제로 쓴 작품으로는 최고 걸작이라 할 수 있는『미시시피 강의 추억』(1883)에 상세히 기록했다. 이 책은 미시시피 강의 지리와 역사를 대표하는 전기(傳記)적 작품으로 미국 문학사에서 지금까지도 높은 평가를 받고 있다.

벽초와 마크 트웨인 모두 진보적 사고를 지녔으며 양심적 실천의 모범을 보였다는 점에서도 타의 추종을 불허했다. 벽초가 일제의 억압적 통치에 저항한 애국지사였음은 널리 알려진 일이다. 해방 이듬해인 1946년, 벽초는 한문사용 폐지 및 한글전용을 주창하여 세간을 놀라게 했다. 『임꺽정』의 저자라면 마땅히 할 수 있고 했어야 할 주장이었다. 하지만 이태준이나 김남천 같이 내로라하던 당대 최고의 좌익 계열 문인들조차 한글·한자의 혼용이나 한자 수를 줄이는 게 현실적 방안이라는 견해를 피력했기에 벽초의 한글전용 주장은 그만큼 파격적이었다.

마크 트웨인은 필리핀 식민지화를 비롯한 미국의 제국주의 정책에 격렬히 반대했다. 드레퓌스 사건을 변호한 프랑스의 문호 에밀 졸라에게 연대를 표명하며 에밀 졸라를 돕기 위한 활동에 적극 나섰다. 『허클베리 핀의 모험』에서 보여준 미국 백인에 대한 마크 트웨인의 풍자와 위트는 촌철살인 자체였다. "보통 하얀 피부라기보다는 사람의 속을 메스껍게 만드는, 아니 몸에 소름이 돋게 만드는 식의 하얀 피부, 청개구리나 물고기 배때기에서 보이는 그런 하얀색이었다"는 허클베리 핀의 자기 아버지 피부색깔에 대한 조소는 시작에 불과했다.

이와는 상반되게 『허클베리 핀의 모험』의 또 다른 주인공인 흑인 짐에 대해서는 자기가 알던 사람 가운데 가장 현명하고 똑똑한 사람이었다고 높이 평가했다. 마크 트웨인에게 허클베리 핀이 임꺽정이라면 도망노예 짐은 병해대사였던 셈이다. 조선정조를 알기 위해서는 『임꺽정』을 읽어야 하고 미국정조를 알기 위해서는 『허클베리 핀의 모험』을 읽어야 한다. 벽초가 조선의 마크 트웨인이라고 한다면 마크 트웨인은 미국의 벽초다.

먹고 대화하고 역지사지(易地思之)!!!

『임꺽정』의 현재성은 무엇일까? 『임꺽정』으로부터 우리는 무엇을 배울 수 있는가? 홍명희가 그려내고자 했던 '조선정조'의 현대적 의미는 무엇인가? 그리고 그것은 민족의 동질성 회복과 분단극복을 위한 인문콘텐츠로 어떻게 활용할 수 있을까? 분단 극복이 쉽지않은 이유 가운데 하나는 남북 모두 자기들만의 체제정당성을 주장하고 있기 때문이다. 해방 이후 한반도에는 두 개의 주권, 다시 말해 이원적 정당성이 작동하고 있는 게 엄연한 정치현실이다.

필자는 제주4.3기념박물관에서 단정수립을 반대하던 제주도민의 항거를 진압하기 위해 제주에 내려온 미군정하에서의 과도정부 수반인 안재홍 민정장관과 경무국장 조병옥이 나란히 서있는 사진을 본 적이 있다. 조병옥은 신간회 사건으로 홍명희와 함께 2년 남짓 옥고를 치렀다. '민중세상'의 줄임말인 민세(民世)라는 아호로 유명한 안재홍은, 일제 시절 내내 형무소를 제 집처럼 드나들던 대표적 애국지사로 홍명희와는 절친 사이였다. 안재홍은 1965년, 홍명희는 1968년, 평양에서 나란히 잠들었다.

남북 모두 애국자들이 세운 나라이다. 다만, 애국을 해석하는 방식이 달랐을 뿐이다. 남은 민주를, 북은 자주를 애국의 이념으로 선택했다. 민주는 개인의 권리와 자유를 중시하는 이념인 반면, 자주는 국가 주권을 우선시 하는 이념이다. 이처럼 체제정당성의 상이한 원천이야말로 남북을 더욱 적대적으로 만들고 남북 간 대화를 정치적 언어만으로 접근하기 어렵게 만드는 가장 큰 이유일 것이다. 왜냐하면 저만의 애국을 애국이라 하고 타방의 애국은 괴뢰로 낙인찍기 십상이기 때문이다. 그러므로 상호체제를 존중하며 정치적으로 공식 승인하고 전단 살포 등 공개 비방을 금지하는 협약 체결이야말로 분단극복을 위한 전제조건이다.

남북통합과 민족통일을 위해서는 고유의 국제법적 근거와 세련되고 정제된

그리고 무엇보다 냉철한 정치문법이 필요한 것이 사실이다. 하지만 분단의 역사가 입증하듯이 정치적 언어만으로는 분단극복과 통일을 실현하는 일이 대단히 어렵고 남북 사이에 가로놓인 장벽 역시 높다는 사실을 인정해야 한다. 남북의 정치언어는 상이할 뿐더러 날서있어서 소통하는 데 상당 시간이 걸릴 것이다.

대화의 우호적인 여건 마련을 위해서조차 정치언어의 통일에 앞서 사회문화적 언어의 통일을 선행할 필요성이 있다. 여기서 남북한 모두 공유하고 있는, 홍명희가 '조선정조'로 정의한 민족 공통의 기질을 적극적으로 활용하는 게 바람직하다. 『임꺽정』은 모국어로 쓰여 있을 뿐만 아니라 남북 민중 모두에게 사랑받는 거의 유일한 저작이라 해도 과언이 아니다. 그런 만큼 민족 동질성 회복에 크게 기여할 수 있을 것으로 여겨진다.

몇 해 전 '먹고 기도하고 사랑하라'라는 영화를 본 적이 있다. 이 영화는 우리 삶에 행복과 평화를 가져오는 첩경은 멀리 있는 게 아니라 '먹고 기도하고 사랑하는 것'과 같은 일상으로 부터 잦아드는 일임을 담담하게 그려낸 수작(秀作)이다. 『임꺽정』이 우리에게 주는 메시지 또한 이와 유사하다. '먹고 대화하고 신명나게 일하고 놀면 평화는 저절로 찾아오리라.' 분단 극복을 위해서는 역지사지(易地思之)의 자세로 상호체제를 인정하고 남북 민중이 자주 만나 함께 밥 먹고 대화하고 교류해야 한다. 그게 바로 홍명희가 『임꺽정』을 통해 우리에게 전하는 '조선정조'의 핵심이다.

『임꺽정』에는 밥 먹으며 이바구 떠는 얘기가 유난히 많이 등장한다. 밥의 종류도 각양각색이다. 이장곤이 거제섬에서 탈출해 북쪽으로 도망칠 때 먹었던 밥만 해도 논두렁에서 먹는 기승밥, 절에서 먹은 잿밥, 남이 먹다 남긴 대궁밥 등 가지가지다. 음식 종류는 어떤가? 청석골패가 양반들 짐을 털 때 나온 상자에는 "민어·광어·상어·전복·홍합 등속 마른 어물"과 "찬합은 충충히 들어 보니 장산적 천리찬 북어무침 고추장볶이가 아직 많이 남아 있었다"고 홍명희는 적었다. 지금 우리가 먹고 있는 음식과 하등 다를 게 없지 않은가. 인스턴트식

품 하나 없고 몸에 다 좋은 음식들뿐이다. '송악산 사건'에서는 목숨이 경각에 달렸음에도 저녁 먹을 걱정을 하며 이바구를 떤다.

『임꺽정』이 전하고자 했던 메시지는 대단히 간명하고 소박한 상식에 기반했다. 민중은 평화롭고 행복한 삶을 원할 뿐이라는 것이다. 먹고 대화하고 사랑할 소중한 기회와 터전을 침해하지 말아달라는 것이다. 청석골에서 꺽정이 식구들의 삶은 평화롭고 행복하다. 양반도 없고 백정도 없는 대동 공화세상이기 때문이다. 조선민중이 원하던 세상 또한 마찬가지였다. 소박하기 이를 데 없는 일상조차 송두리 앗아가고 사적·공적 폭력을 일삼으며 민중의 삶을 짓밟는 신분차별에 토대를 둔 봉건조선은 하루빨리 역사 속으로 사라져 마땅한 나라였다. 그게 또한 백정 출신의 임꺽정이 '반역(反逆)의 극적(劇賊)'으로 돌변한 결정적 이유이기도 했다.

임꺽정과 홍명희, 전태일과 조영래

신분해방의 대명사로 조선에 임꺽정이 있다면 우리나라에는 민주주의와 노동해방의 대명사로 전태일이 있다. 임꺽정과 전태일 사이에는 한 가지 공통점이 있다. 역사의 먼지 안에 파묻혀 있던 임꺽정을 신분질서에 저항한 반역의 대명사로 살려낸 사람은 홍명희였다. 마찬가지로 전태일 열사의 분신을 민주주의와 노동해방의 관점에서 후세에 널린 전한 사람이 바로 『전태일 평전』의 저자 조영래다.

전태일은 생전에 근로기준법 책을 들고 씨름하다가 "대학생 친구가 한 명만 있으면 원이 없겠어요"라는 말을 했다고 전해진다. 전태일 열사의 분신 사건(1970년 11월 13일)에 대해서는 『동아일보』 등에서 비교적 크게 다뤘다. 하지만 전태일이 어떤 사람인지 그가 왜 분신했는지 정확히 알고 있는 사람은 거의 없었다. 박정희 정권의 철저한 언론통제 때문이었다. 바로 이때, 조영래라는 한 명의 대학생 친구로 인해 전태일의 인간적 모습은 물론, 살인적인 저임금·장시간 노동에 허덕이며 열악하기 이를 데 없던 중소기업 노동자들의 근로조건을 개선하고 사용자들에게 근로기준법을 준수할 것을 촉구하며 노동조합을 결성하기 위해 동분서주 뛰어다니던 노동운동가로서의 전태일의 삶이 새롭게 조명받고 세상에 널리 알려지게 된 것이다.

조영래는 1969년 서울대학교 법과대학을 졸업하고 1971년 제13회 사법시험에 합격해 사법연수원에 들어갔다. 사법연수원에서 연수하던 중 유신헌법 제정에 저항하는 학생운동 탄압을 목적으로 중앙정보부가 조작한 '서울대생 내란음모 사건'으로 구속돼 1년 6개월 실형을 선고받았다. 1973년 출소 후에는 민청학련 사건 관련자로 수배당해 6년 간 외진 옥탑방 등을 전전하며 도피 생활을 이어갔다.

도피생활 중에도 전태일이 살아간 청계천과 유가족을 방문하여 이들의 증언을 취합했다. 3년여의 노력 끝에 한갓 소란으로 잊혀 질 뻔 했던 전태일의 짧았던 삶을 조명한 『어느 청년노동자의 삶과 죽음』을 1976년 드디어 완성할 수 있었다. 하지만 서슬 퍼렇던 독재정권의 탄압으로 국내에서는 출판할 수 없었다. 그래서 원고를 한 신부에게 들려 일본의 출판사로 가져가 일본에서 먼저 출간했다. 국내에서는 1983년 '전태일기념관건립위원회' 이름으로 돌베개 출판사에서 첫 출간됐다.

이 책이 쓰여 진 후 15년 넘게, 그리고 국내에서 출판하고 10년 가까이 저자가 누군지 밝혀지지 않았다. 이는 우선 실명을 그대로 썼다간 그 자체로 증거가 되어 잡혀가니까 가명 또는 출판사 편집부 등으로 표기하여 출판한 것이고 그 다음으로 자신이 한 일을 남에게 드러내기를 바라지 않던 저자 조영래의 성품 때문이었다. 조영래가 세상을 떠난 이듬해인 1991년에야 비로소 『전태일 평전』으로 제목을 바꾸고 조영래를 저자로 표기할 수 있었다.

조영래는 지병인 폐암으로 43세라는 이른 나이에 죽음을 맞이하기 전까지 한평생 사회적 약자와 함께하는 민중의 변호사로 의로운 삶을 살았다. 1983년에 시민공익법률사무소를 설립한 이후, 1984년 망원동 수해 주민들의 집단 손해배상청구소송을 시작으로 1986년 전화교환원 이경숙씨의 호소로 시작된 여성 조기정년제 철폐 소송에서 모두 승리했다.

망원동 수해피해주민 집단소송은 지금도 전설처럼 회자된다. 1984년 9월 1일부터 3일간 서울에 폭우가 쏟아졌다. 가장 피해가 컸던 곳은 한강 근처의 망원동이었다. 330㎜가 넘는 집중호우에 유수지 펌프장 수문이 붕괴하여 1만여 가구가 물에 잠기고 수만 명의 이재민이 발생했다. 당시만 해도 천재(天災)라 여겼지만 조영래의 생각은 달랐다. 부실 공사를 하고 유수지 관리를 잘못한 서울시와 건설사의 책임이 크다고 판단하여 망원동 주민들을 모아 집단소송을 냈다. 6년여의 긴 소송 끝에 1990년 승소하여 망원동 주민 1만2000여 명이 53억여 원을 배상받았다. 당시 짜장면 한 그릇이 천원 남짓 했으니 현재의 화폐가치로 따져 수백 억 원이 넘는 막대한 보상금이었다.

1986년 부천 경찰서 성고문 사건의 피해자 권인숙을 변호하고 가해자 문귀동에 대한 유죄 판결을 이끌어내는 등의 활동으로 인권변호사로서도 크게 활약했다. 1987년에는 연탄공장 옆에 살다가 진폐증에 걸린 시민을 도와 손해배상 소송을 진행하여 승소했다. 제5공화국 말기인 1986년 9월, 제5공화국의 언론 통제 상황을 적나라하게 드러낸 '보도지침' 사건의 피의자들을 변호하여 민주화 운동에도 헌신했다. 우리 사회의 약자들 곁에는 언제나 조영래가 있었다.

나는 조영래 변호사의 때이른 죽음을 한국 민주화 운동의 가장 큰 손실로 간주한다. 홍명희가 있었기에 임꺽정이 되살아 난 것처럼 조영래라는 불씨가 있었기에 전태일도 불꽃으로 다시 피어 날 수 있었다. 홍명희와 조영래 모두 동시대에 타의 추종을 불허한 의인들이었다는 점에서도 공통점이 있다. 임꺽정, 홍명희 같은 이가 있었기에 일제에게 국권을 빼앗긴 이후 비교적 이른 시기인

1919년 상해임시정부 시절부터 봉건조선을 혁파하고 민주공화제로의 꿈을 실
현시키려 노력할 수 있었다. 전태일, 조영래 같은 이가 있었기에 민주주의 노동
해방의 꿈에 한 발짝이라도 다가설 수 있었다. 임꺽정과 홍명희, 전태일과 조영
래 모두, 후세에 전하고 우리가 함께 자랑할 만한 인물이 아닐까 생각해본다.

참고문헌

강구열. 2020. "조선 최고의 '꿀보직' 평안감사." 〈세계일보〉(2020년 12월 5일).

강영주. 2000. 『벽초 홍명희 연구』. 창작과비평사.

______. 2005. 『벽초 홍명희 평전』. 사계절.

구본웅. 1937. "『임꺽정』의 삽화 그리던 회억(回憶)" 〈조선일보〉(1937년 12월 8일); 임형택·강영주 편. 1996. 『벽초 홍명희와 '임꺽정'의 연구자료』. 사계절.

김진석. 1999. "『임꺽정』 연구." 『호서문화논총』. 제13집.

김훈. 2012. 『칼의 노래』. 문학동네.

매컬리, 존스턴. 2009. 『쾌걸 조로』. 김훈 옮김. 열린책들.

박범. 2021. "조선후기 평안감영 재원의 성격과 물류의 추이." 『한국문화』. 94호.

박학보. 1946. "홍명희론." 『신세대』 창간호. 1946년 3월; 임형택·강영주 편. 1996. 『벽초 홍명희와 '임꺽정'의 연구자료』. 사계절.

사바티니, 라파엘. 2008. 『스카라무슈』. 김효정 옮김. 프로메테우스.

실러, 폰 프리드리히. 2007. 『도적떼』. 김인순 옮김. 열린책들.

______. 2009. 『빌헬름 텔』. 이원양 옮김. 지만지.

이이랑 글·윤종태 그림. 2023. 『나라를 구한 의병장 양달사: 1555년 을묘왜변 영암성 대첩』. 크레용하우스.

임형택·강영주 편. 1996. 『벽초 홍명희와 '임꺽정'의 연구자료』. 사계절.

장수익. 2002. "강담양식으로 담은 민중적 시각: 홍명희의 『임꺽정』론." 『한남어문학』. 제26집.

정약용. 1997. "지관수제(地官修制), 전제(田制) 9." 『경세유표 II』. 이익성 옮김. 한길사.

조영래. 1983. 『전태일 평전』. 돌베개.

최명. 1997. 『소설이 아닌 임꺽정』. 조선일보사.

최정운. 2005. "일제후반기 임시정부와 조선 지식인들의 정치사상." 한국정치사상학회

창립 10주년기념 학술대회 자료집『대한민국의 정체성과 정치사상』.

최형익. 2010. "벽초(碧初) 홍명희의『임꺽정』에 나타난 전통과 혁명: 저항사상으로서의 애국주의."『역사문화연구』제36집.

트웨인, 마크. 1998a.『미시시피 강의 추억(상)』. 태혜숙 옮김. 중명.

________. 1998b.『미시시피 강의 추억(하)』. 태혜숙 옮김. 중명.

________. 2010.『허클베리 핀의 모험』. 윤교찬 옮김. 열린책들.

한희숙. 2000. "홍명희의『임꺽정』에 수용된 역사적 사실에 대한 검토."『지역학논집』제 4집.

홍기문. 1936. "아들로서 본 아버지."『조광』제2권 5호; 임형택·강영주 편. 1996.『벽초 홍명희와 '임꺽정'의 연구자료』. 사계절.

홍기삼. 1996. "벽초 홍명희의 생애."『홍명희』. 새미.

홍명희. 1909. "일괴혈열(一塊熱血)."『대한흥학보』창간호(1909년 3월); 임형택·강영주 편. 1996.『벽초 홍명희와 '임꺽정'의 연구자료』. 사계절.

______. 1927. "신간회의 사명."『현대평론』창간호(1927년 1월); 임형택·강영주 편. 1996.

______. 1928a. "곡(哭) 단재"〈조선일보〉(1928년 2월 28일); 임형택·강영주 편. 1996.

______. 1928b. "자서전."『삼천리』창간호·제2호(1929년 6월·9월); 임형택·강영주 편. 1996.

______. 1929a. "청춘을 어찌 보낼까."『별건곤』21호(1929년 6월); 임형택·강영주 편. 1996.

______. 1929b. "'임꺽정전'에 대하여."『삼천리』창간호·제2호(1929년 6월·9월); 임형택·강영주 편. 1996.

______. 1933. "'임꺽정전'을 쓰면서: 장편소설과 작자심경."『삼천리』제5권 9호(1933년 9월); 임형택·강영주 편. 1996.

______. 1934. "'임꺽정전'의 본전(本傳): 화적 편 연재에 앞서."〈조선일보〉(1934년 9월 8

일); 임형택 · 강영주 편. 1996.

______. 1936. "양아잡록(養疴雜錄)." 〈조선일보〉(1936년 2월 13일-2월 26일); 임형택 · 강영주 편. 1996.

______. 1938. "이조 정치제도와 양반사상의 전모." 〈조선일보〉(1939년 1월 1일); 임형택 · 강영주 편. 1996.

______. 1941. "홍명희 · 현기당 대담기." 『신세대』(1941년 8월); 임형택 · 강영주 편. 1996.

______. 1947a. "청년학도에게." 〈경향신문〉(1947년 1월 5일); 강영주. 2000. 『벽초 홍명희 연구』. 창작과비평사.

______. 1947b. "홍명희 · 설의식 대담기." 〈새한신보〉(1947년 9월 중순호); 임형택 · 강영주 편. 1996.

______. 1948a. "통일이냐 분열이냐." 『개벽』 77호(1948년 3월); 임형택 · 강영주 편. 1996.

______. 1948b. "홍명희 · 설정식 대담기." 『신세대』. 1948년 5월; 임형택 · 강영주 편. 1996.

______. 2003. "봉단편." 『임꺽정』 제1권. 사계절.

______. 2003. "피장편." 『임꺽정』 제2권. 사계절.

______. 2003. "양반편." 『임꺽정』 제3권. 사계절.

______. 2003. "의형제편 1." 『임꺽정』 제4권. 사계절.

______. 2003. "의형제편 2." 『임꺽정』 제5권. 사계절.

______. 2003. "의형제편 3." 『임꺽정』 제6권. 사계절.

______. 2003. "화적편 1." 『임꺽정』 제7권. 사계절.

______. 2003. "화적편 2." 『임꺽정』 제8권. 사계절.

______. 2003. "화적편 3." 『임꺽정』 제9권. 사계절.

______. 2003. "화적편 4." 『임꺽정』 제10권. 사계절.

Henderson, Gregory. 1968. *Korea, the Politics of the Vortex*. Cambridge: Harvard Univ. Press.

Spinoza, Benedict de. 2002. "Ethics." *Complete Works*. trans. by Samuel Shirley. Cambridge: Hackett Publishing Company, Inc.

국사편찬위원회 간(刊). 1986. 『조선왕조실록』 영인본. 탐구당.

『연산군일기』 권25. 연산 3년(1497). 국편영인본 13책.

『연산군일기』 권44. 연산 8년(1502). 국편영인본 13책.

『연산군일기』 권63. 연산 12년(1506). 국편영인본 14책.

『중종실록』 권1. 중종 1년(1506). 국편영인본 14책.

『명종실록』 권16. 명종 9년(1554). 국편영인본 20책.

『명종실록』 권18. 명종 10년(1555). 국편영인본 20책.

『명종실록』 권19. 명종 10년(1555). 국편영인본 20책.

『명종실록』 권25. 명종 14년(1559). 국편영인본 20책.

『명종실록』 권26. 명종 15년(1560). 국편영인본 20책.